極北の全共闘

あの時代と私たちの55年

目次

はじめに

一九六八年から一九七一年にかけて、日本全国の学園（大学・高校・専門学校など）で、数多くの若者が相互の連絡がほとんどない中で、一斉に異議申し立てを行った。この本は、北海道における当時の動きと、微かな繋がりの元で今日まで生きてきた個々人の記録（写真集を含む）である。

この物語を、当時の学生が作成したチラシの抜粋を参照することから始めようと思う。

「ベトナムにおいて、より大量のしかも現代文明の粋を集めた武器によって血は流されている。我々は今『殺すな！』と誰へ叫ぶべきなのか。反戦を訴えつつ、戦争の構造を明らかにすべく、あらゆる侵略と抑圧を根絶せんがために、クラス反戦は立ち上がった」（「アッピール草案」北大教養部クラス反戦連絡会議　一九六八年九月）

戦争によってまた多くの人々の命が奪われている。戦争を許し、それに加担している社会とその中での自分たちの存在を、当時の若者たちは見つめ直そうと試みた。「殺すな！」は共通の叫び声であった。

「現在の大学と学問のあり方とそれに規定された学生存在そのものを問いかけ、それのみにとどまらず、それを否定し、現在の大学と学生の存在と社会総体との関連の中で規定している教育秩序・支配秩序の解体までを目指してゆく闘いに発展していったことを確認しなければならない」（「北大闘争中間総括」北大教養部闘争委員会準備会　一九六九年八月）

七五歳になった今の私が、当時のこのような文章を目にすると、あまりにも若く、あまりにも直截な文が並んでいることが分かる。しかし、確かに、人間として最も大切な、根源的な叫びが聞こえてくる。私たちは主に戦後に生を受けた世代であり、結果として戦争という圧倒的な力の残酷さを、ある意味で間接的に引き受けた世代でもある。現在もなお、世界では戦火が吹き荒れ、日本でも社会的不公正が後を絶たない中、今をどう生きるべきなのか？過去に異議申し立てを行った者から、後の世代のみなさんへのメッセージとして、この本を贈る。

私は三四年前から、多くの方たちのお力添えを得て、戦争や病気などで学校に行くことがかなわなかった人たちの学びの場である札幌遠友塾自主夜間中学を立ち上げ、継続している。満州から引き揚げてきた高齢のある女性が、卒業後の手紙に「遠友塾のことは忘れがたく、胸の内にだきしめて生きてまいります」と記した。このような方たちと共に生き、共に学ぶ生を最後まで歩みたい。

工藤　慶一（『極北の全共闘』編集委員）

（編集委員会から）

工藤慶一氏は一九六九年一一月、北大本部バリケードに残り、機動隊による封鎖解除と最後まで闘った五人の学生の一人である。その後、裁判闘争を最後まで闘ったが実刑判決を受け、服役後は石油製品販売会社に就職して定年まで働いた。その傍ら「夜間中学」運動を立ち上げ、三四年の間その運動を先頭で担い、現在もその中心にいる。

本書には工藤氏をはじめ北大闘争を担い、その闘いの時代を生きてきた当時の若者たちの記憶と、写真に記録された姿が掲載されている。そして、何よりも重要なのは、闘った若者たちの「その後」が記されていることである。しかも、記されているのは、必ずしも光り輝くような希望に満ちた「その後」ではなかった。その多くは「喪失と転換」の記憶である。

闘いの中で築かれた仲間たちとの関係は失われ、それ以降、何十年も一堂に会することはなかった。大学を去り、日本を去り、この地に何十年も戻らない者もいた。音信を断ち、生きているのかどうかすらわからない者もいた。だが、喪失の後には「再生」があった。辛い喪失、苦しい転換の後、それぞれにはさまざまな再生があり、それが継承された。

工藤氏の夜間中学運動は、自らだけではなく、字を覚える機会すら喪失させられた多くの人々の「再生と継承」の物語である。

我々が若い読者に送りたいのは、何よりもこの「再生と継承」の物語である。あの時代の若者たちが光り輝く夢を持ち、その夢を必死に追い、困難な中でも夢を見続けようと闘ったこと。そして深い喪失の後、諦めずそれぞれの夢を見続け、追い続けたこと。「権威」や「力」による支配から解放された、人間と人間、人間と自然の多様な関係を基礎にした、真に豊かな社会の誕生という、あの時代の若者たちの「夢」は、「その後」によって再生し、今の人々に伝えることができるに違いない。

未来のいつの日か、人々に引き継がれていったその「夢」が実現することを心から願って、本書を、今とかつての「若者」たちに贈ろうと思う。

「全共闘」とは、全国の学園で結成された「全学共闘会議」の略称である。「ぜんきょうとう」は、おそらく当時の若者たちがさまざまな想いを込めて語った共通の「言葉」だった。

（文責　編集委員　杉戸　孝）

第一部

疾走する時代
―北大全共闘の軌跡―

第一章

写真集「北緯４３度、荒野に火柱が」（抄録）

表紙

1969.4.28　民青による「逆封鎖」を糾弾（解放会館前）

1969.5.8　長沼ミサイル基地聴聞会粉砕闘争

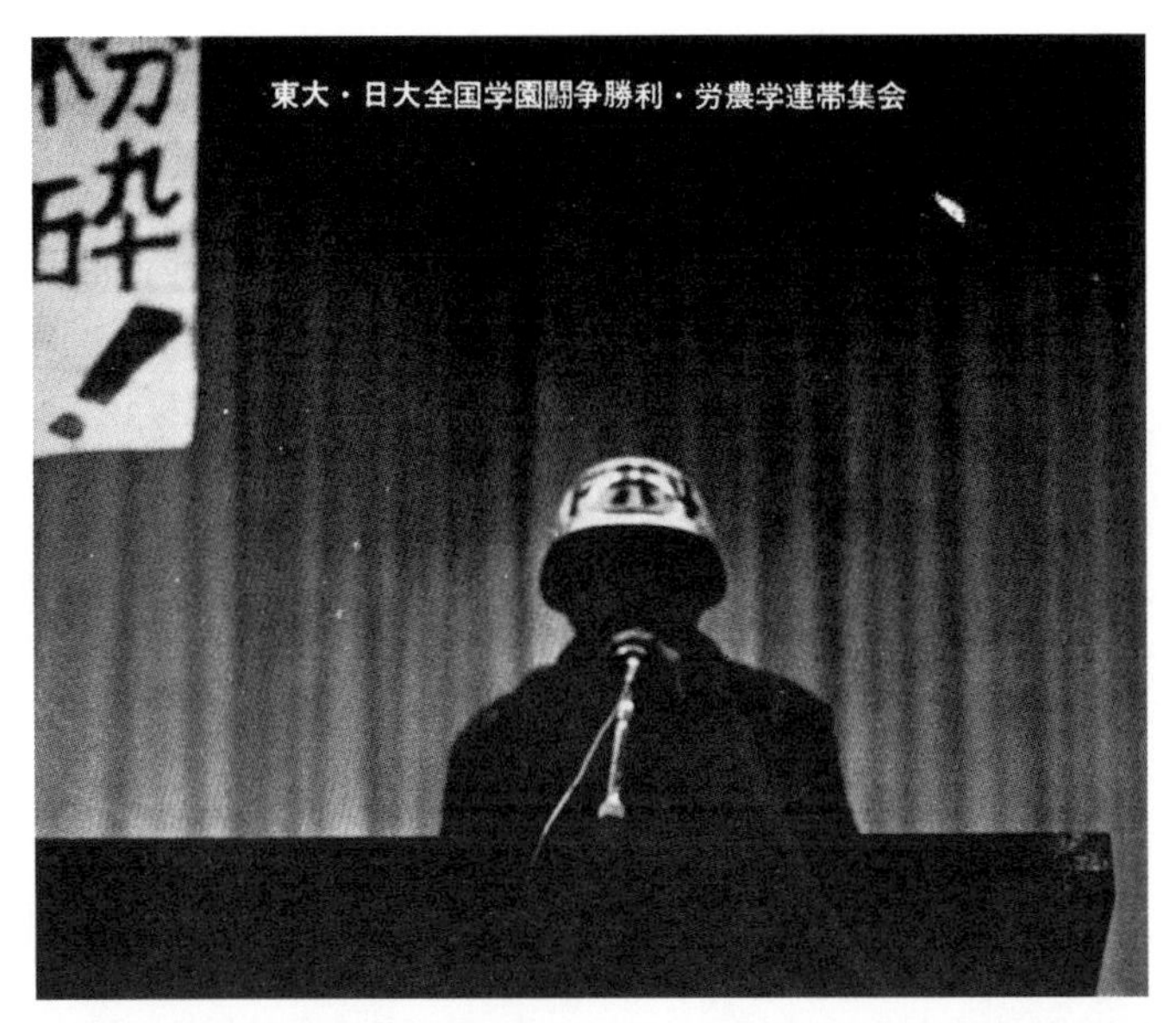

1969.5.24　東大・日大全国学園闘争勝利・労農学連帯集会（札幌市民会館）

1969.6.5　全学連行動隊（民青系）などによる本部封鎖解除

1969.6.11　教養部学生大会・民青系執行部リコール

1969.6.15　教養部前集会

1969.6.15　安保粉砕街頭デモ

反戦フォーク集会

1969.6.23　ベ平連デモ

1969.7.20　べ平連デモ

1969.7.20　燃える「日の丸」「道旗」（道庁前庭）

1969.7.31　大学治安立法粉砕闘争

1969.8.2　教員採用試験粉砕闘争

1969.8.4　大学治安立法粉砕闘争

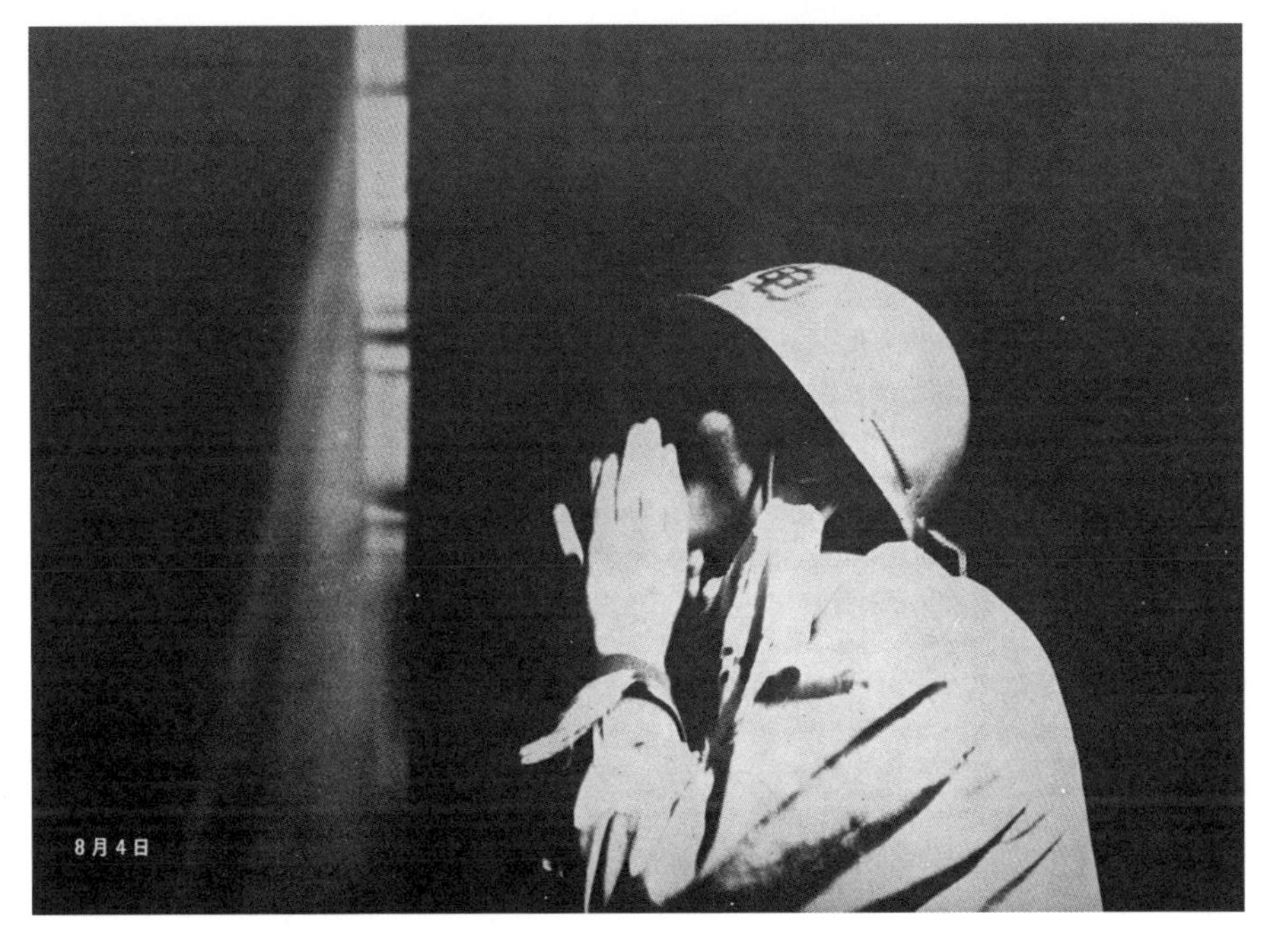

討論集会を告知する立看板

1969.9.5　全国全共闘結成連帯デモ

1969.9.18　授業再開粉砕闘争・農学部長団交

ヘルメットと火炎瓶

1969.9　理学部解放闘争

1969.9　理学部解放闘争

1969.9.14　長沼ミサイル基地設置粉砕現地闘争

（長沼市街）

長沼（反対同盟団結小屋）

三里塚よりの連帯旗

長沼（三里塚からの連帯旗）

1969.10.4　仮本部封鎖

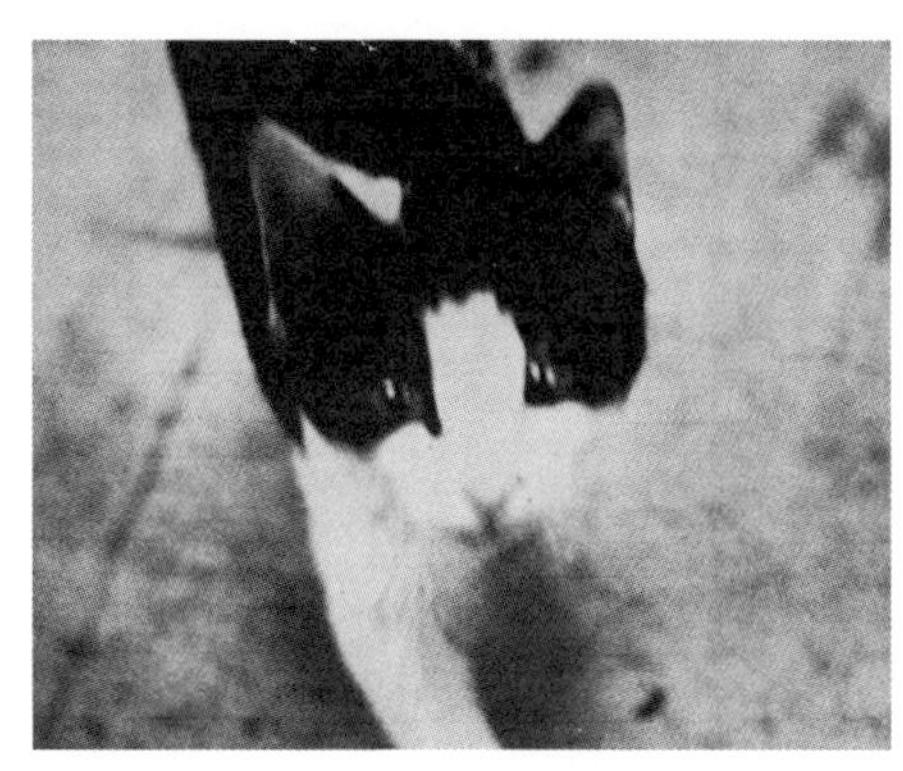

バリケード内のひとコマ

1969.10.10　羽田闘争２周年労農労総決起集会（大谷会館）

1969.10.21　国際反戦デー（大通公園）

1969.10.21（札幌駅北口）

路上を埋めるデモ隊

1969.10.21　北大本部前集会

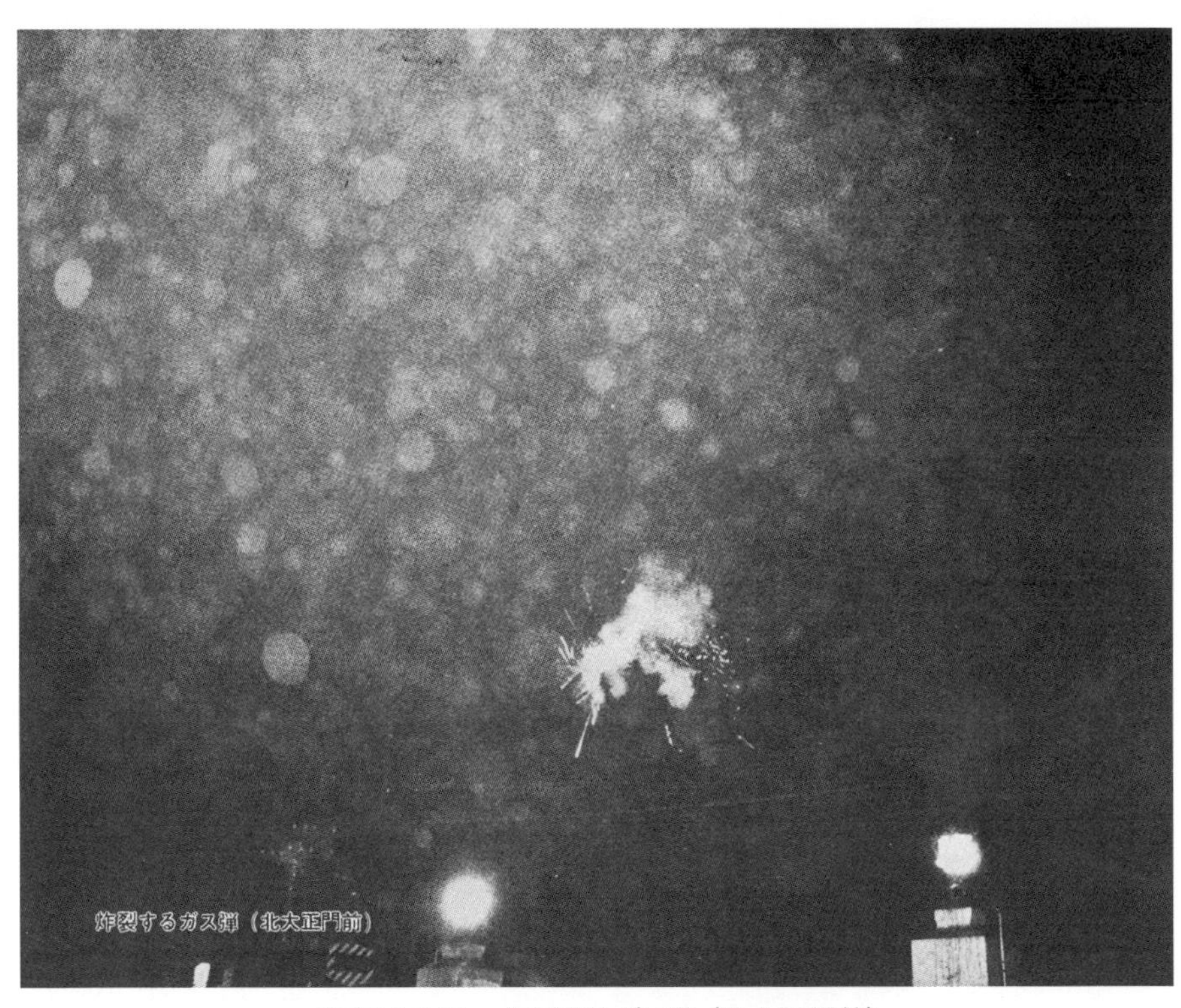

1969.10.21　炸裂するガス弾（北大正門前）

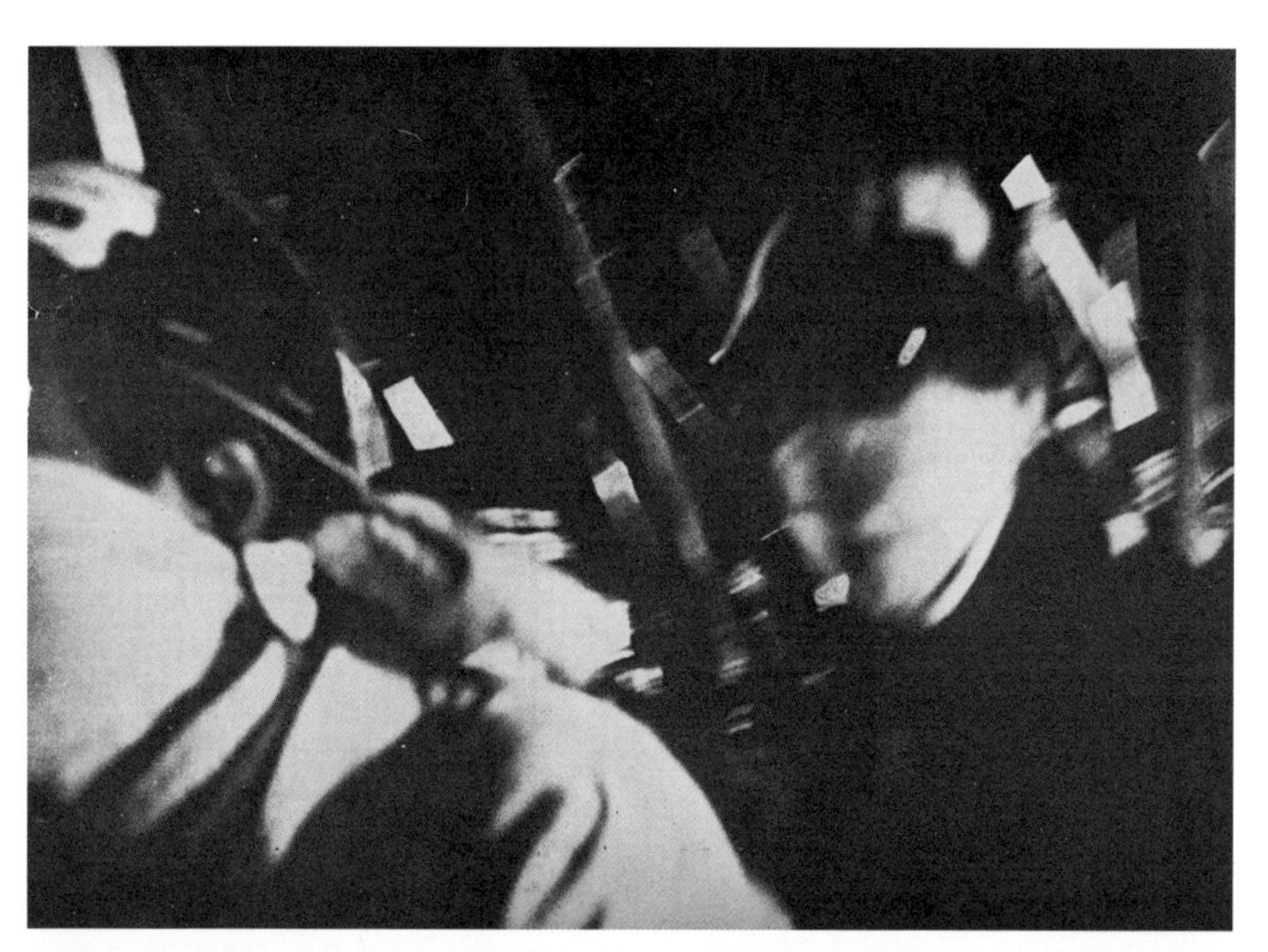

1969.10.21　国際反戦デー

1969.10.21　国際反戦デー

1969.10.21　国際反戦デー

1969.10.21　国際反戦デー

1969.10.21　国際反戦デー（22 日早朝、ガス弾を撃ち尽くして退却する機動隊）

1969.10.21　国際反戦デー（22 日早朝の電車通りバリケード）

1969.11　北大本部封鎖（塹壕によるバリケード強化）

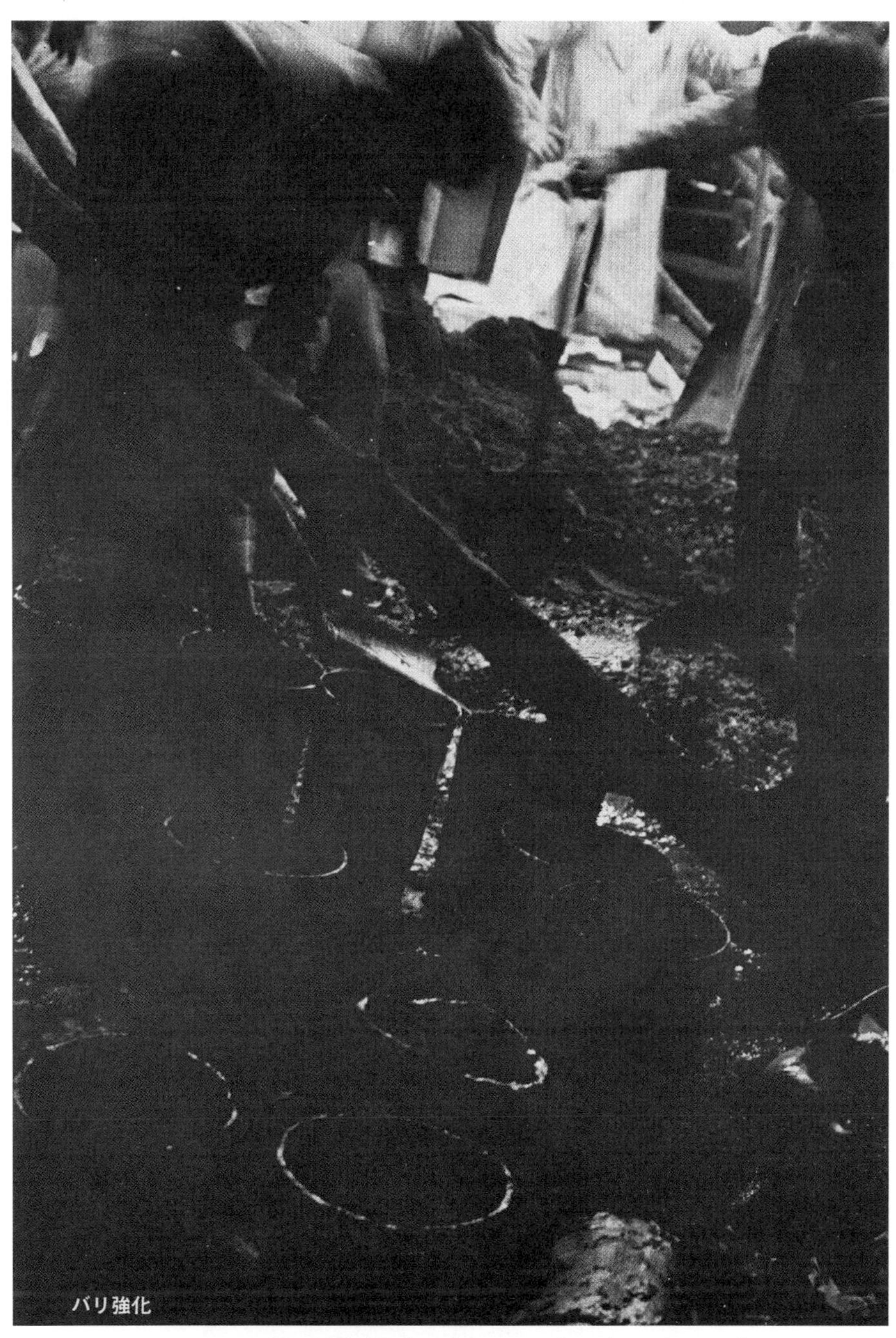

1969.11　北大本部封鎖（コンクリートによるバリケード強化）

1969.11.8
北大本部封鎖解除
（燃え上がる火炎瓶）

1969.11.8
北大本部封鎖解除

1969.11.8　北大本部封鎖解除

（炎上する旧本部）

1969.11.8　北大本部封鎖解除（本部屋上の5人）

1969.11.8　北大本部封鎖解除

1969.11.8　北大正門付近の学生・市民

1969.11.16　佐藤訪米阻止闘争

1969.12.2　旭川高専封鎖解除

1969.12.15　帯畜大封鎖解除（零下 27℃）

1969.12.15　帯畜大封鎖解除

1970.1.27　教養部授業再開粉砕闘争

1970.1.27　教養部授業再開粉砕闘争

1970.2.17　本部死守隊第一回公判（札幌地裁前）

1970.4.28　沖縄闘争（クラーク会館前）

1970.4.28　沖縄闘争（教養部前）

贈呈

北緯43度　荒野に火柱が
写団　『写真に何が可能か』
発行　北海道解放大学出版会
札幌市北八条西五丁目　北海道大学解放会館内
電話（0122）71−2111（内線2106）振替小樽3340
1970年6月10日 発行　350円

裏表紙

写真集は語るか？

鏡　坦（写真集『北緯43度　荒野に火柱が』共同製作者）

なぜ学生運動に親近感を抱いたのか

内村鑑三の「無教会主義」のクリスチャンだった畑中勝次先生と出会ったのは高校一年生の秋であった。釧路の進学塾の英語の講師をされていた先生には、個人的にも大変お世話になり強い影響を受けた。東京の東芝の研究所を辞めて、釧路の自宅で京都大学の大学院浪人をされていた先生は、私一人のために、塾の講師の仕事と自らの勉強の傍ら、日曜日ごとにご自宅に私を招き、英語で旧約聖書の創世記を読むという、格別の聖書の勉強会を開いて下さった。「第四章　Now Adam knew Eve his wife…この knew という動詞過去形には特別の意味があるから、自分で調べておいてください」「調べてあります」。私はしっかり複数の英和辞書にあたって予習してあった。

高校に入学した時に、自宅に本らしい物は何も無かった貧しい私が、北海道大学に進学ができたのも先生のご指導の賜物である。

畑中勝次先生からは無教会主義の後継者である矢内原忠雄の著作を紹介していただき、戦争中の反骨の活動を知った。太平洋戦争の敗戦直前の厳しい思想弾圧下においても矢内原忠雄はキリスト者として、真理の証と平和のために福音宣証の個人誌『嘉信』を発行し続けた。ときに警察の目を掻い潜り、印刷所から運び出し郵便局へ届ける。柔軟で強靭な抵抗で、信仰を貫いた生き方に強い衝撃を受けた。日露戦争に対し不戦を唱えた内村鑑三、太平洋戦争に『嘉信』で抵抗した矢内原忠雄、献身的に私に無償の薫陶を施してくれた畑中勝次先生。一体「無教会主義キリスト者」とは何者なのか。当時は謎だった。

また、「戦争をさせないためには何をすべきなのか」。それ以来ずっと私の底流のテーマになり、七五歳の今も私のどこかで低く鳴り響いている。

高校時代に丸山眞男の『日本の思想』『現代政治の思想と行動』を読み（「現代文」の受験勉強も兼ねていた）、市民の日常的な政治への関わりの重要性をそれなりに考えていた。

北海道大学理類に入学した私は、法学部教授の松沢弘陽という人が丸山真男に直接師事した無教会主義キリスト者であると知り驚く。小樽市の市会議員をしていた無教会主義の信者さんを介して、松沢先生の研究室で開かれていた無教会主義の少人数の会合（エクレシア）に出席を許された。見ず知らずの学生であった私を、とても親切にもてなす大学教授に目を見張った。松沢先生が矢内原先生の説教（講話）を直接何度も聴いていたことを知った。また、戦後政治の秘話なども伺うことができた。戦後の政党史、六〇年安保闘争史など、貴重な体験を交えた、ほかでは聞くことのできないお話であった。

入学直後に入会したロシア語サークル「ロシア語研究会」には、院生も含め個性的で魅力的な先輩が大勢いた。私はそれらの先輩たちと分け隔てなくお付き合いをさせていただいたおかげで、学生運動をめぐっては深刻な対立があることがわかってきた。ロシア語研究会の先輩・友人に誘われて民青の集会や革マルの街頭デモに参加したことがあった。また、勝共連合の学生組織「原理研究会」の合宿所にも誘われるままに顔を出し、聖書について論争することもあった。ある日、革マルのデモに出ただけで学内で「トロツキスト」と罵声を浴びせられたことがあり、ロシア革命史を勉強してスターリンとトロツキーのこともかなり突っ込んで学ぶきっかけとなった。

カメラを手にしたのはなぜ？

一九六九年四月一〇日の入学式粉砕闘争がきっかけで学内が流動的になった。何が起きたのか。写真集『北緯43度　荒野に火柱が』の巻末にある「月譜」を引用する。（「月譜」は北原由美子さんの執筆）

【クラス反戦、学部反戦連合の約四〇名が、ブルジョワ入学式実力阻止に決起し入学式会場の体育館を封鎖した。「紛争の無い大学」と言われた北大の幻想に対する闘いの突破口となるものであった。日大、東大闘争以来、全国いたる所で入学試験粉砕闘争、卒業式粉砕闘争、入学式粉砕闘争が闘われていた。学園紛争が、単なる個別的な改良闘争ではなく、現在の大学制度、そしてそれを支える全ての教育秩序、制度に対する根抵的な「学問すること」とはいったい何なのかという問いを、つきつめていく闘争として各地で、ひん発したのである。】

「学問すること」とはいったい何なのか、という自問をしていた私には波動が共振した。

そして、同時にある危機感を持った。スターリンの信奉者たちは、都合の悪いことは歴史的に「無かったこと」にしてきた。その「嘘」を信じて疑わないフリができる多数の集団を創り出すだろう。激動の政治のダイナミズムは、そんなことをも引き起こすに違いない。この北大でも、いずれそれが起こるに違いない。当時の私には目前で生起している事態を「全体的・歴史的に俯瞰して見通しを持って文字情報として残す」ことは手に余った。言葉が追いつかない。現実の認識が追いつかない。写真記録を残せば後日、自他にとって「何らかの確実な手がかり」になるだろう。釧路の弟がカメラを買っていた。アサヒペンタックスSP。頼み込んでしばらく、半年くらいの約束でその虎の子を貸してもらった。初めてカメラというものに触れた。撮影や現像や焼き付けなど、写真技術と報道写真の猛勉強が始まった。

「写真家・中平卓馬」と出会う。一九六九年六月、べ平連北海道反戦キャラバンで

林宏澄君は岐阜県出身で、北大応援団のバンカラスタイルに憧れて恵迪寮にいたが、一年もすると、私のいる下宿に引っ越してきた。彼は花崎皋平先生の札幌べ平連の活動を熱心に支持するようになっていた。教養のクラスも一緒だったので親しく情報交換・意見交換をした。小田実の『何でも見てやろう』を読んでいた私は、「ベトナムに平和を!市民連合」の活動のスタイルや組織原則の新しさ、ラジカルさに徐々に関心を持ち始めていた。

花崎先生や林君の誘いもあり、一九六九年六月のべ平連北海道反戦キャラバンには迷わず同行して、札幌から恵庭、旭川、遠軽、北見、釧路、帯広の各地を回って地元の市民活動家・べ平連活動家と交流した。小田実がホストをした。信念を持って生きている人々と出会うのは素敵だった。当時、早稲田の学生だった吉岡忍氏やフォークゲリラのメンバーも一緒だった。訪問先で、ギターの伴奏で力一杯フォークソングを歌った。楽しかった。

一行の中に、ジーンズ姿で長髪でサングラスをかけ、カメラを自分の顔にピッタリ押し付けて、被写体に極端な近距離で迫るカメラマンがいた。「トライ・エックスを増感して使っているよ」と彼は言った。「そんなことしたら粒子が荒れて汚くなりませんか?」「僕の写真は汚いよ。見たことない?」

アサヒグラフの写真記者だった中平卓馬氏とは、このようにして出会った。「写真は意味を伝えない。写真が伝えるのはいわば映像の『味』だ」「抱いている概念を図解するような写真はつまらない。それは言葉で済む」。彼は熱っぽく語った。キャラバンの途中の街の本屋で調べたら、新進気鋭の写真家・文筆家だったのである。気がつくと彼は担当の仕事が終わり、キャラバンから離脱していた。彼に手紙を書いた。「運動の記録の写真を撮り始めた」と。彼からは、新たな著作(写真同人誌『プロヴォーク』)が送られてきて、返事が添えてあった。「僕は撮り続けます。兄もぜひ頑張って撮り続けてください」と。

私は記録写真に対する考え方が大きく変わった。私は覚悟を決めた。今はその価値が分からなくても、歴史に立ち会った写真家は、記録を残す義務があると考えるようになった。とにかく残そう。そして保存しておこう。世に出す時が来たら出そう。出す時が来なくてもいい、残しておこう。たとえどんな弾圧に遭ったとしても。撮影現場でシャッターを押すたびに呟いていた。「よし、任せろ、私が目撃証人だ」

「見たものは　見たと言え」。詩人石原吉郎のフレーズが浮かんでは消えた。

共同制作者三人の出会い　「とりあえず写真で記録して残そう」

写真集に収められている写真群を撮影したのは当時北大の学生だった永井美行君、北原由美子さん、鏡坦の三人である。しかし、写真集という形で残そうなどとは、三人とも、当初は思いもよらなかった。三人が出会ったのは一九六九年の七月頃である。三人とも「とりあえず写真で記録しよう」としたのである。

永井君とは、六月頃にはどちらからともなく撮影現場で声をかけて知り合ったのだと思う。彼は写真の経験者だったので大変に心強かった。彼は望遠レンズを持っていた。望遠のカットは全て彼による。私と北原さんとの出会いははっきりしている。七月頃、デモや集会の撮影中の私に、北原さんが「写真の弟子になりたい。カメラは持ってないけど」と声をかけてくれたのである。見ると集会などで見覚えのある小柄な女子学生。大笑いした。私は写真というものを始めて二ヶ月のズブの素人だったから。「弟子などとんでもない」「それなら助手でもいい」「じゃあ一緒に撮りましょうか。何とかカメラを調達しますから」。それから三人は連絡を取り合って撮影をしながら互いのネガを見せ合うようになった。また、写真技術についての情報交換も活発にするようになった。一人でやっているのと、友人ができて一緒にやるのとでは大違いである。たとえ三人でも「あてにされている」と思うと責任を強く自覚するようになる。

私が撮影を始めた頃、下宿を出て、木造三階建の安アパートに引っ越した。学業のためではなく、写真記録のためだ。故郷の親・兄弟・親類には申し訳なく、すまない気持ちで一杯だった。台所のついた二間である。水道とガスコンロは暗室作業には必須だった。撮ったフィルムを写真屋（ＤＰＥ）に出すことは絶対に避けた。被写体の顔は、その人の望まぬ形で他人に見せてはいけないからだ。たとえ微罪であっても、それを口実に捜査令状でネガを押収されたら絶体絶命である。逮捕されるようなことは極力避けた。フィルム現像、プリントなど全てを自前でやることにした。被写体との信頼関係で写真を撮らせてもらっている以上、当然である。二人とも賛成で、暗室はいつでも使えるようにした。暗幕を厳重に張れば、昼間でも上等な暗室にできた。引き伸ばし機は当時としては高級機を、特に引き伸ばしレンズはニッコールの最上位のものを奮発した。

フィルムは、コダック社の「トライ・エックス」（TRI－X）の映画用三〇メートルの長尺を買って、市販の三五ミリフィルム用のパトローネ（金属のフィルムケース）に移し替えると、三六枚撮り約二〇本分がとれた。高価なトライ・エックスが半額以下になった。これも永井君のアドバイスである。四倍の増感でASA1600で使えたので、薄闇でもフラッシュなしで撮れた。これを三人で分けて使った。食費を削って空腹を抱えてでも、フィルムだけはいつも潤沢に余裕を持ってストックした。これだけは妥協しないで貫き通した。現像液、停止液、定着液などはフィルム用も印画紙用も自分で単薬を買い、上皿天秤で量り、調合した。標準現像液にはD96（メトール＆ハイドロキノン系）、増感現像液にはイルフォードPQ－FGF（フェニドン＆ハイドロキノン系）を常用した。両者とも補充液を用意してコストダウンと仕上がりの安定性を確保した。フイルム感度を落として粒状を優先させる軟調仕上げにはDupont軟調Ⅱを調合した。

本部死守闘争の衝撃が突然、写真集『北緯４３度　荒野に火柱が』を産んだ！

本部死守闘争が、北大のみならず札幌の学生大衆の死力を尽くした闘いとして展開した衝撃は大きかった。人々の決意の総量が、じわじわと大きな力となって広がっていった。

当時、大学の公認学生サークルで、北大受験希望者への添削指導、全道学力コンクール、成績処理と統計処理などを業務としていた北大学力増進会（こちらが元祖）が、全共闘運動に共鳴・賛同して自己批判的に解体し、「北海道解放大学出版会」を作った。

そして、その「出版会」のキャップに就任したばかりのK氏が、三人の記録写真を写真集として出版する企画を突然、打診してきた。この写真集は二〇〇〇～三〇〇〇部つくる。経費八〇～一〇〇万円、全て出版会がもつ。編集・構成全て三人に任せ、著作権も保証する。出版は一九七〇年の六月一五日に間に合わせる。流通は日販・東販を通さない。自力で売り捌くというものだった。K氏とは親しかったが、驚いて刮目した。この人、学生だけど、なんて太っ腹だろう！ そして我々をここまで信頼しているとは！ こういう時代にはこういう人材が、歴史の中に突如出現するのだ！と思った。

数十年後に世に出るチャンスが巡って来るかもしれないと考えて撮り溜めた写真が、突然、写真集になり人々に観られることになるとは、私たち三名には俄には信じ難いことであった。興奮した。

【補追】この写真集の共同製作者の北原由美子さんのことに、勝手に一方的に触れることをお許し願う。北原さんにお世話になったことを少し書かせていただく。写真集の共同製作者三人はとてもストイックで、特に写真集を作ると決まった一一月以降は文字通り「死力を尽くした」と思う。数千枚のネガを全部「ベタ焼き」（ネガの大きさでそのまま焼き付け）にして、使えそうなのを選びキャビネ判にプリントして意見を交わすのである。集会やデモの追加撮影はほかの用事よりも優先した。その他の日は、暗室のオーナーである私は、トイレにいく以外は基本的に自室を出なかったと思う。日中は食事をしないことが多く、毎夜、駅前のおでん屋でアルバイトをしていた北原さんが、女将さんの許しをもらって、残りのおでんを鍋に入れて持ってきてくれたのを感謝して食べた。米と味噌はあったので贅沢な夕食だった。「俺が写ってる写真、なんかあるかい？」と言って写真集の進捗の様子など見に来てくれる友達は結構いた。「俺、様子を見に行ったのよ。鏡さんたら、暗い暗室の中で、北原さんのおでんだけで何日も頑張っているのよ。なんか食わせようや」と言ってカンパを集めて、食糧の差し入れに来てくれた人がいた。工学部の岩井さんだった。本部死守闘争の裁判に資金が必要だから、みんなはギリギリの節約生活をしている中で、私ごときに気を遣ってもらったことは生涯忘れられない。

また、ウーマン・リブの活動家であった北原さんには、私は別格の畏怖に近い畏敬の念を持っていた。恋愛感情など入り込む余地は全くなかった、特別の人だった。おかげで黙々と編集に打ち込めたとも言えよう。

触れもせず　触れられもせず　肩並べ　暗室燈よ
君の潔（きよ）さよ

しかし大学生の男女二人が、密室（暗室）で何日も一緒にいたのに「何もなかった」という、昨今では「信じがたい」と揶揄されそうな裏話に支えられながら、「写真集」は着実に完成に向かった。

写真集『北緯４３度　荒野に火柱が』

原稿を印刷所に持ち込む数週間前に、三人は写真集団「写真に何が可能か」を名乗る。そして写真集のタイトルは『北緯４３度　荒野に火柱が』とした。

作られた写真集は手分けして集会で売った。道内の書店に持ち込み、陳列された。国立国会図書館や米国議会図書館からは商社を通じて購入の連絡が来た。

両図書館にデジタル化され残っているとはいえ、紙媒体のものはほとんど現存していない

帯広畜産大の封鎖解除（一九六九年一二月一五日）

この写真集の表紙と、該当ページをご覧いただきたい。根雪が覆う地面で、焚き火で暖をとりながらデモをしている。放水車は来たが、零下二七度で水が凍結して放水ができなかった。放水銃の筒先に小さなツララが下がっていた。新聞記者たちは「寒すぎてカメラのシャッターが切れないな。こんなこと初めてだ」とぼやきあっていた。手にしたカメラを諦め顔で持て余していた。私だけが凶悪な目つきを悟られないよう、息をひそめていた。私はPentax SPを脇の下で挟んで肌で温めていた。防寒コートの下は上半身素裸同然だった。ここぞの一瞬で取り出し、シャッターを二、三回切り、すぐに脇の下に入れ、数十秒後のチャンスに備える。この瞬間の写真を撮っているのは、世界中で私一人なのだ。妥協しない。絶対に撮る。それが職業記者たちには思いつかない、自分にできる闘いだった。失敗するかもしれない写真集の出版を決断してくれたK君への応答であり、屋上で、放水・ガス弾攻撃に耐えていた北大本部死守隊へ返す、遠い咆哮でもあったと思う。あの日放水の中で、天のほかついに向けるものを持たぬ五本の腕を突き立てている、信じられぬほど静かな五つの魂を思っていた。後日、朝日新聞の記事にも、どの新聞にもに写真はなかった。その現場も北緯四三度の緯度にある。

写真集を出してから　私はどこへ消えたのか？二〇年後の消息

「北海道新聞一九九〇年二月八日　一二面」「あの歌が聞こえる**【４】**」（政治の季節に）の記事を引用する。

【野村さんがバリケードの中にいたころ、道東の高校

教諭Aさん（四二）はカメラのシャッターを切っていた。当時、理学部三年生。「目の前で起きていることを記録したい」と。

一連の北大闘争をレンズで追っているうちに、自分の中の価値観が大きく変わった。「それまでは、大学人として将来を生きたいという上昇志向があった。でも、象牙（げ）の塔は、個人が踏みにじられる社会の矛盾に何もこたえなかった」と。

教壇に立って一六年。「毎日が能力主義との闘い」とAさんは言った。荒れる子供たちとの格闘、深夜までの家庭訪問。「生徒の反抗は、人間として認めてもらいたいという自立へのもがきでしょ。これを生徒と共有しよう」と思って、子供と向きあってきた。

数年前、学校でいじめられていた男子生徒が痴漢で警察に捕まった。学校側は停学を持ち出した。「そんなの教育じゃない」と最後まで反対し、結局、この生徒は停学処分を免れた。「人権に無知な教師が増えている。登校拒否、さぼり。それを、怠けていると道徳的に弾劾しがちだ」。だれもいない放課後の教室でポツリ、ポツリと言葉をつなぐ。

今、学校を息苦しく感じるという。「人間として、きちんとものを見ることができる批判力を子供に」という思いと、「子供を型にはめよう」と管理する側の立場との間の、ジレンマに悩む。】

＊　＊　＊

六九年一月一九日、東大安田講堂が陥落した。壁に残された落書き。

「連帯を求めて孤立を恐れず、力及ばずして倒れることを辞さないが、力を尽くさずして挫（くじ）けることを拒否する」──。

苦しい時、この言葉がふっと出てくる。「そして、あの時のあいつならどうするのか」と。

第二章　荒野に杭を打つ

インターは聞こえたか
「極北」の闘い（『記憶を紡ぐ』抄）

岡戸　孝

一　一九六九年四月一〇日

記憶というのはいつまでも同じままではない。忘れたくないはずの大切な記憶も、いつの間にか角を削り落として辛うじて維持されていたようだ。そして記憶の多くの部分は徐々に薄れていく。記録されなかった多くの事実は、こうして時が奏でる「喧騒」の中に消え去っていくのだろう。

北大時代の古い友人広野から便りが届いた。孝はそれを読みながら、北大に入学した後の五〇年以上前の古い記憶を辿った。忘れていたことだけでなく、見逃していたこと、そして目を逸らしていたことが少しずつ姿を顕してくる。

「北大闘争は、様々な質を持つ特異な活動であったと思っています」（広野からの便り）

一九六八年（昭和四三年）四月、北大の入学式は、教養部前の体育館で厳粛に行われた。

正面の壇上には「日の丸」が掲げられており、この大きな日本国旗は、これほど規模の大きな式典に、おそらく生まれて初めて出席した若者たちを圧倒した。体育館の周辺には新入生の父母も数多くいる。ほとんどが畏まった服装をしており、一様に誇らしげな表情である。

北大は、北海道に住む人々にとって光り輝く「最高学府」だった。

札幌駅の近くで小さな会社を営む家の長男広野は、この年現役で北大文類に入学した。

当時の北大は、医学部、歯学部、水産学部を除く、文系の四学部（文学部・法学部・経済学部・教育学部）と、理系五学部（理学部・農学部・工学部・獣医学部・薬学部）が、それぞれ「文類」「理類」という大きな枠で一括して入学試験を行なっていた。「文類」に合格すれば、教養部の二年の間に、文学部・法学部・経済学部・教育学部のどの学部に進むのかを決めることができた。もちろん、法学部のように人気のある学部は希望者が多く、希望すれば必ず進めるわけではない。選考は教養部での成績によるので、入学できたからといってウカウカしていると希望学部には進めない。

しかし、広野はのんびりしていた。将来の自分の姿はまだぼんやりしたままだった。

翌一九六九年（昭和四四年）の北大入学式は「粉砕」された。

三〇名ほどの学生たちが、四月一〇日の入学式当日、早朝六時一〇分くらいから入学式会場である体育館を占拠し、当直者を追い出して机や椅子で封鎖してしまったのである。占拠した学生の半数以上は、一年前に北大に入学した教養部二年になったばかりの学生たちだった。

広野と孝はその学生たちの中にいた。

不意を突かれ大学当局は慌てた。「封鎖を解いて直ちに退去しなさい」「君たちの要求は何だ」と学長らしき人物が、入学式のために準備した大きなマイクで、体育館に立て籠る学生たちに呼び掛け、話し合いを求めてきた。

「その話を最初に聞いたのは昨年亡くなったT氏で、『少々お待ちください』というバカ丁寧な返事をした」（同じく共に体育館にいた友人進藤の手紙）

しばらくたって中から小さなハンドマイクで返された答えは素っ気ないものだった。

「退去は拒否する」

体育館の中から回答した学生の声は「冷たく落ち着いたかすれ声」であったと、地元紙の北海道新聞は伝えた。しかし、体育館の中では、どう答えるのか、いったい誰が答える役をするのかを決めるのに時間がかかっていた。

「誰もやらなければ自分でやるか」

早朝、体育館の前でどう入ったらいいのかわからず皆が一瞬たじろいでいた中で、ドアのガラスを角材で最初に叩き割った時と同じだった。

「パリーン」。ガラスが割れる音は鋭く澄んでいたが、マイクで答えた孝の声は緊張でかすれていた。

「我々の要求は我々の行動が示している」

いったいどこの誰が、どんな理由で、何の予告もなく入学式を「粉砕」したのだ、入学式での挨拶を前日まで推敲していた学長の堀内寿郎は激怒したことだろう。「革新学長」の面目は完全に潰された。
報告によれば、体育館に押し入ったのは、研究者でもその卵ですらない、入学したばかりで北大の歴史を何も知らない、まだ「無知で浅学な」教養部の学生である。これまで苦労して北大の「民主化」のために努力してきた自分の顔に、チンピラ学生によって泥を塗られた気分だったに違いない。

二年前の一九六七年に北大の学長になった堀内寿郎は「革新学長」と呼ばれていた。

一九六〇年代は『革新学長』誕生への道程でもあった。六二年の学長選では杉野目三選阻止に向けて職組の支持を受けた堀内が起ち、絶対優勢と言われたが四票差で敗北した。六六年にも杉野目の後継者古市二郎理学部長に対して、堀内が職組の支持を受けて出馬したがわずか一票差で負けた。しかし、古市が急逝したため六七年に学長選が行われ、堀内は三度目の立候補で勝った。大学制度改革案から二〇年後、改革派の学長が誕生したのである。
(国立歴史民俗博物館研究報告　第二一六集『北大闘争の位置と思想』河西英通)

当時、全国の大学や高校では入学式や卒業式が学生達の抗議活動で中止になることが頻発していた。「学問の府」と思われていた大学での研究や教育が、現実の社会で果たしている役割が根本的に問われていたのである。学問のための学問はもはや存在せず、研究や教育の多くは大企業や国家の利益追求に寄与するためであり、大学は格差や差別の上にふんぞりかえり、教育を通してむしろそれを補強する役割を果たしている、そして、そのことを覆い隠しているのが「学問の府」という一部研究者の幻想である、という主張である。何も知らず、考えずに入学し卒業する学生に問題を提起したい、というのがこれらの活動や闘争の根底にあった。

この主張は多くの北大の学生や教職員の気持ちに寄り添っていた。特に前年入学した教養部二年の学生は、一年間の大学生活を通じて、北大が教授会・職員組合・大学生協・学生自治会の「大学人」によって巧妙に「支配」され、異論が排除されているように感じていたのである。この支配を支えているのが、北海道の研究・教育の頂点に君臨し、北海道における「最高学府」としての北海道(帝国)大学に所属する選ばれし者たち＝「大学人」による「大学の自治」という不思議な理念だった。

孝のように道外から入学した者にとって、それまで身近ではあまり聞くことがなかった「大学人」という言葉が、北大の自治会活動家たちの中で踊っていた。

当時、北大の学生自治会は全て日本共産党の青年組織である民主青年同盟の学生たちによってほぼ牛耳られていた。学生自治会は「全員加盟制」で、入学手続きでは大学の職員が、新入生から有無を言わさず授業料などと一緒に自治会費を徴収していた。

新入生には自治会と大学当局は一体のように見えた。


孝が入学した六八年、ドイツ語の最初の講義に登壇したのは教官ではなく教養部自治会の活動家だった。彼は入ってくるなり、新入生を前に演説を始めたのである。

「君たちの先輩としてこれからの大学生活で大事なことを訴えにきました。ヘルメットをかぶって暴れている輩は『全学連』を名乗っていますが、それは偽物です。『全学連』は『全日本学生自治会総連合』というのが正式名称で、全国の学生自治会のほとんどが加盟している我々の組織が正当な全学連です。あの連中は自治会とも全学連とも無縁の連中です」

「ナンセンス！」。新入生の一人がするどい大声で叫んだ。

「全学連は『ゼンガクレン』、人々の先頭で戦争に反対して懸命に闘う学生たちのことだ。ベトナム戦争に反対して血を流して闘っているのは彼らだろう。そんな時に、『正式』とか『正当』とか、そんなことに意味も興味もない。ドイツ語の授業のはずなのにおかしいだろう。帰れ！」

「ナンセンス（異議がある）！」という言葉に「それはおかしいだろう！」という真っ当な気持ちが素直に込められていたに違いない。痩せてひ弱そうに見える学生の発言だったが、妙に迫力があった。そして何人かの新入生が続けてこの「先輩」を鋭く批判した。自治会の活動家は「今まで新入生にこんなことを言われたことはなかった」というような表情で、一言も反論できず教室から寂しそうに出て行った。「大学人」とか「大学の自治」という彼らの大切な理念が、今年の新入生たちがこの大学に携えてきた「情念」と見事に乖離していることを、この活動家は知らなかった。

そして、発言した学生たちは、自分の「言葉」が思っている以上に力を持っていることに初めて気がついた。「言葉」が相手を圧倒し、一時的にでも屈服させることができれば、「言葉」は「武器」になるのだ。最初に発言したのは孝だった。

一九六九年四月一〇日の入学式は中止になり、新入生たちは教養部本館内で分散して堀内学長の「聞き取りにくい祝辞」を聞いた。体育館を占拠した学生たちは三時間半後、入学式の中止を確認して自ら退去した。孝は封鎖が自治会系の学生たちによって「暴力的」に解除されなかったことに安堵していた。実は、孝たちが占拠している間、北大三派と封鎖に加わらなかったノンセクトの学生たちは、体育館前で自治会系の学生や職員の包囲の中で集会を開き、実質的なピケットラインを張っていたのだ。

「我々の要求は我々の行動が示している」

四月一〇日の「入学式闘争」は、おそらく、この間しばらく、北大では誰からも発せられることがなかった、言いたくても言えなかった「異議申し立て」だった。

二　フンボルトの亡霊たち

堀内寿郎学長は、入学式のために用意していた挨拶を体育館ですることはできなかったが、その代わりに四日後、「全学に訴える」と題した長文の告示を出した。

しかし、この告示は必ずしも「全学」のすべての人々に宛てられたものではなかった。明らかに「大学の自治」を信奉する「大学人」にだけ宛てられたこの告示が呼び起こしたのは、封印されていた様々な北大の過去の「亡霊」たちだった。

「大学の使命は、研究と教育を通じて、人類社会に貢献することにある。この使命達成のために大学の自治が、必要不可欠であることが、数世紀にわたる経験の集積から学びとられ、教官、学生の一致した改革への努力によって闘いとられたものである。北大の現体制には幾多の欠陥がある。これらの欠陥は改革によって除かれなければならない。しかし、暴力によって破壊しなければ良き体制は生まれない。暴力によって破壊すれば良き体制が生まれる。という二つの命題は右記及び左記に事実によってそれぞれ反証されている根拠のない、しかも危険極まる教条である。去る十日入学式を暴力でもって破壊しようとした者が根拠なき教条をまに受けていたとすれば、立証された命題と根拠なき教条と区別しえない頭の弱さにある。この弱さは、我国の研究教育全体の後進性を特徴づけている。この後進の故に彼らは権威を攻撃しながら、別の形の権威を無批判に受け入れている。学者、研究者と呼ばれている人々の中にも大学改革によって厳しい学問の世界が出現するのを嫌って、手段として暴力学生を「支持」する者も現れるであろう。

学内に現れた暴力学生の行動は、私が三十五年前に目

のあたりに見たナチ御用暴力学生の行動と軌を一にする。但しこの場合は、原因は後進性よりは苛酷なベルサイユ条約による窮乏した生活の内に、ヒットラーに幻想させられたバラ色の夢にあった。しかし、十九世紀の初めからドイツに確立されていた学問の自由が生み出す学問の厳しさを嫌った所謂学者の一団が、すぐれた外国人、並びにユダヤ系学者を追放して厳しさを骨抜きにすべく、ナチスと結託して暴力学生を走狗としていた史実を想起させる。こうした破壊によりフンボルト以来営々と築き上げられた世界学術の最高峰は一挙にして転落し、三十五年後の今日に至るまで回復していない。この史実は、前述命題の明白な反証である。我々は前者の轍を踏むまい。大学破壊の暴力は許してはならない。教職員、学生、院生は一致団結して、暴力による大学の破壊から我が北大を守り抜こうではないか。」（四月一四日　学長告示）

「頭の弱い学生たち」が「教条的な間違った革命理論」に影響されて、「学問の府」を破壊しようとしている。まわりくどい表現の、長いだけでなく文法的にも問題のある悪文だが、学長の言いたいことは明白だった。

　この断固とした姿勢に自治会系の学生たちは安堵した。学長の論調は、普段読んでいる共産党や民青の機関紙の論理と基本的に全く同じだった。そして学内の新旧の党活動家たちは、北大でかつて共産党組織を牛耳っていた「所感派」や、唐牛健太郎たちの「社会主義学生同盟」の姿を思い浮かべていた。「教条的な間違った革命理論」はかつて党を破滅寸前まで追い詰めた。この轍を決して踏んではならないのだ。

　堀内学長の告示によって、ナチスの暴力学生という「フンボルトの亡霊」だけでなく、「山村工作隊」や「安保ブント」などの、封印されていた過去の革命運動の「亡霊」が北大に蘇った。

　二週間後の四月二六日、学長は新たな通達を出した。通達は二種類あった。最初に出された通達は一旦各学部に配布されたが、短時間で訂正された。正式文書として残っているのは訂正されたものであるが、学長の本音が訂正前のものにあることは自治会系の学生たちにはすぐ分かったはずだ。

「教職員に告ぐ（訂正前：教職員、院生、学生諸君へ）
今北大では、一部の学生集団がバリケード封鎖をする動きをみせています。
**　このような行動は大学の自治にとって危険であります。**

全学の教職員の団結によりかかる行動が未然に防止されるよう祈念します。

（訂正前：全学の教職員、院生、学生の団結により、かかる行動が排除されることを祈念します）」（四月二六日　学長通達）

動いたのは学生大衆に普段「暴力反対！」を唱えている自治会系の学生たちだった。

革命は議会で多数をとることだけでは達成できない、反革命勢力が「暴力」を行使するなら、「革命」は「暴力」で断固として守らなければならない。「二段階革命論」と「敵の出方論」を信奉していた彼らにとっては当然の判断だった。

北大の理学部は自治会系の学生たちによって「占拠」され、防衛のための「バリケード」とヘルメット、角材などの「武装」が準備された。入学式闘争に参加したノンセクトの「学部反戦」の学生は、理学部内にもはや立ち入ることができなくなった。

学長通達は「言葉による暴力」だけではなく、もう一つの「暴力」と「排除」を呼び起こしたのだ。

この時期、北海道の網走刑務所で熱心に差し入れの『赤旗』を読んでいる受刑者がいた。「白鳥事件」で有罪判決を受け服役していた村上國治である。

村上は獄中日記に「暴力学生」たちへの怒りをぶつけている。村上にとって「暴力学生」は、「白鳥事件」に関与しながら党と自分を「裏切った」北大生の姿と重なっていたに違いない。

「白鳥事件」には多くの北大生が関与していた。「裏切り者」の亡霊が現れたのだ。

『赤旗』を読み、暴力学生は次第に孤立を深めているようだ。没落階級のコンプレックス、ジェラシー、あせりであり、無能な没落階級の息子のやけっぱちが暴力学生の姿だ。サラーリーマンになってもほとんど役に立たず、「授業粉砕」を叫びながらその影ではレポートを提出している学生もいる、という。まったくふぬけ、なまくら能無しインテリの標本が暴力学生の正体であろう。

（『網走獄中記』）

入学式から七か月後の一九六九年一一月八日、北大に三〇〇〇人の機動隊が導入され、孝を含む本部に立てこもって抵抗した五名の学生が逮捕された。

一方、村上國治は封鎖解除からほぼ一週間後の一一月一四日に出獄した。まるで逮捕された五名の学生と入れ替わったようであった。しかし、逮捕された学生たちは「白鳥事件」の村上がまだ網走の刑務所で入獄していることなどは知る由もなかった。

機動隊の導入と本部及び各学部のバリケード解除によって、北大闘争は程なく終焉するだろう、と北大の大多数の学生や教職員は思った。確かに、バリケードが解除され、北大から「暴力学生」が排除され、授業が再開されれば、かつての秩序が戻るのかも知れない。「全大学人」の団結によって、「学問の府」「学術の最高峰」は守られ、「北大の権威」は戻るのだろう。しかし、少なくともそれは「今ではない」、本部で闘っていた学生たちと、その闘いと連帯して闘おうとした全共闘の学生は思った。なぜなら、「我々はまだ、今、闘っている」からだ。

早朝始まった一一月八日の攻防は昼までに終わらず、本部のバリケードは機動隊に突破されていなかった。内部に厳重に積み重ねられていたバリケードからは黒煙と紅蓮の炎が出ていた。

北大闘争は終焉するのか、それはいつなのか、この時それがわかっていた者はいなかった。また、わかろうとした者も数少なかった。

いつも闘いの前線にいた広野は、逮捕された孝たちの「救援対策」を行うため「救対（Q対）」の活動に参加する。この頃「救対」は後方部隊と思われていたが、やがて闘いの前線になる。

「本部闘争は、一見本部バリケードの陥落で終了したように見えますが、本当は、そこから別な異次元の闘争が始まっていました。裁判闘争です。これには苦労しました。今まで批判してきた「資本主義社会のルール」である「法律」上の手続きに従わなければならないからです。いつも議論のテーマになったのは、体制側の裁判所に何をどのようにどんな言葉で主張していけるのかということでした。我々の言葉は法律家には通じず、法律家の言葉は我々には法律上は理解できても、闘争上何の意味があるのかは理解不能でした。」（広野からの便り）

三　一九六九年一一月八日　〝北のトリデ〟

北大の封鎖解除は全国的な「事件」であった。北海道内の新聞だけでなく、全国紙にもこの「事件」の記事が掲載された。特に本部から出火し、建物が炎上したことは大きな「社会ニュース」として取り上げられ、新聞だけでなくテレビやラジオでも報道された。ただ不思議なのは、それらの報道が、当初から「学生による放火」と断定し、その詳細な「手口」まで伝えていたことだった。
一一月八日の『毎日新聞』東京版には、攻防の生々しい状況と併せて、早々と詳細な「出火の状況」が掲載されている。事件当日の夕刊である。記事の締め切りは学生たちが逮捕された午後〇時四〇分のたかだか数時間後のはずだ。

北大の封鎖解除　学生本部に放火して抵抗
…学生側は本部三階に通ずる階段を封鎖していた机やイスなどに重油をかけて放火、抵抗した。
（一九六九年一一月八日『毎日新聞』夕刊　東京三版一面）

狂った〝北のトリデ〟の抵抗
黒煙を上げる本部　機動隊三千に投石、火炎ビン
…屋上にたてこもった五人の決死隊にガス銃が撃ち込まれ、放水が浴びせられたが、コンクリートで玄関はがっちり固められ、要塞化した建物は学生たちの投石と火炎ビン投下に阻まれ〝城攻め〟は予想どおり難攻を続けた。
本部前のざんごうに築かれたバリケードが屋上からの火炎ビンで一斉に燃え上がり、荒廃し切った建物が真っ赤な炎に照らし出され無残な光景を描き出した。
放水車が本部正面玄関に向かった。この放水車の屋根で火焔ビンが突然火を吹いた。これを合図に屋上から一

斉に火炎ビンが投げられ、本部周辺は火と煙に包まれた。機動隊はこれに対して放水車三台を先頭に放水したが、屋上の決死隊は身を乗出しながらレンガや火炎ビン、硫酸を投げつける。

たまりかねた吉田事務局長が「封鎖中の学生諸君、今すぐ封鎖を解きなさい」と警備車の上からマイクで呼びかけた。すかさず一般学生から事務局長に「おまえこそ退去しろ」とば声が飛んだ。

午前十時四十七分、一階に隊員三十名が突入、学生らの激しい抵抗を受けながら約一五分で解除した。続いて二階も同様解除したところ、三階に通じる階段を封鎖していた机などに学生側が重油をかけて放火した。

このため火は一時燃えあがった。重油は二階にもこぼれたので二階も一部を焼いた。三階からは黒い煙をあげており、ハシゴ車が出動して消火にあたった。

また機動隊は屋上に立てこもる五名の学生に対し「危険だからハシゴ車でおりろ」と呼びかけた。学生たちは投石などの抵抗をやめ、東側の電車通りに向かって整列、マイクで演説、肩を組んでインターを歌っていた。

（一九六九年一一月八日『毎日新聞』夕刊　東京三版一一面）

この記事のニュースソースはどこにあったのだろう。外から見える攻防戦の様子はともかく、外からは窺い知れない内部の詳細な状況の情報ソースは、内部にいた警察官以外に考えられない。この短い時間に、果たして本当に記者は内部に突入した警察官を取材し、なおかつ「ウラをとった」のだろうか。

「玄関をコンクリートで固めた要塞」の屋上にいる学生たちは、「(警察の)予想どおり」抵抗をやめなかった。機動隊員三〇名は、(どこから入ったかわからないが)本部に「突入」し、一階から二階に通じる階段(ビッシリ机やロッカーが積まれ、丁寧に針金などで連結してあるはずだが)を「屋上から下りてきた」学生たちの「激しい抵抗」をものともせず、これを(カッターなど使わず)わずか「一五分」で取り除いた。さらに二階から三階への階段も同様に(あっという間に)取り除いたところ、どこからか重油を持ってきた学生が階段に火をつけた、というのだ。そして、(おそらくこれが最も重要だが)学生たちは抵抗をやめた。

広く知られているように、こうした公安事件の報道内容は概ね警察が流す警察発表によっている。一一月八日の北大封鎖解除の詳細な内部状況がその警察発表であるとすると、警察には既に詳細に描かれた上のような「ストーリー」があったに違いない。このストーリーを「入手した」からこそ、夕刊に間に合う「状況が目に浮かぶような記事」が書けたのだろう。

もちろん、逮捕され勾留された五人の学生たちは、新聞が本部闘争をどのように報道しているかなど知る由もなかった。本部建物から出火した時の状況は、この記事とは全く異なっていたが、それを知っているのは、逮捕されバラバラに分断された五人の学生たちだけだった。

孝の母縫子は、息子の逮捕をテレビのニュースで知ることになる。「あっ、お兄ちゃんだ！」。孝の中学生になったばかりの弟が、テレビの画面で、機動隊員に連行され消防車の梯子から下ろされる姿を見て叫んだ。見ていた家族は全員黙り込んでしまった。

孝が学生運動に加わっていることは、家族全員が薄々知っていた。特に縫子は購読していたグラフ雑誌の表紙に孝を発見して以来、そのことを確信していた。東大の封鎖解除を特集したそのグラフ雑誌の表紙には、縦に白い太線が入った鮮やかな赤色のヘルメットを被り、タオルで覆面をして、片方に目を描いた厚紙を貼った眼鏡をかけた孝が大きく写っていた。マジックインクで手書きされた「ＳＦＬ」は「孝の字」だ。タオルは正月に帰省した孝に渡した見覚えのある三色の新品のタオルだった。そしてその時、何よりも心配したのは、孝の眼鏡の右レンズが割れて、その代わりに目を描いたオレンジ色の厚紙が嵌められていたことだった。

孝の七歳違いの弟は、小学校に入る前、外で遊んでいた時の事故で左目を失明していた。「兄弟二人揃って失明したら」。そのことを考えると、縫子の胸は張り裂けそうだったに違いない。

しかし縫子は、正月帰省してから会っていなかった孝が「生きていた」ことだけで安堵した。

四　一九六九年一月一八日　東大列品館

一九六九年一月初め、東大キャンパスは騒然としていた。安田講堂など多くの建物が全共闘の学生たちによってバリケード封鎖され、まもなく安田講堂などには機動隊が導入されることになっていた。

帰省していた孝は、封鎖解除前に少しでも全共闘の学生たちの手伝いをするつもりで、札幌に帰る途中東大に入った。当時一番シンパシーを感じていたのは社会主義学生同盟（社学同）マルクス・レーニン主義派（「ＭＬ派」）

という政治組織だったので、とりあえずこの組織の学生部隊「学生解放戦線」に合流することにした。
眼鏡のレンズは、その「学生解放戦線」の「武闘訓練」で割れた。訓練相手の鉄パイプが孝の顔を直撃した。間一髪、思わず顔を引いたのでレンズだけで済んだのだ。
封鎖解除直前の東大のキャンパスは一様に殺気立っていた。

ＭＬ派は封鎖解除の際、安田講堂手前の列品館という建物で機動隊を迎え撃つことになっていた。激しい攻防が予想されるこの建物に残る人員が不足していたのだろうか、孝はいきなり列品館にたてこもるよう要請された。学生部隊の正式な構成員でもなく、それまでその派の集会に出たこともない、たかだか「シンパ」の一年生にである。

孝は迷った。追い詰められ、緊迫している東大の闘いに外人部隊として参加し、闘いに殉ずるのもいいかもしれない、それが一瞬頭をよぎった。

しかし、北大には仲間たちが待っていた。帰ったら北大の状況をどう変えられるかを議論する仲間たちの「合宿」も予定されていたはずだ。孝をはじめ、どこの政治組織やその学生組織に所属していない「ノンセクト」の教養生たちを中心に、「教養クラス反戦」という「集団」が作られていた。孝は「自分の大学でやることがあります」と断り、封鎖解除が予想された一月一八日の前日に、少し申し訳ない気持ちを抱えて東大を離れた。

ここは自分のいる場所ではないのだ。どこなのかわからない地図が表紙に載った『アデン、アラビア』を持って、孝は上野駅から急行列車に乗って青森に向かった。札幌に着くと、孝はまもなく二〇歳になる。

ぼくは二十歳だった。それがひとの一生でいちばん美しい年齢だなどとだれにも言わせまい。

一歩足を踏みはずせば、いっさいが若者をだめにしてしまうのだ。恋愛も思想も家族を失うことも、大人たちの仲間に入ることも。世の中でおのれがどんな役割を果しているのか知るのは辛いことだ。

（ポール・ニザン『アデン、アラビア』篠田浩一郎　訳）

列品館では予想された以上の激しい攻防があり、学生側にも多数の重傷者が出た。そして攻防の中で出火し、全共闘運動の中では初めての「現住建造物等放火罪」が適用された。

刑法第一〇八条
放火して、現に人が住居に使用し又は現に人がいる建

造物、汽車、電車、艦船又は鉱坑を焼損した者は、死刑又は無期若しくは五年以上の懲役に処する。

母の縫子は「救対」からの連絡であらためて息子の逮捕を知った。

正月で帰省した時もすっかり痩せ細っていた。手紙で「眼鏡が壊れたけど、心配ない」と連絡をしてきて以来、夏休みにも帰省しなかった。滅多にかかってくることがなかった電話は夏休み以降、どこからかはわからなかったが、時々かかってくるようにはなった。電話はいつも一方的に必要なことだけ話して切れる。「そんなに心配することないからね」が電話を切る時の決まり文句だ。しかし、心配と不安で縫子の胸はいつも張り裂けそうだった。

逮捕された五名のうち少年を除く四名の学生は、一九六九年一一月三〇日、「現住建造物等放火」など五つの罪名で起訴され、翌年の五月まで勾留される。「一一・八北大本部裁判闘争」が始まった。

五　あなたたちが火をつけたでしょう！

翌一九七〇年二月、第一回目の公判が開かれた。そして公判は一九七一年七月、弁護側最終陳述が終わるまでの一七ヶ月の間に三九回開かれた。平均してもほぼ月二回以上、当初の検察側立証段階では週一回を上回るペースで一気に審理が進んだ。

被告たちが勾留されたままの反証は困難を極めた。事実が充分わからない中で、弁護士の反証方針は抽象的にならざるを得ず、被告人等により冒頭陳述は法律的な争点とは噛み合わない「叫び」に過ぎなかった。しかし、被告たちは自分たちが単なる「暴力学生」として片付けられてしまうことに心の底から怒っていた。

「法律論としても、検察側は、現住建造物放火罪の成立に多くの力を割いています。凶器準備集合（結集）罪、公務執行妨害罪、住居不法侵入罪は、それぞれ現行犯なので、有罪の成立は疑いもなく、その動機として全共闘運動を主張出来たわけです。」（広野の手紙）

一一月八日の機動隊導入時に、本部横にある図書館に立てこもり、一時間半ほどで逮捕された学生たちが所属する革命的共産主義者同盟（革共同）革命的マルクス主義派（「革マル派」）は、裁判闘争を準備している全共闘や「救対」に対して「統一公判」の申し入れをしていた。北大闘争の中で全共闘やクラス反戦を「原則的な自治会運動を放棄した『裸踊り』『岩波新書』程度の理論しかない『ナンセンス・ドジカル』など激烈に批判していたこの政治党派との「統一公判」を、孝をはじめ被告たちは誰も望んでいなかった。「救対」は、勾留されている被告と家族との対応、裁判の準備と同時に、この申し入れを断ることに苦慮していた。

公判の担当は札幌地方裁判所刑事第五部（渡部保夫裁判長）だった。渡部は刑事部一筋の、厳格に法を適用する裁判官、また簡単には「警察」を信用しない裁判官として有名であった。しかし、一方で渡部の法廷内の「秩序維持」は強権的で、訴訟指揮は異常なまでに強引であった。

そして何よりも、渡部の「暴力学生」に対する「予断」はあからさまだった。「何をするかわからない連中」と身構えているのが、被告席からもありありと感じられた。被告が一言でも発言をすると、「発言の機会は後で保証されている。黙りなさい！」と強く警告された。傍聴席からの発言には特に敏感に反応し、即座に「退廷」が命じられた。不思議なことに、このベテランの刑事事件担当の裁判官が、「求釈明」という刑事訴訟法上の基本的な手続きを飛ばしてしまい、被告の一人から「注意」されるほど慌て、急いでいたのだ。

渡部も「暴力学生」の亡霊を見ていたのかもしれない。

公判の日程は過密だった。公判では、少なくとも北海道の直近の公安裁判では例を見ない「荒れる法廷」が現出した。

第一回の公判時には不思議な「ハプニング」が起きる。審理が始まるとまもなく「あなたたちが火をつけたでしょう！　私は見てました！」と傍聴席から一人の若い女性が叫んだのだ。学生とは思えない女性だったが、裁判長から静かに「退廷しなさい」と言われて素直に退廷した。被告席の被告たちは、いったい誰が、何のために、そんなことを言いにわざわざ傍聴に来たのかわからなかった。孝は「権力が動揺を誘うために送り込んできたのか？」と不思議に思ったが、一般市民が「義憤」に燃えて、わざわざそのことだけのために傍聴に来た、とは全く思わなかった。しかし、「何をするかわからない暴力学生」の亡霊を見ていた渡部裁判長には「あなたたちが火をつけたでしょう。私は見てました」という叫びが「心証」に強く刻み付けられたのかもしれない。

この裁判は当初から「現住建造物等放火罪」成立が最大の目的であったのだ。

「しかし、放火罪は実行為者の特定が欠かせません。何故なら、失火かも知れないし、突入した機動隊員による過失の可能性すらあり得るわけです。…それを特定するために、被告達の分断と孤立を画策したものですが、当時の弁護団や救対も気が付きませんでした。」（広野の手紙）

審理は「荒れ」続けた。三月に開かれた第三回公判で、公判日程の過密さだけでなく、保釈請求の却下をめぐっても弁護団から厳しい抗議が行われ、それに傍聴席の学生たちが立ち上がって呼応した。「ナンセンス！」。裁判長は「退廷！」と叫んだが、抗議をやめない学生たちの拘束を廷吏に命じた。そして前代未聞の「二七名もの監置処分」が下された。

監置（かんち）とは、法廷等の秩序を維持し、裁判の威信を保持することを目的とする「法廷等の秩序維持に関する法律」による監置場への留置をいう。期間は二〇日以下であり、過料が併科されうる。監置の裁判は決定でする。

同法による監置および過料は、従来の刑事的・行政的処罰のいずれの範疇にも属しない特殊な処罰である。同法による監置及び過料の裁判をするに当たっては令状の発付など憲法の要求する手続が適用されず、証拠調べを義務づけていない。

名古屋から出てきた縫子は、孝と久しぶりに、この法廷で「会う」ことができた。傍聴席は全共闘の学生たちでいっぱいだった。孝と一緒に逮捕された進藤の父母、武智の母親も来ていた。

家族たちも退廷を命じられたが拘束はされなかった。縫子は生まれてはじめて国家の「権力」が行使される状況を目の当たりにした。

「権威」が脅かされる時、「権力者」は躊躇いなく「力」を行使する。北大で起きたことと全く同じことが縫子の目の前で起きたのだ。縫子はいつの間にか、学生たちのシュプレヒコールに唱和していた。

「被告を奪還するぞー！」「裁判闘争に勝利するぞー！」

実はその頃、四人の被告たちにも「奪還」しなければならない大切なものがあった。しかし、その時はまだ、すぐ近くにあるそれがいったい何なのか、わからずにいた。「奪還するぞー」というシュプレヒコールを遠くに聞きながら、被告たちはまたもやバラバラに分断され拘置所の独房に戻された。

六　一九六九年夏　教養部バリケード封鎖

北大闘争、特にその発火点となった「入学式闘争」は、北大当局と自治会系の人々にとっては許すことのできない「大学の自治」に対する「破壊活動」であったが、それ以外の北大関係者の多くは、この闘いを「教養生の未熟な行為」と受け止めていた。だがしかし、この闘いのどこが、どのように「未熟」なのかを、闘った学生たちに直接指摘した人は数少なかった。「権威」以外の方法で、彼らに影響を与え、動かす方法をそれまでの世代はおそらくまだ誰も知らなかったのだ。「入学式闘争」を闘った彼らは「権威を疑う」ことを教えられ、「権威あるものでも間違っているなら従う必要はない」と信じたおそらく最初の世代だった。

北大には多くの「亡霊」が住んでいた。自らの「民主主義革命」を守り、過去の「革命運動の亡霊」と闘うために「暴力」をいち早く選択した日共民青だけでなく、それ以外の政治潮流に属する人々、そして無党派や大学当局に批判的な教員や助手・院生も、皆それぞれの「亡霊」を見ていた。「権威」の陰から姿を現したのは、さまざまな人々が見る「亡霊」だった。

ノンセクトの闘い、特にノンセクトの学生のみで行われた「体育館占拠闘争」は、高校生並みの「未熟な闘い」と、北大のほとんどの政治組織（『党派』）、そして「大人」と呼ばれた教官の多数もそう考えていた。不思議なことに、この「入学式闘争」を反発も含めて、真正面から受け止めたのは、むしろ北大に入学したばかりの新入生たち、そして北大を目指しながら入学できなかった浪人生たちだった。しかし、最初に動いたのは、さまざまな「党派」だった。

一九六九年六月二八日未明、大学本部や主要学部から遠く離れた教養部の建物が、六〇名ほどの部隊によっていきなりバリケード封鎖された。封鎖したのは赤ヘルメットの「社会主義学生同盟（社学同＝「ブント」）」の部隊であった。全道から動員された北大以外の学生や高校生、浪人生、そして労働者も含まれていた。

実はこの封鎖には「背景」があった。ブントを含む革マル派以外の三派は、五月に行った本部建物のカンパニア的（象徴的）封鎖を、日本共産党およびその青年組織である民主青年同盟（『日共民青』）の「軍事組織」に実力で解除され、「駆逐」されていたのだ。

本部封鎖解除では教養部闘争委員会（「C闘委」）や学部共闘会議（「学部共闘」）も三派の学生たちと共に、「武装」では格段の差があった日共民青の「軍事組織」と戦った。C闘委にとっては初めての本格的な「ゲバルト」だったが、無鉄砲にもその先頭で戦っていた。この戦いでは多くの負傷者が出たが、その多くはC闘委、学部共闘の側だった。北大で登場したことがなかった「盾」がこの時初めて登場した。投石も容赦がなかった。これまでのように威嚇的に投げる小石ではなく、レンガなどが顔面を狙って投げられた。

ともあれ、民青の姿勢は厳しかった。すでに五派連合や革マル派は国家権力の「補完物」「反人民的刃」であると断じていたが、五派連合が学連による封鎖解除を暴力的だと非難している点に対して、「理性的な話し合い」を拒否した五派連合は「大学に存在する必要はないし、又社会的にも抹殺される以外にない」と強烈な反批判をしている。

さらに教育学部院生協議会も次のような暴力論を展開した。「一般的な暴力否定では通用しなくなった段階、大学自治を破壊する暴力を否定する為に〝暴力〟を用いなければならない段階にまで事態が進展していたこと、それだけ、大学自治が危機に陥っていた」

（『北大闘争の位置と思想』河西英通）

「二〇〇一年度に退職したある教員は紛争時について、「〝全共闘〟に対抗した勢力が軍隊組織として行動していること」を回顧している。千葉誠哉「北大を去るにあたって」『北大時報』第五六四号、二〇〇一年三月」

（『北大闘争の位置と思想』註（二二一）河西英通）

ただしこの封鎖解除は、日共民青の自治会系学生にとっては予期せぬ結果を生んだ。普段「暴力反対」を唱えていた彼らが「暴力学生」以上に暴力的であり、「過激」だったことが白日の元に晒されたのだ。教養部では各クラスから「弾劾決議」が上がり、彼らを擁護する大学当局に対しても「ストライキ決議」が上がった。久しぶりに成立した教養部の学生大会では民青系の自治会執行部が、北大自治会史上初めてリコールされた。

ブントにとっては、本部封鎖解除で失った闘争の主導権と「メンツ」を回復する絶好のチャンスが訪れたのだ。秋からの「決戦」に備えて、北大での「主導権」を守らなければならない、そして何よりも物理的な闘争拠点を是が非でも確保しなければならない、北海道の三派の中では最大の勢力を誇っていたブントにとって、この目的を実現する格好の場所が、この北大教養部だった。全道から動員した「外人部隊」で、教養部の闘争当事者であるC闘委の意思をも無視して、未明いっきに封鎖を強行した。

もちろん、事前に当事者のC闘委にまったく相談しなかったわけではない。しかしそれは「相談」ではなく「指導」であった。事前に「オルグ」と称してC闘委の主要な活動家に説得を試みたが、その内容は「封鎖闘争に参加しろ」という恫喝に近い「指導」だった。この封鎖闘争にはブント以外にも構造改革派の共産主義労働者党（「共労党」）の学生組織の活動家なども加わっていた。孝は封鎖の何日か前、共労党の教養生高田から封鎖闘争に賛成するよう説得された。

ただ三派のうち社会主義青年同盟解放派（「解放派」学生組織は「反帝学評」）は、ブントの封鎖強行には加わらなかった。C闘委のほとんどの学生が反対しているのを知り、むしろそれを擁護し、ブントの横暴と闘っていた。

解放派は教養部の中だけでは活動家の数が他の二派より多かった。特に六九年入学の新入生や浪人生では、解放派の活動家が主流だった。それは六八年に入学した活動家の個人的力量や人間性に拠ったのだろう。解放派は六八年まで、北大では数人しか活動家がいない弱小党派であったが、この年入学した活動家たちが組織を拡大し、ブントや中核派に匹敵する党派にしたのだ。

それと、当時の解放派の「理論」は全共闘運動の「思想」と不思議と重なっていた。解放派は新左翼のほとんどの党派が「マルクス・レーニン主義」を標榜する中、レーニンと対立しレーニンから批判されたドイツの革命家ローザ・ルクセンブルクの理論や行動を評価していた。「党建設より評議会（コミューン）運動を」、全共闘の結成を北大で最初に提起したのは解放派であった。

五派連合のなかでいち早く全共闘結成を提起したのは反帝学評である。四月末から五月にかけて、「大衆的全共闘運動」の構築をかかげている。
（『北大闘争の位置と思想』河西英通）

またこれら「三派」と言われた党派にとっても、北海道は特異な地域であった。一九六八年夏、三派によって作られていた「三派全学連」は方針をめぐって分裂し、「中核派全学連」とそれ以外の党派による「反帝全学連」に分かれていたが、北海道では党派間の争いはほとんどなく、「和気あいあい」と言ってもいい雰囲気であった。東京の戦いに疲れ、半ば逃亡するように戻ってきた党派の活動家でも、北大に戻るとどの党派の活動家からも労わられた。中央で始まっていた党派内部での激しい党派闘争とはまだ無縁のように見えた。

しかし、この党派闘争の波はすでに北海道に届き始めていたのだ。こうした中での自治会系学生による暴力的な「封鎖解除」は、各党派の活動スタイルを劇的に変えるきっかけになった。「スターリニスト」の亡霊が目の前に白昼堂々と現れたのだ。その「スターリニスト」に「駆逐」されたままでは組織の存在そのものが危機に陥る。

ブントは教養部封鎖に反対するC闘委の活動家を「日和見主義者」と厳しく糾弾し、反論には威圧と暴力で応えた。教養部のブント活動家も封鎖に反対するものが多かったが、封鎖後教養部に向かったこれらの教養部のノンセクトおよび三派の学生は「封鎖に賛成か反対か」と問われ、「賛成」と答えない者は入ることができなかった。教養部のブント活動家だった菅野は、この時、封鎖を行なった北大ブントの指導者小田に殴られ、軽くない怪我を負った。C闘委の女性が見かねて治療をしたが、これまで教養部内でC闘委のノンセクト活動家と共に中心的に活動し、先頭で闘ってきた菅野は北大闘争から去り、二度と仲間の前に現れなくなった。

ブントは春以降、大きく変貌していた。組織内部でも抗争があったのだろう、これまで教養部生と親しくしていた、教養部のすぐ裏にある恵迪（けいてき）寮のアジトにいた学部のブント活動家の多くが、活動の場からいつの間にか消えた。

北大ブントの中では、理論的に最も優秀な活動家と言われていた山下は、中央の指導部に引っ張られたということで、代わって経済学部の小田が北大ブントの指導者になっていた。小田はノンセクトの学部反戦の一員として「入学式闘争」にも加わっていたが、オルグされてブントの先鋭な活動家に「変貌」していた。穏やかで、理論的に納得できないことにはことのほか慎重だった小田は、全く別人のようになった。新入生の頃に入っていた「北大新聞会」で山下を知っていた孝は、小田をオルグしたのは理論家の山下だと思った。

大学に入学し、時間の経過と共に次第にいっぱしの活動家として熱をあげていく中で、私は一度、招集された「学対会議」というのに代理で参加したことがあります。私が属していた社会主義学生同盟という政治組織の指導部が学生対策として、各大学の組織責任者や中心的活動家を集めて闘争方針や活動方針などを討議、伝達する会議といえます。

その時に、北海道大学の学生で学対の指導部成員となっていたYという人を知りました。その会議で熱弁をふるった彼は、そのまま私の大学の過激サークルとして名を馳せていた「現代思想研究会」（かの有名な重信房子さんが事実上の責任者）の部屋に顔を出し、熱心に教えを垂れていたことがあります。痩せてはいましたが、精悍そのもので、今もはっきりと記憶に残っています。

「今迄、哲学者は、色々と世界を解釈してきたのだが、大切なのは社会を変革することなのだ!!」とマルクスの有名な言葉をひきあいに熱弁をふるいました。その一字一句が、私の真白な脳裏にしっかりと刻み込まれました。

それから三十余年、生徒であった私は、今のいまも、その教えを実践していかんと努力していますが、その高説をたれ、私を実践活動にふるいたたせた張本人は、今どうなっているのでしょうか。

（『嗚呼!!　任侠ボリシェビキ』田中義三）

この時、孝も小田に殴られたらしいが、全く覚えていない。そんなことよりしなければいけないことが山積みだったからだろう。C闘委の中でも「分裂」が起きていた。

七　C闘委の「中間総括」

本部封鎖解除はC闘委の学生たちにも大きな衝撃を与えた。「理性的な話し合い」を拒否した五派連合は「大学に存在する必要はないし、又社会的にも抹殺される以外にない」という日共民青の姿勢は、大学当局の本音をあからさまに表現している、と改めてC闘委の学生たちに確信させた。実際、封鎖解除した屋上には、自治会系の学生たちだけでなく、明らかに大学当局者と思われる人物が並んで立っており、全共闘系の学生を見下ろしていた。そしてその横では、抗議する学生たちに石を投げ下ろす人物もいたのだ。「封鎖解除」は当局公認であり、目的は単なる封鎖の「解除」ではなく異端者の「追放」と「抹殺」なのだ。

C闘委のノンセクトの学生たちは自治会系の封鎖解除に対してクラス討議を組織し、大差で弾劾決議をあげていった。また一体となっている大学当局への抗議をストライキ決議として表現した。ほとんど成立することがなかった教養部の学生大会が成立し、民青が牛耳る自治会執行部はリコールされた。C闘委は、問題提起型の「入学式闘争」から脱皮する手がかりが初めて生まれたと感じていた。

しかし、その中でブントによる教養部の封鎖強行が一方的に行われた。党派の横暴や「引き回し」に失望し、闘いの現場から去って行く者が何人も出てきた。一方で、自治会系の意図が「追放」と「抹殺」であるなら、それと直ちに立ち向かう以外ない、躊躇はできないと考える者もいた。議論はすぐにはまとまらなかった。

一方、ブントの単独封鎖は教養部内を徐々に変え始めていた。教養部の教室や教官室が「荒れ」始めていたのだ。特に「外人部隊」の狼藉は目に余った。C闘委は何度も議論をし、「直ちに合流し、封鎖に責任を持つこと」を決定した。

確かに「告発」は「告発」のままでは何も生まないのだ。C闘委は、合流した後、まず教養部の「自主管理」を始めた。また「バリケードにいる者なら誰でも参加できる自由な議論」の場を設定した。「全体会議」と言われたこの話し合いは、ほぼ毎日続いた。ブントは「全体主義会議」と揶揄し、いつも単独の秘密会議を行った。その時間になると小田が「あかー、ヘルメット軍団のしょくーん」とマイク放送を行なったが、いつの間にか会議は開かれなくなった。外人部隊を主力とした社学同の部隊は少しずつ減り、夏休み明けには教養部からほとんどいなくなっていく。

C闘委は夏休みに入って一〇日間、集中的な「理論合宿」を行なった。これまでの闘いをどう捉えて今後どこへ進むのか、真剣で生真面目な議論を行った。そしてこれを『北大闘争中間総括』と『自主講座運動』、『大学立法批判』の三冊のパンフレットにまとめた。ノンセクトの学生がほぼ単独で行った「入学式会場占拠闘争」から始まった北大闘争の「位置と思想」が、おそらく初めてC闘委の中で対象化された。

以下は、『大学立法批判』（教養部闘争委員会（準））の抜粋である。

「我々の現在の闘いは、何か自己の外部にある悲惨（ベトナム戦争）への即時的反応によって引き起こされ、そして悲惨（即自）と闘っている自らを対象化する過程において形成されてきたのである。」

「『ブルジョア入学式粉砕！』と書いた横断幕が何処へ行ったかわからず、小さなハンドマイクで入学式の犯罪性を喧噪の中に霧散させた、それはあまりに拙い我々の出発であった。しかしこのささやかな闘いも、理性過多症たる〝大學人〟の眠りを破るには充分であった。」

そして、「我々の闘いのスローガンは教育の帝国主義的再編阻止！であらねばならない」とし、次のように言い切った。

「権力意志の浸透を許している学内の諸機構、諸階層

の現実を暴露し、それを通じて権力への隷属関係をたち切るべく学内闘争が不断に展開されねばならないのだ。」

この「中間総括」に対しては、一部の無党派で当局に批判的な教養部の教官たちが応えた。当局はもちろん、当局に批判的であっても、学部の教官や何らかの形で党派に関わっていた教官たちはほとんどこれを無視したようだ。「未熟な入学式闘争」を行なった教養部の学生たちの「未熟な言葉」で書かれた総括には、興味がなかったのだろう。ここにも「権威」が陰をおとしていたのだろうか。

状況への強いられた追随は、いま切断されなければならない。そのためには圧力集団から変革集団に転質せよ、と呼びかける声が『総括』の中から聞きとれる。この転質とはいったいどのようなことなのか。

―しばしば、北大闘争は東大・日大闘争に較べて質がおちる、と言われる。

『総括』もその批判を受け入れた文脈で書かれているふしがある。しかし私は、そうは思わない。質がおちるのではなくて、異質である、と思う。それは、北大の先輩たちが苦労と工夫を重ね、積みあげてきた革新の諸成果、これを「水」にたとえるなら、その水の中を北大闘争という魚が泳いでいる有様である。しかし、『総括』では、この水への留意が残念ながらあいまいである。そのうちに水は涸れ、魚が死んでしまいはしないか。変革集団への転質とは、この「水」に留意することであり、東大・日大闘争をお手本に質を「深める」ということではない。そのような深め方によっては、北大闘争の外在性がますます露呈するばかりであろう。…「水」に留意するとは、あの転質への意欲をあくまで北大状況の中で客観的に機能させることである

(『北大新聞』六九・九・一五　奥山次良「『All Power To the People』―『北大中間総括』を読んで」)

ここでは戦後北大における「革新の諸成果」、「北大状況」を絶やさぬことが「北大闘争」の永続化、「転質」にとって必要であり、東大・日大闘争との「異質」化のカギであることが示唆されている。しかし、現実的には「水」の中から「魚」は飛び出していった。

(『北大闘争の位置と思想』河西英通)

北大にはかつて「イールズ闘争」という東大・日大闘争にも匹敵する誇るべき闘いがあった。また「白鳥事件」には多くの北大生が関与していた。しかしC闘委の学生

たちには、この「イールズ闘争」や「白鳥事件」が、「入学式闘争」から始まった北大闘争の大切な「手本」や「教訓」になるかも知れない、という認識はこの時なかった。北大の学生運動の歴史の中に自らの闘いの現在を位置付ける余裕などなかったのだろう。

ちなみに『中間総括』はこんな一節で終わっている。

ねえ君、理論は灰色で、緑に萌えるのは、生命の黄金の樹だ（レーニン）

（「レーニン」と書かれているが、実はレーニンが著作で引用したゲーテ『ファウスト』からの孫引きである。レーニンもまたゲーテを愛読し、一九一七年に国外に逃亡した際にはネクラーソフの詩集とともにゲーテの『ファウスト』を携えていたという）

C闘委のノンセクトの学生たちは、ここでも、自らの闘争の総括をレーニンの言葉で飾ろうとした。本当は、何も飾らず、レーニンでもゲーテでもない自ら自身の言葉で、「今ここにある問題」として語らなければならなかったのだ。C闘委もいつの間にか「マルクス・レーニン主義の亡霊」を見ていた。革命を目指さない「大衆」と呼ばれることを「恐れ」、必ずしも「マルクス・レーニン主義」を完全には信じていない自分を「弱い闘争主体」と感じていたのだろう。

「水」の中から「魚たち」は飛び出そうとしていた。C闘委や学部共闘だけでなく、三派の学生たち、そして民青の学生たちさえも。

八　『And I Love Her』

北大教養部は広い大学の北端にあった。本部、農学部、理学部の重厚な建物や、文系四学部、工学部の当時としては近代的な建物とは違って、三階建ての安易な作りの校舎で、大学というより高校のそれに近い、ただ広いだけのコンクリート造りの味も素っ気もない建物だった。

この教養部に全学生の半数近くが「収容」されていた。各教室だけでなく、教官たちの部屋も簡素なものだった。教養部は、北海道大学のイメージとはかけ離れた、まるで大きな予備校のような存在に見えた。実際、この教養部の成績で、移行できる学部・学科が決定した。就職に有利な人気学部に移行するには、また競争して「勉強」しなければならない。「大講堂」と呼ばれた体育館のような大きな教室ではまるで大手私立大学のような「マスプロ教育」が行われた。

大学闘争で明らかになったのですが、教養部は校舎も

学部と離れていて、学内でも差別というか、冷遇されていました。教員についていえば、研究条件など学部とは差別されていたし、大学運営についての決定権もあまりなかった。

（『風の吹きわける道を歩いて』花崎皋平）

この広い教養部建物の「封鎖」を維持するには大きな「力」が必要となった。しかし、夏休みに入って帰省する者が出てきたこともあって、封鎖に加わる者は減ってきた。また、バリケードの維持に汲々とする活動は、これまでのC闘委の活動スタイルを大きく変えてしまった。かくして、クラス討論やクラス決議を重視し、批判はもちろん、参加するかしないかも自分で決める「クラス反戦」の活動スタイルは大きく変わり、そのことに嫌気がさして、闘争から距離を置く者も出てきた。自由闘達だった「クラス反戦」は崩壊しようとしていた。教養部の入り口に作られたそれほど強固でないバリケードは、クラスという開かれた空間の中で生き生きと活動していたC闘委の活動家たちを、異なる価値観や意見ともはや出会うことのない、狭い「閉ざされた」空間に閉じ込めてしまった。

また教養部の党派の活動家にも大きな変化が出てきた。全国の学園闘争の「陰」で、凄惨な党派間、及び党派内の抗争が始まり、それは後戻りできないほど激化していたのだ。東大安田講堂の攻防戦の前後、駒場で行われていた革マル派と解放派の主導権争い「青解・革マル戦争」は、この後、新左翼党派を破滅させる「内ゲバ」の凄惨さと虚しさの始まりであった。安田講堂の攻防戦という輝かしく見えた「光」の後から、深い「陰」がやってきた。

同じ東大におりながら、かたや本郷で籠城戦を目の当たりにしている状況、かたや駒場で革マルと消耗戦（無益な戦い）をしていたのだなと改めて思い返しました。（同じクラスの友人で解放派廣田のメール　二〇二二年）

バリケードでは夕方になるとブント小田の「あかー、ヘルメット軍団のしょくーん」という独特のイントネーションで始まるマイク放送があり、その後、孝たちは毎日のように「全体会議」を行った。会議で分担を決め、夜遅くまでビラ作りや「立てカン」と呼ばれた大きな看板を作った。そして何よりも、夜になるとバリケードの「防衛」が必要だった。

バリケードにC闘委が加わってしばらく後、理学部にたてこもる自治会系の学生たちが教養部にデモをかけてくるようになった。ヘルメットを被り、角材などを持って、「ふーさ（封鎖）解除」「ふーさ（封鎖）解除」と掛け声をかけてやってきた。人数は教養部に泊まり込んでいる「防衛隊」より多く、「武装」の質もC闘委のそれを上回っていたように思えた。

三派の「防衛隊」がいて、泊まり込みの人数が比較的多かったので、孝たちはバリケードから反撃に出て、自治会系の部隊と中央道路上で対峙した。おそらく北大闘争に火炎瓶が登場したのはこの時だろう。威嚇するために対峙している相手部隊の前方に向かって投げたのだ。

ビンに布をつめそれに火をつけて投げるタイプの火炎瓶は「不発」が多かった。誰かが『球根栽培法』というかつての武装共産党時代のパンフを持ち込んで作った新しいタイプの火炎瓶は、もう少し「マシ」だった。投げて瓶が割れた後しばらく火がつかないので、「不発」と思った相手が動き始めた瞬間火が付く。火が出ると最初は「わーっ」とクモの子を散らすように相手の隊列が乱れた。威嚇の効果が高かったようだ。

日本の学生運動の「伝統」なのか、いつも「武器のエスカレート」は党派間や党派内の抗争から始まる。北大も全く同じだった。夜が明けて誰もいなくなった中央道路を、孝は一人で掃除した。ガラスの破片が気になったからだが、やけに虚しいことをしている気がしてため息が出た。

孝が一月、東大闘争の応援に入った時、全共闘のほとんどの部隊が駒場の学生大会に出かけ、もぬけのカラになった安田講堂の留守部隊になったことがあった。その時もやはり日共民青の部隊がデモをかけてきた。安田講堂前の広場の向こうに、白か黄色のヘルメットを被り腕組みをしてこちらを傲然と見ている大きな男がいた。安田講堂のバルコニーから石を投げてみたが、投げた石は男に届かず、コロコロ転がって足の手前で止まった。男は「ニヤリ」と笑っていたような気がした。あれが噂の「あかつき行動隊」だと孝は思った。

ところが、こうした批判や非難の影で、党内で密かにわれわれを評価する者もいた。党中央の連中である。評価と言っても「早大や中大、法大の連中はなかなかやるじゃないか」という、要するに暴力装置としての評価である。…

だが頭のいい奴ほど一度暴力装置を握ると、それに頼るようになる。かくて、党中央の評価と私ら一部の者の気楽な考えが幸か不幸かクロスし、〝あかつき行動隊〟

の結成に至った…

（『突破者』宮崎学）

孝は帰省しなかった。バリケード封鎖が長引くにつれ、バリケードに泊まり込む者はだんだん減ってきて、帰るに帰れなくなった。そしてとうとう「あかつき行動隊」の亡霊が北大にも現れ、明け方まで起きている昼夜逆転の生活が続いた。北大の三派活動家の中には、北大闘争だけでなく、党派の活動そのものから離れていくものも増えてきた。C闘委はいつの間にか、これまで党派の活動家が担ってきた「政治闘争」の部分まで背負うことになった。C闘委のビラに、少しずつ「安保粉砕」というような勇ましい文字が踊り始めた。

夜になると、孝がバリケードに持ち込んだ孝の宝物であるSONYのトランジスタラジオから『And I Love Her』が流れた。音楽番組のオープニングテーマだった。そのギターの旋律を聞くと、孝は、自分が安田講堂の上から投げられた、誰にも届かずコロコロ転がっていった小さな石になったような気がした。

九　「自主講座」とバリ祭

教養部の封鎖闘争には「陰」の部分だけではない、眩しい「光」の部分があった。封鎖闘争をきっかけに様々な動きが出てくる。特に教養部に新たな「場」ができたことで、「自主講座」などのこれまでできなかった新しい動きが始まった。

…注目されるのは、自主講座である。七月に以下のような講座が開講されている。

「怪談の裏面」「疎外論」「討論会　反大学の思想」「或る大学教官の告発」「映画　日大闘争の記録」「西ドイツ社学同の運動形態について」「自然科学の意義と責任について」「仏・五月革命における学生と労働者階級＝北大闘争と労働者階級」「ヘーゲル哲学の概観」「フォイエルバッハ、マルクスの思想」「科学者運動」。最終回に討論集会がもたれた。自主講座運動はベ平連の北大闘争への「主体的参加の第一歩」であり、「これまで、四、五、六月において北大闘争の解説者であり、討論集会の司会者であり、『さあ！封鎖学生の意見を聞きましょう』という形であった。さらに〝一般学生からは、民青と五派連合のゲバルトの中に入って、仲裁をするもの〟としてとらえられていた時点から、一歩脱皮したものであった」と総括された。自主講座には毎回一〇〇〜一五〇名の参加者があったが、「大衆に対するサービス機関」化という反省も出された。クラス反戦連合系の教養部闘争委員

会も九月から一〇月にかけて自主講座を開いている。

（『北大闘争の位置と思想』河西英通）

またC闘委の学生たちの中に、これまでの党派の運動にないような全く新しいスタイルの動きを始めるものも出てきた。何の規制もない自由な自主学園祭は「バリ祭」と名付けられた。C闘委で最も「お洒落」だったフランス語クラスの「F共闘」大崎が中心だった。

しかし、北大で開かれた最初の自主学園祭、「バリ祭」の資料は残されていない。

九月、夏休みが明けると学生たちが戻ってきた。C闘委の学生たちには『中間総括』と『自主講座運動』、そして『大学立法批判』のパンフレットが渡された。教養部一年生のクラスからはいくつかの反応があった。

…ある学生はこう自問自答する。「現在の僕達にとって何が『一般教養』か？」「…答えは明白である。それは授業に戻って『勉強』するのではなくて、討論（集）会、自主講座等で、自分にとって『一般教養』とは何か、どうあるべきか、まさにそれをじっくり考え、もう一度捉え返してみることである」

（『北大闘争の位置と思想』河西英通）

このビラを書いたのは、この年入学した教養部一年の松村だった。

「私の入学後入った恵迪寮の部屋に、藤野、高山という釧路出のクラス反戦が居て、そこから進藤、館野、そして岡戸（孝）と知り合った（バリの中でも）。

こちらはわけあって二浪で多分同じ年？と思っていた九月の授業再開『策動』になって、クラ館前にクラスで（文責小生で）、ビラとそれと同文のタテ看を出した。人が結構集まり見ていた。

そのとき岡戸（孝）が、感謝・評価半分、皮肉半分で『民青がこれなら一緒にやれると言った』と言って来たのをよく覚えている。

ビラの内容は、一断片知識の教養部批判、二教官の批判精神の欠如、三試験単位制粉砕、四学生の参画機会がない、それと『車の故障は走行中は直せない』だった。」

（当時教養部一年のクラス反戦松村のメール　二〇二二年）

タテ看板を見てどんなことを言ったのかは覚えていなかったが、松村のメールで、教養部封鎖の「行き先」を懸命に探していたC闘委の姿と、孝が抱えていた「恐れ」を思い出した。孝は安田講堂攻防戦後のバリケードの状況はうすうす知っていた。残った東大全共闘駒場（東大教養部）のノンセクト学生は、大学構内から追い出されるか、党派に囲い込まれていたのだ。

（二月）一八・一九の後、東大駒場の全共闘は、占拠していた第八本館から出ていくことになる。日共の本格的な攻撃が始まったからだ。民青は夜になると、兵器を使うようになっていた。兵器はピッチングマシーンだ。昼間は一般学生がいるので使わないが、夜、学生が姿を消すと、ピッチングマシーンを使って投石してくる。……その頃には、駒場のライフラインは停められていた。……そのうちに、「防衛隊を残して、あと全員は逃げろ、外に出ろ」との指令が下った。防衛隊は青ヘル。…集合場所は明大の和泉校舎だ。明治大学はMLの拠点だった。…

（『東大駒場全共闘　エリートたちの回転木馬』大野正道）

自主講座に参加し、バリ祭を「楽しむ」余裕は孝にはもうなかった。ブントの封鎖強行以来、党派との関係が大きく変わり始めていた。気心しれた教養部の三派活動家たちと一緒に、C闘委のメンバーがあれこれ議論しながら闘争方針を決めることはなくなり、C闘委が一つの「党派」として扱われ始めたのだ。孝はいつの間にか、戦術会議に出て党派間の折衝を行うことが多くなった。

一方、入学式闘争を一緒に闘った館野や進藤は、この自主講座運動を中心で担った。館野は理論合宿の成果を『自主講座運動』のパンフレットにまとめた。教養部自治委員会で一〇・八羽田闘争をめぐって民青系の自治会執行部と論争になった時、『朝日ジャーナル』をかざして「ここに書いてある」と発言し、党派の活動家からは「無理論のノンセクトラジカル」の代表格と言われ、「ジャーナル左翼」と揶揄された館野は急速な変貌を遂げた。また進藤は「自主講座」の企画や運営を中心で行い、C闘委の教育闘争的活動の「顔」になっていた。二人とも「北大べ平連」「教養べ平連」の中心メンバーでもあった。

この時期に出されたC闘委のパンフレットのもう一冊は、やはり入学式闘争を共に闘った滝田が書いた。『大学立法批判』である。対権力闘争とされがちな大学立法との闘いを、C闘委は単純に政治闘争化せず、自らの北大闘争と関連付けて闘おうとした。

「一九四八年の「大学法試案要綱」五一年の「国立大学管理法案」、六二年の「国立大学運営法案」そして六九年の臨時措置法案へと続く大管法の流れは一体何を物語っているのか。この流れを軸として戦後、大学のはたしてきた役割を、「学問の自由」イデオロギーに支えられた〃象牙の塔〃なるメルヘンの秘密を、徹底的にあば

かねばならない。それは同時に、我々の戦いの敵を発見する過程であり、我々の戦いの質を我々に教えてくれる過程でもあるのだ。」

（『大学立法批判』教養部闘争委員会〈準〉）

批判も自由、闘争や行動に参加するかしないかも自分で決める、したがって行動のたびに参加者が変わり、人数は増えたり減ったりしたC闘委の参加メンバーは次第に固定化し、「指導部」と言える存在がほとんどなかったC闘委に「核」になる部分が生まれたのはこの頃だった。同時にC闘委が、徐々に北大闘争の「核」にならざるを得なくなっていたことを、C闘委の誰もまだ気がついていなかった。

一〇 「日本で一番ゲバルトの弱い全共闘」

「夏休み」が終わり、大学当局は日共民青の「力」を後ろ盾に教養部の「授業再開」を目指した。学生自治会だけでなく院生協議会、職員組合、生協などと日共民青が掌握している理学部などの建物を使って、教養部の授業を再開しようとしたのだ。「単位」を餌にし、「留年」を脅しにすれば「一般学生」は授業を受けに戻ってくる。そこには「一般学生」を巻き込んで全共闘を孤立させた東大闘争での「成功体験」があった。

しかし、北大では必ずしも成功したとは言えなかった。屋上に黄色いヘルメットの日共民青の防衛隊がいる建物で授業を受けようとする学生は少なかったのだ。またそれ以上に、これまでの大学当局のやり方や日共民青との癒着に、学生ばかりでなく教官たちも辟易していた。そして全共闘、C闘委の学生たちの果敢な「授業再開策動粉砕」の闘いの影響は大きかった。農学部では公開の学部長との「大衆団交」が行われ、再開授業の会場にしないことが確約された。理学部以外のその他の学部でも、再開授業の受け入れをせず、ほぼ唯一残ったのは自治会系の学生たちに「占拠」され、完全にバリケードで封鎖された「砦」のような理学部だけになった。

理学部前で繰り広げられた「授業再開策動粉砕」の闘争は、北大闘争の中でも最も「暴力的」な闘いの一つになった。自治会系の学生は、これまで一般学生の前では見せることのなかった自らの「暴力性」と「革命性」を白昼堂々と示すようになった。「大学の自治と学問の自由を守る」という大義名分だけでなく、自らの「日本革命」の展望をかけて自治会系の学生たちも高揚していたに違いない。「トロツキスト」から大学を守るという彼らの逆バリケードは、自治会系の学生たちをも非日常で異形な「閉ざされた」空間に閉じ込めてしまった。消火用のホースを使った強力な放水だけでなく、屋上からは投石器を使ったと思われるような、威力のある投石が行われた。C闘委の活動家たちがゲバ棒から鉄パイプに持ち替えたのも、おそらくこの時期だった。

「大学の自治と学問の自由を擁護する闘いは、最も鋭い反権力闘争であり、『大学解体』は権力の前で武装解除するにもひとしい」と論ずる。(民青文学部班)この点から描かれる大学革命路線は、「反帝反独占の民主々義革命による人民権力の樹立」→「社会主義的変革への連続的発展による労働者階級の権力の確立」→「人民の民主々義あるいは社会主義日本の大学」という道程になる。
(『北大闘争の位置と思想』河西英通)

一方で全共闘・C闘委は討論集会を頻繁に行った。不思議なことに自治会系の学生たちはそれを「批判」し、自分たちの勢力圏ではこういった「討論集会=話し合い」を陰湿に妨害した。それだけではなく、勢力圏には全共闘系の学生の「立ち入ること」さえ許さなくなった。理学部の前を通り掛かっただけで、自治会系の学生に取り囲まれ、拉致されそうになったC闘委の活動家もいた。頻繁に行われる討論集会の一方で、虚しい「陣取り合戦」が行われた。八月一七日には文系四学部が封鎖され、北大は全共闘と日共民青のどちらかの「占領地」のようになっていった。機動隊導入前の東大がそうであったように、全国の学園闘争、そして北大闘争は、殺気に包まれ、荒み始めていた。

八・二五　北大全共闘主催全学討論集会(約三〇〇名)
八・三〇　C闘委主催第一回教官学生討論集会(教官四〇余名、学生約六〇〇名)
九・一　C闘委主催第二回教官学生討論集会(約四〇〇名)
九・五　全国全共闘連合結成大会に北大全共闘五〇名参加

九・一〇―一一　C闘委自主講座運動創造委員会主催公開連続パネル討論
九・一二　C闘委主催全教養生討論集会
九・一七　C闘委主催全教養生討論集会
九　全共闘理闘委「理学部大衆討論会に総結集せよ!」
九・二五　C闘委による古河講堂（教養部仮事務室）封鎖
九・二六　C闘委主催パネル討論集会（約二〇〇名）
一〇・一―三　C闘委対抗講座
一〇・四　全共闘による旧教育学部棟（仮本部）封鎖
一〇・七―一五　C闘委対抗講座
（『北大闘争（紛争）に関するいくつかの論点』河西英通）

九月二五日、医学部でも民青の自治会執行部がリコールされ、医学部の一年生（M一）は無期限のバリケードストに入った。五月二四日、国会に上程されたいわゆる「大学立法」を自治会系の学生たちは最も大きな政治的課題としていたが、全共闘やC闘委にはそういった一つ一つの政策をめぐる具体的な政治的課題に目を向ける「余裕」はなくなっていた。三派などの党派は秋の闘いを「政治決戦」と位置づけ、「一〇・二一闘争」目前の目標とする「七〇年安保闘争」の大きな波のようなうねりにC闘委委は飲み込まれようとしていた。

日共民青と並ぶ北大学生運動の一方の主人公、革マル派もこの時期「全学闘」を結成し「北大闘争」に本格的に「参加」する宣言を行った。夏休みが明けると同時に、北大学生運動の全ての「役者」が揃い、「北大闘争」は何処かに向かって一気に動き出した。

一〇月一四日、革マル派は安保粉砕北大闘争勝利全学闘争会議「全学闘」を立ち上げ、「我が『全学闘』は、この北大学生戦線の最強の部隊となるであろう」と宣言した。「全学闘」自体の存在はすでに四月段階で確認できるが、あらためてこの段階で「安保粉砕・北大闘争勝利」を前面化して、全共闘を上まわる決意で、学内のヘゲモニーを握ろうとしたものと思われる。
（『北大闘争の位置と思想』河西英通）

孝はいつも「ゲバルト」の場にいた。五月の封鎖解除で、五本の前歯を失った孝はかえって怪我を恐れなくなっていた。屋上からの投石をものともせず、何度も理学部の玄関に向かってデモをした。頑丈に防備されている理学部の正面入口に突入できるはずはなかったが、まともな対応をせず、ただただ授業を再開しようとする大学当局と日共民青の癒着と、なりふり構わない姿勢が許せなかったのだ。屋上からの激しい投石で、自分が怪我をする代わりに仲間たちが次々と傷ついた。北大闘争が始まるまで、全共闘、特にC闘委のメンバーには「ゲバルト」の体験はほとんどなかった。C闘委の隊列の先頭には、同じクラスで新聞会でも一緒だった勝田のような「単ゲバ」と呼ばれた頼もしい活動家たちもいたが、彼らも次々と傷ついた。

自分の隊列からけが人が出たときの気持ちは、自分が怪我をするより痛かった。先頭にいる自分に石は当たらず、隣の仲間に当たるのだ。そして傷ついた仲間が「ごめん、怪我をしたから後ろに下がる」という目で孝を見る。平和主義者でいつも穏健な進藤が「とうとう俺にも石が当たった」という顔をして血を流しながら下がっていった時は、「こんな戦い方で本当にいいのか」と思って泣きたくなった。

「九月に入り、理学部校舎で民青の防衛体制の下での教養部の授業が再開され、この阻止闘争がメインになり、北大闘争全期間を通して最も激しい武力衝突となった。

理学部屋上からの投石機による激しい投石に対し、全共闘は畳を頭上に載せて防御しながら投石と火炎瓶で応酬し、理学正面玄関への突入を図った。ここで二回負傷し戦線離脱したこともあり、どの時点で何をもってこの闘争を切り上げたのか覚えていない。」

（館野の手紙　二〇二一年）

この頃からだろうか、北大全共闘は「全国で一番ゲバルトの弱い全共闘」と言われ始めていた。確かに、頑丈な建物に向かって届きもしない投石をし、圧倒的な放水の中、脅しにもならない火炎瓶を投げ、畳を担いで、投石の雨の中を無謀なデモをするような全共闘はいなかったに違いない。暴力の本質は、相手を殲滅するか屈服させることなのだ。自らの組織のため、運動のヘゲモニーを握るためには、手段を問わない「革命党派の本物の暴力」にC闘委は無自覚に対峙していた。

飛び出そうとしていた「魚たち」は、自分では気がつかないまま既に「水」の中から飛び出していた。これからは「魚たち」が「魚」のままではいられない、という予感に孝は身震いした。短い夏は終わり、札幌は既に「晩秋」のたたずまいであった。

一一　夜明けがやってきた

東大・日大闘争から始まった全国の学園闘争は徐々に、

そして確実に終焉を迎えようとしていた。秋の「政治決戦」を前に、「敗北」の雰囲気が全国の学園闘争を覆っていた。それを振り払おうと九月、「全国全共闘連合」が結成され、その結成集会が全国規模で行われたが、北大から集会に参加したのは党派の活動家が中心で、C闘委などのノンセクトは少なかった。そして、参加した数少ないC闘委の活動家たちは、この集会で高揚感をではなく、重苦しい焦燥感や重圧感を感じて帰ってきた。

北大全共闘は一〇月になってやっと正式に結成された。そもそも「全国全共闘連合」の結成に合わせて、党派の主導で急遽作られた「全共闘」だった。臍の緒を首に巻いて生まれた赤子のように、北大全共闘は生まれながらに窒息しようとしていた。

全国的にはかなり遅咲きの全共闘だったが（九大全学共闘会議準備会結成大会も九月三日開催と遅い）、全国全共闘連合の動きに呼応するものだった。九月五日に東京日比谷野外音楽堂で二万数千名を集めて開かれた全国全共闘連合結成大会には、北大全共闘から五〇名が参加している。

…北大新聞によれば、北大全共闘の正式結成は準備会発足から二か月近くも経った一〇月九日である。封鎖中の法文系軍艦講堂に二五〇名が参加して結成大会を開いた。

（『北大闘争の位置と思想』河西英通）

北大闘争は「未熟な闘い」と言われ続けた。確かに、教養部の一、二年生が中心、一八歳から二〇歳のノンセクトの学生たち中心の闘いである。党派からは「日本で一番ゲバルトの弱い全共闘」と揶揄され、学内の多くの教職員には無思想なノンセクト学生の「安易な」闘いと思われていた。

北大闘争の大きな欠点は、教養部の学生が中心で、みんなとても若かったのです。三十代くらいの大学院生とか助手とかが闘争を支える力が非常に弱かった。助手院生共闘という助手院生のグループもあり、東大はそれが強かったけれど、北大は弱かったですね。そのため全共闘の討論は、「大学をどう変えるか」の議論にまでは発展しませんでした。教育の問題にじっくり粘り強く取り組むには、あまりにも若くて未熟だったことがありました。（『風の吹きわける道を歩いて　現代社会運動私史』花崎皋平）

北大裁判で被告たちの特別弁護人になり、被告たちとともに裁判闘争を闘った、当時北大文学部助教授だった花崎皋平も北大闘争は未熟な闘いであり、その未熟さは「欠点」であると捉えていた。しかし、これには理由があった。北大闘争の「未熟さ」とその理由を、別の角度と視点から看破したのは当時北大教養部講師の田中利光だった。

　で、諸君自身も、なるほど三項目要求のはらんでいる問題点は気付いています。たとえば、八月二十三日発行の教養闘争委員会の『中間総括』の指摘が僕の知るかぎりではもっとも鋭い…

「具体的に三項目要求の闘争は、五・二団交―五・一六学長団交と展開されていったが、その闘争と結合する原則的活動、就中、クラス末端における活動が決定的に不十分であった。又、同時に、そのクラス活動でも三項目要求を『帝大解体』と単純に短絡させ、東大＝日大闘争を語ることによって、もっと痛烈に言えば、そのアナロジーとしての北大闘争―三項目要求としてしか展開しえなかったのである。これは、北大闘争をいかに現実的に運動として定着化していくのかといったことより、【東大・日大の突き出したもの】を盲目的に追いかけることを先行し、北大の具体的矛盾の突き出しと課題の設定が決定的に欠落していた結果である。」（『総括』一〇ページ上段以下）…

くりかえしになりますが、これは、「北大闘争」を主体的に担っていこうとしている諸集団が自分達の「闘争」に対して行っている（僕の知るかぎりでの）自己批判のうちでは、もっとも良質な・鋭い・成熟したものです。それがまさに助手院生の方々によるのではなく、教養闘争委員会によってなされているところに、僕はなにかいいしれない悲しみを覚えます。…

…まず、運動主体の質をうけつぐなんてことができるわけがありません。運動主体は一人一人において強固に形成されていかなくてはならないでしょう。

　それをすることなく（としか僕には思えない）、なにか、「北大闘争」が全国の学園闘争のひとつらしい体裁を整えているのは、【日大＝東大闘争】の残した遺産のおかげなのであって、それを継承して真実に発展させることもないままに、ただ食いつぶしているに過ぎない、としか僕には思えないのです。

（『「三項目の持つ意味」―その否定的側面―』北大教養部講師田中利光）

　確かに、「三項目要求」は、「入学式闘争」に対する対応で白日の元に晒された大学当局の「体質」を明らかにしようと、「堀内＝日共体制打倒」という煽動的なスローガンと共に、党派との「調整」によって急遽作られた「要求」だった。孝は入学式闘争後の「戦術会議」に出ていて、その経緯をよく知っていた。孝たちC闘委が「中間総括」で「三項目要求」の問題点を自ら指摘したのには、教養部の封鎖の経緯だけでなく、こうした根拠があったが、このことを「総括」し「深めていく」ことは、孝たちにはもうできなかった。

「残念ながら、大学立法や大学当局の余りに陰謀めいた排除主義的な対応によって、全共斗運動も窒息させられはじめていまして、初期の生き生きした感動は段々苦悩に満ちた憔悴に変質せざるを得ないようです」

（高橋和巳の講演　一九六九・一〇・一〇　札幌大谷会館）

闘いや運動を「窒息」させようとしたものは、当局の陰謀や排除だけでなかった。

三派を含む「革命党派」のほとんどは、どのような闘いにも「正しい理論」に基づく「正しい方針」、そして何よりも間違いを犯しそうな「大衆」を「指導」し、大衆運動を支える強固な「組織」が必要不可欠だとしてきた。当然、「指導」する者は理論や方針を決して間違ってはならない。それはいつの間にか、間違いを犯す者は真の「指導者」ではないということになり、それぞれ内と外で理論や方針の「誤り」や「違い」を見つけ出すことに汲々とし始める。「正しさ」を競い始めるのだ。相互の批判は際限なくエスカレートしていく。

北大の革マル派も、これまでしばらく抑えていたノンセクト・C闘委に対する「批判」と「介入」を本格的に開始する。

…クラス反戦連合などのノンセクト・ラジカルは「単純破壊主義」とされた。…五派連合は自治会を学生運動の「場所」ととらえることが出来ず、そこから離脱しようとしている、それは「はみ出し運動＝裸踊り」…と批判している。

（『北大闘争の位置と思想』河西英通）

革命党派の内部では、自らの理論や方針に反する者を組織や指導者の「権威」によって押さえつけ「排除」する。それはやがて内部から周辺、そして外部に広がり、いつの間にかそのために「力」が行使される。理論や方針をめぐる闘いは、「力」と「力」の闘いになり、一旦始まった「力」の行使を止めることは、相手が屈服するまで続き、自ら止めることは不可能になる。新左翼と呼ばれた各党派は、党派間と党派内「内ゲバ」を、もう自らの力では、いや誰の力によっても止められなくなっていた。**社会が何者かの手によって狂気の領域へと導かれる時代に、弱々しい個人として、なしうる抵抗は、無為か、あるいは小さな自己犠牲だけであるだろう。**
（「ハンスト学生の手記」高橋和巳　音谷健郎『文学の力』より）

高橋和巳は京大四年生の時、破防法反対のストライキを組織し大学当局から処分された活動家のために、友人とハンガーストライキを行った。五日間のハンストで活動家の停学処分は解除され、ハンストを行った高橋ら三人の処分もなかった。周囲は「まれにみる成功」と囃し立てたが、高橋の受け止め方は違っていた。闘いの成果への関心ではなく、あくまでも自らの内面に向かって問い続けた。「自己完成」と「自己犠牲」が高橋のキーワードだった。この高橋も京大の助教授だった一九六九年に「清官教授」として批判される。

しかし三月、**「清官教授を批判する」との壁新聞が研究室の窓の下に張られた。清官は、良心的な「清」をふりまきながら「官」にしがみつく思想の退廃だというのだ。「清官教授」が高橋を指していることは明らかだった。高橋は青ざめた。後に、酒で感情を抑えて仮眠しても、ふと目覚めて「嘔吐するように嗚咽した」と書く。**
（『文学の力』音谷健郎）

クラス反戦がほぼ単独で行った体育館占拠から始まった北大闘争は、今ひとつの到達点を迎えようとしていた。それは「外」に向かうだけでなく、もう一方で自らの「内」に向かっていった。それぞれが何らかの決断を迫られていた。様々な言葉や文章が、棘のようにそれぞれの胸に刺さっていった。

北大では、今、諸君の正しさによって、人間性までふみにじられ、僕たちは深いきずをうけて、もっと具体的にいえば虚無しか展望しえず、あるいは。日頃大学当局に対する不満、うらみが、諸君の正しさによって陰湿に満足せしめられるのみで、諸君と共に闘いと願う芽のようなものまでむしりとられつつ（「北大闘争」の政治主義的拙劣さ！）、たおれているのです。
（『「北大闘争中間総括—教養闘争委員会（準）」に対する問題提起』田中利光）

外から「未熟」と指摘されることに対する戸惑いや「反発」と、内から湧き起こる「自己否定」が結びついた時、孝の闘争初期の生き生きとした感動は全く別のものに大きく変質していた。自己を「否定」し、より正しく、完璧な「自己完成」と、何よりも「自己犠牲」が必要ではないのか。高橋が書いたように、できることはおそらく、何もしないか、自己犠牲だけなのだろう。

遠くから、本物の「武装闘争」を担う「兵士」になることが必要なのだ、という「囁き」が届き始めた。

一二 一九六九年一〇月二一日

新左翼と呼ばれた政治党派のほとんどは六九年秋を「決戦」と位置付けていた。党派の活動家は「決戦」に向けて命懸けの戦いを組織から求められ、またそれを「大衆」にも求めた。自他に命懸けの戦いを求める異様な「空気」が外からも内からも、北大闘争と全共闘・C闘委を覆い始めていた。

こうした「空気」に対する違和感や「決戦」に対する疑問を多くのC闘委活動家が感じていたが、「授業再開策動粉砕闘争」の現場で勇猛果敢に戦うものに対する畏敬の念や、理学部からの容赦のない攻撃に対する怒りが、こうした疑問の目と耳を塞いでしまった。今ここにある「不正義」と「命懸け」で戦わない者は、日和見主義者であり軟弱だ、といつの間にか思い始めていたのだ。そして、こうした違和感や疑問に手っ取り早く蓋ができるのは「革命」というキーワードだった。「力に力で戦わない者」だけでなく「国家権力と戦わない者」「革命を目指さない者」が徐々に、そして無意識に、組織から、何よりも自分自身から排除されようとしていた。

札幌における「一〇・二一闘争」は全国的にも特筆さ

れる大規模な街頭闘争になった。中心部の大通り公園で三〇〇〇名の集会を行った後、デモで北大に戻り、夕方から再び中心部に向かって「武装」デモを開始した。北大から札幌中心部に向かうためには、札幌駅横の陸橋を越えなければならなかったが、陸橋上に阻止線が張られた。この機動隊の阻止線を突破しなければ中心部に向かうことはできない。党派の部隊を先頭に投石や火炎瓶で突破を図ったが、阻止線は微動だにしないばかりか、催涙弾の水平打ちや時々繰り返される機動隊の突入によってこちらの部隊は散り散りにされ、多くの逮捕者を出した。この戦いは機動隊の阻止線を突破するどころか、意味のない突撃を繰り返して、一〇〇名近い逮捕者を出す「消耗戦」になった。

北大全共闘の部隊はこの街頭闘争の中核を担った。C闘委・学部共闘のノンセクトの活動家だけでなく、浪人共闘や他大学のノンセクト学生が加わり、党派に匹敵するか、それを超える数の部隊だった。数多くの逮捕者だけでなく、多くの怪我人を出し、陸橋上の阻止線を突破しようとした市街戦は深夜を超え、明け方まで続いた。

この勢いが一〇月二一日の国際反戦デー闘争につながり、全共闘五〇〇名、革マル派五〇〇名、べ平連一六〇〇～二〇〇〇名と動員数は「飛躍的に増大」し、「従来の闘争を質量ともに陵駕」するが、「登りつめたという印象」もあった。…（『北大闘争の位置と思想』）

その中で、「デモ隊の誰かが死んだ」という噂が駆け巡った。時折突入してくる機動隊は催涙弾だけでなく警棒まで使って、学生たちを圧倒的な力で規制をした。ヘルメットを割られ、血を流し重傷を負った学生も多くいた。誰かが死亡しても何の不思議もなかった。

北大では数少ない中核派で医学闘の久島が「誰かアジテーションのうまい奴がアジれ」と提案した。「一〇・八の時もそうだった。誰かいないか」。死者が出たかもしれないという情報は必ずしも怒りや憤激を呼ばなかった。むしろ驚きと畏れに近い感情が、明け方まで北大の正門を守っていた学生たちを支配していた。「おい、岡戸がやれ」。この場にいた党派の活動家たちは口を揃えた。孝は肩車され、口に手を当てて出せる限りの大声で、正門を守る学生たちにアジテーションを行った。孝のアジテーションはいつも、「詩」のようだと言われていた。

何という暗い夜明けだ。

しかし、夜明けがいつも明るく光り輝いているとは限らない。

たった今、機動隊によって一人の仲間が殺され、何処

かに運ばれた。

また、機動隊が殺したのではなく、事故や同士討ちによって死んだのだと言われるだろう。

しかし、忘れないでおこう。

彼は闘いの中で権力によって殺されたのだ。


この戦いは権力に蹴散らされまもなく終わるかもしれない。

しかしそれは断じて今ではない。

我々が戦いを続ける限り、闘いが終わることはないのだ。

戦いを続けようではないか。

殺された彼と、彼の意思を受けついで、闘い続けよう。

夜明けがやってきた。


誰もやらなければ、自分がやるしかない。今まで何度もあった決断だった。しかし、このアジテーションは、孝にもうこれで引くことは絶対にできないと決断させた。闘いでとうとう「死者」が出た。孝が本部に立てこもり、最後まで闘うことを最終的に決めたのはこの時だったような気がする。


同時に多くのC闘委の活動家は、改めて、党派ではなく自分たちが、これからの闘いの中心を担うことになる、と感じていた。街頭闘争にこれだけ「大衆」が決起し、いつの間にか自分たちは「市街戦」の中心にいたのだ。

…覚醒が自律的だったことを次のC闘委の主張は示唆している。


一〇・二一に決起した三〇〇〇名の大衆は「壮大なゼロ」では決してない。革マル派諸君のように「彼らが反スタ前衛党に指導されていたかどうか」とか「マルクス主義者たらんとしていたか云々…」という一切の観念的おしゃべりはやめよう。確かに即時的意識のままではブルジョア社会の幻想へと包括されていく。しかし、大衆はバカではない。彼らを「指導するかどうか」が問題ではない。大衆は行動を、実践を通じ自らを鍛える。

C闘委をここまで成長させたのは「マルクスの学習会」でも「反スタ前衛党の指導」でもない。

「観念的おしゃべり」や「即時的意識」は相対化され、「行動、実践」が重視されている。反スターリニズムや前衛、はてはマルクスまでもが捨て去られている。

（『北大闘争の位置と思想』河西英通）


なお、この時の「誰かが死んだ」というのは全くの誤報で、「死んだ」と言われた本人が一週間ほど後に孝を訪ねてきた。「岡戸さん。僕のためにアジってくれたんですね」。彼は北大を目指していた浪人生だった。

一三　ヘルメットと女性たち

当時の学生運動の象徴だったのはヘルメットだった。最初はデモの際の機動隊の規制や党派間のゲバルトの際に頭を守る防御用だったが、党派がそれぞれ色分けされたヘルメットを使うようになって、まずそれぞれ党派の象徴になった。赤は社学同、青は社青同解放派、白のヘルメット正面に「中核」と大きな字で書いたのは中核派、同じく白色だがヘルメットの円周に赤色のテープを巻き「Z」と大書したのは革マル派だった。

どんなふうにそれぞれの党派が色を決めたのかは不明だが、ヘルメットを使い始めるのが後になればなるほど、色を決めるのに苦労したに違いない。フロントなど構造改革派は緑、社学同系のML派はモヒカン刈り風に太い白線を入れた赤ヘルメット、社学同マル戦派は銀色だった。民青は黄色が多かったが、わざわざヘルメットを黄色に塗ったのではなく、元々黄色の工事用「安全ヘルメット」を大量に買って使っていたのだろう。

ヘルメットの顎紐にタオルをかけてマスクのように覆面をすると、誰が誰だかわからなくなる。ヘルメットは、自分の頭を守るだけでなく、デモやゲバルトの際に個人を特定されるのを防ぐという意味でも「防御用」だった。しかし、いつの間にか党派やグループの象徴、まるで「制帽」のようになっていく。同じ色のヘルメットの集団は一人一人の人間の集まりではなく「○○派」、更にヘルメットでデモをする集団はすべからく「暴力学生」と呼ばれるようになっていった。

クラス反戦の学生たちは当初、ノンヘルでデモや集会に参加したが、党派の色ではない色を考えて、白色の市販ヘルメットに、カラースプレーで色を塗った。主要な色は党派が使っているのでピンクとかオレンジ、トリコロールのヘルメットも登場した。アナキストの色とされた黒色のヘルメットも多かったが、結局使う色がなくて黒色にした場合が多かった。書かれている文字も多様だった。「反戦」が一番多かったが、「NON」とか「叛」も多かった。いずれにしても、クラス反戦やC闘委の隊列は、いつもカラフルで「華やか」だった。

クラス反戦やC闘委の隊列が「華やか」だったのにはもう一つ理由があった。党派の隊列に比べ女子学生が多かったのだ。おそらく当時の女子学生の比率（一〇％）

と同じかそれ以上の比率だった。

『北大時報』第二七一号（一九七六年一〇月）によれば、教養部には、一〇月一日現在で、二学年合わせて四六六四名の学生が在籍している。全学の、大学院生を含めた学生数の四六％弱に当たり、大学院生を除けば五〇％弱に相当する。教養部の女子学生は、四七八名で、一〇％をわずかに超えている。また別な統計によれば、教養部在籍者の過半数は北海道出身者であるが、それでも約四六％は、他の都府県出身者で占められている。いずれにせよ、教養部は、学生数からすれば全学で最大の部局である。

（『北大百年史』「部局史　教養部」）

　特にフランス語専攻クラスのクラス反戦「F共闘」には女性が多かった。入学式闘争を一緒に闘った進藤の記憶に、この「F共闘」の女性が登場する。クラス反戦連合は、入学式闘争時にまだ自前の「旗」を持っていなかった。急きょその旗を作る「役割」を「F共闘」の女性たちが担ったのだろう。

「（入学式闘争が）終わる（直）前に、F共闘のDさんが、徹夜でつくった「クラス反戦連合」の旗を持ってきてくれた。未完成品で、ところどころに縫い針がついていた。」

（入学式闘争を共に闘った友人進藤のメール（）内は筆者の補足）

　しかし、孝の記憶には、これまでのさまざまな闘争のどの現場にも女性たちは登場しない。ノンセクトの学生たちだけで行った体育館占拠闘争にも、孝の記憶の中では女性はいない。体育館のガラスのドアを前に躊躇していた仲間も、正面の大きな「日の丸」を乱暴に叩き落とそうとした孝を止めた仲間も、トイレにこもってなかなか出てこなかった仲間も、みんな男だった。

　孝に唯一あるのは、授業再開策動粉砕の自治会系の学生との戦いで、石礫が飛び交う前線に同じクラスの女子学生Sさんが何かを届けに来てくれた時の記憶である。彼女は届けただけでなく、その場にとどまって一緒に戦いに加わろうとしたのだ。その時、「ここは危ないから後ろに下がれ」と強い口調で言った孝に、Sさんが向けた視線は、今でも忘れることができない。それは、何かに抗議するときの「怒り」だけでなく、強い失望を感じた時の「落胆」の表情だった。

「あなたたちも今までの男と同じじゃない。何ひとつ変わっていない」

大きな杉の古木にきたら
一層暗いその根本に腰をおろして休もう
そして独占の機械工場で作られた一箱の煙草を取り出して
暗い古樹の下で一本の煙草を喫おう

近代社会の臭いのする　その煙を
古木よ　おまえは何と感じるか

原始林の中にあるという湖をさがそう
そしてその岸辺にたたずんで
一本の煙草を喫おう
煙をすべて吐き出して
ザックのかたわらで静かに休もう

原始林を暗やみが包みこむ頃になったら
湖に小舟をうかべよう

衣服を脱ぎすて
すべらかな肌をやみにつつみ
左手に笛をもって
湖の水面を暗闇の中に漂いながら
笛をふこう
（『二十歳の原点』高野悦子　六月二二日の日記より）

C闘委のヘルメットの色はやがて黒一色になった。そして、ヘルメットは闘いの「象徴」になり、いつの間にかそれは「権威」の象徴になっていた。

ヘルメットを最初に脱ぎすて、「旅に出た」のは、おそらく女性たちだった。

一四　「大衆叛乱」のまぼろし

闘争が「闇」に飲み込まれそうになったこの時期、「状況を打開する何か」を期待する空気が北大闘争とC闘委を覆い始めていた。闇が徐々に迫って来る予感の中で、「出口の光」を求めるような気持ちだったに違いない。近くにあるかも知れない「真の前衛党」や、遠いところから届いてくる「本物の武装闘争の誘い」にそれを求めようとした者もいたが、近かろうが遠かろうが、「真なるもの」や「正しい答え」はどこからもやってくるはずはなかった。

ブント（社学同）から誕生した赤軍派は「一〇・二一」などの大衆闘争を、闘いの前進にとり意味のない「壮大なゼロ」と考えた。北大全共闘の「一〇・二一」を同じように評価したのは革マル派だったが、赤軍派も形を変えた「前衛主義」だった。大衆はいつも未熟であり、「外部」から正しい理論や方針を「注入」しない限り間違いを犯すのだ。大衆を指導するのは強固な「秘密組織」で、その組織は「強固な主体」で形作らなければならないが、少なくとも誕生したばかりの赤軍派は、「秘密組織」でもなく、「強固な主体」によって形成されてもいなかったようだ。

闘いの先鋭化を急いだブントでは、赤軍派が七月派生します。こうした大衆的高揚は、闘いの前進にとり意味のないもの、権力の壁をけっして突破できないものと主張されたのです。いくら大衆が集まっても、闘いの質においては「壮大なゼロ」という考えです。

…大菩薩峠で武装訓練をしていた赤軍派五十三名が逮捕されるのは十一月五日ですが、逮捕者の三割はまだ少年の高校生たちでした。

（『新左翼とは何だったのか』荒岱介）

　この大菩薩峠で逮捕された赤軍派の中には、「秋季決戦」を見据え、自らの意志で単独東京に向かい赤軍派に加わったC闘委の仲間もいたが、C闘委・全共闘の多くの学生は、スチューデント・パワーと呼ばれた若者たちの叛乱、特にフランス「五月革命」の「カルチェラタン闘争」に「光」を求めていた。確かにあの時、パリには一時的ではあったが、「解放区」が生まれたはずだ。

　赤軍派を生んだブント（社学同・共産同）には「大衆叛乱型革命路線」を主張するグループがあり、北大にも少数だが存在した。組織化を全く重視しない彼らは「大衆叛乱」を実現することだけを目的にしていたようだ。彼らは北大の三派活動家たちより先輩で、各派のリーダーと同年輩だった。六〇年安保闘争で「国会突入」を指揮した全学連の輝ける委員長唐牛健太郎を生んだ「北大ブント（社学同）」の流れを受け継いでいると自負していた彼らは、実際フランスに行って「カルチェラタンの戦いも経験した」と孝に語ったことがあった。

　北大全共闘の多くの活動家たちは、「一〇・二一」に「カルチェラタン」のまぼろしを見たのかもしれない。確かに、あの日の機動隊は、催涙弾を打ち尽くし、疲れ果てた様子で早朝引き揚げた。一〇〇人近くの逮捕者を出した闘いだったが、正門前には一瞬だけ「解放区（カルチェラタン）」が生まれ、何よりも我々の本部バリケードは「大衆の叛乱」によって守られた。

　またもや北大に過去の亡霊があらわれたのだ。「亡霊」

たちは「カルチェラタン」というまぼろしを孝たちに見せた。北大闘争の「最後の砦」、本部バリケードを守るために「カルチェラタン」を再び出現させなければならない。そのためにそれぞれができる限りのことをするのだ。「亡霊」は一人一人に、呪文のような問いかけをしていた。

「北大前解放区を経験した我々には行き着く先が如何なるものかは直感的に感じていました。来るべき『本戦である本部闘争』に向けて準備をする中で『お前は闘うのか?』を問い問われていました。」

(広野からのメール　二〇一二年)

「一〇・二一」以降、本部バリケードを強化する作業が再び突貫工事で行われ始めた。誰かが計画し、指示するのではなく、それぞれが思いつく限り、できるだけのことをした。本部正面のバリケードは学部共闘の学生がコンクリートで固めた。土が必要で掘られた穴は、いつの間にか本部正面を守る深い塹壕になり、塹壕の前にもバリケードが作られた。一階から屋上までの階段のバリケードは思い思いに手が加えられ、さらに強化された。階段バリケードに機動隊が簡単に解除できない細工をしたという仲間もいた。本部のバリケードは「日本で一番ゲバルトの弱い全共闘」の様々な「想い」が込められ、おそらく「日本で一番強固なバリケード」になった。

「強固な本部バリケード構築は誰がというより様々な人たちの合作品と言える。中央ローンの小川から砂利を取り、何度も皆でバケツで本部に運び、正面玄関の分厚いコンクリートの壁となった。大量に必要とされる土も、塹壕を掘ることでしのいだ」

(進藤からのメール　二〇一三年)

本部前にある大きな樹を切り倒そうとした仲間もいたが、それはみんなに止められた。たしかに、「罪」は大学当局にあっても、本部前の古木にない。

「一〇・二一」の後、最も大きな「罪」があるはずの「政治権力」に対する闘いが急遽行われることになった。対象に自民党道連の事務所が選択され、ブントを除く解放派と中核派から、それぞれリーダークラスの中心的な活動家がこの闘いに志願した。この二人にC闘委の滝田を加えた三名が、機動隊導入が予想された一一月八日の前々日、札幌駅近くのビルにある自民党道連を「占拠」して大きな垂れ幕を垂らした。三人は程なく「突入」してきた機動隊に逮捕された。『大学立法批判』を書いた滝田は戦術会議にたまたま居合わせただけだったが、いささかの躊躇もなく、逮捕必至のこの任務を引き受けた。おそらくC闘委・全共闘の学生たちにとって、本部バリケード解除に対する闘いは、それぞれの何か大切なものを賭けた本当の「決戦」だった。

> **一〇月二二日、緊急評議会は市民に迷惑をかけるおそれが生じた場合、機動隊導入もありうるとの新方針を出した。同二四日、堀内は国際反戦デーが近隣市民に迷惑をかけた謝罪文を新聞に掲載し、一一月四日に封鎖学生に対して退去を勧告した。対抗するかのように同六日に全共闘系学生が自民党道連を一時占拠し、屋上から**
> **「七〇年安保粉砕、自民党政府打倒」**
> **「北大全共闘反帝学評、北大バリケード死守」**
> **「十一月佐藤訪米阻止」と書いた垂れ幕を提げた。**
> **(『北大闘争の位置と思想』河西英通)**

この時「カルチェラタン」を再び作り出そうとする動きも始まっていたようだ。「本部決死隊」に決まっていた孝たちには、おそらく「これ以上負担をかけない」という配慮からだろう、これらの計画はほとんど知らされていなかった。しかし、C闘委の誰かが「必ず連帯の闘いをするから屋上から見ていてくれ」と言ったことを孝は覚えている。まだ高いビルが少ないこの頃、本部の屋上からは札幌のテレビ塔が見えた。

一五　一九六九年一一月八日「インター」は聞こえたか

北大封鎖解除の記事は、地元の『北海道新聞』夕刊に五面にわたって掲載された。ほとんどが警察発表に沿った内容だが、地元の新聞だけあって、当日の攻防については「市街戦」を含めて詳しく報道されている。本部にたてこもる五人を守るために、北大全共闘とC闘委は力をふりしぼって、できる限りの規模の「市街戦」を闘った。

なお、この夕刊に札幌市の一一月八日の天気も載っている。天気は「曇り」、午前六時の気温は六度だった。

逃げながら市街戦　学生　道路にバリ築き抵抗
放水車、装甲車を先頭に、押し寄せる機動隊。学生たちは投石で立ち向かったが、圧倒的な〝戦力〟の前に、たちまち本部前に追い詰められ、さらに門外へ—。そして落ちのびた先々で市街戦騒ぎを繰り広げ、執ような抵抗を続けた。

機動隊の主力は、クラーク会館横と南門、北門の三ヶ所から、北大構内に突入した。南門での投石、放水の激しい攻防も一時間半。突破口を開いた機動隊は、一挙に学生たちを追い散らし、大学本部前でデモ、投石で抵抗した一隊とともに、正門の西五丁目電車通りにしめ出した。

ここでまず最初の〝市街戦〟。門外に出た警官隊に、北九条、西五丁目北の二方向から、罵声と投石の雨を浴びせ、一進一退を繰り返し、乗り入れたパトカーを転覆させるなどひとしきりあばれ回った。そのたびに、歩道を埋めつくした見物人たちが大きな声をあげる。しかし、次々と新手を繰り出す機動隊の猛攻に、八時すぎに西四丁目以東まで後退、中には観衆の中に逃げ込む学生もいた。

電車通りを北に追われた北大べ平連などの学生は、途中、ゴミ箱などで道路にバリケードを築き、機動隊の急襲を食い止めながら、午前十時前、北一三—一四条付近、北大病院前交差点で、構内から次々出ては波状デモ。一隊が引き揚げると、学生たちが一斉に『機動隊粉砕』のシュピレヒコール。

さらに電車通りでは、やはりべ平連系のノンヘル学生が投石攻撃。群衆にまぎれて投石していた女子学生二名が、逃げ遅れてつかまった。沿道の商店は、二階の窓をあけ広げ、仕事にならない店員たちが『キャーキャー』いって〝観戦〟していた。

（『北海道新聞』一九六九年一一月八日第八版　夕刊一〇面）

投石、火炎びんの雨　機動隊　窓ぶち抜く放水
封鎖派学生の拠点となった大学本部での衝突が、この日の最大の攻防戦となった。
放水車を先頭にした機動隊が南門入り口に到着したのは午前六時ちょっと前。門内側のバリケードのかげから投石で抵抗する学生たちに放水で応酬。やがて教養部の解除を終えた機動隊も学生の背後から攻め立てて、正門から西五丁目の電車通りに追い散らし、どっとなだれ込んだ機動隊員約六百人が、本部をぐるりと取り囲んだ。
しかし、午前六時半すぎ本部の周囲にめぐらせた古材や切り倒した木の枝に火が放たれ、それが一—二メート

ルの炎をあげて、まるで〝火炎バリケード〟。それに加え、電車通りに出た学生らが、投石の援護作戦に出て、すぐ排除作業にかかることができない。

午前七時五十分、警察の装甲車に乗った北大の吉田事務局長（学長代理）が『封鎖中の学生諸君、すぐ退去しなさい』とマイクでしぼるような声。しかし、屋上や周囲からの投石、火炎びんに放水の応酬で、一時間以上にもわたって一進一退を続けた。

午前九時四十分過ぎ、三台の放水車が一斉に水柱を吹き上げ、本部の窓が『バリバリ』とくだける。鉄板を組んだヤグラに十数人の機動隊員がはいり、建物に向かって一歩一歩前進する。屋上から間断なく火焔びんが投げ落とされ、『バーン』というさく裂音とともに燃えあがる。屋上の学生めがけて放水という激しい攻防戦の末、十時半すぎ、本部北側に待機していた機動隊員五人が、裏側の一階窓ガラスを打ち破ると、建物内部にはいり込んだ。『ウラをかかれた』と学生がひるむすきに、正面の窓からも機動隊員がどっとなだれ込み、直ちに排除にかかったが、屋上への侵入を防ぐため学生が三階のバリケードに重油をかけて火をつけ、それが黒煙を吹き上げて燃え続けるなど、学生の抵抗は最後まで続いた。

（『北海道新聞』一九六九年一一月八日第八版　夕刊一一面）

屋上に最後の五人　逮捕も特製のゴンドラで

この日の解除戦の大詰めは、昼すぎ〝最後のトリデ〟本部屋上に残った〝死守〟学生五人の逮捕だった。

遠くから取り囲む群衆五千人、それに機動隊員、北大職員らが見守るなかで、肩を組んでインターを合唱、さらに『闘争勝利』のシュピレヒコール。これにこたえて、地上の学生たちから拍手がわく。

午後零時半、道警機動隊長らが、特製の〝パイプゴンドラ〟に乗って屋上へあがり、五人に『もう抵抗はやめなさい』と語りかけた。隊長の話では『ずいぶんがんばった。それは認める』と話すと五人は『わかった』というふうにうなずいた、という。

逮捕した〝トリデの主たち〟は西側に渡されたハシゴ車から一人一人降ろされた。長い髪の毛は放水の水をあびてびしょぬれ。寒さのせいか顔は青白く、半病人のような足取り。逮捕の理由を知らされると、五人のうち三人は力なくうなずき、二人は表情も変えず、護送車の中に消えた。

（『北海道新聞』一九六九年一一月八日第八版　夕刊一一面）

孝は当日の行動の詳細をあまり覚えていない。無我夢中だったからだろう。しかし、「抵抗をやめた」前後のことは覚えている。

本部の三階から炎と黒煙が吹き上がり、ほうほうの体で階段棟から脱出した後は抵抗をやめた。仲間が作った

「日本一強固なバリケード」のおかげで、心配していたように、あっという間に蹴散らされ、無様な形で解除されることはなかった。
孝は隣にいた進藤に言った。「昼までもったなー」
屋上に上がってから引きつっていた顔がこの時初めて緩んだ気がした。

「あれだけのバリケードを築くことができたことが、誇りの一つと感じることが、後に複数あった。『昼までバリが持った』というのは実感であった。捕まって中央署に入った時に、各房にたくさんいた一〇・二一で捕まった学友に言った第一声は、『昼まで持ったぞ』だった」（進藤からのメール　二〇二三年）

孝たちは肩を組んでインターを歌った。それは「北大」に向けたものではなかった。全く正反対にある「市街」に向かって、何よりもテレビ塔に向かって、インターを歌った。

このインターは、それぞれ自分にとって大切な何かを賭けて闘った仲間たちに向けられたものだった。テレビ塔の方向からやはり火柱は見えなかったが、炎は仲間たちそれぞれの「内」に灯った。それこそが「まぼろし」

ではない、本物の「炎」だった。

「一一・八の朝日を何処でみたか？
一一・八の夕日を何処でみたか？
それが、私たちのその後の人生を決めたと思います。
私は、一連の本部闘争を向側からずっとみていました。
そこには、仲間がたくさんいました。皆一様に涙を流していました。
たぶん、その時に何かの時計が止まってしまったと思います」（広野からのメール　二〇二二年）

（完）

これは三人称で書いた個人史である。あくまでも個人の記憶にすぎない。ただし、その記憶は一人だけのものではなく、時代を共に生きた人々の記憶と、それぞれが五〇年間大切に保管をしていた記録によっている。

文中の個人名は公職者以外、基本的に仮名とし、敬称を略した。又、記述に出てくる政党名や組織名は五〇年前のものである。この五〇年間でほとんどの組織は組織方針を大きく転換し、組織名を変更、または組織そのものが消滅している場合がある。

文中の写真は、写真集『北緯４３度　荒野に火柱が』より制作者の了解を得て使用した。

病と戦っている友人たちに贈る。

北大闘争の記憶とともに　1

松岡　達郎（社青同解放派）

まえがき

本稿は、北大闘争で反帝学評（社青同解放派の学生組織である反帝学生評議会）と全共闘の中にいた私の記憶の断片を書き留めておこうとするものである。北大闘争の全貌を描く意図はない。私は後の事故により一九六九年当時の記録等の一切を失ったので、本稿の記述は純然たる記憶に頼らざるを得なかった。ただし、正確を期するために、各活動の日付や北大当局から出された告示・声明等は『11・8裁判闘争記録⑵』に従い、ビラ等の資料は「北大闘争の位置と思想」（『国立歴史民俗博物館研究報告　第二一六集』河西英通）から再引用した。

一　入学式粉砕闘争

一九六九年四月一〇日の朝、私は反帝学評の一員として入学式粉砕闘争の場にいた。私は、大学に入学するということは自己の労働力商品化に向けた教育体制に組み込まれることであり、入学を式典で祝うことはその事実をわい曲・隠蔽するものだと考えていた。反面では、そのような学生運動に堂々と参加できるようになったことを誇らしく感じていた。

当日の朝、反帝学評の面々と共に途中まではヘルメットも被らぬまま歩いて教養部に向かった。後の実力闘争の前にやったような、気合の入ったデモで会場入りしたのではなく、普通の集会に参加するといった雰囲気で緊張感はなかった。党派として粉砕までやる気はなかった証拠だろう。行ってみると、体育館前は雑な並び方の集会になっていて、そこに座り込んだ。

体育館にはクラス反戦の突入部隊が既に入り、集会には黒や党派色など様々な色のヘルメットがあったので、党派・ノンセクトが一体となり、体育館の内外で連携して闘っているのだと思い、自分たちはピケ部隊だと解釈した。実は外にいた党派の人員は、自分たちの想定以上のクラス反戦の突出行動の結果、言わば押しかけ連帯をしていたことを後に知った。この形が計画したものではなかったのは、新人活動家にはまだ知るよしもなかった。少し時間が経って「式典は中止と決まった」と知らされ、デモで体育館前を離れた。

二　入学前

私は一九六六年、兵庫県立兵庫高等学校に入学した。私が高校生だった一九六〇年代後半は、若者の目を社会に向かわせずにはおかない時代だった。高度成長の裏で噴出していた様々な社会矛盾に、学生・高校生は社会への不信感を募らせていた。

(一九六〇年代後半のうねり)

六〇代後半初期の最大の潮流は、ベトナム反戦意識の高揚だったと思う。米空軍が北爆に沖縄の基地から直接作戦していたことが連日のように報道され、ベトナム戦争＝不正義との意識が広がっていた。それが安保条約と不可分であることは高校生でもすぐに分かった。ベトナム戦争反対は目に見える鮮明な旗幟であった。

一九六七年一〇月に佐藤首相の南ベトナム訪問阻止を掲げて行われた羽田闘争や、一九六八年一月のエンタープライズ佐世保入港反対闘争での学生の公然たる実力行動には、学生運動が反権力闘争として一段階進んだと感じた。一九六七年から六九年の東大・日大全共闘運動は、大学教育の社会的な位置が大きく変貌しつつあった中で、大学で学ぶことの意味について、学生や高校生に根源的な問いかけを発した。同じ頃、三里塚闘争も反権力の象徴であり続けた。一九六八年には、九大で建設中だった大型計算機センターに米軍のファントム戦闘機が墜落した。後に考えた時に、反戦・反安保・反合理化を標榜する社青同解放派の拠点だった九大の、それも合理化の要であるコンピュータ技術の中心への米軍機の墜落とは、よくもまあ都合よく起きたものだと感じたものである。

建国記念の日が一九六七年に定められ、この時期に愛国意識を鼓舞する自民党政権に強い反感を感じた。初めての記念日に、私は同級生たちに自主登校を呼び掛けた。おそらく私の「左翼」的な行動の最初の一歩だったと思う。

一方、一九六八年、ワルシャワ条約機構軍がチェコのプラハに侵入した。この暴挙には、左右に関わらず旧体制への不信感を強めた。先日、古い写真アルバムを整理していたところ、高校時代のアルバムにたった一枚、プラハのあの朝の新聞記事の切り抜きが挟まれていた。「涙する」との短い書き込みとともに。当時の私は、ヘルメットを被り始めたばかりの高校生活動家だったが、社会主義国が抑圧側であると感じさせられるのが悲しかった。

（生い立ち）

こうした時代を背景に高校二年生頃から、ベトナム戦争反対や米軍による神戸港の兵站基地化反対のデモに黒ヘルメットを被って参加したり、校内で部落差別反対運動を行ったりするようになった。特定の党派は支持していなかった。ただ、弁論大会で部落差別弾劾を訴えようとし、体育教師集団から体育用具室に監禁されて果たせなかった時、これを横目で見ながら黙っていた一部の職組系教員を見て、反日共意識を強くしていった。

私の父親は尋常小学校を出て、大八車の車引きとして新聞社に入り、途中何度も兵隊にとられながら管理職にまでなった。昭和のサラリーマンの鑑のような人生。私も小学生の頃までは不自由なく育った。退職の直前、労組との徹夜団交から帰って来て脳梗塞で倒れ、人事不省のまま退職。会社からあった永年貢献者への支援提供等の話は白紙となり、数年のうちに我が家は窮乏の一途を辿った。高校二年の時には、ついに大学進学を断念してくれと母親から言われ、自力での進学を決意、受験旅行の旅費と入学後の授業料等を貯めるためのアルバイトを始めた。反戦青年委員会メンバーだった担任教師から、「大学に勉強か学生運動かどちらをしに行くか決めてから大学を選べ」と当時ならではの進学指導を受けて北大受験を決めた。

友人を通じてお願いした入試中の宿泊先で、生涯兄とも慕うことになった解放派の疋田氏と出会った。試験会場には弁当を届けて貰い、夜には反帝学評の考え方を聞かせて貰った。当時の「新左翼」学生・高校生には、大学教育を受ける自身に対する否定感や受験競争への拒否感を出発点とした者が多かった中で、私は「企業に忠誠を尽くして働き続け、後は使い捨て」という労働者の生かされ方への疑問から社会意識を持った少数派だったと思う。そういう素地から、反戦・反安保は当然として、反帝学評が唱える反合理化と産学協同路線粉砕との考えには、まさしく我が意を得た。行動委員会運動、コミューン形成にも賛同できた。ここでいう反合理化とは、労働者予備軍である学生も含めた労働者階級総体を生産体系全体にとって都合よく再配置等しながら資本側にとって合理的に使い尽くしていく体制に従わないことだと理解した。異議なし。

入試が終わり、札幌で四月六日に予定されていた反戦デモに間に合うように帰って来ると言って札幌を離れた。

三　北大闘争中の活動

私が入学のために札幌に着いたのは、四月六日の二、三日前だった。入学後、恵迪寮に入った。ここで、後に一緒に家を借りて住むまでの友人なった一学年上のクラス反戦の藤田氏や反帝学評の林氏と知り合った。朝は郭公の声で目が覚め、中庭はスズランやスミレ、水仙でお花畑のように綺麗だったのを懐かしく思い出す。

当時の北大反帝学評は、東大安田講堂を巡る革マル派とのゲバルトの影響で、北大での学内活動もままならず、リーダーの佃氏や、次世代の山内、疋田、佐藤、勝又氏ほかごく少数のメンバーが、札幌での再登場の機会を模索している状態だった。私はそこに「坊や」というあだ名で、新一年生初のメンバーとして受け入れて貰った。道内では北大のほかに、小樽商大、室蘭工大に組織として反帝学評があり、道教育大札幌分校にも青ヘルを被る仲間がいた。北大での運動の高揚と共に、私以外の一年生で参加する者が増え、藤女子大、北海学園大、さらに浪人や高校生にもメンバーが現れ、組織は充実していった。

毎日のようにあった学内デモや集会を通じてごく自然に、『記憶を紡ぐ』の著者岡戸氏やおしゃれなF共闘大崎氏、憧れのマドンナ圭田さんたちと知り合っていった。かくて大学でできた私の友人は、一学年上の方たちばかりとなった。

三・一　入学式後の闘い

（入学直後）

入学当時の私を最も強く捉えていた考え方は、産学協同路線粉砕だった。これを産学又は軍学共同研究と狭義に捉える向きもあったが、もちろん問題はそういうことではない。資本の支配の下での労働力商品予備軍としての学生の生産を担う大学という構造を問い直したのである。これを自分のクラス行動委員会（クラス反戦）活動の中心に据えた。

私は入学後、大半の科目を多くても二回しか受講していない。一〇日の入学のあと、オリエンテーション、履修登録期間、授業とくれば、もう四・二八沖縄反戦デーは目の前。四月下旬には一年生活動家でも忙しくて授業に出ている状況ではなかったのだろう。ただ第二外国語の授業では、教員にお願いしてクラス討論に代えて貰うこともあり、まだ地道な行動委員会運動ができた。

（入学式粉砕闘争後の学内外での闘い）

入学式粉砕闘争への大学当局からの反応は意外だった。処分等の話は出るだろうと覚悟していたが、四月一四日付で出された学長告示は、入学式粉砕闘争を行った学生に「頭の弱さ」「ナチスの走狗」などと罵言を浴びせ、学長と「団結」する学生のみに大学を護れと呼びかけた。

学長が自分と政治的立場を同じくする教職員・学生を動員して、異なった立場の者を大学から排除する活動を、大学の自治・民主主義とは言わない。一年生が考えても、彼の「頭の弱さ」に唖然とした。「学問の府」との理想を掲げ「学問の厳しさ」などと高説を垂れていたが、若者が成長する教育を考えるという初歩的な仕事には興味がなかったのだろう。今だからこそ言える後知恵であるが、普通学長は、学生処分が正式に決まる前にこのようなものは出さない。また、大学構成員を色分けし、分断支配するなど学長が採るべきリーダーシップからはほど遠い。

四月二八日を前に、学長は「暴力学生がバリケード封鎖をする動きがある（そのような計画がなかったことを断言する）。これを排除しよう」とのデマを流し、理学部は日共民青による逆バリ警備下に置かれた。日共民青諸君は、民主化の旗頭である学長への協力＝民主化の闘いと妄信し、警備員活動に満足していたのだろう。その結果、我々は学外闘争主体の反安保闘争と学内での対当局＋日共民青の逆バリ粉砕闘争との二正面作戦を強いられた。大学当局のこうした対応に対し、後の全共闘側は五月二日の対評議会団交で、入学式や四・二八を巡り発出された学長告示・声明の撤回等を要求したと記録にある。

この頃、反帝学評は北大全共闘の結成を提起した。当時のビラによれば、「各クラス行動委員会運動を基盤に大衆的全共闘を結成し、社会闘争と政治闘争の統一的展開」を呼び掛けたことが分かる。クラス反戦等の闘いを基盤にしつつ、党派の野合ではない全共闘の構築を四月時点から呼びかけていたことを今でも誇りに思う。

五月八日、長沼町でナイキ基地反対闘争があり、武装はしなかったが機動隊との正面衝突になった。私は初めての逮捕を経験したが、三泊四日で釈放された。

（大学運営臨時措置法）

五月に入り「大学運営に関する臨時措置法（当時は大学管理法案と呼ばれた）」の国会上程が具体的な日程となるにつれ、私はクラスで精力的に反対運動を呼びかけた。

六九年の一年生は入学と同時に、大学で学ぶことの意味を考えざるを得なかった。六八年を通じた反戦運動を経てきた二年生のクラス反戦の運動とは、未だ距離感があった。そこに入学後一か月にして、政府による大学支配というより高度な課題に直面したわけである。この闘いに、多くの級友が賛同してくれた。私は、一年生の他クラスにも、「先輩に従うだけではなく、自分たちの闘いを作ろう」と集会・デモを呼び掛け、何と約五〇〇人が集まった。ヘル、ノンヘルはお互いに問わないことにした効果もあったかもしれないが、やはりこの法案が出てきたことの背景と意味を、多くの学生が何とか捉えようとしたからだろう。この闘いは、『11・8裁判闘争記録(2)』では「五月二三日ノンポリ教養生市中デモ」と記録されている。法案が国会に上程された五月二四日の前日だった。

こういった法案が出てきたこと自体が、政府の政治日程上、学生運動がもう圧殺する以外にないと考えられたことを示している。臨時措置法案のように、国の意に沿わない大学に対し、学部・学科等の廃止・縮小又は認可取消し等で揺さぶりをかけられたとき、これとどう対峙し断固闘うかこそが、大学当局、学生諸勢力の立ち位置を示すものである。政府の政策強行に膝を屈し、授業再開のみを追求するようになった大学当局ばかりでなく、それに協力した日共民青諸君の警備員活動は、最早権力との闘いと言えるものではなかった。法を振りかざして大学管理に乗り出した政府の政策の、よき推進者に成り下がったものであった。

同じ頃、反帝学評の組織があった小樽商大、室蘭工大など道内各地で、大学管理法案反対を掲げてバリケード封鎖を含む闘いが生まれた。私は声がかかればいつでも助っ人要員として馳せ参じた。

(本部封鎖と解除)

五月二六日、後の全共闘側は一連の学長告示等の撤回と臨時措置法案粉砕を主張し、本部を封鎖した。この封鎖が六月五日に日共民青によって実力解除された。この時は、あたかも学長直属親衛隊の如く振る舞う日共民青と、中央ローンを一進一退する大ゲバルトになった。この時、私はかけや（土建用の大型木槌）で頭を殴られ大きく負傷した。当時我々が使用していた簡易ヘルメットしか被っていない人間の頭をかけやで殴るというのは人を殺してしまいかねない暴力で、尋常ではない。日頃、我々を暴力学生と呼び、表面上暴力反対を装っていた日共民青は、自分たちが暴力を用いるにあたって、どのような暴力が適正か判断を欠いていたのだろう。ただ私は「自分たちも暴力を用いるではないか」などと批判する気はなかった。「下手な化粧を落として、やっと正体を現したな」と思った。気の毒なのは、日共民青を本当に非暴力的勢力だと信じていた一部のシンパ学生だっただろう。

このゲバルトの影響を、日共民青諸君は予測できなかったのだろうか。大衆の面前での公然たる武装により、それまでの暴力派対暴力反対派という宣伝の嘘がばれてしまい、学長まで含めた大学内での本当の対立図式を鮮明にした。六月一一日、教養部学生大会で民青系自治会執行部のリコールが成立した。

六月一五日には、札幌市内数か所で安保粉砕全道集会が持たれ、私は、多くの学生・高校生・浪人や反戦青年委員会労働者の仲間と共にこれに参加した。この頃は、北大での大学闘争と反戦・反安保闘争の両者がうまく連関しつつ進んでいると感じたものである。

（教養部封鎖）

前記のリコールの後、当局への団交要求とその拒否と膠着状態が続く中、六月二八日にブントが教養部を封鎖し、C闘委は六月三〇日にこれに合流、反帝学評も行動を共にした。続く七月四日の本部再封鎖、七月五日の教養部自治会前執行部による実力封鎖解除の呼び掛けなど、学内での緊張関係が高まっていった。

教養部のバリケードは形ばかりのものだったが、建物に入るか否かはやはり心理的な垣根となり、未だクラスでの議論が十分ではなかった一年生の活動には大きな障碍になった面は否定できない。むろん二年生にとっても、バリケードに入る者と入らない者の距離を大きくしたであろうことは想像に難くない。後の全共闘に結集した勢力が、学生一般とやや乖離し始める原因となり、北大闘争の中での転換点の一つだったと思う。教養部の封鎖以来、自主講座や討論集会が盛んに行われたが、この乖離は埋め切れなかったと思う。

いつしかブントは教養部から姿を消し、バリケードはC闘委が支えることになった。反帝学評は北大以外のメンバーも含めてバリケード常駐態勢をとり、夜ごとに討論、ガリ切り・謄写版によるビラ作りと、ゲバルトを続けたのを覚えている。学生運動とはガリ切りと見つけたり。夜明けには、防寒着代りに赤旗を体に巻いて、短鉄パイプ一本片手に歩哨に立った。

（北大全共闘（準）結成と授業再開粉砕闘争、全国全共闘連合結成大会）

教養部の授業の八月一八日再開は、七月一一日教養部教職員会議で決まっていたらしい。再開予定日前日の八月一七日に、北大全共闘準備会が結成され、これ以降学内では授業再開阻止が焦点となった。ただし、実はこれは逆で、闘いが授業再開粉砕という新たな段階に入るので、全共闘（準）の結成を急いだのかもしれない。同日、文闘委（全共闘系）が中心となって文系四学部を封鎖した。「大学運営臨時措置法の実質化たる授業再開の粉砕」と位置付けられたという。ただ、文系四学部が再開授業の会場に予定されていたかどうかを私は知らない。この封鎖は一〇月三〇日に日共民青により実力解除された。反帝学評としてはこの封鎖に関与していなかったが、私は急報を聞いて救援に駆け付けた。この日の夜は、建物内で双方から火炎瓶が飛び交うゲバルトになった。

私は、九月五日の全国全共闘連合結成大会に参加するために上京し、明くる日に当時の愛知外相の訪米阻止闘争として行われた羽田近辺でのデモに参加し逮捕された。この時、住所・氏名等以外は口にしない完全黙秘（東北本線での移送中、手錠のまま駅弁を渡され、「ありがとうございます」の一言を言わないのは正直なところきつかった）を行ったせいか、三泊四日の未決勾留の後に、東京練馬と札幌の少年鑑別所に送られ、両所合わせて二八日間を過ごした。少年鑑別所では、若干の運動と読書だけが許される独居房生活である。あのデモでは、ヘルメットは被っていたが、武装はしていなかった。それに対して一か月以上に及ぶ独居拘禁は法律の乱用だと思った。

処分保留で釈放されたのは一〇月八日頃だった。羽田での戦闘服のまま市電に乗って大学に戻った。この拘禁のため、九月のほぼ全期間、この時期に行われていたというC闘委による対抗講座や教官学生討論集会、闘争の中間総括討論等を含む教養部授業再開粉砕の地道な活動に参加できなかった。私の北大闘争にとって痛恨の一か月だった。

（一〇・二一闘争と自民党道連占拠）

一〇・二一国際反戦デーを迎え、会場となった北大に他大学の学生や浪人、高校生、労働者なども集結した。北大正門から札幌市内に出ようとする我々と、途中にあった跨線橋（陸橋）を越えさせまいとする機動隊が正面衝突し、正門前は戦場の様相を呈した。北海道で初めての機動隊との意図した路上火炎瓶闘争で、一線を越えたとの感が強かった。反戦・反安保闘争と大学闘争との乖離感が強く、高揚感としては記憶していない。

一一月六日、C闘委、反帝学評、中核派の全共闘メンバー三名が自民党道連に突入・占拠した。建物の屋上から吊るした垂れ幕で「安保粉砕、自民党政府打倒、佐藤訪米阻止」等と訴えた。

ここまでの北大闘争は、反戦・反安保と産学協同路線粉砕という骨格に、自民党政権が自らの政策の障碍となる全国学生運動を圧殺するために成立させた大学運営臨時措置法の実質化粉砕の闘いが加わったものであった。夏以降は特に、同法に脅かされ「紛争のない大学」を取り繕うために、形式的な授業再開のみを追求した大学当局を弾劾する色彩が強くなった。授業再開のための警備員となった勢力との実力行使を伴う対立が激化し、学内外での本来の闘いの障碍となっていった。

（本部封鎖解除阻止闘争）

反帝学評から本部籠城に残るのは、実は二年生の疋田氏と決まっていた。それを「今後の闘争を考えると疋田さんは外にいる方がいい。替わりに僕が本部に入る」と強引に主張して、直前になって交代した。私は本部バリケード構築にもほとんど参加しておらず、前日の深夜過ぎに徒手で本部に入っただけなので、バリケードのことも自分たちの装備もほとんど知らなかった。私はいつもこの身一つの鉄砲玉だった。

機動隊が本部前で布陣を終えた後の、催涙ガス弾・放水と火炎瓶・投石の応酬についての詳述は必要なかろう。昼近くには、もうまともな火炎瓶は残っておらず、最後に手を上げたのは単に弾がなくなったからだった。手すりの陰にうずくまり、様子を窺ったりしていたところ、放水の直撃を受けて吹き飛ばされた。屋上床に叩きつけられた時、盾にしていたドアに打ち込まれていた五寸釘がヘルメットにガリっと刺さった。これが頭か首筋に刺さっていれば。戦場によくある「一インチずれていたら」である。六九年を通じて、怖いと思ったのはあの時だけだった。

屋上での最後のシュプレヒコールの時、私は、本部の闘いはこれ以降の闘いに続くステップの一つだと思っていたので気合が入っていた。ただ、今日の戦さはここまでかと思った時には、おそらくこれ以降自分は最前線兵士は続けられないだろう、との憮然たる気持ちがあった。少年の場合の逆送致による起訴という手続きは知っていたので、今度こそはそうなるだろうと思っていた。

三・二　少年審判と裁判闘争

当時一九歳だった私は、延長を含む未決勾留の後は他の四人とは別の道を辿った。逆送致にはならず、札幌少年鑑別所に送られた。四人の公判の裁判官と違い、私の少年審判の裁判官はずいぶん温情的で教育型の人だった。同じことをした他の四人への実刑判決に比べて保護観察処分とは大甘である。最後にこの決定への意見を求められ、「自分がやったことが反社会的だと言うなら、検察送りにすればいい。確信をもってやった考えが保護観察で変わることはない」などと言ったのを覚えている。それに対して裁判官は、「君のそういうまじめさが分かるから保護観察にする。君はいずれ世のためになる人間だと信じている」というようなことを言われた。その時は、「誰がこんな世のためになんかなるもんか」と反発し、この思いは相当強くかつ永く残った。

四人とは屋上で別れて以来、一度だけ目を合わせる機会があった。私が検察側の証人として召喚された時である。証言しないために、証人喚問に入る前に法廷を混乱に陥れてしまうことを考えた。それをやれば、法廷侮辱罪で逮捕されるがそれでいいのかと心配してくれる人もいたが、当時の私は逮捕など気にもしなかった。証言台に立った時に、被告席に座った四人と目が合った。人定質問にも答えず証言を拒否すると言い、不規則発言を始めた私に、裁判長は当然、退廷を命じた。それを機に発言をアジテーション風に切り替えた。廷吏が飛んできて私を引きずり出そうとし、またそれを機に傍聴席でみんなが立ち上がってインターナショナルを歌い始めた。この時四人も肩を組んで歌っていた姿が記憶にある。

四　北大闘争で考えたこと

（大学教育大衆化時代）

大学がエリート教育の場であった時代には、提供する教育がどのようなものであれ、学生は自ら成長していったのだろう。「放し飼い教育」でよかった時代である。しかし、ほぼ高度成長期に当たる一九五五年～七五年に大学進学率が一〇％から四〇％へと上昇した結果、このような方法は六〇年代後半には有効性を失っていた。大学はそれに無自覚だった。マスプロ教育がいけないなどと言うのは的外れで、大学教育の大衆化と産学共同という時代の教育の質こそが問われていた。

この点について、国も明確な政策を示していなかった。戦後の高等教育は、ＧＨＱの占領政策により、国があまり関与しないかたちで始まった。国が実質的に戦後初の大学教育政策を発表したのは、なんと一九六三年の中教審答申『大学教育の改善について』であった。一方大学は、北大で学長自らが「大学の自治、学問の自由を守るのは反権力闘争」と唱えていたように、上から与えられた見せかけの「自治」の迷妄に浸っていた。

（大学自治というなれ合い）

本稿⑵の最後で行った戦後大学教育のレビューで得られた知見を利用して、当時の大学教育行政を振り返る。戦後四半世紀に渡って大学教育のグランドデザインさえ示さないまま放置し、一九六九年になって大学運営臨時措置法という、まるで擦り傷に唾を付けるような対処しかできなかったのは、驚くべき怠慢に見える。

現在、当時大学教育政策が放置されたのは「大学の自治」を叫ぶ勢力がいたから国は手を付けなかったとの論があるようだ。一方、日共民青には「大学の自治を守って来た」と言えることこそが重要だったのだろう。「前衛」の「前衛」たるところである。ここに「大学の自治」を軸に政府・自民党と日共の利害は見事に一致していたのである。政府・自民党『『大学の自治』なんて言わせておけばいい。これを理由に大学政策大綱を決めなくていいなら、自由裁量幅が増えてかえって好都合」、日共『『大学の自治』を正面から否定されないならとりあえずそれでいい。『勝ちとった。自分たちが守ってきた』と言えれば当面それで十分」という、政府・自民党と日共とのなれ合い大学自治論。

こう考えると、特に六九年中盤以降日共民青が、臨時措置法に従った授業再開の警備員仕事に熱心に取り組んだ理由が想像できてくる。

(北大闘争の質)

北大闘争に対して、東大・日大の全共闘運動の縮小再生産だとの批判があるようだ。しかし、東大・日大闘争も北大のような後発校の闘いも共に、一九六〇年代後半の全国的な激動の波を承けたもので、両者が外形的に似たものになるのは当然であった。この相似性を批判するのは妥当ではない。六九年の全国の多くの大学で一つの社会的状況に対する闘いになっていたのは、それをもって否定されるべきことではないからである。

北大闘争は未熟で、東大・日大闘争に較べて質が落ちるとの意見もあるらしい。しかし、画餅のような民主化論、革命路線論はあったが、七〇年安保闘争や全共闘運動の先にあるべき闘いの姿を明示し得た者は、全国のどこにもいなかったのが事実である。このことは、七〇年以降に新旧左翼が辿った道を見れば明らかである。されど、北大闘争が活動、思想の両面で新しい地平を切り開けなかったのは確かである。結果論ではあるが、最大の理由は、六九年四月から一一月まで僅か七か月間という短期間の闘いであったことだろう。この事情は、全国の「周回遅れ」の地方大学に大なり小なり共通した事情であったろう。ただ北大の場合、地方後発校ということから来る限界や批判に甘んじるには、あまりにも大規模な大学であり、かつ誇り高かったということが、この批判の背後にあるのだろう。

これらと北大全共闘がイールズ闘争、白鳥事件、六〇年安保闘争と続いた北大の学生運動の系譜を継承できていなかったことを関連付けた指摘もある。しかし、個別大学内での学生運動の継承性を論じることに大きな意味はない。学生は基本的には四年間というごく短期間在籍し常に入れ替わっていく。個別大学で、社会状況か個別大学の内在性かいずれが闘いの主対象になるかは一様ではないが、激動期には前者が全国共通の底流を形成するのが一般ではあるまいか。激動期の新入生は、個別大学での過去の学生運動ではなく、自らが育ってきた社会状況と全国の大学闘争で獲得された闘いの質を基に考えるからである。北大での学生運動の歴史とは、継承すべきものというより伝統という程度に捉えておくのが妥当だろう。

教育学部長発令問題に関する文部省への対決姿勢が、六九年四月に入っても続いていたのに、入学式粉砕闘争のあと途絶えたように読める指摘もある。これは、我々が妨害したわけでも何でもない。学長等がこの闘いを忘れてしまっただけというのが、現場にいた者の実感である。最後に付言しておく。「民主化の星」堀内学長の選出までも闘いの一つと捉えたり、歴代学長から大学の歴史を見ようというのは、大学の学長選挙を美しく見過ぎたものである。

(前衛主義との不毛な闘い)

北大闘争の全期間とその後を通じて、日共民青や革マル派等の前衛主義への対応に多大の時間を費やさざるを得なかったのが痛恨事である。大衆を指導の対象としか考えない勢力に対して、大衆が自ら考え行動することを追求した我々の闘いを明確に対置できなかったことは、我々の不十分さであった。闘いよりも前衛としてのヘゲモニーに固執する彼らに対する対応は、何も生み出さない無駄な時間だった。これに空費された時間は本当に残念である。

(闘いのあとで)

北大全共闘及び北大反帝学評の闘いが「行動委員会運動を基盤にした大衆的全共闘による社会闘争と政治闘争の統一的展開」といえる方向を切り拓けなかったことは事実である。日常性の中に根源的問いかけを含む継続的な闘いと、そのための「場」の構築に向けて落ちつかせていく道を見いだす時間もないまま、「本部以降」に流されてしまった。

本稿(2)の記載とも関係するが、一九六九年に大学運営に関する臨時措置法が成立した頃でも、国の高等教育政策は穴だらけのままだったことが今は分る。私は、それに気付けなかった幼さが、北大闘争の中でほぼ唯一、我々に帰する責があった不十分性だったと思っている。もしそれに気付いていれば、それらの弱点の中の根本的な一点に新たな闘いを集中する戦略眼も持てたのではないかと。では教員たち大人は国側のこの不備が分かっていたかというと、おそらく彼らも分かってはいなかったのだろうと思う。

「北大闘争」はいつ終わったのか

星野　次郎（二年七組　救対）

私が、救対（救援対策部。当時の呼び方に従って救対と書く）にかかわることになったのは、北大本部闘争終了後です。本部闘争で、私は、札幌駅構内でゲリラ闘争を展開するクラスで組織する一遊撃隊の隊長でした。

当日は、朝早くに大通公園のテレビ塔に遊撃隊ごとに集結し、各々が作り貯めた火炎瓶をカバンいっぱいに詰めて、札幌駅方面に出撃する予定でした。

しかし、当日は朝から、テレビ塔付近は私服警官で埋め尽くされ、身動きがとれませんでした。指令本部とされていた電話番号に何度かけても通じず、分断され路頭に迷いました。そのうちに、私たちの隊は、私服警官の包囲網の真っただ中に迷い込んでしまいました。もはや、これまで！と気付き、五名の隊員でこの包囲網を突破する算段をしました。その結果、一名が火炎瓶のカバンを所持し私服警官の方に行き、その間隙を縫って、その他の隊員は分散してバスでテレビ塔を離れ、北大本部前に集合することに決しました。囮の役は、当然、隊長である私がなるつもりでしたが、当時予備校生で我が隊に友軍として参加していたM君から「私は予備校生なので鑑別所で済むし、中で受験勉強ができるから。皆さんは、北大に戻って更なる闘争を継続してください！」との発言があり、一同M君に感謝し、別れ、M君が私服警官に取り囲まれ連行される姿を、挫折感と悔しさの中で見送りました。その後、同志M君の救出のために、当時活躍中の救対との関係を持つようになりました。しかし、北大本部闘争の一か月後に我が隊の構成員全員が公務執行妨害・凶器準備集合（私は隊長だったので、凶器準備結集罪容疑）で逮捕され、新聞やテレビのニュースで報道されることとなりました。

二三日間の勾留後に起訴猶予で釈放されました。その時に救対から「逮捕された後は救対で頑張れ！」と、当時の救対の首領の通称辻さんから誘われ、活動を共にすることとなりました。

救対に入って分かったことは、逮捕されると孤立し分断され、転向を迫られることが、いかに多いか！ということでした。勾留され、孤立化させられ、世間と分断されている状況で、黙秘を貫くことは至難の業でした。自白するものと完黙するものとの違いは、紙一重であることを思い知りました。

本部闘争は、一見本部バリケードの陥落で終了したように見えますが、本当はそこから別な異次元の闘争が始まっていました。裁判闘争です。これには苦労しました。今まで批判してきた「資本主義社会のルール」である「法律」上の手続きに従わなければならないからです。いつも議論のテーマになったのは、体制側の裁判所に何をどのように、どんな言葉で主張していけるのかということでした。我々の言葉は法律家には通じず、法律家の言葉は我々には法律上は理解できても、闘争上何の意味があるのかは理解不能でした。

裁判の途中で、我が隊の犠牲的英雄であったM君が検察側の証人で証言台に立ちました。すべてを語り、被告人たちの有罪の証言をしました。これには参りました。まるで、自分が本部闘争の仲間に敵対しているような強迫観念に陥りました。自問自答の毎日です。あの判断は間違っていたのではないか？　やはり自分が責任を取るべきではなかったのか？　そして、自分にとって「北大闘争は何だったのか？」「私の北大闘争はまだ終わってはいないのではないか」

私の結論は、北大本部闘争の被告の仲間が北大闘争を総括し、新たな一歩を踏み出すまで、私の北大闘争は終わらないのだということでした。

北大闘争時代の自分に無理やり蓋をして、新たな人生を歩んできた人もいる。

いまだに、当時の自分を持て余して、引きずっている人もいる。

過去を塗り替え、違った人間として生活してきた人もいる。

そのどれもが、北大闘争の産物なのだと気が付いている。だから全共闘運動なのだと。

救対で闘っていた時の自分に向かって言いたいことがただ一つある。

「皆さん！　警察に勾留されたら警官の前でも検察官の前でも、好きなことを自由に好きなだけ喋ってください。そして、それを調書に残してください。我々の闘争の足跡を公的書面として残してください。それが歴史となる日が必ず来ます。黙秘は何の役にも立ちません。黙殺されるだけです。何故なら、我々は無罪を求めてはいないのですから」と声高に叫ぶことである。

北大全共闘運動は、学生・教職員・一般市民の参加した「反権力闘争」ではなかったか。いわば、参加者全員の共謀共同正犯ではなかったか。

しかし、個人単位で分断され、その責務が「行動者」のみに課されたことは、その意味で敗北であったかもしれない。


北大闘争の総括は個人によって異なると思う。

「皆さんの北大闘争は、いつどのように終わったのか？」

聞きたいけど、聞いていいのか、答えがあるのか？

以上

記憶の欠片（かけら）

工藤　高志（一九六八年入学）

自分にとっては一九六八年、クラーク会館でのべ平連定例会参加がそもそもの始まりでした。

一　一九六九年北大入学式体育館封鎖

どなたのアパートかは忘れましたが、狭い部屋に一〇人～二〇人以上が集まっていたかと思います。自分はクラスのM君と共に参加しました。どこに全員集合したのか覚えがないのですが、いよいよ体育館の前までゲバ棒を抱えて到着しました。

来てはみたものの何をどうしたらよいのか、全く分からず、うろうろしていたら、誰かが正面玄関入口ガラスを思いっ切りたたき割りました。あの破壊音は長い間自分の耳から離れませんでした。

体育館に入ってから、これも誰かが正面に掲げられている大きな日本国旗を剥がしました。事前に打ち合わせしたわけでもないのですが、見事な連携に感心したのを覚えています。玄関前に椅子を積み上げてバリケードを作り、当局又は民青の襲撃に備えたことを覚えています。

とても長い時間がたったような気がしましたが、入学式を阻止できた実感はありました。でも、この後どうしたらよいのか、自分には全くつかめていませんでした。入学式阻止、体育館封鎖の目的が達成されたことから全員で体育館の外へ出て集会を開くことになりました。

周囲には不安げな顔をした新入生や、同行の親たちがいました。昨年、自分も何かしら胸躍る気持ちで迎えた入学式は、今日の新入生は味わえないのだなと、ふと思ってしまいました。自分たちに大義名分はあるのだと自分に言い聞かせましたが、どこかにまだ世俗の割り切れなさが残っていたことも事実です。この入学式阻止行動が、一一月八日の本部封鎖解除にまで行きつくことは、この時点で自分には想像すらできませんでした。

二　教養部バリケード封鎖防衛泊まり込み

あるセクトの突発的な教養部封鎖に、最終的にC闘委が合流することになり、バリケード防衛の主体はC闘委となりました。自分は長期間バリに滞在することになりますが、幾つか記憶に残る場面を記したいと思います。

(一)　教養部の獣医学部側出入り口で、見回り中にバリの外に一年生が現れて、「僕は勉強がしたいのですが、このバリケードはいつまでやるんですか？」と問われました。「無期限です」と答えると、そうですかと言って戻っていきました。その彼が一〜二か月後のバリケード内での「自主講座」に参加しているのを見て驚いたことを覚えています。名前は忘れました。

(二)　種々の会議については全く覚えていないのですが、「北大闘争中間総括」のパンフレット印刷は忘れられません。当時の印刷物はガリ版刷りがメインで、原稿を書く人、ガリを切る人、印刷する人、たたむ人に分業化していたと思います。自分は「印刷する人」で、いかに速く刷り上げるかを競っていました。謄写版とローラーの使い方は自分が一番速かったと今でも思っています（お笑いください）。他に自慢できることがありません）。

(三)　夏休みに入り帰省するメンバーがどんどん増え、バリケード防衛の人数が、私を含め二名であったことがあります（それも数日）。自分はバリから離れると自分でなくなるような気がして離れられませんでした。個人の思いを大事にする全共闘だったのですが、夏休みだからといってみんないないなくならなくてもいいじゃないか、と恨めしく思ったりしていました。

(四)　バリケード内の寝泊りは教官棟であることもあり、個室のベッド付きで居心地がよかったことを覚えています。ただ早い者勝ちで、一度固定されてしまうと、他のメンバーが入りにくいこともありました。

㈤「バリケード」は抵抗の象徴ではありましたが、自分はこの闘争が終焉したとして、築いたバリケードの撤去や闘争前への現状復帰は誰がやるのだろうと、人知れず悩んでいました。自分の発想には「闘争の流動化は、いつかは終焉する」が常にあり、その時はどうなるのだろうと考えざるを得ませんでした。

㈥バリケード内での自主講座参加者に、今は亡き自分の「かみさん」がいました。自分は一目惚れでしたが、声をかけられるようになったのは、本部封鎖解除後のことでした。

三　一一月八日本部封鎖解除後の自分の在り方

三〇〇〇名の機動隊導入での本部封鎖解除に、自分は為す術もなく、逮捕されていく兄慶一を含む五名の籠城組を泣きながら見ていました。旭川の実家のおふくろに電話を入れ「兄貴が逮捕されちゃったよ」と言うと、「見てたよ。高志しっかりするんだよ」と励まされました。小、中、高、大学を通じて自分たちの友達に対して、どんな人間にもフラットで、いいおふくろでした。

㈠自分が各種裁判の救援活動に参加し始めたのが、いつ頃なのかはっきりしません。ただ星野さんの自宅の一部を間借りして、二人で裁判闘争や他の救援対策活動を継続したことを覚えています。星野さんは普段はひょうきんなのですが、具体的な事務手続きや書類の整理などは緻密で、自分がとてもかなうものではありませんでした。当時の救援活動は大通り公園にも事務所があり、いろいろなイベントの段取りも、そこで打ち合わせをしていたように思います。

㈡本部封鎖解除により「北大全共闘」が表舞台から消えたような状態で、細々と裁判闘争を継続していくなか、公の集会やイベントで自分が「アジテーション」を任されることがありました。分不相応な役割でしたが、ほかにいなかったのです。

四．上告審へのかかわり

㈠地裁判決で実刑判決が出て、控訴審に入り、控訴審結審後、自分の周辺では裁判闘争支援部隊から就職離脱していくメンバーが増えていきました。兄慶一は上告すべしとの見解を主張していました。保釈期間中に北大に退学届けを出しており、上告への孤独感もあって「ＤＩＣ（ディック Destruction is Construction）」組織へ傾倒していきました。自分にとって「ＤＩＣ」は教条主義にしか見えず、あだ花のような組織にしか見えませんでした。ある時、アパートで兄慶一から「ＤＩＣ」への誘いを受けたことがありましたが、自分は酔った勢いで兄貴を殴ってしまいました。あとあとですが、「高志に殴られた」と兄貴から恨みつらみを言われたことがあります。

㈡　上告を進めるのかどうか、裁判支援闘争を手掛けてきた自分にとって、上告審サポートはどのように考えても無理な状況でした。兄慶一は「ここまで北大全共闘の主張を掲げてきて、実刑判決が出たからといって上告もせずに撤退することはできない。俺一人でも継続するつもりだ」と引きません。自分は、「周りの状況を冷静に判断してくれ。サポーターが就職離脱していく中で従来と同じ支援はできないんだ。みじめな戦いにはしたくない。頼むから服役してくれ」と何度も話しました。夜が白むころ、兄貴は服役を了解してくれました。

その後の自分

㈠　自分は兄慶一の裁判サポートで、一年休学し学部移行しました。毎日どのように生活していたのか、よく思い出せません。自分の同期のメンバーは、一年先に卒業、就職していました。自分は兄貴のことや、各種活動に参加していたこともあり、北海道での就職は無理とあきらめていました。道外の企業だけに焦点を絞り、農学部林産学科であったことから、秋田の製紙会社に就職することにしました。

㈡　自分には兄慶一と、弟左千夫が兄弟としています。慶一は「札幌夜間中学：遠友塾」で、左千夫は「絵本児童文学研究センター」で、どちらも三〇年近い期間一筋に公に貢献しています。自分はどちらの会も賛助会員として支援してきました。あるコミックに次のような文がありました。

「人間（ひと）が一念発起すれば、宿命的に親の理解から外れる、敵対さえするもの、無理にバランスを保とうとすると、大政翼賛会が兆す」

兄と弟は正にこの状況で、どちらも全共闘時代から親を説得するとかの行為は諦めていたような雰囲気でした。しかし、生涯の仕事として決めた「遠友塾」「絵本文学センター」が軌道に乗り始めたころから、両親は積極的に支援していたと思います。自分は自分の言葉で、父と母に説得を試みていたと思います。

㈢　自分は秋田の製紙会社から、三〇歳で水処理会社に転職し、五五歳で子会社に役員で転籍しました。その後、六五歳で他の水処理会社の顧問になりました。仕事としては継続可能でしたが、かみさんの介護に専念するために七〇歳で完全リタイアすることにしました。

自分がここまでやってこれたのは、秋田の製紙会社、水処理会社勤めの時に尊敬できる人たち（三名）と巡り会えたからだと思っています。その方たちの生きる姿勢に共感できたことが、親戚兄弟のいない本州に来ても生きてきたことにつながったと思っています。

思想信条といえるものが持てず、人恋しさで、男女問わず「好きな人」探しをし続けてきた結果が、今の自分だと思います。自分にとっては、全共闘の仲間は本当に好きな人の集まりでした。現在に至るまで、過去の全共闘時代の友と会うことは、本当に心地よい時間なのです。これからも時間の許す限り、仲間として付き合っていければと思っています。

思い出すこと、忘れたいこと、忘れられないこと

松田　潤

北大で、私は物珍しさとロシア文学・音楽といった文化に対する興味があり第二外国語にロシア語を選択した。国立大学で露文科があったのは北大だけだった。わずか一クラスだったが皆個性的な学生だったと記憶する。クラス担任の城田俊先生もモスクワ大学の大学院を出て最初の就職で若く張り切っていた。クラス雑誌『マラドーイ（若い）』をガリ版で発行した。手許に見つかったのは第二号だけだが、発行は六七年一二月となっている。一〇・八羽田闘争で中核派の山﨑博昭君が亡くなった直後なので、それを取り上げた学生が三人いた。一人は中核派のN君で既に党派のメンバーだったらしく出身高の大阪大手前高校の同期として思いのこもった長文の論考を、女学生のTさん（まだ北大の男女比は圧倒的に男が多かったが、文類のロシア語は一クラスだったせいか、比較的女子も多かった）が月々の記録に「一〇月‥人が一人死んだ」と書いている。そして私の拙い短篇小説だ。ベトナム反戦と私が気になりだした在日朝鮮人を取り上げ、最後に「羽田事件」（新聞報道と同じでN君

のようには闘争と書いていない）とその追悼デモを書いて終わっている。一人途中でソ連のルムンバ名称民族友好大学（通称「ルムンバ大学」ソ連の第三世界留学生の受け入れ機関）に留学するMさん（確か父親が組合幹部だった）がいた。恐らく、それもあってのロシア語選択だったのだろう。

世界中でベトナム戦争反対の運動が激しくなっており、日本がアメリカ軍の後方基地化していて、私にとっての学生運動の課題は、まずベトナム反戦だった。そんな雰囲気の中で、北大の民青系自治会の学内民主化運動的な諸要求運動とは違う、自発的で大衆的な反戦運動を進めなければと漠然と思っていた。いつもデモで顔を合わせる同じ一年の他外国語クラスでノンセクトの連中と語らってクラス反戦を立ち上げるのは、私には自然な流れだった。さらに六八年には大学問題として日大・東大に続けという動きも旧来の党派が主導する学生自治会ではなく全学共闘会議をという活動になるのと同じことだった。私の考えていた行動原則は谷川雁の「大正行動隊」だった。個人の主体性の尊重、自由な討論、決定は個人を拘束しないなど、従来の政治組織が上から統制するような運動とは違った自発的なものを目指した。民青・共産党の民主集中制などもっての外だった。

国立大学二期校入試（私の頃は一期校と二期校の入試があった）で上京した時は、新宿文化座で一九六〇年にわずか四日の上映で打ち切られた、安保闘争をテーマにした大島渚監督の『日本の夜と霧』が掛かっていると知ると入試日前に観に行った。映画に描かれた日本共産党は支持できないと感じた。試験の後は地図片手に神保町の青林堂へ行き長井勝一（この貧相な人があの『忍者武芸帳』の白土三平を世に出したとは知らずに、ただの事務員と思っていた）から直接『ガロ』の『カムイ伝』初回からの欠号分を注文することも忘れていなかった。その程度の世代的知識はあった。もっとも受験通信添削誌の投稿欄には中核派の奥浩平と革マル派の彼女がとか、黒田寛一をめぐる話題が続いていた。しかし、何が問題なのか判っていなかった。ただ、当時は組織間の考えの違いで、自死しても内ゲバで殺し合うことはなかった。

憲法九条と自衛隊は矛盾していることが小学生の頃から疑問でならなかったので、高校で同期の男が進学先に防衛大学校を選んだのには驚いた。今なら、アメリカの貧しい若者が学費のために従軍することと同じで、日本の文教政策の貧しさと了解する。そのくらい社会格差には疎かった。社会はまだ戦後が色濃く残り表面的には一様に貧しいと見えていた。小樽出身の山中恒が『サムライの子』（一九六〇）でサムライ（廃品回収業）部落を描くが、私の小学校近くにそれはあった。私自身はただ大学に入って勉強する中で将来を考えると良いだろうとぼんやり考えていた。

大学の奨学金についていえば日本育英会の予約奨学金制度もあったし、基本は無利子の奨学金だった。教職返還無償制度もあった（私は北大助手に採用される前に一年ほど私大図書館員として勤務したのでその恩恵にあずかることなく長くかかって完済した）。国立大学の授業料は月額一〇〇〇円だった。一九六七年の公務員上級職の大卒初任給が二一六〇〇円だから決して安いとはいえない。大学闘争が長引き、奨学金が止められて授業料が払えなくて退学せざるを得ない学生もいた。それでも現在の国立大学の学費と比較するならまだ充分安かった。育英会から学生支援機構と組織が変わってからの奨学金が実際は高利の学費ローンだと私が気付くのは、私学の教員になって学生たちの現実を知ってからだった。

一九六六年から団塊世代の大学進学が始まり、文部省はその収容人数を増やそうと大学や学部の新設、定員増が全国的に行われる。その結果、まず私学で学費の値上げが計画された。それが学費値上げ反対の学生運動の頻発に繋がった。六五年には慶応でストライキが、六六年には早稲田と明治でも学費値上げ反対闘争が起きる。ただこれらは在学生が自分たちの学費（卒業までは入学時の学費が続く）ではなく、これから入ってくる新入学生のための反対闘争だった。

あの頃読んでいた福田善之の戯曲『真田風雲録』では六〇年安保の社共と全学連主流派（ブント）の関係を想像した。『長い墓標の列』は戦前の河合栄治郎事件がモデルだったので、治安維持法と学問の自由、大学自治を目の前の大学闘争に重ねて考えた。同じように菅孝行の戯曲『ブルースを歌え』では安保闘争後の全学連主流派ブント分裂の雰囲気を思い、柴田翔の『されどわれらが日々』ではブントを作った一世代前の学生たちの心情を探ることになった。三派全学連はそれまでの分裂を乗り越えられるような期待が持てた。しかし、一〇・八の後で私が知るのは各党派の主導権争いという従来の左翼の悪しき歴史の繰り返しだった。

小野田譲二の『遠くまで行くんだ』の創刊号（一九六八）を入手したのはどこでだったろう。N君によって三派や中核派を少し身近に感じていたが、革命を目的とする党派がレーニン主義を掲げている限りは、意見の違いは分派活動として否定されてしまう。それでは自発的で大衆的な学生運動は不可能と思えた。谷川雁が組織した大正行動隊の運動論が良いと感じるのはそんな点だった。森崎和江たち女性からの行動隊への問題提起にはまだ気付いていなかった。社青同解放派のローザ・ルクセンブルク主義はレーニンの組織論と違っていて魅力を感じたが、私の周囲には解放派はいなかった。三派全学連は新左翼運動の中心になるだろうと考えていたので、三派が分裂した失望感は大きかった。レーニン主義の革命運動には何か大きな欠点があると考えていた。ただ、北大の三派はこれまでと同じように共同で行動していて無党派（ノンセクト）には安心できた。民青と革マルには動員数で及ばなかったのが理由なのだろう。

二年になると学部移行で、マルクス主義哲学の日本の新しい流れを代表する花田圭介先生と花崎皋平先生がいる西洋哲学科で学ぼうと決めた。日本共産党支持のギリシャ哲学の岩崎允胤先生も別の講座の教授だった。レーニンが間違っているのなら、彼に先行するロシアの革命思想から学び直そうと考えていた。

花崎先生は私がロシア語を履修してきたならと、ゼミナールでナロードニキ（英訳だとポピュリスト）の思想家ラヴロープの『歴史書簡』をテキストにロシア語で読むことになった。しかもロシア思想史の専門家で当時法学部附属のスラヴ研究センター助手だった外川継男先生まで誘って教師二人に学生一人というゼミが始まった。

北大の各党派が東大・日大の大学問題では学内で闘争を組織できずにいた六九年一月二一日に教養理類のクラス反戦有志による「東大闘争勝利、全共闘支援」のデモが行われ、民青自治会のデモ隊と構内でゲバルト（暴力）衝突が起きた。全共闘系と日共民青自治会の対立は北大でもはっきりしてきていた。

そんな流れの下、六九年四月一〇日の「入学式粉砕闘争」が起きる。教養のベ平連（ベトナムに平和を！市民連合、花崎先生は札幌の代表）のN君から前日に北大前の旅館に集まって欲しいと連絡があった。何だろうとノコノコ出かけていった。そこで入学式会場を封鎖して東大・日大に続く運動を北大に起こそうという話があった。参集した多くは教養一年のクラス反戦だった。そのままロシア語クラスの友人二人と参加することになった。その時も、会場の体育館封鎖に突っ込んだ際も、深く意味を考えていた記憶はない。ただ、北大がこのままでは拙いだろうと思っていた。旅館で颯爽とアジったS氏（文学部露文の先輩と後で知る）とその仲間の二人は私たちより年配で、それまで三派のデモや集会でも見かけることがなかったので、特に印象に残った。

入学式後、組合を支持母体にしていた堀内寿郎学長の

「ナチ御用学生を思わせる暴力による大学破壊」という告示が出されたことで学内は一気に騒がしくなった。当然のように授業そこのけでの活動が多くなる。ベトナム反戦だけでなく、東大・日大の大学問題と重なり彼らに続けということで文学部でも四月に共闘会議が結成された。文学部共闘委員会機関誌『鏡のくにの砦』創刊号（一九六九・八）に、そう記されている。八月一七日には文学部を含む教育・法学・経済四学部と共同講義棟の軍艦講堂を封鎖したので、この機関誌はバリケードで出されたことになる。創刊号には入学式闘争で特に私の印象に残っているS氏を「文共闘人物スケッチ」といって西洋哲学科Y君と英文学科K君が語り合うように交互にガリ切りをして書いている。そこでは、彼が北大の全共闘型運動と組織化について暗躍していたと記述されている。私たちの外側ではさまざまな動きがあったのだろうけど、そんな雰囲気のある魅力的な人物と描かれている。私たち文共闘の仲間は機関誌を作ることの方が愉しかった。英文O君は「吉本隆明論」を、私は当時流行の東映ヤクザ映画「緋牡丹博徒論」を、西哲S君は私の拙い文への論評を載せている。そんなことをデモの合間に続けていた。夏休みで人数が不足していると学部共闘の大学本部の泊まり込みにも加わった。といっても、私は会議に出てあれこれ議論する柄でもないと二条市場に食材の買い出しに行き、一番安い馬肉を硬いので挽いてもらった。学長室隣の給湯室で、ホーロー洗面器に挽肉と野菜を入れて炒め、アルミの洗い桶にお盆を蓋にしてレンガを重しにご飯を炊いた。女性が炊事と救対（救援対策）担当だったとよくいわれるが、少なくともあの時は私がやったと、そんなことが妙に思い出される。とはいえ、一緒に闘っていた女性から「私たちはことばを奪われてきた」といわれた。その時はあまり意識していなかったが全共闘運動の欠けていた問題だったと今は解る。

教職員組合と民青自治会が力尽くで文系棟の封鎖解除に来たのは六九年一〇月三〇日だった。突然北側の教育学部から入られ、さらに南の経済学部からも。そこで私たちは法学部と図書館を繋ぐ木造渡り廊下の屋根の上を四つん這いで逃げた。図書館を封鎖していた革マル派に助けられた。いくら対立していても北大の革マルはまだ全共闘派を追い返すことはなかった。一一月本部籠城の前の集会に向けての立て看板「北大番外地集会」という写真が『北緯43度』という北大闘争の写真集に残っている。橋本治の東大全共闘のポスターを意識して金太郎が血の滴るゲバ棒を抱えた絵を私が描いた。先日S君に会ったら、「あれで文共闘は完全に終わったと思ったぞ」

といわれた。封鎖中のことといえば、思い出すことはまだある。北海道新聞に北大闘争秘話が一面に載った。封鎖中の教養部から三岸好太郎の『花ト蝶』が傷ついては と道立美術館に届けられたというものだ。私にも似たようなことがあった。経済学部長秘書をしていた小学校同期の友人の姉から連絡があった。学部長室に飾ってある絵、誰の作品だったか記憶はないが、貴重な絵なので何とか持ち出せないかという依頼だった。私が封鎖に加わっているとどうして知ったものか、不思議だった。とにかく、目立たぬように持ち出して渡した。彼女はその後新進党から参院議員になり、後に自民党に鞍替えした。まあ、それだけのことだが、貴重な本を救い出したとか、似たようなことは封鎖中にさまざまあったはずだ。

夏休み中だと思うのだが、小樽出身でブントの理論家だったY氏が東京に行き、その後ブントを先頭で引っ張っていた若いY君が京都で心中したという話が流れた。私は何となく六〇年ブントの分裂と、奥浩平の自死を思った。デモでよく見知っていた仲間が自死したということに心が傷んだ。その後、教養のロシア語クラスでは民青だったO君（経済学部に進み、卒業後経営コンサルタントになり五三歳で早逝した）が東京に行ったY氏のオルグでいつの間にか赤ヘルを被っていた。最近、Y君が自死した後にO君が北大ブントの責任者になり、教養部闘争委員会のメンバーと封鎖の際に些細なことで衝突して暴力を振るったと聞いて、がっかりした。私の中で今も引っ掛かることの一つだ。ブントが分裂して吉本隆明主義の三上治と神津陽の叛旗派はどこを目指すのか、同じく吉本に影響されていた小野田譲二が率いる「遠くまで行くんだ」はどうするのだろうと思っているうちに、武装しかないと突出した部分に赤軍派が出てきた。革マルは相変わらずノンセクトや三派を批判するばかりで、新左翼の分裂と対立は内ゲバにまでなっていった。

北大内に限っても、六九年の四月の入学式粉砕闘争から、本部籠城の決死隊が機動隊によって排除逮捕される一一月までの、僅かな時間にさまざまな動きがあった。再封鎖がされないように金網に包まれた文系棟でも授業再開反対の揉み合い、文学部の自治会選挙では取り敢えず西哲にいた革マル派のT君を立てて選挙をして負けた。いつの間にか徐々に日常が戻っていった。

文共闘機関誌『鏡のくにの砦』第二号はタイプ印刷になった。インド哲学科のN君が描いた絵が表紙だ。奥付は七〇年一月二〇日だから、もう物理的なバリケードは解除されていた。ガリ版手製から広告を入れての刊行だ。私たちのよく通った北一八条の喫茶店タマキ、狸小路の千歳鶴サービスステーション、文共闘の黒旗を縫ってくれたSさんがバイトをしていた大通りの画廊喫茶大八、雀荘東風荘その他いろいろ広告を集めて印刷製本費を捻出しようとした。今は広告の店はどこもない。少しでも安くあげようと高校の友人（彼は東京の私大に行っていた）の父親が経営する小さな軽印刷の店に依頼した。私の持ち込んだものが学生運動がらみと判りながら、息子が東京で暴力学生になっていないかと心配だったろうが、黙って格安で引き受けてくれた。第三号の予告があるが、この二号が最後の号になった。文共闘に集まっていた仲間は四年で、あるいは一年留年して卒業していった。私は大学院でもう少し学ぼうかと思ったが、入試に失敗したまま研究生となってうろうろしていた。花崎先生にバリケードから送った私信が「言葉は死ね」（『ユリイカ』一九六九年一二月号）に全共闘学生の言葉として引用された時にはバリケードはもうなかった。次第に日常化が進む気分をゴダールの『勝手にしやがれ』を枕にエッセイを書いて試験替わりのレポートとして花崎先生に提出した。これが『北方文芸』（一九七一年六月号）に暴力学生を批判的に論評した日高晋の文章と並んで掲載された。花崎先生は本部で逮捕された学生たちの特別弁護人活動を主に、花田先生は花崎先生と一緒に「解放大学」（陰では花花大学といわれていた）という名の大学改革（造反教員）運動を始めた。判決が出た時には花崎先生は大学を去っていった。教養部闘争委員会（C闘委）で活動していた文類のかなりの学生が西洋哲学科に移行してきた。彼らは「お助けゼミ」といいながら花田先生のゼミナールに集まった。西哲では全共闘派が小さな学部生用の部屋を占有し、民青系は助手院生の大部屋にと棲み分けをしていた。その延長で卒業後社会人になって学外で、というか学内にはもう居場所はなくなっていた私たちの一部は花田先生を囲むサロンを始めた。画家、童話作家、舞踏家などさまざまな人たちを招いての集まりがそれから数年続いた。「無名哲学者倶楽部」と名付けられていた。鶴見俊輔が『思想の科学』で「北海道の心性をデザインする」という特集を出すための集会が組まれたときに私もお手伝いをして、ベ平連の代表でもあった鶴見と会った。札幌ベ平連の代表の花崎先生だけでなく花田先生は鶴見俊輔と昔からの付き合いで、脱走米兵を匿っていたとは知らなかった。それが一九九〇年のことだった。その時私と一緒に会を手伝った相馬、杉山の二人との鼎談というスタイルで纏めた文章のタイトルが「無名哲学者倶楽部—北国の民主フォーラム」（『思想の科学』一二九号）として雑誌の一章（反論も付されている）になる。好き勝手な発言をいかにも鼎談してい るように書くのは文共闘の『鏡のくにの砦』で私が学ん だ文体だった。花田先生が北大を定年退職したときには 『思索の迷路』（一九八六年）といういわゆるお弟子さん たちの作る「退官記念論文集」とはちょっと違った本を 出せたのは文共闘のK君（東京で編集者として働いてい た）の助力を得てのことだった。花田先生は一九四五年 に宇品の暁部隊で被爆した後遺症（「モノになった肉体」 富田常雄・天野正子編『戦後体験の発掘』一九九一年所 収）なのだが九六年に癌で亡くなる。七四歳だった。

花崎先生は大学をさっさと辞めてしまったので、師弟の関係はなくなったが、友人としての付き合いが始まる。特に小樽に転居されてからは花崎シェフの手料理で飲み会を続けている。全共闘ということが付き合いのキーワードになっていることは間違いない。

ついでということではないが、私の北大全共闘後日談はまだある。鳥山成人先生が文学部長事務取扱で封鎖対策に追われていた頃、文共闘がホテルで開催中の教授会から学部長ということで先生を連れ出して団交をしたことがあった。自宅に帰られてから「今日は学生たちに怪我をさせることはなかったよ」と奥さまに語ったそうだ。先生のユーモアだが、痩せて小柄な体型をよく知る私はその話に笑ってしまった。先生は北大を定年退官後に中央大へ転出し、二度目の退職をして札幌に墓守に戻ってきたと私に話された。そんなことを話すのも夫人が私の父が親しくしていた札幌師範時代の先輩と親族だった縁からだった。お亡くなりになった後、お宅へお参りに伺った時と記憶するのだが、団交についての話から始まった。先生が旧制高校時代、父上は台湾植民地の高級将校だった。学徒動員の前に東亜研究所に入ってソ連研究をしていたが、そんな先生にも終戦間際に二等兵での召集令状がきたそうだ。終戦後は決して台湾へは行かなかったと聞いた。職業軍人だった兄上が自衛隊発足時に自衛官になったと知ると、それ以来付き合いを絶った。さらに学部長経験者への叙勲（一度断ると北大文学部からは申請しづらくなると事務長に言われたそうだ）を断ったと、そんな昔話を夫人から仏前で聞いた。私が花崎ゼミでロシア思想史の手ほどきを受けた外川先生から「万年資料助手だけれど来るか」と声を掛けられたのが鳥山先生が以前に所長をしていた研究施設に繋がる。しかも、それはロシア語クラスの同級生Tさんが助手を辞めて高校教師になるというので急に後釜を探していたからだった。

鳥山先生といえば、私は卒業単位が足りないとロシア史の授業をとり、試験を受けずにプーシキンの『青銅の騎士』についてレポートを書いて強引に「可」の単位を貰ったことは忘れたい恥ずかしい思い出だ。私の北大文学部の学位記は鳥山文学部長事務取扱名だった。

ウクライナでの戦争とガザのジェノサイドが続くなか、マイノリティの側にいてロシア思想史上の多くの「雑階級人（ラズノチンツィ）」がナロードニキ主義者になったように、「自己否定」をしながら今でも北大全共闘を名乗り続けていたい。

三派系全学連から全共闘へ

松山　愼介（一九六七年入学　経済学部）

一　安保ブントの分裂、解体から三派系全学連の結成

六〇年安保闘争を組織をかけて闘った共産主義者同盟（共産同、ブント）は、安保闘争敗北後、主に戦旗派、革命の通達派、プロレタリア通信派に分裂し、解体した。その中から清水丈夫、北小路敏、陶山健一、根本仁（後、マル学同全学連委員長）らは革命的共産主義者同盟（革共同）に合流した。四月二六日に、国会前で警察車両を乗り越え機動隊の中へ飛び込んで逮捕された全学連委員長唐牛健太郎も、一一月に保釈出所すると六一年一月に革共同に加盟した（その後、離脱）。東大教養学部自治会委員長だった西部邁は、清水丈夫から革共同加盟を勧められたが「まっぴらごめん」と言って断ったという。

革共同は、黒田寛一らを中心として「探求」という雑誌を発行する研究サークルであった。六〇年安保闘争時も、共産同に比べれば弱小党派にすぎなかった。しかし、共産同が安保闘争の総括をめぐって混乱し分裂すると、革共同の「日本共産党に替わる新たな前衛党の建設を」「革命家としての主体性の確立を」という主張は、共産同の幹部に影響を与えた。その結果、多くの幹部が革共同に合流し、全学連の指導部もマルクス主義学生同盟（マル学同、革共同の学生組織）が掌握した。

一九六一年七月八日から始まった全学連第一七回大会は大荒れになった。マル学同の全学連支配に反対する、共産党系の全自連、つるや旅館に集まった社学同、革共

同関西派、社青同の三派（つるや連合）の三つ巴の争いとなった。全自連に対してはマル学同、つるや連合が提携して排除したが、全学連の指導権をめぐって二派の乱闘となった。早朝に会場を占拠したつるや連合を、マル学同は角材を持った突撃隊で排除した。この角材を使った乱闘を指揮したのは清水丈夫だと言われている。以降、全学連はマル学同の単独支配となる。清水は一九六二年七月の憲法公聴会阻止闘争でも佐竹社学同都委員長へのリンチで主導的役割を果たしている。

六〇年安保闘争を、「6月行動委員会」を組織して、共産同と共に闘った吉本隆明は『擬制の終焉』で安保闘争を総括した。共産同の安保闘争の方針も批判したが、主な批判は日本共産党と革共同に向けられた。その後も、『葬儀屋との訣別』を書き、『頽廃への誘い』では「安保闘争後一年のあいだに登場した諸勢力は、ただの組織エゴイズムをうりものにした葬儀屋にしかすぎなかった。今日、権力に対する全勢力の頽廃を決定的に進行させ、その在り方を否定的にえぐり出すかわりに、自派勢力の拡大しか志さなかった」と書いて、革共同を批判した。

一九六二年六月一五日に千代田公会堂で開かれた「六月一五日樺美智子追悼二周年」集会での、マル学同の行為は吉本らを激怒させた。マル学同は会場の最前列を占め、社会党飛鳥田一雄の挨拶をやじり倒し、佐竹社学同都委員長の挨拶では壇上で殴り合いを演じ、清水幾太郎の演説もほとんど聞き取れないほどのやり放題を演じた。この集会後、「マル学同の狂信者たちが全学連の名を僭称し続けることを許すべきでない」という内容の、「黒寛教祖を師と仰ぐ狂信的宗教団体マル学同の暴挙を許すな」という声明が、清水幾太郎、香山健一、森田実、吉本隆明ら数十名によって提出された。

吉本にとって、共産同の幹部が革共同に流れ、共産同の旗のもとに闘った学生たちが沈滞していたのは予想外のことであった。だが、社学同再建の動きは徐々に進行していた。東京では明治大学、中央大学の組織は健在であり、大阪、京都でも関西ブントとしてまとまり、独自に安保闘争の総括を深めていた。

一九六三年二月、革共同が本多派と黒田派に分裂した。革共同は本多派が多数を占めたが、マル学同の大部分は黒田派（革マル派）となり、全学連執行部も革マル派が掌握した。この分裂は動力車労組に影響力を持ち、産業別労働者委員会を重視する黒田派と、地区党を重視する本多派という路線対立があったが、決定的な事件は、大学管理法案に反対する東大銀杏並木集会をめぐってであった。一九六二年一一月三〇日、六〇年安保闘争後ひさびさに、六〇〇〇名を集めた大集会が開かれた。これはマル学同全学連と三派（社学同、社青同、フロント）の統一行動として行われた。ところが、この集会後、マル学同の学生組織委員会の池上洋司の指導のもと「銀杏並木集会は正しかったか」というビラがまかれた。このビラを契機に、三派との統一行動を「ベッタリズム」と批判するグループと、統一行動を評価するグループに徐々に分かれていくことになる。

小野田襄二の回想録、『革命的左翼という擬制』（白順社　二〇〇三）を読んでいると、小野田は本多延嘉と黒田寛一の路線対立では本多を支持したものの、その路線対立が学生戦線に及び、革マル派と中核派に完全に分裂するとは考えていなかったようである。革マル派に行った根本仁や、学生活動家にも十分な敬意を払っている。しかし、分裂の流れは止めることはできなかった。小野田は経費の都合で全学連書記局の事務所を維持できず、根本との対話が継続できなかったことが大きいとしている。マル学同全学連の中央執行委員は革マル派二〇名、中核派一〇名であり、革マル派の主導権は保障されていたので、完全に分裂する必要はなかったのではないかと考えていたようである。

革マル派は早稲田大学のマル学同を影響下においたが、伸び悩んだ。一方、中核派は横国大、横市大、都立大に勢力を伸ばし力量を整えていく。革マル派の職業革命家は森茂、一人であり一から組織を整備しなければならなかった。それが早稲田の革マル派の運動に影響したのではないかと、小野田は推測している。革マル派は他党派との共闘路線を捨て、全学連第二〇回大会で、中核派を締め出し単独で全学連を掌握するが、逆にそれが孤立化となっていく。革マル派の路線の必然であった。

一九六四年七月二日には、早稲田大学文学部の自治会選挙をめぐって革マル派と中核派の乱闘となった。自治委員選挙ではフロントが多数派となった。しかし、革マル派は執行部を明け渡すことになる自治委員総会を流会させた。七月一日夜、中核派の小野正春が拠点の前進社に乗り込んできて、「明日、革マル派を叩く、全都から中核を動員して欲しい」と訴えた。小野正春と社青同（社会主義青年同盟）解放派は話がついているようだった。また、この「殴り込み」が成功すればフロントに恩を売れると考えていた。四時間後、小野田が「よし、やろう」と決断した。その場には、本多延嘉、清水丈夫もいた。

革マル派の結集場所が分からなかったので、夜八時、解放派、フロントが政経学部の地下、中核派が法学部の地下に全面武装して突入した。直前になってフロントが暴力的行為を回避したという説もある。結果的に中核派が革マル派を襲い、逃げ遅れた革マル派一〇人程が滅多打ちにされた。後から現場に到着した小野田が暴行をやめさせた。誤報だったが一時、革マル派のメンバー三人が死亡したとも伝えられた。

新三派連合（社学同、中核派、社青同解放派）は、日韓条約反対闘争などを経て、一九六五年七月に東京都学連を再建した。委員長は解放派、副委員長は中核派、書記長は社学同から選ばれた。都学連を基礎にして、三派系全学連が一九六六年一二月に再建された。この三派全学連には社青同国際主義派（第四インター）や、プロレタリア軍団というような弱小党派も参加していたので、三派系全学連と呼ばれるべきである（社学同ML派については、よくわからない）。

二　三派系全学連の闘いと分裂

私は一九六七年に北大に入学し、夏休みの七月一二日から一四日に法政大学、東京工業大学でおこなわれた三派系全学連第二回大会に参加した。会場には「全学連定期全国大会」と大書きされていた。六〇年安保闘争後の全学連大会を認めるかどうかで、各セクトの間で話し合いがつかなかったので、何回大会と書くことはできなかった。この全学連大会の日程に合わせて七月九日、アメリカ軍立川基地（旧砂川基地）拡張阻止闘争が行われた。ベトナム戦争の激化に伴って、アメリカ軍が滑走路を延長しようとしていたのである。

途中、機動隊と小競り合いを繰り返しながら、立川基地正門前に学生デモ隊は座り込んだ。数千人は越えていたと思う。我々が座り込んでいる外側を、民青のデモ隊が整然と通り過ぎた後、機動隊がデモ隊を取り囲み排除に出た。一年生の私にしては、かなり激しいデモ体験だった。

一〇年ほど前、東京へ行ったついでに、立川方面に行ってみた。アメリカ軍の基地はなくなっていた。一九六八年に横田基地に統合され、日本に返還された。現在、跡地には東京都の防災基地、陸上自衛隊立川駐屯地が置かれ、大部分は広大な国営昭和記念公園となっている。昭和天皇記念館も併設されている。

三派系全学連に話を戻すと、社学同はマルクス主義戦線派（マル戦派）、独立系、関西ブントに分かれていて、統一した組織体ではなかったが、三派系全学連の委員長ポストを獲得するために連合ブントを結成した。この時点のブントの多数派はマル戦派だった。中核派は学生の動員力は大きかったが、獲得自治会数は連合ブントが圧倒していた。そのため、委員長は社学同から明治大学の斎藤克彦が選ばれた。副委員長は解放派、社学同から選ばれ、中核派の秋山勝行は書記長となった。

小野田襄二は一九六五年八月から、革共同全国委員会の学対部長であり、政治局員であった。全学連第一八回大会（一九六一年一二月）では根本仁（北海道学芸大学、現北海道教育大学）委員長のもと、書記長に選ばれている。私は一九六七年の春に、北大構内で元全学連書記長小野田襄二の講演会（マルクス主義研究会主催？）のポスターを見ている。後から知ったのだが、この時期、革共同内部の確執で小野田は来ることができず、「前進」編集局の山村克が来たという。

この確執は清水丈夫と小野田襄二の間で起きた。本多延嘉書記長は清水丈夫についた。六六年の三派系全学連結成以後、中核派（清水丈夫）の方針は是が非でも委員長ポストを獲得することであった。そこに、降って湧いたように明大学費値上げ反対闘争が起きた。斎藤克彦全学連委員長のお膝元であった。明大ブントは自治会、生協を握っていた。明大ブント指導部からみれば、徹底的に大学当局と闘って、自らの権益を手放す考えはなかった。そこで、大学当局とボス交し、闘争の収拾を謀った。この機会を中核派が見逃すわけがなく、全学連として明大闘争に介入した。この後、全学連拡大中央委員会（一九六七年二月）を開き、斎藤委員長を罷免し、中核派の秋山勝行委員長、解放派の高橋孝吉書記長を選出した。

小野田に言わせれば、全学連委員長のようなポストにはそれにふさわしい器があるという。代表的人物として唐牛健太郎や、都学連の北村行夫委員長（早大、六四年入学、解放派）をあげている。それに比べて斎藤委員長は全学連委員長の器ではなかったらしい。秋山委員長が全学連委員長にふさわしかったかどうかは何とも言えないが、中核派が全学連委員長ポストを獲得したことによって以後勢力を伸ばしたことは事実である。

中核派は連合ブントを抑えるのには成功したが、この間、中核派の拠点法政大学や、他の大学でも解放派が勢力を伸ばしていた。解放派はレーニン主義における中央集権的組織を批判するローザ・ルクセンブルクの理論に基礎をおいた。「感性の解放」というスローガンも学生の支持を集めたのだろう。しかし、後年、解放派も革マル派との内ゲバが激化すると、中央集権的組織にならざるを得なかったのではないだろうか。

話は少し戻るが、六七年七月の全学連定期全国大会では、革共同を代表して清水丈夫が挨拶し、次に共産同を代表して水沢史郎（マル戦派）が挨拶に立った。彼が「日米安保同盟は反革命同盟である」と言った途端、解放派のメンバーが一斉に「剽窃だ！」と叫んで壇上に駆けより社学同系と乱闘となった。私は粛々と討論が進むものと思っていたので、この乱闘には正直驚いた。

九月の法政大学処分撤回闘争でも、中核派と解放派が暴力的に衝突している。小野田によれば、清水丈夫は「革マル派との党派闘争に勝ったのは革マル派をイビリにイビリぬいたからだ。解放派も追い討ちをかければかたがつく」と政治局会議で語ったという。この清水の方針が中核派を支配した。小野田は統一戦線全学連を考えていた。各党派が大衆運動を通して競い合い、闘いを推し進めようというものであった。清水は中核派についてくる党派だけを認め、中核派についてこない党派は排除しようとしていた。つまり、三派系全学連の中核派単独支配であった。これは革マル派全学連がたどった道であった。この方針に反対して小野田は一九六七年七月に中核派学対部長を辞任することになる。

私が四年生の頃、小野田襄二がクラーク会館で講演した。講演の内容はすでに記憶にないが、私が「革共同を離れた決定的な事件はあったのか？」と質問すると、一九六七年一〇月七日の中核派の本多、清水の直接指揮による、解放派の高橋孝吉書記長らに対するリンチ事件をあげた。

同じく六七年一〇月七日朝一〇時から、中央大学において、一〇月八日の佐藤首相のベトナム訪問阻止闘争についての戦術会議が開かれることになっていた。中核派のメンバーが来ないので、解放派が呼びに行ったのである。この前に法政大、東大で解放派の活動家による中核派の学生に対する暴力事件が起きていた。解放派の面々は、それを偶発的な事件と考えていた。だが、中核派の清水らはこれを好機として、高橋書記長らに激しいリンチを加え、暴力で解放派を抑え込もうとしたのである。

この前にも、問題は起きていた。一〇月八日の総指揮を誰が取るのかという問題である。中核派は秋山委員長が九月に法政大で逮捕されているので、広島大学の青木忠を候補に出した。中核派としては自派から指揮者をだしたかったのである。これは認められず、結局、全学連書記長の高橋孝吉が総指揮を取ることになっていたが、このリンチでそれも不可能になった。

一〇月八日は、中核派は弁天橋、社学同、解放派は穴守橋、革マル派は稲荷橋で個別に闘った。一一月一二日の佐藤訪米阻止闘争でも統一した戦術は取られなかったようである。ただ、一九六八年一月のエンタープライズ佐世保寄港阻止闘争では、一時的に統一行動が取られたが、その後、中核派のセクト主義に耐えきれなくなった社学同、解放派は六八年に反帝全学連（藤本敏夫委員長）を結成し、小野田の夢だった三派系全学連は完全に分解した。

三　ノンセクト・ラジカルとセクト

このようにセクト主義がはびこる中で、セクトに頼らない運動の模索が始まっていた。日大では大学の巨額の使途不明金をめぐって日大闘争が始まり、一九六八年五月には日大全共闘（秋田明大議長）が結成された。当初の日大全共闘は、ノンセクトの学生の怒りが自然発生的に組織化されたのではないだろうか。右翼、体育会系のバリケード破壊に対して、真っ向から闘い、バリケードを守り抜いた。

一方、東大では医学部不当処分問題をきっかけに、一部学生が六八年六月に安田講堂を占拠した。これに対して、マルクス経済学者とされた大河内一男総長は機動隊を導入して学生を排除した。これが火に油を注ぐ結果となり、医学部の問題が全学に波及することになり、七月には東大全共闘（山本義隆議長）が結成された。東大全共闘を主導した山本義隆、最首悟は六〇年安保世代である。六〇年安保世代は、共産主義者同盟の幹部の多くが革共同に流れたにもかかわらず、それに同調することなく安保ブントの精神を持続していたのである。この世代が東大全共闘の理論的主柱となった。「自己否定」論もその一つである。

全学連は、各大学自治会単位の全員参加型の組織であり、重要な決定は学生大会で多数決により決議されるが、それ以外は選挙で選出された自治会執行部がとり行う。大学がマスプロ化するにつれ、学生大会が成立しないこともあり、全員参加型の自治会では対応できなくなってきたのが、一九六〇年代後半であった。北大全共闘の一部を担った「工学部・闘う集団」という名称は、全共闘運動のなんたるかを表している。闘う意志を持った学生が集まり、その集団独自で闘争を展開するのである。

ノンセクトを中心とした全共闘運動にも限界はあった。ノンセクトであるがゆえに、参加者は闘う課題ごとに自由参加でよいが、闘いを提起する中心メンバーはセクトの幹部並の精神力、持続力、確固とした方針を提出する力が求められた。そのために、全共闘は次第にノンセクトとセクトの共闘組織となっていく。

六九年一月の東大安田講堂を中心としたバリケードの機動隊による封鎖解除に対して、安田講堂へ至るまでの建物の防衛は各セクトに割り振られた。法学部研究室は中核派、工学部列品館はML派、法文二号館は革マル派というように。ノンセクトの多くは安田講堂に籠城した。しかし、機動隊導入前夜に革マル派は、アリバイ的に数名のメンバーだけを残して撤退した。安田講堂にいた社学同の一部も撤退した。法文二号館から革マル派が撤退したことによって、工学部列品館を守るML派は機動隊の集中攻撃を受けた。機動隊は通常は禁じられている直接照準によって、催涙弾を学生に向けて発射した。そのため催涙弾の直撃を受けた学生は、生命に関わる重傷を負い、ML派はその学生を救うために列品館を機動隊に明け渡した。

六九年九月五日に全国全共闘結成大会が日比谷で開かれ、議長に予定されていた東大の山本義隆が逮捕された。山本義隆は安田講堂の攻防戦を指導した容疑で逮捕され、決定的な証拠もないまま、一年半にわたって不当に勾留された。

この全国全共闘結成大会が開かれる頃には、全国全共闘は革マル派を除く八セクトの共闘の場になっていた。いわば統一戦線としての三派系全学連の代役のようにも思われたが、この八派共闘も長くは続かなかった。そのうえ、六九年八月に大学立法が成立し、各大学のバリケードは警察権力によって解除されていった。バリケードが解除された後も、各大学で散発的に全共闘の闘いは見られたが全国的なものにならなかった。

セクトは、共産同から赤軍派が分派し、その一部が京浜安保共闘と連合赤軍を結成する。他方、中核派、解放派、革マル派は泥沼の内ゲバ戦争に入り、多数の死者を出した。三里塚では、新空港阻止の闘いは続いていたが、各大学の運動は徐々に下火になっていった。

著書に『「現在」に挑む文学』(響文社)、『「昭和」に挑んだ文学』(不知火書房)がある。

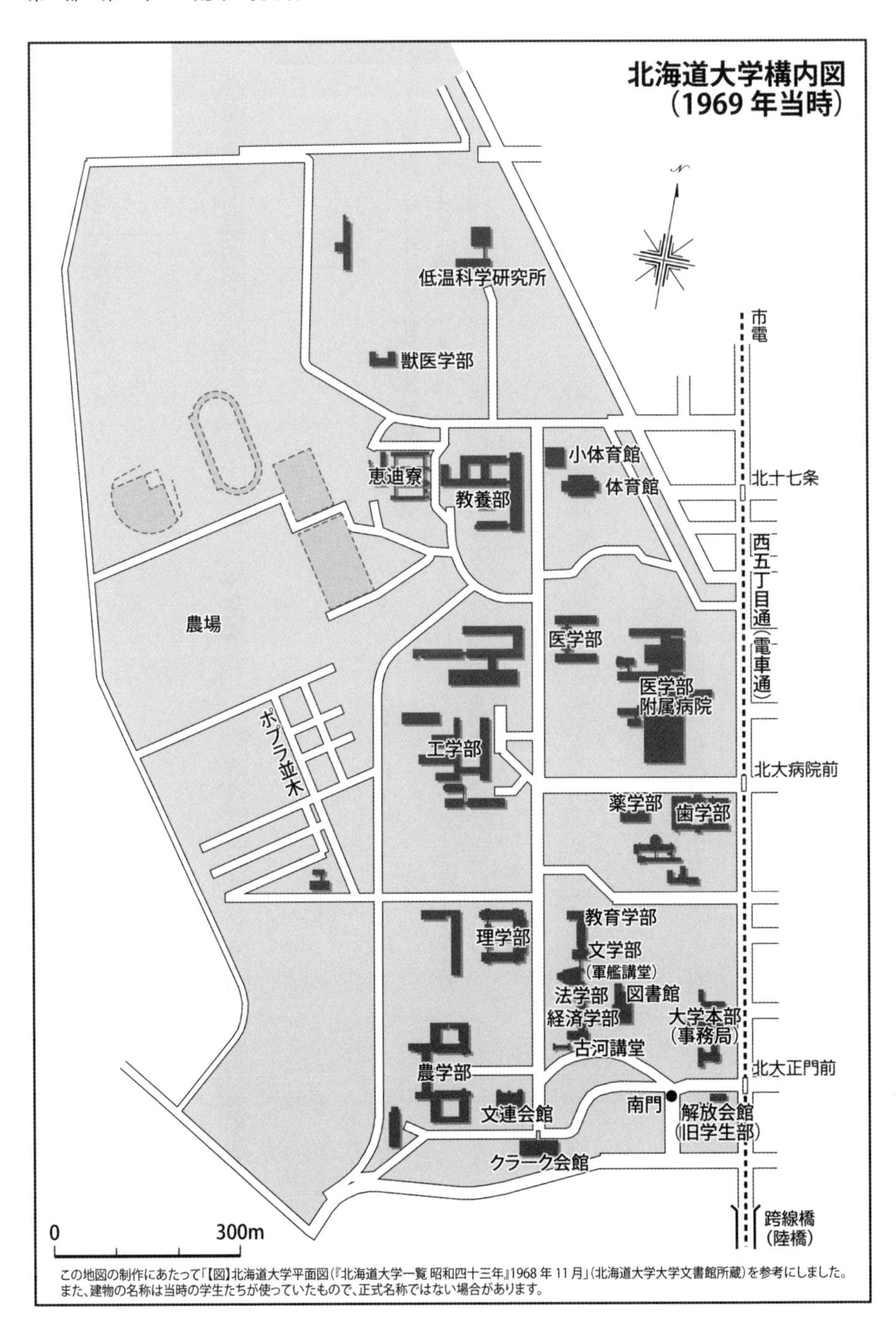

この地図の制作にあたって「【図】北海道大学平面図(『北海道大学一覧 昭和四十三年』1968 年 11 月」(北海道大学大学文書館所蔵)を参考にしました。
また、建物の名称は当時の学生たちが使っていたもので、正式名称ではない場合があります。

北大闘争関連年表（1968年〜1971年）

1968

北大および道内の闘い

1・16〜19　反日共系学生原子力空母エンタープライズ阻止デモ（逮捕者11人）

1・30　北海学園大学費値上げ阻止全学スト

全国の闘い

1・12　中央大学費値上げ反対全学スト

1・17〜19　原子力空母エンタープライズ佐世保入港阻止闘争

1・29　東大医学部、無期限スト①医師法改正（登録医制度）反対②教授会は反対せよ③青医連の研修改善。東京女子大、学費値上げ阻止スト

2・14　中央大学費値上げ無期限延期、理事長辞任

国内・世界の動向

1・5　チェコ民主化（プラハの春）始まる

1・6　佐藤首相、初閣議で民族精神の育成強化強調

1・20　外国人学校法案、学校教育法改正案の国会提出固まる

1・23　プエブロ号事件（米海軍情報収集艦が北朝鮮領海侵犯で拿捕）

1・24　米軍の王子野戦病院開設が判明

1・29　北ベトナム、南ベトナム解放民族戦線による大規模攻撃（テト攻勢）開始

1968

2・17　北大42青医連、無期限スト①登録医法案に反対せよ②卒後研修のカリキュラム明示③青医連ルームの設置　※青医連＝大学卒業後に医局で働く若手医師の団体

2・19　東大全学闘、上田病院長に団交要求（医局長かんづめ事件）
2・26　成田空港建設阻止闘争（戸村一作反対同盟委員長重傷）
3・3　米軍王子野戦病院撤廃闘争（以降4月にかけて連続して取り組まれる）
3・10　成田空港建設阻止闘争（逮捕者189人、負傷者1000人以上）
3・11　東大医学部教授会、2・19の事件に関して医学生17名を処分（3・26、処分者の1人が現場にいないことが判明）
3・28　東大全学闘、安田講堂前座りこみ（卒業式中止）
3・31　成田空港建設阻止闘争（逮捕者235人）
4・11　政府、3派系全学連に騒乱罪適用の方針
4・12　東大入学式混乱の内に実施
4・14　日大で20億円の使途不明金及びヤミ給与問題発覚

2・20　金嬉老事件
2・23　倉石農相「憲法は他力本願」発言で辞任
3・1　政府、教育三法の改正案決定
3・16　ベトナム「ソンミ村虐殺事件」
3・17　米軍王子野戦病院の開院強行
3・31　米軍、北爆（北ベトナムへの大規模爆撃）停止
4・4　米黒人運動指導者キング牧師暗殺
4・9　文部省　教育白書発表
4・11　西ドイツで学生運動指導者ドゥチュケ阻撃事件。全土で1週間にわたり学生デモ
4・17　八幡、富士製鉄年内合併を申請

北大および道内の闘い

4・26 国際反戦統一行動デモ。社学同、中核派、クラス反戦、ベ平連ら約450名参加（初めてヘルメット部隊登場）

4・28 沖縄闘争（社学同、革マル派、ベ平連ら参加）

6・13 第1回クラス反戦連絡会議準備会

6・15 ベトナム反戦北大統一行動（クラス反戦、ベ平連など200余名結集）

全国の闘い

5・7 ベ平連、脱走米兵4人のソ連経由での亡命を発表

5・21 日大生使途不明金問題で討論会

5・23 日大生初の「二〇〇mデモ」

5・25 日大当局経済学部生16名を処分。抗議集会に3000名結集

5・27 日大全学共闘会議結成①全理事退陣②経理公開③大衆団交

6・11 日大生1万人が総決起集会（右翼体育会系のなぐりこみで負傷者100人以上）

6・15 東大全学闘、安田講堂占拠

6・17 安田講堂に機動隊導入

6・20 東大、機動隊導入に抗議して法学部を除き全学1日スト

国内・世界の動向

5・6 原潜ソードフィッシュの佐世保寄港中に海中で高放射能値を観測

5・7 フランス五月革命

5・8 イタイイタイ病公害認定

5・16 十勝沖地震

5・31 長沼町にミサイル基地建設発表

6・2 米軍戦闘機ファントム九州大に墜落

6・26 小笠原諸島日本復帰

1968

6・30　長沼現地闘争（セクト、クラス反戦、ベ平連など参加）

8・18　国際反戦会議札幌集会（社学同、ベ平連、独ＳＤＳ、仏ＪＣＲら３００名参加）

9・13　クラス反戦連絡会議アピール

9・15　長沼現地集会（セクト、クラス反戦）青年労働者など約１０００名参加

6・30　東教大、本部封鎖

7・2　安田講堂バリケード封鎖（紛争校54校―10％）

7・5　東大全学共闘会議結成。慶大、米軍資金援助拒否で無期限スト

7・15　東大全共闘7項目要求①医学部処分撤回②機動隊導入自己批判③青医連公認④文学部不当処分撤回⑤一切の捜査協力の拒否⑥1・29以降の処分を行なうな⑦大衆団交での確認と責任者辞任

8・10　東大「8・10告示」（大学側最終案）を全共闘拒否

8・28　東大全共闘、医学部本館占拠

8・31　日大当局不法占拠排除の仮処分申請

9・4　日大、仮処分執行で機動隊導入（逮捕者132人、警察官1名死亡）

9・25　東大全共闘、文学部事務棟封鎖

9・30　日大全学集会で古田会頭退陣確認

10・3　日大古田会頭、9・30の確認を破棄

10・8　羽田闘争1周年集会

7・11　郵便番号制度導入

8・8　札医大で国内初の心臓移植手術

8・20　ワルシャワ条約機構、チェコスロバキアに軍事侵攻

9・17　自民党臨時総会で大学制度の改革を決定

10・10　防衛庁、在日米軍との軍事上の協議会設置を合意

10・11　カネミ油症事件発覚

北大および道内の闘い

1968

10・21 国際反戦デー（クラス反戦、ベ平連に500名、セクトに200名以上結集）

1969

1・21 クラス反戦、東大闘争支援集会とデモ

全国の闘い

1968

10・12 東大法学部、無期限スト（10学部が無期限スト）

10・21 国際反戦デー、新宿駅占拠（逮捕者743人、騒乱罪適用）

11・1 東大、大河内総長および10学部長辞任

11・22 東大・日大闘争勝利全国学生総決起集会
東大構内で全共闘と民主化行動委（民青系）が衝突

12・29 坂田文相と東大・加藤総長代行が会談（入試中止を協議）

1969

1・10 機動隊5500人を動員し東大7学部集会（10項目確認書）

1・18〜19 機動隊8500人を動員し東大封鎖解除（逮捕者600人以上）
神田カルチェラタン闘争

1・20 東大、入試中止決定

1・27 京大医学部、無期限スト

1・30 東工大、横浜国大無期限スト

1・31 京大教養部、無期限スト
大阪大教養部スト

国内・世界の動向

1968

10・27 永山則夫連続射殺事件

11・10 琉球政府初の主席公選で革新統一候補屋良朝苗当選

12・10 三億円強奪事件

1969

1・2 昭和天皇パチンコ狙撃事件

1・ 石牟礼道子作「苦海浄土―わが水俣病―」刊行

2・2 B52撤去を求める2・4沖縄ゼネスト中止発表

1969

- 2・4　沖縄ゼネスト連帯デモ（クラス反戦、学部反戦、ベ平連、各セクトなど約300名結集）
- 3・4　北大青医連、病院長と団交（青医連公認問題）
- 3・5　青医連支援全学デモ（セクト、クラス反戦参加）
- 4・6　北海道反戦青年委デモ（Cクラス反戦、革マル派、中核派、反帝学評参加）
- 4・10　入学式阻止闘争（Cクラス反戦、学部反戦40名で入学式体育館占拠）分散入学式　※C＝教養部
- 4・14　学長告示「全学に訴える」（封鎖学生を「ナチ御用暴力学生」と批難）

- 2・3　京大文学部、無期限スト
- 2・7　新宿駅西口広場で「反戦フォーク集会」始まる
- 2・10　京都府医大、無期限スト
- 2・18　日大、全学部封鎖解除　大阪大、全共闘本部鎖封
- 2・21　関学大、全学封鎖
- 3・16　東外大、機動隊導入
- 3・24　大阪市大、本館占拠。東大C授業再開

※道内では帯畜大、室工大、小樽商大など。全国では東北大、京大、九州大、山梨大、岡山大、埼玉大などで入学式阻止闘争

- 2・3　自民党文教制度調査会、中間報告
- 2・16　自民党文教制度調査会、教育改革試案発表（文相権限強化など）
- 2・21　佐藤首相、茨城県筑波学園都市に政府機関の移転促進指示
- 3・2　中ソ国境紛争（ダマンスキー島事件）
- 3・7　中教審「学生の地位、政治活動と学園秩序、学生処分等」で中間報告
- 3・24　佐藤首相、大学管理法の立案を文部省に指示
- 4・12　岡山大強制捜査で機動隊1名死亡
- 4・19　チェコのプラハ経済大生、フサーク新政権に抗議宣言

北大および道内の闘い

4・22 Cクラス反戦連合結成大集会

4・23 学長告示弾劾集会（Cクラス反戦連合80名結集）

4・25〜27 C封鎖の噂により、C部長、学生委員、教職員泊りこみ

4・26 学長通達「教職員に告ぐ」（いわゆる学内戒厳令）

羽仁五郎講演会

4・27 北大学生自治会連合（「北大学連」＝民青系）同盟登校

4・28 民青による逆封鎖。教養部、理学部前で五派連合と衝突　※五派連合＝クラス反戦連合、学部共闘、社学同・反帝学評、中核派を合わせた通称

沖縄闘争（クラス反戦400名、セクト200名、べ平連500名）

5・2 五派連合・革マル派、学長に対し3項目要求①4・14告示、4・26通達の撤回②4・26学内戒厳令の自己批判③一切の処分をしない

評議会告示（理性による解決・処分恫喝）

5・7 学長、職組と団交

5・8 長沼ミサイル基地聴聞会阻止闘争（逮捕者47名）

全国の闘い

4・27 中核派書記長、同政治局員2名、破防法40条違反で逮捕

4・28 沖縄闘争。全国から結集したセクト約1万人、反戦・べ平連5千人が集会とデモ

国内・世界の動向

4・21 文部省「大学内における正常秩序維持」通達

4・27 仏ドゴール大統領辞任

4・29 沖縄返還交渉で東郷アメリカ局長渡米

4・30 中教審答申（学長権限の強化など）

1969

5・9　医学部長団交
5・16　五派連合・革マル派、21日の団交を要求
5・20　革マル派、本部封鎖
5・21　道警、早朝800人の機動隊員待機本部前で学長団交。北大学連、職組封鎖糾弾集会後にヘルメット・角材準備。学長解放後封鎖解除
5・22　Cスト権投票成立
小樽商大、管理棟封鎖
5・23　評議会告示「5・20および5・21の事件について」
C、経、理、文、農、水産、医、法で統一スト（ノンポリ教養生市中デモ）
5・24　東大、日大、全国学園闘争勝利労農学市民連帯集会（1500人参加）
5・26　五派連合、本部封鎖（3項目要求貫徹。大学立法粉砕）
5・27　臨時評議会（無視と静観の方針）
5・28　C拡大学生委発足
5・30　革マル派、Cバリスト（教養部長声明撤回後に自主解除）
教官団有志大学立法反対デモ
5・31　大学立法阻止を目指す全教養部人集会

5・19　東大全学シンポジウム（加藤シンポ）を全共闘が阻止
5・22　大学立法反対で京大本部を封鎖
5・23　全都全共闘、大学立法粉砕デモ（3000名結集）
5・29　大学を告発する全国大学教員報告集会
5・31　愛知外相訪米阻止闘争

5・13　文部省、紛争大学への施設費配分保留を発表
5・21　文部省「大学の運営に関する臨時措置法案（大学立法）」発表
5・23　初の「公害白書」発表
5・24　政府「大学立法」を国会提出
5・28　日本兵器工業会、防衛産業強化を決定

北大および道内の闘い

6・3　評議会、教養部長決定を持ちこす
　大学立法反対を掲げ教養生9名が自民党道連前でハンスト
6・4　大学立法粉砕デモ（クラス反戦、ベ平連、150人参加）
6・5　全学連行動隊（民青系）と教職員など200名で本部封鎖解除（丹羽学長代理が直接指揮）
6・9　アスパック反対デモ（500人参加）
6・11　C学生大会成立（民青系自治会執行部リコール）
6・13　助手院生共闘主催の北大闘争討論集会（出席した3名の評議員と討論）
6・14　北大学連、評議会に20日・24日の団交要求
6・15　安保粉砕労学総決起集会（最大4000名結集）
6・17　伊藤C部長任期満了
6・18　評議会、北大学連の団交受け入れと五派連合・革マル派の団交拒否決定
6・19　C山口学生委発足
6・20　北大学連主催の評議会団交（五派連合乱入し団交中止）

全国の闘い

6・5　沖縄全軍労24時間スト
6・9　アスパック（ASPAC＝アジア太平洋閣僚会議）阻止現地（静岡県伊東市）デモ
6・15　反戦、反安保統一行動（全国72カ所で集会・デモ）
6・16　秋田大、本部封鎖

国内・世界の動向

6・4　佐藤首相、国大協幹部と懇談
6・8　南ベトナム共和国臨時革命政府樹立
6・12　原子力船「むつ」進水
6・13　4次防構想発表

1969

- 6・21　小田実講演会
  札幌大全学闘２００人、大学立法阻止のデモ
- 6・22　小樽商大、全教室封鎖
- 6・23　C闘委（準）結成。C闘委、学部共闘、助手院生共闘、評議会に27日の団交要求
- 6・24　評議会、北大学連と団交
- 6・26　小関C部長就任
- 6・28　社学同、Cバリケード封鎖
  教職員集会に評議員出席
  評議会静観方針
  丹羽理学部長リコール実現団交貫徹実行委員会主催で丹羽理学部長と団交
- 6・29　C学生委、C部長、封鎖学生と話し合い（討論集会開催を合意）
- 6・30　C闘委、バリケードに合流
  C教職員会議に革マル派抗議行動
- 7・1　C屋上団交で学生委員とC部長団交を約束
  室蘭工大、本部封鎖
  全北大1万人集会（民青系）
- 7・3　教職員会議に五派連合抗議行動。C大講堂で佐久間C部長代理と討論集会開催を協議

- 6・21　明大、全学スト
- 6・24　出入国管理法案粉砕全国統一行動
- 6・26　東大工学部、再度無期限スト
- 7・1　華青闘、入管法反対でハンスト
- 7・2　高崎経済大、３日間スト
  日大獣医スト（右翼30名襲撃）

- 6・24　大学立法、国会審議始まる
- 6・27　防衛二法案、衆院通過
- 6・30　韓国学生、改憲朴3選阻止デモで機動隊と衝突

北大および道内の闘い

7・4 評議会告示「団交による約束は認められない」
C闘委と学部共闘、本部封鎖
八木学生委員と理学部長リコール団交
7・5 C自治会前執行部、学生集会で実力封鎖解除決議
評議会告示「不法占拠は容認しない」
室蘭工大、全学討論会（封鎖自主解除）
7・7 小菅学生委発足
助手院生共闘、評議会に大衆討論集会を要請（予備接衝委員として鈴木、水野、今村、小池評議員指名）
北大べ平連、自主講座開始（26日まで3週間）
7・8 院協、学連、職組、予備接衝委員を軟禁
7・9 評議会に革マル派乱入し、学長をC中講堂に連行
7・10 革マル派、図書館封鎖
7・11 C教官会議（8月18日の授業再開方針を承認）
7・12 全道全国学園闘争勝利全道総決起集会（全道より300人結集）
第3回全北大1万人集会（民青系）
理学部前で民青と衝突
C闘委第1期自主講座開始（19日まで）

全国の闘い

7・10 東京医歯大、本館封鎖
静岡掛川西高、アスパック参加の高校生7人を退学処分

国内・世界の動向

7・7 井上九州大教授、学長代行未発令で文相を告訴
中教審、大学改革テーマに初会合
長沼ミサイル基地建設に向けた保安林指定解除
7・13 都議選、社会党惨敗

1969

7・15　全北大教官、事務官、院生、研究生、学生有志300名による評議会への対話要望書

7・16　農学部土質改善学教室、院生により封鎖

札医大、進学課定校舎封鎖

7・17〜18　C部長団交（19日にドクターストップ）

7・20　札幌べ平連、道庁内で「日の丸」と道旗を焼く

7・22　小林教授、C部長代理就任

7・25　五派連合、大学法衆院文教委強行採決抗議デモ（120名結集）

7・26　学長、全北大1万人集会で「封鎖学生は腹背の敵」発言

7・27　C拡大学生委顧問の任期満了

7・29　医学闘、青医連、医学部教授会と団交

7・31　北大、制度改革準備委発足

8・1　農学部教授6名、農学部代表として学長と対話（学生との対話を要請）

8・4　評議会、7月15日要望書に対し文書回答

大学立法成立弾劾闘争、街頭実力闘争に300名結集（機動隊ガス銃使用）

7・25　横国大、機動隊導入

7・30　大学立法衆院通過粉砕デモ（街頭ゲリラ闘争）

8・4　大学立法強行採決抗議行動。全国81カ所で闘われる

信州大、本部封鎖

神戸大、機動隊導入

7・20　アポロ11号、月面着陸

7・23　防衛二法案成立

7・24　東教大、筑波移転を決定（文学部ぬき）

7・25　国公私立96大学長、大学立法に抗議声明

7・29　大学立法、衆院強行採決

8・3　大学立法、参院本会議で強行採決

北大および道内の闘い

8・7 道議会総務委で、共産党本南議員、封鎖学生の徹底的鎮圧を道警に要望
8・9 北大制度改革準備委員が辞任
C教官会議、8・18授業再開を保留
8・17 北大全共闘（準）結成。法文系4学部を封鎖
8・19 工学部校舎に金網を張る
8・20 ベ平連、評議会に討論会開催要求
8・22 堀内学長、道警本部訪問
8・23 医学闘、青医連闘争宣言①博士号授与の凍結②礼金、特別診療の実態公表と自己批判③研究生への診療謝礼金返上④報告医制指定病院の返上⑤学界専門医制反対⑥青医連の永続的公認
C闘委、中間総括発行
8・25 理学部校舎に金網を張る
法学部教官有志、封鎖学生に公開討論を呼びかけ

全国の闘い

8・7 反戦のための万国博、大阪城公園で開幕（11日まで）
8・10 長崎県大村収容所粉砕デモ
8・17 広島大、機動隊導入
8・19 熊本大、職員により封鎖解除
8・21 青学大、機動隊導入

国内・世界の動向

8・12 自民党「新構想大学に関する大綱」発表
8・15 米ウッドストック・フェスティバル（17日までに40万人が集まる）
8・17 大学立法施行
8・22 坂田文相、9月から紛争大学の報告を求めると言明

1969

8・26　C教官会議、教養生に経過報告発送を決定
8・30　C闘委主催第1回教官対学生討論集会（教官40余名、学生600人参加）
C闘委「自主講座運動の創出に向けて」発行
9・1　教・工・獣、休み明け授業再開
C闘委主催第2回討論集会
9・3　法学部教官有志、自治会（民青系）と討論集会
9・4　（文）北村教官ほか10名、教官250人連名で学長に封鎖学生との討論会を要請（9・25に拒否解答）
9・5　全国全共闘結成連帯デモ
9・6　北大学連、緊急3項目要求、団交を要請（機動隊導入の事前承認を求める）
文学部闘争委主催討論集会
9・10　C教官会議、9・18授業再開を決定
C闘委主催パネル討論会
9・11　法学部教官有志、全共闘との討論集会
C闘委主催パネル討論会
第1回長沼ミサイル基地裁判

8・26　名工大、機動隊導入
9・1　新潟大、人文学部封鎖
全国8高校で始業式粉砕闘争
9・3　早大、機導隊導入
9・5　全国全共闘結成大会
9・6　弘前大、本部封鎖
9・8　慶大、機動隊導入
日大医学部、無期限スト
9・11　電通大、本館封鎖

8・26　駒沢大学「紛争報告第1号」
8・27　「男はつらいよ」シリーズ始まる
8・28　日大ヤミ給与事件、不起訴決定
9・2　北ベトナム最高指導者ホー・チ・ミン死去

北大および道内の闘い

- 9・12 小関C部長「教養生諸君へ」と題する手紙送付
- 北大学連「緊急4項目」について学長、評議員との公開団交申請
- 医学部、教授会公開を認める
- C闘委主催全教養生討論集会
- 9・13 法学部教官有志、革マル派と討論集会
- このころ、C闘委「大学立法批判」発行
- 9・14 長沼ミサイル基地工事実力阻止全道労農学総決起集会
- 9・16 医学部教授会、医学闘、青医連との団交決裂
- 9・17 医学闘、医学部管理棟、第3、第4講堂封鎖
- 評議会、学連の9・12団交要請を受ける
- 深夜の授業再開抗議デモ
- C闘委討論集会（授業再開について）
- 9・18 C2年目授業再開。全共闘、石塚農学部長と団交（農学部におけるC授業中止を確約）
- 9・19 全共闘と民青、理学部で衝突
- 9・20 理学部助手院生共闘主催理学部討論集会
- 9・21 C部長、学生委員会の会合に全共闘、民青おしかけ、流会

全国の闘い

- 9・12 横浜市大、本館封鎖
- 都立青山高校、校長室占拠
- 9・13 東京医歯大、機動隊導入
- 9・14 信州大、教養部封鎖
- 9・17 名大、教養部封鎖
- 9・21 京大、機動隊導入（関西大生、津本君死亡）

国内・世界の動向

- 9・13 長沼事件審理中の裁判官に対する「平賀書簡」発覚

1969

9・22　堀内学長、C教官あてに感謝と激励の手紙を送る
9・23　C学生委全員、辞表提出
9・24　理学部前で全共闘と民青衝突。学長、評議員と学連との団交中止
9・25　全共闘、古河講堂（C仮事務室）封鎖。評議会告示（封鎖学生を非難）
医学部1年、無期限バリスト突入
医学部学生大会、民青執行部リコール
9・26　北大45青医連、無期限スト
文学部学生大会、封鎖反対決議
9・27　C1年目授業再開を1カ月延期
9・29　C闘委、小管学生委員長らと団交（学生委辞任問題）
9・30　学長、教官有志に「封鎖学生とは話し合えない」と回答
10・1　C闘委対抗講座（3日まで）
10・2　医学部2年目バリスト
10・4　全共闘、仮本部（旧教育学部）封鎖
10・6　医学闘、青医連と医教授会の第6回目団交（5教授、学会専門医制反対を確約）
10・7　小関C部長、C自治会前執行部と団交
C闘委対抗講座（15日まで）
10・8　C教官会議、学生委の辞任を承認

9・22　龍谷大、全学無期限スト
9・25　茨城大、スト解除（団交で確認書）
9・26　東京女子大、2号館封鎖
9・27　高校生安保粉砕共闘会議結成大会（800名結集）
9・29　大阪市大、3学部封鎖
9・30　日大全共闘、全都全共闘日大実力奪還闘争（逮捕者355名）
10・1　愛媛大、無期限スト
10・4　大阪大、大阪市大、機動隊導入

9・28　坂田文相来札（北大での機動隊導入を促す）
10・5　「サザエさん」アニメ放送開始
10・6　米原子力潜水艦「ソードフィッシュ」「プランジャー」横須賀に同時入港

北大および道内の闘い

10・9　北大全共闘結成大会
10・10　羽田闘争2周年・佐藤訪米阻止全道総決起集会（全共闘、べ平連、反戦青年委など2200人結集）
10・14　小関C部長、C自治会前執行部と団交
10・18　C教官会議、小関C部長の不信任案を議題に採択
10・20　工学部学生大会、民青系執行部リコール
10・21　国際反戦デー（街頭バリケード闘争で逮捕者83人）
10・22　緊急評議会（市民原則による機動隊導入を確認）
10・24　警察強制捜査時の対策委員会設置
帯畜大、全共闘学生5人に退学処分
原田札幌市長、学長に機動隊導入要請
10・25　部局長連絡会議（導入時期を学長に一任）
10・27　教育大旭川分校、封鎖
10・28　旭川工専、封鎖
帯畜大、全学スト

全国の闘い

10・9　明大、機動隊導入
10・10　羽田闘争2周年山﨑君追悼統一集会（逮捕者145人）
10・13　東大文学部、東外大授業再開。慶大日吉、機動隊導入
10・14　九州大、機動隊導入
10・16　名工大、機動隊導入
10・20　日比谷高校、機動隊導入
10・21　国際反戦デー。都心で街頭バリケード・ゲリラ闘争（逮捕者1508人）

国内・世界の動向

10・15　米のベトナム反戦デー、100万人参加
10・16　経団連・桜田代表理事、憲法9条改正は必要と発言
10・17　臨時大学問題審議会委員決まる

1969

10・30　職組・学連系学生、文系校舎封鎖解除
10・31　臨時評議会（機動隊導入議論）
11・1　C教官会議。小関C部長不信任決議
11・4　評議会「退去勧告」を決定
　部局長連絡会議（導入要請を学長に一任）
11・6　自民党道連占拠闘争
　部局長連絡会議（学長、機動隊導入の3日間猶予発言）
11・7　評議会、11月8日の機動隊導入を決定
　学長告示「教職員・学生諸君へ」
11・8　本部、図書館、教養部封鎖解除（機動隊3000人動員）
11・9　佐藤訪米阻止全道労農学総決起集会（2000人結集）
11・10　評議会、11月21日までの機動隊駐留要諾
　獣医学生大会（1週間のスト）
11・11　水産学部封鎖（同日自主解除）
11・12　小関C部長辞任
　C小川執行部発足
　C闘委学生大会
11・16　教育大旭川分校、本部封鎖
11・17　C教官会議（学生諸団体との「対話路線」打ち出す。教養生に24日登校呼びかけ）

10・29　横浜国大、都立大、機動隊導入
10・31　国労・勤労、機関助手廃止反対17時間スト
11・5　大菩薩峠で赤軍派53人逮捕
11・6　全国全共闘、佐藤訪米阻止決起集会
11・8　新潟高校、本館封鎖、5人逮捕
11・13　佐藤訪米阻止闘争（大阪で岡山大生糟谷君死亡）
11・15　横浜市大、機動隊導入
11・16　佐藤訪米阻止闘争（逮捕者全国で2500人超、札幌24人）
　大阪大、機動隊導入

10・29　人工甘味料「チクロ」使用禁止
10・30　八幡、富士製鉄、合併実現
10・31　文部省、高校生の政治活動禁止の見解
11・7　米軍王子野戦病院、年内閉鎖通告
11・17　佐藤首相訪米

北大および道内の闘い

11・18 教育大旭川分校封鎖自主解除
小樽商大、討論集会
「逆光の思想」（北海道大学出版会）創刊

11・20 C執行部、自治会前執行部と合同委

11・21 C執行部、C闘委と団交。駐留機動隊引揚げ

11・22 医学部1年目封鎖解除
C執行部、自治会前執行部と合同委

11・24 C登校日（1年目説明会混乱）
獣医自治会、反民青系選出

11・25 C教官会議（29日まで授業再開延期）

11・29 C教官会議「学長、評議会団交」提案を決定
全北大1万人集会実行委主催、全学討論集会に学長出席

11・30 長沼ミサイル基地設置反対労農学総決起集会（500人結集）

12・2 革マル派、C闘委、C執行部と団交
旭川工専、機動隊導入

12・3 臨時評議会、条件つき討論集会開催を決定

12・6 農学部自治会、反民青系執行部選出
「解放大学運動」始まる

12・8 C教官会議、正規の授業再開決定

全国の闘い

11・23 東北大、新潟大、機動隊導入

12・3 同志社大、機動隊導入

国内・世界の動向

11・21 ニクソン・佐藤共同声明（沖縄返還合意）

11・26 佐藤首相帰国

1969　**1970**

12・9　C正規授業再開
12・10　革マル派、C封鎖
12・11　評議会、静観の方針
12・12　札医大、機動隊導入
12・13　評議会、教養生との討論集会の16日開催を決定
北大全共闘総決起集会（５００名結集）
12・15　C闘委、小体育館封鎖
帯畜大、機動隊導入
12・16　C討論集会に全共闘抗議行動
12・18　C小川執行部辞任
12・23　臨時評議会告示（機動隊導入を正当化）
12・29　農・獣医・工の3学部自治会、団交開催の公開質問状（評議会回答拒否）
1・4　教養部、機動隊導入封鎖解除
2・14　赤軍派政治集会（２００人結集）
2・17　本部死守隊第1回公判

12・19　全国全共闘第2回大会
12・22　千葉大、機動隊導入
1・8　沖縄全軍労48時間スト（大量解雇撤回要求）
1・18　東大闘争1周年労農学市民集会（1万３０００人結集）
1・19　沖縄全軍労１２０時間スト（解雇撤回要求）
2・19　成田空港第一次強制測量

12・16　建設省、成田空港の土地収用決定
12・27　衆院選挙で社会党惨敗
2・　伊達町議会「北電火力発電所」誘致決議

北大および道内の闘い

4・28　C、工、農学部封鎖。機動隊導入
5・3　C反戦連合結成（300人結集）
5・17　長沼現地集会（250人結集）
6・5　「極北の思想」（北海道解放大学出版会）創刊
6・10　『北緯43度　荒野に火柱が』（北海道解放大学出版会）発刊
6・12　C討論集会（教官4名、1200人参加）
6・15　教養部試験粉砕闘争
6・17　工学部封鎖（23日まで）
6・21〜23　安保粉砕、沖縄闘争勝利連続闘争（23日テレビ塔前集会に8000人結集）
6・22　教養部封鎖（2日間）
6・24　札幌南高、全校無期限スト
7・5　長沼保安林伐採阻止闘争（600人結集）
8・15　札幌南高、管理棟占拠、機動隊導入

全国の闘い

4・28　沖縄闘争勝利、安保粉砕統一集会（全共闘、全国反戦、6月行動委主催。3万5000人結集
6・15　樺美智子10周忌、安保粉砕集会とデモ（全国190か所、2万人結集）

国内・世界の動向

3・5　核兵器不拡散条約「NPT」発効
3・14　大阪「万国博覧会」開幕
3・31　赤軍派、日航機「よど号」をハイジャックし、北朝鮮に亡命
6・23　日米安保条約自動延長
7・17　家永教科書裁判「検定は違憲」と東京地裁判決
8・2　東京銀座などで初の歩行者天国

年	月日	事項
1970	9・15	入管体制粉砕全道総決起集会（200人結集）
	10・	「北電誘致に疑問を持つ会」発足（伊達町）
	10・10	羽田闘争3周年、入管体制粉砕全道労農学高総決起集会（300人結集）
	10・21	国際反戦デー（べ平連系1200人、セクト系400人それぞれ集会、デモ）
	11・7	農、獣医自治会本部封鎖。機動隊導入
	11・8	本部死守闘争一周年集会（全共闘と革マル派が衝突）
	12・19	江別高、校長室占拠
1971	1・	有珠漁協「伊達火発反対」決議
	2・16	青医連、医学部管理棟封鎖
	4・19	新学長に丹羽理学部長当選
	4・28	工、農、医学部封鎖
		沖縄返還協定調印阻止闘争（500人結集）

年	月日	事項
1970	10・8	入管法粉砕、沖縄闘争勝利労学市民総決起集会
	10・12	宇井純東大自主講座「公害原論」始まる
	10・21	女性のみの初の「女性解放」デモ
	11・14	ウーマンリブ第一回全国大会
	11・22	沖縄返還協定粉砕総決起集会（12000人結集）
1971	2・22	成田空港第一次強制代執行（反対同盟、学生の抵抗により3月6日まで続く）

年	月日	事項
1970	9・6	PFLP（パレスチナ解放人民戦線）4機を同時ハイジャック
	11・25	三島由紀夫自衛隊乱入、割腹自殺
	12・20	沖縄、コザ暴動
1971	2・17	京浜安保共闘、真岡銃砲店襲撃
	3・18	カンボジアでクーデター、新米政権樹立
	3・26	福島原発一号機運転開始
	4・11	社会党、共産党の共闘で、大阪府知事に黒田了一初当選。東京都知事に美濃部亮吉再選

北大および道内の闘い

- 5・19 沖縄ゼネスト連帯集会（300人結集）
- 5・26 医学部学生大会、6月1～8日のスト決定
- 6・14 C15～17日のスト権投票成立
- 6・15 沖縄返還協定調印阻止、樺美智子追悼集会（400人結集）
- 6・17 沖縄返還協定阻止全札幌決起集会（1000人結集）
- 7・7 七・七盧溝橋事件（日中戦争勃発）34周年全道総決起集会（100人結集）
- 7・10 本部死守隊裁判闘争報告集会
- 9・16 本部死守隊の判決公判（札幌地裁）で3年の実刑判決
- 9・17 三里塚連帯集会（300名結集）

全国の闘い

- 5・19 返還協定粉砕沖縄全島ゼネスト
- 6・17 沖縄返還協定調印阻止闘争（全国296か所、十数万人参加。15日から3日間の逮捕者1061人）
- 7・15 統一赤軍（連合赤軍）結成
- 9・16 成田空港第二次強制代執行（東峰十字路で警官3名死亡）

国内・世界の動向

- 6・17 沖縄返還協定調印
- 6・30 イタイイタイ病第一次訴訟原告勝訴
- 7・1 環境庁発足
- 7・3 東亜国内航空「ばんだい号」墜落（68人全員死亡）
- 7・30 航空自衛隊機F86戦闘機と全日空ボーイング727型機が衝突、162人全員死亡
- 8・15 ニクソンショック（金とドルとの交換停止）
- 8・28 円変動相場制移行

1971

10・21　工学部封鎖
国際反戦デー集会に1200人結集（北大正門付近で街頭バリケード）
11・24　工学部、医学部、軍艦講堂封鎖
沖縄返還協定批准阻止闘争（北大病院前で街頭バリケード。逮捕者24名）
12・10　破防法・保安処分と闘う集会（400名結集）

11・14　全国各地で沖縄返還協定阻止闘争
中核派「渋谷大暴動」
11・19　デモ隊と機動隊が衝突し、日比谷公園「松本楼」焼失（逮捕者1886人）
11・24　沖縄返還協定反対集会、全国36都道府県の158カ所で開催

9・29　新潟水俣病裁判、原告勝訴
10・25　中華人民共和国国連加盟
11・24　沖縄返還協定、国会で批准
12・16　札幌市営地下鉄南北線開業

第三章

われ（我）ひと（人）、共にある道を探る

―あの時代を共に生きたみなさまへ―

工藤　慶一（一九四八年旭川市生まれ）

（一）

二〇二三年六月、標題の文章を二〇名の旧友に送りました。

次の文は、その文章を修正したものです。

いつも夜間中学（学齢期に戦争や病気などで学べなかった人たちの学びの場）を応援して下さり、本当にありがとうございます。まだまだ先は長いとはいえ、おかげさまで〝二〇一六年一二月の教育機会確保法成立〟などを通じ、大きな前進が図られつつあります。

今日は若かったあの頃に通じる、お手紙と資料を送ります。

私たちの北大本部裁判で情状証人として出廷した私の父（故）工藤博は南方のラバウルでの悲惨な戦争体験を供述しました。復員後の父の勤務先である旭川貯金局は、旧第七師団司令部の建物を郵政省が接収したものであり、近隣の数多い旧軍施設（兵舎等）には、樺太から引き揚げて来た人たちが集住してスラム街を形成し、生活に困窮していました。この中で、中学校で同級のデンスケ（あだ名）は、進学がかなわなかったため、亡き兄が使っていた高校の数学参考書を私に手渡して「これを使って世の中よくしてくれ」という言葉を残しました。私が反戦運動や学園闘争に参加し、後に夜間中学の活動にのめりこんだ源はここにあります。

同封の資料である『記憶を紡ぐ』（杉戸孝著　ペンネーム岡戸孝）について、お話しします。

同じ被告であった杉戸孝氏の母（故）杉戸縫子さんは、法廷で初めてご自分が長崎で被爆したことを明らかにしました。あの頃に杉戸氏は私に、被爆二世として発病する可能性への心の重荷をふっと語ったことがあります。

杉戸縫子さんが書いた「一ぱいの水」という手記が「原爆、忘れまじ」という一九八五年のヒロシマ・ナガサキ被爆体験手記集No.1に掲載され、同手記集は二〇二二年八月のNo.8まで刊行されました。この全八巻からなる手記集の復刻版作成のため、二〇二一年からクラウドファンディングを募り、二〇二二年に完成しました。編集委員であった杉戸氏は、この流れの中で『記憶を紡ぐ』と題した冊子の序章に、「いっぱいの水」と題して母のことを書き、続けて第一章で「極北の闘い」と題したあの時代に関する文章を、多くの資料を参照し、また仲間の経験をふまえつつ、瞠目すべき筆致で文章にしていきました。（本書では「インターは聞こえたか」のタイトルで第一章のみ掲載）

この流れの中で何人もの旧友が集まり、多くの人に呼びかけて、あの時の私たちの目で何かを残そうと相談を重ね、本を作ることにしました。おりしも、民青系の人たちが『北大１９６９』という本を出版し、店頭に並んでいました。

相談の最中に行われた雑談の中で、ある方が健在であると分り、私がずっと気になってきたことが解消され、長年のつかえがおりた気がしたのです。

（二）

こうして旧友に、本の原稿を送って下さるようお願いしたのです。

Ａさんから初めて封書の返事が届き、八月に私から返信しました。

次の文は、その返信文を修正したものです。

Ａさん、以前と全く変わることなく、直球を全力で私に返してくれたことに感謝します。ミットに収まった大きな音とズシリと手に響く重みの衝撃に、再度ミットを構えるのに時間がかかりました。返事が遅くなりお詫びします。

かなり前から私は〝一九六九年一一月八日〟に北大本部に少人数でこもるのではなく、当時の教養部体育館に一〇〇〇人くらいでこもっていたら、その後の展開は個々人にとってどんなものになっていただろうかと夢想するようになっています。多様な道を探る余裕がないまま袋小路に入るのではなく、千分の一の負担で、その後の生を、志をふまえて生きることができる道はなかったかと思うのです。しかし、現実の体験から得られたものも数知れず、今の私の血となり肉となりました

裁判が進む中で、本部被告団が「団」ではなく「被告の一人」となった時の負荷があまりに強く、助けを求めるようにある党派に入ったため、全ての人との関係が狂ったまま、高裁判決後に下獄しました。数年に及ぶ獄中での自分の生を賭した格闘の末に得たものは、「われ

（我）ひと（人）、共にある道を探る」という思念です。こうして出所したのです。これが後年、不思議なことに夜間中学の信念に結びつきました。私にとっての夜間中学スローガンは「ともに生き、ともに学ぶ・できることから始める・退かない」の三つであり、これをいつも反芻しています。現在は、これに「戦争は学びを奪い、真の学びは平和をつくる」が加わっています。

夜間中学で一番感じることは、受講生お一人お一人が困難を抱えて生きてきた分だけ、試験の点数をかせぐ能力ではない力（他人を思う力・文章を読んだ時の豊かな感想・生き抜いていく力等々）を持っていて、これが「かけがえのない世界」を作っていると思えることです。この方たちに出会うため、若い時の困難があったのかと思えるくらいです。

Aさんは、ある先生の課題に、大多数の学生（私も含む）が本を切り貼りしての発表で終わっていたのに対し、フィールドワークとして実践的に取り組み、素晴らしい報告を行いました。その実行力に目を開きました。

裁判と塀の中の暮らしという空白期間のため、その後のAさんがどう生きて来られたかは、あまり分かりません。しかし、私はAさんは逃げたのではなく、徒手空拳で新たな道に勇気をもって出て行ったと思うのです。その道のりは私よりも、はるかに困難であったはずです。

ある方からAさんへのメッセージがあります。

「Aさんは決して悪くない。自分を責めないでくださいね」

まだまだ内容をまとめられずにいる段階ですが、私から返球します。後日さらに返球するかもしれません。おかげさまで様々なこと、振り返ることができるようになりました。ありがとうございました。

後日、Aさんから「心がふっと軽くなります」という返事が届きました。

自己否定＝自己解放の試み
――私は「自己」であると同時に「他者」である

武者　勉

はじめに

私にとって捜査権力に対する「供述」は、そうとは気づかずに、自分のこと（じつは我々のこと）を「権力」に対して「話した」ということ、同時に、なにほどか「供述」させられたということを意味する。あとになってはじめて、私は、我々のことを「話した」ことに「気がついた＝気づかされた」ということ、である。私の「供述」は、だから私自身のことを「話した」と同時に、我々のことを「話した」ことになった。

　そのことで「我々」をどれほど深く傷つけたかは、推し量ることは難しい。けれども、どれほど深く「我々」に「ささえ」られたか、言葉にはつくせない。ただ確かなことは、私は我々のひとりでありながら「供述」することで、同時に「我々のひとりならざるもの」であることになった。

一　私は「自己」であると同時に「自己ならざるもの＝他者」である

　「自己ならざるもの」の出現によって、自己が自己として成立するはずの「根柢」から揺さぶられ、それまでの自己は崩れはじめる。私は「おそれ」る。というより「おそれ」が「私＝自己と自己ならざるもの」をおおいつくそうとする。それは、これまでの「自己」が確実に崩壊しつつあることへの予感＝おそれ、であり「自己」が崩壊しつつあるとは、根こそぎ「自己ならざるもの」への「自己の他者化」への「おそれ」そのものである。「私」という言葉をあえて用いれば「私」は「おそれ」であり、「おそれそのものが」が「私」である。この「おそれ」は、わけの分からない混沌としたものであるが、しかし、自己表現の根源のようなものだ。

　自己は自己であると同時に自己ならざるものである、それどころか、根こそぎ「自己ならざるもの」への「おそれ」であり、ついには「おそれ」そのものである。そうではあるがしかし、やはり、自己の根柢からの言葉にならない叫び、あるいは声にならない呻きということができよう。いずれにしても、未分化な原感覚＝原認識である。

二　絶対というしかない分裂のただなかで、踏みとどまること

自己は、絶対というしかない分裂（自己と自己ならざるもの）のなかで、この原感覚＝原認識としての「おそれ」そのものに飲みこまれ、やがて向きあうこと（苦悩すること）になる。そしてそこに「踏みとどまる」こと、そのことによって「おそれ」は分節化される。

自己が自己でありながら「自己ならざるもの」である事態は、さしあたり、自己の「自己ならざるもの」への予感、いいかえると「不安」としてあらわれた。「踏みとどまる」とは、この分裂のさなかで、分裂そのものを「はっきりと目の前におく」努力のことである。それゆえ、第二にこの「踏みとどまる」ことによって自己が根こそぎ「自己ならざるもの」となる（される）事態と向き合うことになる。根こそぎ「他者化」される、まさにそのなかでそれと向き会おうとすること、はっきりと目の前におくこと、絶対の分裂。ここにおいては叫ぶことも、呻くことも、身動きもできない。じつに「絶対の」という言葉がふさわしい。「絶望」という言葉がなぐさめになる。ここにあるのは「恐怖」以外のことではない。恐怖そのものであり、そしてそれ以外はない。しかし、にもかかわらず、いな、そうであるが故に「踏みとどまる」ことによって恐怖（＝自己ならざるもの）を「あきらか」にしようとする努力が、あらたな主体への「予感」を生成する。いいかえると、踏みとどまることのうちで、自己が（自己でありながら）「自己ならざるもの」であることを、そうではあるが、やはり自己ならざるものを「自己」として「否定」すること＝受け入れることがひらかれてくる。この過程で「恐怖」は「畏れ」としてあらわれてくる。「自己ならざるもの」ははじめの「自己」の否定であり、つぎの「自己ならざるもの」を「自己」として、は「否定の否定」つまり「規定された否定」である。

三　こうして「おそれ」は分節化された

「おそれ」のただ中で、なおそこに踏みとどまることによって、「おそれ」を分節化（そのなかに分け入ること、分け入って規定）すること。そもそものはじまりは、確かにあったはずの、わたしが私として成り立つ根柢が、

いままさに崩れ去ろうとしているその中で、だがしかしそこにおいて、そしておそらくはそこにおいてよりほかにはない、わたしが私として成り立つであろう根柢からの、名付けようのない「原感覚＝原認識」と向きあうこと、である。「おそれ」はさしあたり「不安」として、さらには「恐怖」としてあらわれた。けれども、この恐怖と向き合うことのうちで、「おそれ」の原感覚＝原認識のなかに「恐怖」とは異なる、それとは対極にある「畏れ」の感覚と認識に気づかされてくる。こうして「おそれ」は少なくとも二つないし三つに分節化されたことになる。はじめに漠然とした「不安」として、つぎには絶望的な「恐怖」として、そしてさらには、恐怖とは対極に位置するであろう「畏れ」として。

四　「畏れ」はどのようにしてあらわれるか

「自己ならざるもの」を、しかし、やはり「自己」として「規定」するところまで歩みいること。それにはおそらく「恐怖」にうちかつ（分け入って規定する）ことが求められる。けれども、はじめの「おそれ」と向き合うことのうちに、すでにしてささやかな「勇気」がはたらいていたのであろう。まして「不安」にとどまることなく「恐怖」と向き合うには、なにほどかの「勇気」が、はたらいている。「勇気」は、なにほどか自己のうちがわからうまれてくるものであり「同時に」なにほどか他者からの「はげまし」によって分けてもらうものだ。そうであれば「不安」と「恐怖」に向き合いながら、なおも「おそれ」の難局面と向き合おうとするには、より自己の内側に内在して、しかも同時に「他者」を媒介する「勇気」がもとめられる。この勇気はどこからくるか。それは「他者」の発見による。いいかえると「他者」の「媒介」は、自己に「おいて」、自己の他者化を「とおして」なされる。

五　他者の発見によって「はげまされる」こと

この「他者」の発見によって、私のなかから「おそれ」の「難局面」と向き合う「勇気」がうまれてくる。「恐怖」そのものと向き合いつづけることのなかで「他者」をそこにおいて媒介し、そのことによって「恐怖」をつきぬけること、すなわち「畏れ」として向き合うことが可能となる。ここでいう「他者」とは、自分とは異なる「他の自己としての彼／彼女」というだけではない。そのような「他者」を、自己が自己において「自己ならざる自己」と向き合うそのまさにそこにおいて「彼／彼女」として発見すること、あえていえば「創造＝想像」することである。だから、この発見は「主観の生みだしたもの」なのであるが、しかし、私にとっては、これまでになくリアリティ（実在性）のある「他者」である。そしてその「リアリティ」は、現実の彼／彼女との「相対する二者関係以上」に根拠をもっている。

六　恐怖の畏れへの転化

こうして、私は「恐怖」の暗闇をつきぬけ、「恐怖」を「畏れ」として向き合うことになる。「恐怖」とは対極にある「畏れ」。それは、これまでとは異なる「感覚と認識」をともなってくる。「尊重」すること、「大切」にすること。あれほどに「恐怖」した当のそのもの、けっして「尊重」したり「大切」に思ったり（感覚と認識）しえなかったそのもの「自己ならざるもの」を、やはり「自己」として「尊重」し、「大切」にすることがひらけてくる。私は「自己ならざるもの」を、そうではあるがやはり「自己」として「受容」＝「否定」（＝規定された否定）することによって、ひとつの「自己」＝主体を生成することになる。「生成」は過程であり、その結果として主体の構造をあきらかにする。否定＝規定は、つねにそのつど「なにほどか」である。

七　あらたな主体の生成

自己が自己ならざるものと向きあうなかで、「不安」のうちにある限り、問題はあいまいなままにとどめおかれる。けれども「恐怖」のうちにある限り、やはり問題は「恐怖」されることになる。つまり、押しのけられ排除されようとする。「不安」と「恐怖」によっては「自己ならざるもの」の居場所を「自己」のなかに開けることはできない。しかし「恐怖」をおそれず、はっきりと目の前におくことが、その「畏れ」への転化とあらたな「主体」の生成を準備する。「恐怖」を「畏れ」としてつかまえること、それは「尊重すること」であり「大切にすること」であることがひらけてくる。「自己ならざるもの」を、しかしやはり「自己」として感覚し、認識することが可能となってくる。規定された否定（否定の否定）が受容（肯定）でもあるこの地点において、なにほどかあらたな「主体」が生成するということができよう。「不安とおそれ」の局面をなにほどか感覚し認識することにおいて、自己に内在するまさにそこにおいて、さしあたり他の自己としての他者を「媒介する」ことである。それゆえ、自己だけのものでない、同時に他者だけのものでない感覚と認識（倫理と論理）、自らの根柢＝中心からのそれによってなにほどか「あらたな」主体がうまれてくる。

八「かつて」と「これから」を生きる「いま」

このような「主体の生成」とそれへの予感の現場から「自己表現」されたのが、「自己否定の論理」とよばれたものであった。自己否定（の論理）という言葉が「連帯を求めて、孤立を恐れず、力及ばずして倒れることを辞さないが、力尽くさずして挫(くじ)けることを拒否する」という表現を内側から支えるものであったことを、私(たち)はそれへの予感とともに忘れてはいない。記憶は、くり返し想起されることによってのみ、はじめて記憶たりうること、そして想起することは、私（たち）に深めること、展開することをうながす。だからそれは現在を、それゆえに未来を照射する可能性を内在している。

おわりに

既成の自己を「否定の炎」でやきつくす。このことによってのみ、主体の生成（再生）が可能となる。ここで重要なことは、「否定の炎」は自らの「うちにもえる炎」であり、自らの炎によって「肯定」されることでもある。ここと、とりあえず言い切る。炎の両義性。自らの炎は他者＝われわれによって媒介されている。

どれだけ自己の「体験」を「経験」としてあきらかにしえたか、あるいはしそこなったか。けれども、私にとって重要なことは、自ら問わざるをえなくなった問いに何らかの「かたち」で応えること、一歩でも半歩でも前に進むことである。ささやかな試みにすぎない。

いかなる表現もスローガンとなりうるし、それゆえ単なる記号にもなりえる。四半世紀を経て自己自らへの「問い」として、闘争と運動のなかから提起された「自己否定の論理」は、ささやかな勇気をもつことさえ放棄しているようにみえる「元全共闘」なる評論家たちによって「論理」であることも「倫理」であることもやめて、ただの「観念的な否定」、現実と切り離された「不安」に根をもつであろう「心情」の別名として語られはじめている。かつての自分たち（全共闘）をそのように語ることによって、彼らはじつは自らの「現在」を語っているのだ、ということに気がついているのであろうか。

補記：［二〇二三年九月二六日］

一九六九年から九〇年代半ばにかけてのメモの一部です。「自己否定の論理とは」どういうことかについて、「自分に解って欲しくて」長く思い悩んだ末に書いた「くり返しの多い」稚拙な文です。まとめたのは、一九九六年三月二日から中旬頃でした。その間、最も参考になったのは、山本義隆著『知性の叛乱』とヘーゲル哲学でした。近年読んで共感したのは、高橋順一著『情況』二〇二〇年春号の「〈自己否定〉とは何であったか——一つの問題提起」。自己否定という表現が、燎原の火のように全国に拡がったのも「宜なるかな」と考えています。

既に三〇年程前のメモなので、さすがに現在の考えとは微妙に異なりは否めません。主体の生成（再生）をそれまでの既成の主体の生成構造との異なりを明確にはできていません。一九九七年以降、酒井直樹著書等はじめ、立岩真也著『私的所有論』（一九九七年刊）等、中野敏男著『大塚久雄と丸山眞男』（二〇〇一年刊）等、高橋哲哉著『デリダ』（一九九八年刊）等の諸著にはこの二五年強く影響を受けてきました。体験としては、七〇年代の韓国と日本の市民的連帯運動への参加等、在日外国人等との僅かな繋がりが今に至るもとても大切です。また上記の中野敏男氏等の諸著書によれば、これまでの自己が他者に開かれようとするなら、自己同一的＝統一的主体の成立の可能性を断念し、自己が複数の根源的葛藤（他者性）に曝されていること、それ故つねに「脱構築」が問われていることに気付かされてきました。未熟かつ暫定的な考えですが、もう少し前に行けたらとは想っています。

今年になってから、もう先が少ないかもと考え、読んでおきたい本と向き合っています。

『ジャック・デリダ「差延」を読む』森脇透青他著、『イェーナのヘーゲル』アレクサンドル・コイレ著、『オープンダイアローグ　私たちはこうしている』森川すいめい著。

以上は、二五年の空白を深く充填するかもしれません。更に読みかけの二冊。こちらは五〇年以上ですか。

『ワクチン神話捏造の歴史』―医療と政治の権威が創った幻想の崩壊―ロマン・ビストリアニク、スザンヌ・ハンフリーズ共著、『羊たちの沈黙は、なぜ続くのか？』―私たちの社会と生活を破壊するエリート民主政治と新自由主義―ライナー・マウスフェルト著。

［一九四七年生、六六年三月啓北商業高校卒業、翌六七年北大文類入学、六九年一一月八日北大本部抗戦、七〇年三月：母にお願いして退学届提出］

青い空と黒い太陽

杉戸　孝

「みんな雰囲気でやろうとしているんじゃないか」。一人の学生が言った。もうバラバラになりかけていたＣ闘委が久しぶりに開いた「全体会議」でのことだった。街頭での「実力闘争」や警察による封鎖解除に「最後まで闘う」ことは、いつの間にか既定路線になろうとしていた。「それしかない」。それは、議論や検討を重ねて決めた戦術ではなかった。

終わってしまうことを恐れてはいなかった。ただ、いつ終わったのか、どうして終わったのか、誰にもわからないような終わり方だけはしたくなかった。

一九六九年一一月八日、警察力の導入によって、学生たちに占拠されていた大学本部などの封鎖は解除され、全共闘の学生たちは北大から排除された。本部に立てこもった五人の北大生は全員が現行犯逮捕された。北大評議会は警察に駐留を要請し、その後しばらく機動隊が構内に常駐した。

逮捕された五人のうちの一人は少年だった。家裁に送られ、審判の結果、保護観察処分になった。しかし、この年二〇歳になっていた孝を含む残り四人の学生は、一一月三〇日、現住建造物等放火罪など五つの罪名で起訴された。学生たちは被告人となり、逮捕から一九七〇年五月一四日まで半年あまり勾留された。

起訴された二か月半後、一九七〇年二月一七日から公判が始まった。しかし、第一回公判は、被告人が出廷を拒否したため開かれなかった。出廷拒否の理由は、公判日程があまりにも過密で、被告人が勾留されたままでは公判対策ができないというものだった。しかし、日程は変更されず、翌月から裁判は強行された。以降、一か月に三回から四回のペースで公判が開かれ、検察側の立証が一二月まで続いた。しかし、自白したとされた一人の被告の自白調書は採用されず、家裁で保護観察処分になった少年も証言を拒否した。検察側は、最も重い現住建造物等放火罪について、実行者だけでなく、出火原因すら立証できなかった。

四人の被告団と弁護人の反証が始まったのは一二月一〇日の第二七回公判からだった。弁護側は北大闘争に関わった証人を幅広く申請したが、採用されたのはごくわずかだった。採用された証人には、学長の堀内寿郎が含まれていた。おそらくしぶしぶ証言台に立ったのだろう。被告や弁護人の尋問に対して最後までまともに答えることはなかった。最後に「情状証人」として孝の母親を含む被告人の父母三人が証言し弁護側の反証が終わった。そして翌年七月に、弁護側の最終意見陳述が行われ結審した。一年五か月という「迅速な」裁判だった。弁護側の立証は北大闘争の正当性の主張が中心で、現住建造物等放火罪に対する積極的な反証は行わなかった。

検察側の求刑は、孝とC闘委の進藤に懲役五年、学部共闘の山崎と中核派の武藤に懲役四年だった。孝と進藤は「C闘委の幹部として指導的立場で本件の計画並びに実行に参加し…法廷における態度は最も反抗的で…反省の色は全くない」(「論告要旨」)ことで、情状は一段と重いとされたのだ。

判決は一九七一年九月に言い渡された。四人の被告全員が「懲役三年」の実刑である。被告人は直ちに収監されたが、即時控訴した。控訴保釈が認められたのは三か月後の一二月だった。

一九七二年冬、「終わり」は唐突にやってきた。いつ終わったのか、どうして終わってしまったのか、孝にはまだわからなかった。ただ、これまで口癖のように使っていた「われわれ」という言葉を、孝はもう使わなくなった。

第九工場の青い空

三人の被告に、自分の気持ちを何一つ伝えられなかった、という後悔をかかえて、孝は独り歩いて札幌地方裁判所へ向かった。一九七二年はもう五月になっていた。

孝は早足で歩いた。札幌の桜は散り始めていて、花びらが雪のように道の両側の桜並木から舞い散っていた。

「控訴を取り下げます」。孝が言うと、裁判所の職員が慌てて検察庁に連絡をとり始めた。それを聞きながら独りで座ったのは、古びた木製の長椅子だった。「これから座る椅子は、いつもこんな冷たく硬い椅子に違いない」。孝はぼんやり考えていた。

下獄後の札幌刑務所では、とても長く感じた「分類調査」期間があった。

本来は受刑者それぞれの特性を検査し、境遇なども聞き取って、更生に適した処遇をするために「分類」するのが目的の調査である。しかし、実際は違っていた。

「君はいったいなぜ突然、控訴を取り下げたのか」

担当の技官は何度も何度も聞いてきた。やったことを「反省しているのか」、控訴を取り下げたのは「反省した」からなのか、反省しているとしたら何を「反省している」のか。各種「心理検査」だけでなく、理論闘争のような「聞き取り調査」が繰りかえされた。「黙秘します」と言えない状況で、そして何よりも、自分自身も含めて、頼る「人」や「理論」がないことで、その時はまるで真っ暗な地下の底を独り這いずり回っているような暗澹とした気持ちだった。今でも、どのように答えてしのいだのか、ほとんど思い出せない。


「おい、何かあったのか、元気がないな」

調査期間中のある日、独居房から運動に向かう長い廊下で、付き添う白髪の老看守から孝は小さな声で言葉をかけられた。

孝の目から涙がこぼれ出た。抑えることはもうできなかった。嗚咽が始まった。

やがて看守にすがりついて、孝は声をあげて泣き始めていた。


前の日に届いた母親の手紙には、その時の孝にはとても受け止めることができない、控訴取下げを批判する親しい人からの厳しい言葉が書かれていた。

嗚咽はいつまでも止まらなかった。物心がついてから、人前で泣いたことはなかったはずなのに。泣き終わったのは、いったいいつだったのだろう。

肩を優しく包んでいた老看守の掌の暖かさを、孝は今でも思い出すことができる。


分類調査の結果、札幌刑務所の「第九工場」という写真植字（写植）作業をする工場に配置された。処遇は「夜間独居」といって、昼は他の服役者と一緒に刑務所内の工場で作業をし、夜は独房という、おそらくもっとも管理しやすい方法を刑務所側は採ったのだろう。ただ、工場には独房と違って、ビックリするくらいの「自由」があった。休憩時は運動場に出て好きなことができるのだ。

どれくらいたった頃だろう、休憩の時に独り、運動場端の草むらに座って空を見ていた。雲ひとつない澄み渡った秋の青空だった。

その青い空を見ている時、不思議な感覚に襲われた。自分の上にあるのは、ただの青い空だけだ。「何とかなる」というより「なるようにしかならない」という不思議な感覚だった。強張っていた体から力が抜け、ありのままの自分がそこに一人座っていた。

自分の頭の上には何もない、青い空だけが自分を見ている。空は愛した彼女や家族、そして一緒に闘った仲間たちとも繋がっている。塀の中にいて体はここから出られないが、心は自由だ、最初から考え直せばいい、もう一度やり直せばいい。

「大丈夫だ、どこでも生きていける」

空からそんな声が聞こえた気がした。

今は一人だが「独り」ではない。肩の上にあった重い「荷物」が、スーと軽くなったように感じた。ありのままの自分で何が悪い、こんな「ちっぽけな」自分だけどそれでいい。

自分が何者なのかをひたすら凝視している時には見えなかったものが見えてきた。人権侵害だと身構えて、いつも怒りながら看守の前を通り過ぎていた「全裸検査(カンカンおどり)」を、他の受刑者のように、大声で「三〇〇一ばーん」と(まるで踊るように)手をくねらせて軽々と通り過ぎるようになった。「無駄なことをさせやがって」。受刑者は皆そんな態度だった。裸にしようが、X線検査をしようが、こんな検査で何かが見つかることは絶対なかったのだ。

札幌刑務所は「累犯刑務所」だった。「累犯」とは、懲役刑に処せられ刑務所に服役していた者が、懲役の執行が終わった日から五年以内に新たに罪を犯し、有期懲役に処せられること。受刑者(ここではみんな自分たちを「懲役」と呼んでいたが)は、ほとんどが「ヤクザ」のように見えた。しかし、親しくなっていろいろ話をすると、「ヤクザ」だけでない様々な事情を抱えた人たちがここにはいた。

Aさんは生まれながら脊椎に障害があり、適切な治療が受けられなかったことで、背中が大きく曲がり、身長も低いまま大人になった。本人は「こんな体に生まれたせいで籍にも入れてもらえなかった」と言っていたが、生まれた子供の出生届を出せない事情が親にあったのかも知れない。学校にも行けなかったが自分で字を覚えた。「写真植字」は活版印刷の「植字工」の仕事なので、字が読めなくては仕事ができない。Aさんは工場でも優秀な工員だったが、どうしても読めない、理解できない字や言葉が出てくると、私のところに聞きに来るようになった。

「北大生」が刑務所に来た、ということは少なくとも九工（第九工場）では知れ渡っていた。「北大生」なら知っているだろうということもあったが、自分には縁のなかった大学生と話してみたい、という気持ちがあったのだろう。やがて、Aさんから自分の身の上を話すようになった。その中で一番驚いたのは、少し照れた表情で、無銭飲食などを繰り返して「困ったときは刑務所に入れてもらう」というAさんの言葉だった。

「ここなら食べるのも寝る場所にも困らない。ここが一番いい」

杉さんから届いた「ガテ」

広島出身のヤクザ「杉さん」とも仲良くなった。同じ「杉」がつく名字だったので、「ダブル杉」と呼ばれたのは、休憩時よく一緒にいたからだろうが、同じように黒色のロイドメガネをかけた二人は、兄弟のように見えたのかも知れない。杉さんは背中に筋彫りの刺青を背負ってガッチリした体型だったが、風貌は「インテリ」風だった。

実際いろんなことをよく知っていて、工場内で何か揉め事があると、堂々たる広島弁で正論を語り事態をまとめ上げた。「じゃけい」とか「つかあさい」でみんな納得したのだ。

「孝、いぬるぞ」は「解決したから席へ戻れ」だった。

運動の時間に行われたソフトボールでも、杉さんはとても目立った。外野の守備についていてフライが飛んでくると「オーライ、オーライ」と大声で駆けてくるが、行き過ぎたりしてキャッチできないことがよくあった。私はピッチャーだったのでガックリしたが、杉さんだから仕方ないと思えた。ある日、大きな外野フライが杉さんのところに飛んで、杉さんはタイミングよく守備態勢に入ったが、「ポコーん」と大きな音がしてボールは杉さんの「おでこ」に当たった。見事なヘディングである。ボールは転々とし、走者一掃のランニングホームランになった。

杉さんは意気消沈し、何日も元気がなかった。

そんな杉さんを快く思わない人たちもいた。その代表が「計算夫」と呼ばれた服役者Kだった。「計算夫」の席は、工場の中で一段と高い場所にある「担当さん（担当看守）」の席の隣にあって、ずらりと並んだ一般服役者を監視する場所にあった。「計算夫」は担当看守に代わって服役者を看守するだけでなく、仕事上の管理者でもあった。「優良」な服役者から選ばれたが、服役者は「ゴマスリ野郎しかなれない」と口をそろえた。

九工で事件が起きた。仕事を通して嫌がらせを繰り返すKに、とうとう杉さんの堪忍袋の緒が切れたのだ。工場の真ん中にある通路でハサミを持った二人が対峙した。二人の顔は血の気が失せて真っ白だった。「殺し合い」の時には、人はこんな顔色になるのか、自分の「組」は広島の抗争で「全滅した」と杉さんが言っていたことを思い出した。

幸い対峙している時に刑務所の「警備隊」が駆けつけてことなきを得た。二人は工場から連れ去られた。おそらく二人とも「懲罰」になるだろうと思っていたが、他の服役者たちは違った。「Kをえこひいきしている担当(看守)が、あることないこと言って杉さんだけが懲罰だ」「元々は担当のえこひいきが原因だ」と言い始め、みんなで「作業拒否」をして訴えようということになったらしい。夜は同じ工場の服役者は同じ「雑居房」だった。

「孝はこの道では専門家だ。どうしたら一番効くか教えてくれ」と翌日、杉さんと仲のよかった服役者が聞いてきた。

しばらく考えて提案したのは、「ストライキ」ではなく「順法闘争」だった。「願箋」という刑務所の管理部門に苦情などを申し立てる「面会希望用紙」があった。こんなものを出すと担当看守に睨まれるので、普段は誰も使わない用紙だが、看守の横に箱に入って常置されている。「願箋をみんなが出す」が考え抜いた闘争方針だった。

仮釈放が近い「二級」の処遇だった私に気を遣って「孝は出さなくていい」とみんなに言われたが「願箋」を出した。管理部長面接があって、この間の九工の状況を正直に話した。みんなも九工の事情を話したのだろう、結果は二人とも「懲罰処分」だが、管理責任を問われて担当看守も交代した。実質的な降格処分だった。

しばらくして夜の独居房に、杉さんから「ガテ」が届いた。「ガテ」とは刑務所内で収容者同士が交わす秘密の「手紙」のことだ。

優良受刑者中の優良受刑者である「配膳夫」が突然、配膳口を開けて投げ入れた。

「…孝が頑張ってくれたことを聞いた。ありがとう。今まで悪い奴がのうのうと生き延びるのばかり見てきたので、誰も信用していなかったが、少しは変わるかもしれない。どこかで会えるといいが無理だろう。俺が生きていく世界は真っ黒な太陽が昇る暗黒の世界だ」

孝はしばらくして、札幌から名古屋まで列車で移送され、何か月かの仮釈放をもらって名古屋刑務所から出獄した。一九七四年春のことだった。

北大闘争の記憶とともに　2

松岡　達郎

一　北大闘争以後

一・一　復　学

保護観察処分を受けた私は、処分の付帯条件により一旦神戸の親元に帰った後、一九七〇年春の雪が解ける頃、保護司には無断で札幌に戻った。運動の再建を図ったが、大学構内に入ることさえできず、果たせなかった。学生運動を半ば諦め、労働運動を目指したが、当時は、高卒の履歴書で入ったささやかな職場にも、公安から「あいつは北大生だ」と連絡が入り、履歴詐称で即刻解雇されるなど、いわゆる活動家には活動の場ばかりでなく、生活の基盤も奪われる時代だった。万策尽きて、一九七三年に五年目二年生に復学した。

三年生の終わりに体を壊し、七年目四年生になる時点で卒延が確定してしまった。一九七七年、八年目四年生の後に卒業。結果として卒論を二年かけてやり、専門の学会からその年の全国最優秀卒論賞を頂くことになった。この仕事がある企業に知られ誘われもしたが、どうしてもこの国のために働く気にはなれず、半ばモラトリアムで大学院に進んだ。

当時はまだ博士号取得者が少なく、取得後の職は大学教員などまさしくお国のために働く道しかなかった。学位取得後も、学術振興会（ＪＳＰＳ）の特別研究員などをしながら愚図めいていたが、指導教授の定年退官が迫って来たのにはちょっと困った。そこに突然出てきたのが、Papua New Guinea（ＰＮＧ）工科大学の水産学部が講師を国際公募しているという話。いっそ、途上国の若者を教えたいと言いこの国を離れてしまえば、とりあえず悩むことはなくなる。これに応募し、幸い採用が決まり、一六年間の学生生活の後、一九八四年七月に日本を離れた。

一・二　ＰＮＧでの経験と転換

ＰＮＧ工科大学はニューギニア島北岸の都市 Lae にあり、そこでお雇い外人として勤め始めたのだが、水産学部は一九八六年、同島南岸の首都 Port Moresby にあるＰＮＧ大学理学部の水産学科へと組織移転となった。

最終的には、二つの街に合わせて一〇年近く暮らすことになった。

（貧困・差別と向き合う）

世界の秘境と言われたPNGでの生活は、想像もしていなかったできごとの連続だった。昨日まで笑って仕事をしていた現地人職員が、今朝マラリアで死んだとか。私もマラリア持ちだが、栄養状態がよければ死ぬ病気ではない。貧困を我が身のそばで感じた。

村には電気も水道も来ていないので、社会貢献のつもりで村の若者に漁具の作り方を教えても、獲った魚を保存・出荷する方法はなかった。つまり村落開発とは文字上だけのことで、現実はとっかかりさえなかった。

子供たちは、家事労働（零細農漁労を含む）を手伝えるようになれば、小学校に行かなくなるのが普通で、特に女子児童の学校教育からの脱落は深刻だった。後の帰国の時に、我が家の庭の維持・整備をして貰っていた者に対するお礼として、彼の娘さんの小学校卒業までの授業料を預託してきた。後年、私が日本から技術協力事業評価団で派遣された時、水産公社の職員になっていた彼女と、公社の玄関で出会った。人生の思い出として。

英国、豪州の植民地であったあの国では、三級市民のアジア人として差別を受け続けた（理屈をこねれば、初期帝国主義が人類に残した最悪の悪業であろう人種差別と南北問題）。例えば、国内航空地方路線の飛行機に乗るとき、白人は機体前方に普通に座り、我々は後方に豚や野菜等の簡易貨物、時には棺桶と一緒に座らされるのが普通だった。

大学の広報ビデオでは、私の講義はナレーションで声を消され、顔はテロップで見えなくされた。日本人が教官でいるのを隠したかったのだろう。こんな生活をしているうちに、自然と自らを被差別側に置くようになった。

（資源の持続的利用と貧困の再生産問題）

PNGに行って最初の三、四年の間、研究はまったく行わず、学生教育に没頭した。ある年突然、PNG政府が財政難に陥り、大学教育予算の削減を決めたため、PNG大学も学部・学科の統廃合を迫られた。この時学部長に呼ばれ、「学部・学科の存否は業績で決まる。水産学科を残したいなら研究をやれ」とどやされた。そこで始めた研究のテーマが、本来の専門であった小型漁船の安全性評価とはまったく異なる「混獲投棄」（漁業で本来獲りたい魚を獲る間に出荷しない魚まで獲ってしまい、それを捨てて死なせている問題）。その死亡数の定量的評価法の現場調査研究。このテーマは後に、一九九二年の国連環境開発会議で出されたリオ宣言（現在のS

DGsの淵源）の中で取り上げられた、食料安全保障と関連した研究課題「水産資源利用上の無駄の低減」に繋がっていった。

途上国では、旧宗主国を中心とした先進国が勝手放題の水産資源開発を行い、それが沿岸村落住民の貧困を再生産している。これの調査研究や理論モデル化も、途上国と貧困撲滅に関する地球規模の課題の研究に発展していった。

これらの経験から徐々に、雇用形態や職業に係わらず、また国の制度を介することなく、自分の立ち位置と努力次第では、途上国の村落住民や貧困者、若者に直接繋がる仕事が可能だと考えるようになった。

（社会への積極的関与へ）

私が積極的に社会に関与し始めたのは、バラマンディ（四万十川等にいる大型魚アカメの近縁種）刺し網漁業の規制に関する研究がきっかけだったことは間違いない。

この魚をPNGの漁民が漁獲し、豪州系業者が買い付けて豪州に出荷していた。当時のバラマンディ資源管理省令は、PNGの独立前に植民地行政府が作って残していったもので、大型個体を好む豪州市場を優先し、全長五〇センチメートル未満の個体の採捕を禁止していた。詳細は省略するが、この省令には、産卵期のメスの採捕を推進している（この魚種が約五〇センチメートルを境にオスからメスに性転換するという生活史を持つため）という野生動物資源保護上の致命的な欠陥があった。また、村落住民は省令に適した漁具を別途用意する経済力がなく、住民の日常生活上でのこの資源の利用を難しいものにしていた。

私は現場実験に基いて、オスとしての成長のマックスでの採捕を促し、資源管理と村落住民の日常的利用双方に資するような体長・網目規制改正案を論文にした。最終的には、ほぼ私の案に近い形で省令が改正された。この研究が、個人の努力で社会・法制度をわずかでも直接変えることができると考えるようになった転換点だった。

PNG大学勤務の最後の頃、ブーゲンビル内戦に関する政府の対処に反対する学生が全学無期限ストライキに突入した。私は、自分たちの考えを市民に伝えるための、街でのビラ配りという活動法を学生に教え、学長から叱られた。これも思い出として。

一・三　帰　国

PNGでは外国人公務員は三年契約制で、契約更新は二回までという政令があった。お雇い外人の契約上の本来の任務は、カウンターパートである現地人教職員の育成で、契約三回九年のうちにそれを完了しろという考えによる。あとは、契約満了か現地人職員になって働き続けるかの選択肢で、水産省の次官が「国籍を取るなら保証人になってやる」と言ってくれたが、私は前者を選んだ。世界中の大学や国際機関二〇か所くらいの公募に応募した中に、ただ一つあった日本への応募がK大水産学部。これが採用と決まったので一九九二年に日本に帰ってきた。

この年はリオ宣言が世に出た年である。日本でも「持続可能な開発」という新しい概念に対応する研究の気運が高まっており、既にそれを始めていた私は、PNG時代後半以降の仕事の方向性のままで時代の波に乗れた。

研究では、資源・環境の保全と途上国漁村開発・貧困問題に取り組み、混獲投棄と逸失漁具によるゴーストフィッシング（何らかの理由で人の管理を離れた逸失漁具が海中に残り、魚を殺し続ける現象）の評価手法の開発を続けた。前者では、国連世界食糧農業機構（FAO）が組織した専門家委員会のアジア代表委員に指名された。後者では、米国政府が太平洋島嶼国を招いて開催した国際公聴会で基調講演を委嘱された。研究者としては、このあたりがほぼピークだった。

PNGよりさらに貧困なアフリカ諸国その他の地域での技術協力プロジェクトや調査団派遣等に参画したり、関係委員会の委員長に就任したりする機会も増えた。同時に、途上国の水産系研修員を毎年約一〇人受け入れ、沿岸漁業資源の保全管理に係る研修を二〇年以上続けた。自分が持つ専門知識が、途上国の村落開発や食糧生産に価値あるものを提供できると考えるようになった。

二〇〇四年、国立大学法人化の年に学部長に選出された。教育面で一貫して取り組んだテーマは責任ある大学（responsible university）による教育の質保証と学生の国際経験の促進だった。後者では、フィリピン大学と協力して、アジアの六大学の水産系大学院修士課程を糾合し、学生がこの制度への参加校のどこででも受講し単位を取得できるような国際連携制度を作り、日本の若者の途上国理解を進めた。K大退職時にフィリピン大学から感謝状を頂いたのは人生の誇りである。

二〇一六年に地元の私立大学の学長に就任した。最後に取り組んだのは「持続可能な開発のための教育（Education for Sustainable Development（ESD）」プログラムの開発だった。学生に、自らと社会・環境等との関係を理解する力を涵養して貰いたかった。

一五年に及ぶ大学の管理職として、私が一貫して考え続けたのは『『責任ある大学』による質の担保された大学教育」であった。

二　現代の大学の状況

我々が北大闘争の中で問いかけたこの国の大学教育が、今どのような状況になっているかを考える。我々の闘いから学んだわけではあるまいが、国が大学を変えようとしている現在の施策には、我々が求めたものに外形的には驚くほど似たものがある。

二・一　産学協同路線の継続

我々の問いかけは、学生が徹底して自己疎外化される労働力商品の生産過程としての大学教育にあっただろうことを確認しておきたい。このことは、裁判闘争を闘った四人の冒頭陳述にも、言葉の違いこそあれよく表れている。いま一つ、「学問の府」「真理の府」という美辞麗句の下で、学生教育にまじめに取組まなかった当時の大学への不信感もあった。このことは、当時、あまり声を大にしては語られなかったが、四人の冒頭陳述の随所に散見する。

我々の闘いから二〇年以上が過ぎた一九九一年に、大学設置基準が改正され、いわゆる大綱化が進められた。一部には、締め付けが減って大学の自由度が増したとの見方もあったようだが、そうではない。自由度が増したのは大学ではなく、国の方であった。

大綱化の下で国が推進した施策の中では、教養部の廃止、科目区分規定の廃止、専門科目の増加等が重大な意味を持っていた。教養部の廃止と共に、教養部教員定員枠は学部等の専門教育組織に振り分けられ、卒業に必要な総単位数だけが国の定めるところとなったことと連動し、専門教育科目の増加が図られた。これ以降、昔は二年生後期に始まった専門教育が一年生前期に始まるようになった。一方、教養教育はカルチャースクールのお話みたいなものが多くなり、体系性はますます失われた。「教養主義の終焉」とまで言われたものである。

専門知識・技術の教育量を増やし、産業人材養成に直結する一九六〇年代型の産学協同路線は、少なくともこの時代までは続いていたことが分る。一九六〇年代後半の学生運動を押さえ込んだという国の自信から、学生が問題視した大学教育の矛盾まで無視して、従前の路線をそのまま押し進めたわけである。なめられたものである。

二・二　人口減少期の高等教育

二〇〇一年の中教審への諮問から「人口減少期の高等教育」議論が始まった。以来、矢継ぎ早に答申が出され、国は大学に「変わる」ことを求め始めた。特に二〇〇四〜〇八年頃から、大学進学率の向上と高大接続教育を唱え始めた。国内労働力の量的減少に対し、国民のトータルな学習歴を増加すると同時に、一六年間の教育の無駄をなくして、到達点を上げようとの考えを遮二無二推し進めようとしている。高大接続を入試制度改革（改善）と見る向きもあるが、あまりに皮相的な理解である。

（次なる大学教育の大衆化）

一八歳人口は、一九九二年に二〇五万人とピークを迎えた後、二〇二〇年代は一〇〇万人前後を漸減的に推移しており、二〇二四年度以降はコンスタントな減少期に入ると予測されている。一方、高等教育進学率は二〇一九年で五八％に達しているが、文科省はＯＥＣＤ諸国との比較を基にこの率を八〇％（大学だけだと七〇％台）程度まで高めようとしている。これが進めば、次なる大学教育の大衆化が進む。この点は高度成長期にあった状況と酷似している。異なっているのは、今回は国が望ましいと考える教育の内容や手法、大学運営の仕組み等を詳細に示しつつ進めていることである。六〇年代の無策ぶりに比べれば、国としては大いに学んだわけである。

（大学教育の質）

二〇〇五年の中教審答申『高等教育の将来像』（以下答申名はすべて個別に識別できる程度に短縮してある）以来、高等教育の質保証が唱えられるようになった。社会の信頼に応える教育、組織的な取組みによる教育等が取り上げられ、「責任ある大学」とも言える大学教育像が示された。あまりに品がないので本稿では触れてこなかったが、我々が学んだ時代の大学教育が「学問の府」と言えるような立派なものでなかったことは、本音では誰もが知っている。私は一学期に二回しか授業のなかった科目を経験したことがある。予告掲示も連絡もないままの休講はざら。科目と授業内容は教員任せで、専門分野を体系的に教える教育課程（カリキュラム）にはなっていなかった。こういういい加減なものではなく、組織として体系的に設計した教育課程やシラバスに則り、約束しただけの授業を行う「ちゃんとした」教育サービスを提供する大学になれということである。

二〇一二年答申『大学教育の質的転換』は、その質の内容にまで触れており、学ぶべき事項としてグローバル化、少子高齢化、エネルギーや資源、食料供給、地域間格差等の広範な社会的課題を取り上げた。深めるべき学修は「学生の認知的、倫理的、社会的能力を引き出す教育」とした。二〇一八年答申『高等教育のグランドデザイン』はこれをさらに進め、地球規模の課題から説き起こし、「持続可能な開発のための教育」にまで言及した。深めるべき学修は「想定外の事態に遭遇したとき、問題を発見し解決するための道筋を見定める能力」の獲得であるとした。

これらは、昔学生が問題視した、大学の授業等のいい加減さの改善と、教育内容の社会・環境等との関係性への方向付けの両者を国が進めつつあることを示している。

（学士力と社会理解力）

二〇〇八年答申『学士課程教育』で、大学卒業者に求められる能力すなわち専攻に係わらず求められる大学教育の到達点（「学士力」と呼ばれる）が、あくまでも例としてだが示された。その冒頭に「専攻する学問分野の知識を体系的に理解するとともに、その知識体系の意味と自己の存在を歴史・社会・自然と関連付けて理解する」力が必要と謳い、多文化・異文化に関する理解と、人類の文化、社会と自然に関する理解が必要だとした。

六九年当時、我々が望んだ大学での学びは、社会理解力とそれで得た自らの理解に忠実であろうとする志向性に近いものだったのではないか。現在国が示しているのは、かなりそれに近い。もちろん学生への理解・好意から取り上げられているとは思わない。複雑化し変化が高速化する産業現場では、知識・スキル偏重型教育で生み出された労働力ではもう対応不可能と考えられるようになったのが理由だろう。例えば、近年謳われているSDGs関連ビジネスやその起業などは、本節冒頭に挙げた学士力のような能力なくしては不可能だろう。これらの事実と関係について、まだ大学側は十分に咀嚼できていない。

『学士課程教育』答申は、現在の共通教育の重点がスキル教育に移りつつあると批判し、「生涯を通じた変化に対応するには教養教育こそが大切」とした。しかし、この主張も手放しでは喜べない。

同答申以降に示されている学びの到達点は、きわめて広範で高レベルなものである。学問の高度化により専門教育の高度化も必要な中、社会理解力等を主に教養教育の限られた単位数の中で取り扱おうとすれば、畢竟表層的な駆け足教育以上のことは難しいだろう。私は、大学教育課程の全学横断・縦断型への根本的転換が必要と考え、僅かながらそれに取り組んだが、社会理解力教育がどこまで可能かはまだ見えていない。

（大学教育での学修量）

実は答申がいう教育の質には、量の概念が含まれている。大学関係者以外にはあまり知られていないが、大学の単位制度では、授業時間の三倍程度の学修を課すべきことが法律で定められている。『質的転換』答申は、改めてこれの実質化を図ると言う。ただ「行うは難し」である。最も怖いのは、法に定められた学修時間の実質化を進めると書いた人たち自身が、学生の学修行動をよく知っていながら、なおそのように書いていることである。現実感があって書いたのか。もし法が定める学修時間が本当に実現すれば、若者の生活が現在とはまったく異なったものにならざるを得ないというのは、誰もが分かっていて誰も論じたがらない課題であり続けている。

（高大接続教育）

二〇一四年の答申は、「高大接続教育」を唱え始めた。これと軌を一にする流れは、一九九八年の中等教育学校（中高併設学校）制度の創設や、それ以前からある中高一貫教育の普及に既に現れていた。高大と中高の接続両者を合わせると、小学校卒業以降一〇年間の接続教育となる。効率は確かによくなり、質保証と連動すれば学校教育一六年間の到達点は高くなる。一方、長期に渡る接続教育では、進路分岐の早期化と、分岐後の教育が一つの色に染められた直線型に過ぎるものになる可能性が危惧される。中等・高等教育全期間を通じた教育密度と縦型接続の強化が、この国の社会・文化にもたらすであろう功罪もまだ見えていない。

（大学の質という名の国による管理）

ここまでの流れに先立ち、二〇〇二年答申『大学の質保証』に従い、大学が具備すべき学内組織や制度を細部に至るまで国が定める体制作りが周到に進められてきた。現在既に、この定めに従っているか否かを大学に定期的に自己点検・報告させ、第三者機関がそれを評価する制度が確立している。ここでも、法令違反状態が明らかになった大学への、学部・学科の認可取消や、大学の閉鎖命令等の可能性をちらつかせながらである。

（生身の学生の姿は見えるか）

我々の闘いから半世紀以上が過ぎたが、ここまで見てきたように、現在は人口減少という新たな理由ゆえに、大学進学率の上昇、大学教育の質の転換、学修量の増加、一六年間の教育課程の無駄の低減といった国の施策が次々と打ち出され、大学はそれらへの対応に翻弄されている。半世紀前と大きく異なるのは、当時は国の大学教育政策が貧弱なものだったが、現在は大学に変化を強いる施策を国が強力に推し進めていることである。

ただし、万語を費やした数多くの答申のどこにも学生の立場に立った記載はない。そこに生身の学生の姿は見えない。現在及び近未来に求められる労働力の質だけを根拠に、学びの質・量と密度の両面での強化が進められている大学教育像には、いつか見たことがある道という気がしてならない。

三　記憶ののちに

全共闘に集った人びとのその後を、「戦士」と「人々の中へ」に分けている論がある。しかし、全共闘に集った友人たちの多くは、直接的な継続性は維持できなかった場合でも、自分なりに納得できることをやってきたのだと思う。支配される者、搾取される者と共に自らを置き、貧困、差別、環境破壊、食料不足、南北問題等の人間に対する負の状況に、「正義」の側から働きかけようとその後の人生を歩んだのだと確信している。そんな思いの活動の一つ一つが、地球規模の課題への取組みや、働く人々や障がいのある人々ほか多様な人々と共にあろうとする現代の思潮を支えているのだと思う。

四　謝辞にかえて

他界した妻故幸子は、平塚らいてうに心酔する高校生だった。ゲバルト時にいつも最前線で石を運んでいたためについたあだ名がゲバ子。結婚で高校は一時中断したがその後復学して卒業、北海学園大学の経済学部二部に進んだ。ＰＮＧに移り住んだ後、ＰＮＧ大学のFaculty of Economicsに学士入学。二年で終えて、Bachelor of Economicsの学位を取得した。その後、豪州系の会計事務所に勤め、日系企業現地法人担当業務を通じて、和英両文の簿記を自由に行き来できるという珍しい能力を身に付けた。その能力を帰国後に生かしたがっていたが果たせず、ある日専業主婦宣言し以降私の職業生活を支えてくれた。後に卵管癌を発症。約三年の闘病の後、二〇〇八年に他界。享年五八。

現在の妻智子は、私の現役生活の最後の頃から一貫して公私共に私を支え続けてくれた。今も自身の母親の介護に多忙な中、彼女独特の温かい性格で私を包んでくれている。私が癌との闘病生活の中で本稿を書き上げることができたのは、彼女が終始私の周りに心穏やかな世界を維持し続けてくれた賜物である。心から感謝したい。

本稿は、畏兄疋田憲明氏との一年に及ぶリモートによる情報共有と議論をベースにしたものである。氏には本稿の校閲までして頂いた。感謝する。

（二〇二四年一月八日）

この稿は松岡の絶筆となった。教育・研究・社会活動から完全に身を引いた後、「納得している」との言葉と共に令和六年五月一三日他界した。享年七五。

第四章

喪失と転換

―本部死守隊裁判闘争―

座談会＝逮捕後も闘いは続いた

北大本部被告団・救援対策部＋少年A（誌上参加）

司会（星野）　本日は北大本部裁判被告団の皆さんご苦労様です。北大本部封鎖解除粉砕闘争へ参加することは、いつどのように決められたかについて伺いたいと思います。ご自分で決められたのですか？　それとも組織決定があったのですか。

杉戸　正確に覚えていませんが、結構早い段階で「残らざるを得ないな」と思っていて、最終的に決めたのは一〇・二一の後ですね。

組織決定は全くなかった。ただ夏休みに本部建物の屋上で「封鎖闘争の落とし前はお前がつけるしかないぞ」と仲間から言われたのを覚えています。

武者　機動隊導入である一一・八の本部封鎖解除の一ヶ月ほど前に。僕は六七年入学で六九年の四月には三年目だったんです。僕は最初から卒業する気はなくて、七〇年安保を学生でやりたいと思っていたのですよ。それで六九年の入学式粉砕闘争を新聞で知って、教養部とか本部のバリケード封鎖とかに関りをもったのです。僕は六八年の四月下旬から七月ころまで、人脈的には中核派の反戦会議のシンパでしたが、基本的には中核派ではなかったのです。反戦会議のシンパをやめたのは、六八年の夏以降です。高校の友人の影響もあり『遠くまで行くんだ』や大杉栄等を教えてもらい読んだことが大きかったです。基本的にはこの党派には所属しないって決めてたんですけども、北大闘争との関わりをもつ上で僕はクラスとのつながりがなかったので、反戦会議のシンパという形をとりました。その後もずっとそうでした。

それで一一・八のひと月くらい前かな、反戦会議での集まりがあって、一二、三人はいたと思うんですが、そこで一〇・二一どうするかという話と、本部のバリケード封鎖を守る闘いを我々の側からどうするかっていう話が出て、その時に「武者君、札幌でやるんだったら、どうですか」っていう話が向けられたんですよね。その当時いたメンバーは中核派というより、多くは他大学から来た反戦会議、あるいは反戦高協の方たちのようでした。

それでどちらかというと僕はたぶん最後ここでやるしかないなと思っていたこともあったんで、その提案に対して「僕でよければやりますよ」っていう判断をしたんです。

工藤　一九六八年に北大に入り、入学式が終わって一か月位した時、電車を降りて教養部に行く途中で何となく俺やめるんだなっていう思いが突然頭に浮かびました。ですから、いよいよ本部で死守戦になりそうでバリケードをつくる作業をやっていく中で、具体的にいつ決めたとかってことはありませんが、本部に籠ることは自分の中ではすんなりいっていました。特に一〇・二一の闘争の時に本部バリケードの中にいて待機している状態でした。だから誰に言われたということは全くありません。当時のクラス反戦、後の教養クラス反戦連合、教養部闘争委員会（C闘委）の会議をして誰が籠るとかいう形の決め方は一切なく、あくまで自発的なものでしたので、「僕はたぶん籠るだろう～そして籠った」という感じです。

杉戸　たしか、直前まで誰が立て籠もるかっていうのはわかってなかったと思う。結構直前になって、一応立て籠もる人の集まりがあって、まあその時に、解放派からはHさんが、「俺が入るわ」と言って来たんだよね。

松岡　私とH氏の交代が決まったのは本部闘争の数日前でしたが、そのまたせいぜい数日前に、自民党道連をSさんがやると決まりました。私はその日のうちに、H氏と自分を交代させろと主張しましたが、すぐには決まりませんでした。だからそのあと数日間、H氏も私も本部に籠るのは自分だと思っていた時期があったわけです。

工藤　僕はその会議の記憶ないんですよね。よく新聞に載っていたのは、最初立て籠もる予定の人数は二〇人、段々減っていって五人になったっていう記事、その辺りの事実は全く分かりません。一一月八日の前の晩になって、初めて本部に立て籠もる人間が全部集まりました。そのとき顔は知っているけど、話したことがないっていう人がいたんで。僕が知っているのは杉戸さんと松岡さんですね。他の人については、顔は見たことあるけど、話したことがなく名前も知らない。前の晩に会って話したのが初めてということで、その時まで、何人籠ってどうこうっていうことは全く分かりませんでした。

松岡　全員揃ったのは、正確には日付が八日に変わった直後くらいです。私が最後で、縄梯子を降ろして貰って手ぶらで上がりました。「解放派からはもうだれも来ないのかと思っていた」と言われました。

司会　なるほどね。籠った五人のなかで、リーダーは誰ですか。

工藤　それまでの流れがありますから、杉戸さんがやっぱりリーダーだと思っていました。それは間違いないです。

杉戸　おそらく自分でもそのつもりでいて、一〇・二一のときにも「決死隊長」とかいってアジった記憶がある。会議で決まったわけではないのですが。

工藤　一〇・二一の頃ではっきりしたのは、私と杉戸さんだけだったと思う。あとは何人来て誰が来るか分かりませんでした。Hさんが最初立て籠もるって言ってたのも知りませんでした。

松岡　私は、誰がリーダーかを全く考えもしませんでした。今でもこの質問に驚くくらいです。もちろん自分が二等兵であることははっきりしていて、四月一〇日以来ずっと近くにいて人となりも知っている杉戸さん、工藤さんへの敬意はありましたが、一緒にちゃんと仕事やろうと思ってただけで、誰が隊長という感覚はなかったです。どなたも、そんなふうには振る舞われなかったし。

司会　はい、ありがとうございます。武者さん、北大の授業にも出てないし、北大の闘争ともあまり関係なかったように仰ってますが、それまでの闘いと、それが本部に立て籠もるっていうことは何か繋がらないような気がしますがどうですか。

武者　僕にとっては、全部繋がってます。大学で卒業する気も最初からなかったし、ただ、この世の中に対する勉強を自分でしよう、まあ独学しようと思って行ったんですよ。ただそれだけなんです。だから運動との関わりを求めて、六八年の四月二〇日過ぎから中核派のシンパで何回かデモに出たりしていました。六八年の後半からは、大杉栄やら『カタロニア讃歌』とか、ウクライナの農民マフノ運動の歴史とか、トロツキーも含めて、そのあたりは読んだ記憶はあります。僕のなかでは、六七年の一〇・八以降ですが、いろいろと読んだけれど、多分違うなって感じでした。中核のシンパから離れて後から考えたら、どちらかというと自分はアナキズムじゃないかなとか。ですから六八年五月、六月の日大東大の全共闘運動で新しい動き（六八年一〇月のいわゆる「自己否定の立て看」等々）が出てきたときには僕はとっても感動し、これなら僕もやれると感じました。ヘルメットはなんでもいいと、変な言い方ですが、警棒で殴られたときにわずかでも防げるんだったら色は何でもいいよという感じでした。

で僕の印象ですが、七〇年になり全共闘運動の後に、最初ノンセクトで次第に党派になっていくパターンの人が多かったように思いますが、そのあたりの事情どなたか教えていただけるとありがたいと考えています。

司会　それでは、朝から機動隊と消防隊員に降ろされて逮捕されるまでの時間は五、六時間あったんでしょうか。それは長かったですか短かったですか。

杉戸　ほんとに詳細は覚えてなくて、所々しか覚えてないので。だから長かったという印象はあまりなかったかな。

武者　僕はあまり長かったとは思いませんでした。

工藤　前の晩から籠っていて、朝から始まって大体昼ぐらいまで。ただ自分らとしては昼まで持つとは思っていなかったんです。すぐ破られるだろうと思っていましたので、本当にあそこまでもったのが奇跡的で嬉しかったです。時間的には長いこともないけど短いっていうこともない半日でした。

松岡　私は本部屋上でのことをわりとよく覚えています。淡々と仕事をこなしていただけだったせいかも。あの日もうゴンドラの準備が始まった頃になって、結構いい弁当が用意されているのに気が付きました。「こんなのあるならちゃんと教えてくれよな」と、とても残念でした。つまり朝から昼に腹が減ってきたのを感じられる程度の時間。そういう意味では結構長かった。建物のそばまで来てから開始までちょっととろくさかったけれど、上がってからはごくスムーズに進んだという感じでした。

司会　はい。それから、降ろされて逮捕されて、護送車に乗せられて、警察署に行ったと思うんですが、その間暴行とかリンチとか受けましたか。

杉戸　一応覚悟はしていた。まあどこの大学でもありますからね。たいていリンチされるのは人の目にふれない、階段降ろされる時だから、ゴンドラで降ろされたことが幸いしたと思う。ただ隣の様子を見たら、松岡さんはものすごく抵抗したので蹴られたりしていたなー。

松岡　あれは、機動隊員が私の首根っこを猫の子みたいに摘んできたので、「やめろよ！」という感じで首や上半身を機動隊員から振り放そうとしたので、大きな抵抗に見えたんでしょう、尻を蹴られたという程度です。奴はさらに「おれの手柄だぞー」と体掴んだり肘突いたりしてきた。暴行というほどのものじゃなかったけど。だから「やめろよなー」となった。最近、逮捕は地上に降りてからだったのを知りました。公務員を経験した今となっては、「まあ当然だわな」と思いますが、あいつがしつこく纏わりついて来たのは、屋上では手錠が使えなかったせいだったのだと今は思います。

武者　僕は全く抵抗する気もなかったし、僕自身すでにああこれでお終いかなと思って黙って立っているって感じでしたね。

工藤　火が出てきて収まった後に、機動隊が巨大なゴンドラを本部屋上にクレーンで釣り上げた時に、普通だったら火炎瓶の投擲で抵抗する筈なんですが、その意思は私たちにはありませんでした。ですからその時で終わりっていう判断は、合意ではなく直感的に感じたことで、おそらく暗黙の了解で私たちしてたと思います。その釣り上げられたゴンドラが本部屋上に降りてきた時に、最初に出て来た隊長みたいな人がいました。すごい年配の人で、「よーし、お前らよくやった」と言いました。よくやった、だから静かにしなさいっていう意味だろうと思います。ただその後にボロボロきた機動隊員に、僕が見た範囲では岡崎氏が足蹴にされている場面は見ています。ただ、それもそんなに大してどうこういうことはなくて、僕自身は何もやられていません。

杉戸　おそらく、ゴンドラが来たときに、もうやめようみたいなことを口で言ったかどうかはわかんないけど、もうこれ以上やってもしょうがないみたいな合意はおそらくできていたと思う。

工藤　あれは暗黙の了解だと思いますよ。

杉戸　やっぱり暗黙の了解だよね。一定の時間をもたせたっていうことで、本部に立て籠った目的は達成したというふうに感じていた。「よくもった」というのは自分の正直な感想だった。

工藤　それまで色んな所から聞くのは一時間でやられたとかね、そんなのばっかり聞いてた中で、半日持ったっていうのはすごいなって思って。逮捕されてから、最初はみんな中央署に行ったんですけど、そしたら一〇・二一で捕まった仲間がみんないるじゃないですか、そこで学友の顔見て「おーい、半日もったぞ」と自慢して報告しましたね。半日もってすごかったと思う。だから悔いはないんじゃないかなと思っています。

松岡　ある機会にある人と、屋上での最後の時間の流れを擦り合わせたのですが、どうも火が出た直後くらいに、屋上の屋外にいたのは私だけという時間が偶然少しだけあったようです。この時に放水で吹き飛ばされて、ヘルメットに五寸釘が刺さって身動きできなくなった時に、「こわー。負けた。もうやめ」と自分で思いました。数分のことだと思いますが四人の方々とは別行動だったので、終わったと感じたきっかけも違ってたのでしょう。私には暗黙の了解という感じはなかったです。

司会　逮捕後に弁護士の接見が最初にあったのは、いつの日か誰が来たかは覚えてますか。

杉戸　全く覚えていない。逮捕後にどういうふうになるかっていうのもよくわかっていなかったので。来るか来ないかもわからないし、まあ来ても来なくても全然かまわないって思っていた。

武者　僕の場合は下坂弁護士が、日にちはいつかわかりませんが、来て一言二言言われた記憶が。

工藤　おそらく最初中央署にいたのは四日くらいで、それから私は西署に行ったんですけど、その中央署を出る前に弁護士さんの接見っていうのは僕も記憶がないんですよね。だけど考えてみれば、接見ない方もそれはおかしいなって気はしてます。

捕まった時に僕たちは、とても大きな会議室に沢山人がいるところに連れていかれて、私が一番記憶しているのは松岡さんがものすごく怒られていましたね。彼は一〇・二一に羽田で捕まっていたのを刑事が知っていたからです。「黙秘します」って彼は言うんですけれど、そうしたら刑事が怒りますよね、それでものすごくやられてましたね。あれはちょっと見ててかわいそうでしたね。

松岡　正しくは九月六日の愛知外相訪米阻止の羽田でした。処分保留で札幌の鑑別所を出されたのが、一〇月の八日頃。それから一月もしたらまたとんでもないことして舞い戻って来た。それに、五月に長沼でやられていましたから、半年で三回目です。まあ向こうは怒りますわな、「警察をなめとんのか」と。お気遣いありがたいのですが、正直なところ、警察官の言うことなんぞ聞いてもいなくて、やり取りするのが面倒くさい、嫌だったから「黙秘します」と言っていただけです。

接見ということでは下坂弁護士が一度来てくれたこと以外は覚えがありません。

司会　それから長い長い勾留があるんですけど、救対あるいは支援者から、差し入れとか面会とかはありましたか。

杉戸　おそらく起訴されるまでは接見禁止が付いていたので面会はなかったけど、起訴されたあとは、とくに最初の頃は随分頻繁に来てくれたと思います。差し入れもきちんとあったんじゃないかな、決して困ったっていうことはなかったので、頼めば何か差し入れてくれたと思う。

武者　記憶にあるのは、よく差し入れしていただきました。面会も時たまあったような気がします。『少年マガジン』とトマトジュースを差し入れてくれた方には今でも感謝ですね。

工藤　私が西署に移ってからは、面会というより、差し入れに来たメンバーと鉢合わせしたことがあったので、ああ来てるんだなってことがありました。はっきり記憶しているのが拘置所に移ってからで、差し入れもたくさんありました。おそらくこの差し入れ指揮してくれたのは星野さんだと思っているんですけど、それとですね、割と個人のこれがほしいあれがほしいという要望は星野さんが聞いていたんじゃないかなという気がしますし、弁護士さんの接見もよく来てました。それからやっぱり仲間も随分来てた。ほぼ毎日来てたのかな、ただずーっと取り調べ受けてる最中は、取り調べが終わってからだと思います。

松岡　私の場合の鑑別所の時期がみなさんの勾留の初期にあたるのですが、鑑別所の制度のせいか面会はなかったです。一度誰かが希望を聞きにきてくれたんでしょう、私は高橋和巳とロシア語の教科書を差し入れて貰いました。鑑別所の生活は、昼間、庭を輪になって歩くかミニバレーボールのような軽運動の時間以外、他にやることがなくて、本を読むかロシア語をやるかばかりしていました。鑑別所での私の心証はすごくよかったようで「勉強ばっかりしているこんなまじめな青年がなあ…」と言われたものです。でも『憂鬱なる党派』や『邪宗門』のテーマが「確信犯」だということを鑑別所の法務教官が知っていたら、あれほどの高評価はなかったでしょうね。

司会　逮捕後の取り調べについて伺います。感想としてはきつかったですか、それともこんなものなら楽勝だと思いましたか。

杉戸　こんなの楽勝だというとちょっと違うけど、思ったほど、例えば議論をふっかけてくるとか、カマかけてくるとかいう印象はなくて、単純に聞いてきたり、時には脅してみたりとかいうことだったんで、想定内だったというのが一番正確なのかな。

武者　僕も扱いは普通でしたね。ですから僕が話すことになったっていうこと、ここで言ってもいいんですけど、基本的に自分がしたことはほぼ概要を話しました。ただ他の人のことに関しては「誰が何をどうした」等、四人の名前も含めて一切話はしていません。

工藤　取り調べについては最初、警察官の取り調べと検察官の取り調べ交互に半々くらいずっと続いて、警察のほうは楽だったですね。検察官のほうは事務官と一緒に来ましたので、これはやっぱり難物でしたね。難物というかカマかけるところがありましたから、それから後々裁判でも一緒だったG検事という人がいたんですけどね、彼のやり方は黙って彼も話しないんです。黙ってこっち見てるだけなんです。それが一時間くらい続くんですね。ああいうやり方もあるのかな、それでどなたかが書いていた、お経をその間つぶやいていたと、あれは確かにいい方法だなって。それを知ってればもっと楽だったと改めて思いましたね。

松岡　警察には我々のような黙秘者の取り調べの基本はいくつかあるのでしょうが、その一つは、嘘八百織り交ぜて都合のいい筋書きの話を作って、それを向こうが尋ねる形をとって「違っていたら指摘してくれ。直すから」というところに持ち込むことのようです。これを嫌というほど繰り返すのです。羽田の時もやり方は同じだったから、基本の一つなんでしょう。一日の終わりには、警察官が自分で組み立てた話を文書にして読み上げる。でまた「署名捺印しろ。間違っていたら指摘してくれ。直すから」と同じ話が蒸し返されます。「そんなことを言った覚えはない」なんて言おうものなら、これ幸いで「じゃあどう言ったんだ。書き直すから。どう書けばいいんだ」と。知らん顔していれば、一日の終わりには「自白調書」下書きという警察官の作文ができ上りです。署名捺印がなければ、法的にはただの紙切れだということは知っていましたから、「どうせ勝手にするんだろう」くらいのことを言って放っておきました。

司会　取り調べの手段として家族、お母さん、彼女とかを連れてきて、この人たちに申し訳ないだろうと迫る例があるんですけど、そういうのはありましたか。

杉戸　いや基本的にはほとんど会話をしていないので、だから何を言っていたかよく覚えていないというか、お経じゃないけど、ほとんどまともに聞いてなかったと思います。そんな話出たかどうかもちょっと覚えていない。

武者　中央署に最初行ったときに、数日前後かな、母親と父親が中央署に呼ばれたって言って来ました。目の前に。一回だけですが。

司会　一回だけとはいえ、やっぱり心に響きましたか。

武者　こたえましたね。父母ともに小学校もまともに行ってなかった世代なのです。父親のその時の様子に、やはり家族には辛い思いをさせてしまったとあとで考えました。

工藤　お袋が病気になって寝込んだとか。その作り話がね、あり得るはずがないこと言うもんだからかえって現実感がなくて、どうってことなかったですね。

私の親父が戦争から帰ってきたあとに組合運動やってたんですけど、どっかの党と関係があるかないかとか、それから組合関係で執行役員をやっていたんですけど、どの程度までいったのか背景を探ってきました。

司会　工藤さん、例えば杉戸さんと同じC闘委だというような、組織あるいは運動体のことを向こうは把握していたようですか。

工藤　ええ、取り調べの時に、C闘委の会議が何月何日っていうのちゃんと時系列で書いて一覧表になっているんですよ。この会議は誰々が出席した、次の会議いついつ誰々が出席してるっていう、こういうような一覧表を私に警察官が見せてくる。ただ、つくづく思ったのは、警察にたれ込んだ人の目が曇っていると大事な事をぼろぼろ抜かしているんですよ。それを見て、逆に安心しましたね。僕にとってこれは大事だなと思うことがぼろっと抜けて、どうでもいいことが書かれている。ただ杉戸さんは、おそらく知らない人誰もいないはずなので、しかも杉戸さんはずっと完黙していましたから、杉戸さんの名前を確定するのにえらい苦労したっていう話を拘置所の刑務官から聞きましたね。刑務官が意外と教えてくれるんですよ。

杉戸　本当に肝心なことじゃない、どうでもいいようなことを言ってるからね。だからほんとに大事なことは向こうは何もわかっていないなって、あの時は思った。

司会　そうすると杉戸さんはずっと杉戸って呼ばれないで何て呼ばれてたんですか。

杉戸　いや、名前は向こうが勝手に「たかし」って呼び捨てにしたことはある。机をドンっと叩いてね。「たかし！」とか怒鳴って、これは警察官だったけどね。人定ができないってことだったんだろうね。

司会　いよいよ裁判のことを伺います。裁判闘争でまさかやっていないとは言わないわけですけれども、裁判闘争で主張したかったことを何点かあげるとすれば何でしたか。

杉戸　僕は『記憶を紡ぐ』にも書いたけど、とにかく裁判官が「暴力学生」＝何をやるかわからない連中だ、という目で見ていたので、まずそれを何とかしたい、ちゃんと理由があってやっているんだ、ということをわからせたいというのがあった。あとは、やっぱり北大の学長を含めて当局者を裁判に呼んで、きちんと「とっちめたい」っていうのがあったかな。ようするに刑期のことか考えたのは随分最後のほうになってからだと思う。とにかくわけのわからん連中の「愚行」だっていうふうには絶対されたくないっていうのがきっと一番強かったような気がする。

武者　私は裁判闘争をどのように考えていくのかとい

うことは、あんまり考えていませんでした。何考えていたかっていうと、ひとつは自分のことの概要を検事に対して話したってことをどう考えたらいいのかってことで、やっぱりすごく考え込んでしまったです。裁判が始まってもしばらくは、どう考えていいのかよくわからなかった。多分僕はこの問題をこれ以降ずっと考えて何らかの答えを出さなきゃなんないだろうなと考えていました。だけどどうしていいかわからなくて、どう考えていいかわからなくて、それでずっと数か月経ってしまいました。なお、この件に関しては、後年まとめた文章「自己否定の論理＝自己解放の試み」が、本書に掲載されていますので、時間のある方はご笑覧ください。

工藤　まず、裁判という形式と言葉に慣れるっていうかね、それまで裁判って見たことがなかったものですから。最初に「被告席ではなくて弁護士の席に私たちの席を置いてくれ」という主張とかを、色々と救対の人たちから教えていただいた内容で、まず裁判所に対して要望を出すということ。

裁判の過程の中で私が一番思っていたのは、少なくとも当時の堀内学長は私たちとは一切話し合いを持たない形の中でずーっときてたもんですから、裁判には証人として当然申請をしますので、そこでやり取りができるっていうある意味ではこれが最大の幸せなことですよね。学内ではできなかったけれど裁判の場ではできるということ、これは大きなことだと思っていました。

もう一つは、具体的に様々細かい立証みたいなものがあるんですけどね、それもよく見ていかない、いい加減なところが結構あるんですね。それを時間がかかっても逐一やっていくっていうことは意図的に考えていました。例えば一審の判決文で、三階から火が出たって書いてあるんですよ。さすがに新聞のように三階に重油まいたなんて書いてないんです、出火元は三階だと、ところが現実は違うわけですよ。判決文を通して分かったことは、論理的には整合性のとれた架空な現実っていうのは作れるということ、それが分かったので、事実関係についても、おかしなところは、突いていこうと、必ず矛盾点があるので突いていこう。

学長と相まみえることができるということ、おかしな事実認定についても突いていくっていう、この二つだったと思いますね。

司会　裁判闘争っていうか裁判っていうのは法廷の中で、どっちの目から見たものかは別として、北大闘争のミニチュア版が再現されるわけですね。その再現されるときに被告団っていうか被告たちが一丸となって反論していかなければならないっていうことは弁護団会議でよく話題になっていました。保釈されるまでは皆さんおひとりおひとり別房にいるから、文章とかそれから調書面とかについて他の人が何考えてるかわからないじゃないですか、歯がゆいとか思いませんでしたか。

杉戸　僕は、いわゆる法律的な争点をきちんと最初から整理をして、裁判に向かおうっていう発想はなかった。なんかとんでもないこと言ってるとか、わけのわからない曖昧なこと言ってるとか、あきらかに嘘を言ってるっていうのは証人尋問なんかで突いたけれど、それをどういうふうに整理して、どういう方向で反論するかっていうことはひょっとしたらずーっと最後まで整理しきれなかったような気がする。なので、保釈になる前は裁判になるとみんなに会える、話ができるということで、特に拘置所にいた間は、裁判闘争についてどうこうというふうには考えられなかった。したがってあいつはどうしているとかあまり考えなかった。

武者　さっきもちょっと言ったけども、僕は裁判に関してどうするか考えることができない精神状態でした。

工藤　裁判闘争記録Ⅱで冒頭陳述の記録がありますけれど、これをまず書くというか、この時に誰がどのように書くだろうっていうのは分かりませんでした。自分なら こう書くということだけですけれど、特に私は岡崎さん、武者さんは知りませんでしたので、一体何を話すのかなっていうのは分かりませんでした。武者さんは公判で、ほぼ中核派の理論を話されました。それから岡崎さんは、いわゆるノンセクトの人の話をしました。僕が一番すごいなと思ったのはやっぱり、杉戸さんの冒頭陳述は非常に深く、分からないところもあったんですけど、非常に何というか、すごいなという感じで見ていました。ただそれ以降、特に救対と特別弁護人と被告団交えての様々な裁判に関する会議の席でたくさんの困難がありましたので、支えていただける事が非常にうれしかったですね。

松岡　あのすごい人数で闘った北大闘争を四人で担い続けているのに、やっぱりその仲間に入りたかったです。私は北大闘争について他者に訴えかける機会はまったくありませんでした。冒頭陳述も最終陳述もなかった。黙ることを強いられたわけです。六九年にはいろんなことを考えやった学生がいたわけですが、その中の一人として、自分の考えを述べたかったです。北大反帝学評としても。四人の方々を羨ましいとさえ思い、自分の意思を表に出す機会が与えられなかったことに拘りがありました。すごく贅沢な考えなのは分かっていますが。

司会　いよいよ判決が下ります。判決は実刑三年、求刑は人によって違ったんですよね。

杉戸　僕と工藤さんが五年で、他の二人が四年で差をつけられた。

司会　判決が出て、弁護団は当然即時控訴だと言っておられたんですけど、救対のなかでは支援する人たちや人数とかの問題も含めて、高裁に上げて何が獲得目標なのかということを考えたときに、ちょっと意見が分かれるというか、見失ってしまうところがあって、それで被告団の意見に任せようということになりました。皆さんそれぞれ控訴についてはどういう考えでしたか？

杉戸　基本的に控訴するのが普通だと、標準だと思ってたんだと思うんだけどね。それほど深くはそのときは考えてなかったと思う。

武者　僕はなんだろ、ただ僕は控訴するっていうのが普通かなって。

工藤　それについては判決が下りる前に、非常に概念の混乱がありまして、そこである時にすっとしたことがあるんです。多分、私の弟の高志と星野さんが相談して編み出したんですけど、判決の内容によっては控訴する・控訴しないっていう一つの基準があることを教えてもらったんです。それはね、まず一審の判決で放火罪が成立するかしないか、だったと思います。これは、東大の列品館との関係で放火罪粉砕っていうのを最大の目標にしていたのと関係があります。ですから放火罪が成立した場合には仮に執行猶予がついても控訴する。そのように決めました。もし放火罪が成立しない場合には控訴しない選択もありうると、問題の整理のひとつの仕方を救対から提示されて非常にすっきりした思いを覚えています。見通しとしてはね、放火罪成立そして全員有罪、全員執行猶予なしになるだろうなと思っていましたけれど、裁判というのは結果出てみないとどうなるか分かりませんので、そのときにこうなったらどうなるんだろうっていう混乱が生じていましたので、あらかじめ問題点の整理をするということを、僕は救対から教えてもらって非常にすっきりし、そのまま控訴審っていうのは当然やるべきものだと思っていました。

　ここからですね、例えば俺のやったことが懲役五年なら五年、三年なら三年という形で出た時に、これは控訴したいという気持ちがありましたね。それから事実認定も変だ、架空の現実で有罪になるわけですから、そういう反発もありましたけど。そんな感じです。

松岡　私への取り調べの焦点は放火より殺人未遂でした。この違いに最近まで気が付きませんでした。出火のあと盛大に黒煙が出た頃のごく短時間、私一人だけが屋上の外にいて敷石を投げ落としていたようで、敷石が私の手を離れて機動隊員に命中するまでの連射モード写真が二・三発命中分くらいありました。取り調べで、「これお前だな」「こんなことして相手が死ぬと思わなかったのか?!」と何度も言われました。こいつは屋外にいたので放火への関与は立証しにくいけれど、未必の故意の殺人未遂ならやれると考えたのでしょうか。

杉戸　もうひとつ、控訴するものすごく大きな理由のひとつは、当時彼女がいたので、このまま控訴しないで刑務所に行っちゃうのは嫌だという個人的な事情があって、控訴してはやく保釈になりたいっていうのがあったような気がする。僕の最終弁論っていうのがひどいっていうか、とても簡単な文章で、言ってしまうと全く方向を見失っているっていうのが誰が見てもわかるような文章。だからそういう心境で判決聞いたっていうことをあらためて思い出す。

工藤　あと一つ言わせてもらいたいのは、最終陳述の時に岡崎さんが、ものすごい裁判批判やってるんです。過剰なぐらいに。これは彼なりに論告求刑に対してです、二人が何年、他の二人が何年っていう差をつけられたことに対する怒りなんです。ものすごい怒ってたんです、彼は。それをそのまんまぶつけたんです。最終陳述で「ここに第二、第三の罪を犯すことを誓う」とはっきり言ってますから。そこまで彼言っている訳です。だからいかに僕たちにとって、判決が二人と他の二人に分けられることがどれだけ嫌なことだったか、正直に言いますけど一審の判決下りたときに嬉しかったですよ。みんな同じで。だから収監され拘置所に行く間に何話してたかっていうと、みんな一緒でよかったなってそればっかりです。ホッとしましたよ。

松岡　みなさん量刑が同じだったことを喜んでおられますが、そこの気持ちが一番分るのは、四人以外では私だと思います。私は、本部であそこまでやればきっと逆送致になると思っていました。それが、保護観察処分というしょんべん刑で終わってしまって、最初から別扱いにされたのが悔しかったです。拘りは今でも残っています。何で一緒に扱ってもらえなかったんだって。

司会　触れなければならないことが一つあります。それは控訴審が始まる前に杉戸さんが控訴を取り下げて下獄されたっていうこと。救対の中では被告団の維持というのをすごく心配しました。それについて実はいろいろな事情があったんだというのは後で聞きましたけれど、杉戸さん、何か一言お願いします。

杉戸　裁判闘争の方針が自分と違うとかそんなことではなくて、彼女と別れたことでますます方向を見失っちゃったということ。早くとにかくやり直したい、という気持ちがあの行動に結びついたんだと思う。そういうこともあったもんだから、ちゃんと他の被告に理解を求めるとか理由を説明するということをほとんどしなかった。おそらく彼女のことは全然言っていないと思うんだよね。

武者　杉戸さんは、控訴取り下げの前日に、三人に対して話したいことがあるということで、場所は記憶ないんですけれど、そこで彼からお話を伺ったことがあります。多分、これを切り出した途端に、工藤さんがしっかり記憶あると思うんですが、「裏切り者」って言いましたよね。それに対して僕は制止をして、まず待ちなさいと彼の話をちゃんと聞こうというふうにして、ある程度お話を伺ったと記憶しています。杉戸さんは先ほど彼女のことも含めてあまり話をしてないって言いましたけれども。

杉戸さんの下獄に関して一言だけ言わせてください。僕の考えでは間違いではなかったと、その時もその後も考えていました。その場での僕の発言は要約すると二点で、「良いんではないかな」と「もう少し待てないだろうか」でした。このことは、当時のノートにも書いたことです。直感的な考えでしたけれど。

工藤　今だから考えられることと当時の思いとの落差があります。控訴審というものにほとんどの人があまり重きをおいていなかったことが、いろんな人の話を聞くと分かります。高裁での審理をやったという記憶がないか、やる意味がないと思っていたかのどっちかですね。背景として、学部にいた人はどんどん卒業して就職で出て行ってしまうという現実があったと思います。そういう中では、高等裁判所で行われた審理の書面準備等々については非常に困難が伴いました。

例えば岡崎さんの場合には高裁に入った段階で、飯場に入ってずっと土方やってたんですね。目的は借りていた奨学金を返済するんだって言ってました。その根本的な理由は、彼の場合はもう裁判に、あんなくだらんもんに関わるのが嫌だっていう気持ちのほうが強いんですよ。だからおそらく一人一人が様々な事情の中で、その人にとって一番いいやり方であの時を乗り切ったんじゃないかと思います。形式が違うけど、僕はやる中で乗り切ろうとした。杉戸さんはやらない中で乗り切ろうとしてた。そんな感じがします。

僕が杉戸さんに「裏切り者」って言ったっていうことは実は覚えてないんです。自分に都合の悪いことは忘れるということかもしれません。ただ僕が覚えているのはね、これは杉戸さんと二人だけで話した時だったと思うけれど、一審の判決に対してこちらは様々な論点から控訴をしたわけで、杉戸さんが下獄することによって一審の判決を認めるっていうことになって、高裁の審理の意味がなくなるんじゃないかって聴いた時に、杉戸さんは、「それはないと思う」っていうふうに言った、僕はあると思ってました。さっきも言ったように、四人が四人とも、おそらく一番いいやり方で自分が生きていく一番いい方法を選んだんじゃないかって気がしてます。

司会　控訴の取り下げと控訴審判決が出て皆さんそれぞれ下獄されたわけですが、それから約二年獄中で生活される間にどのようなことを考えられましたか。考えていましたか。

杉戸　最初はいろんな事があって、ほとんど死んだような状態で入っていたと思うんだけど。それが、工場に出て一般の懲役の人と一緒に働くようになって、おそらくそれが一番大きかったんだと思うけど、いろんな人と接して、ずっと一人で考えて一人で解決しようとしてきた中で、なんか自分の考えていることが、ほんとにちっぽけなことに腹を立てたり気にしたりしてることに気がついたと思う。それからはいろんな事を自分なりにどうしたらいいかってことを考えながら過ごしてきて、それはそれで楽しかったかな。ただ最初はしんどかった。ものすごくしんどかったね。

武者　杉戸さんの控訴取り下げの直後の七月以降、その後ずっと考えたのは、杉戸さんが控訴審をやめるということは、考えたうえでのことだったと思います。たとえば僕にとっても間違いではない、もしかしたらよく考えたらどちらかと言えば正当性はあったのでは、と考えてきました。今もそうです。というのも、杉戸さんが下獄を決断した当時、既に裁判闘争は実質的に終わりを迎えていました。後はほぼ「闘争」と言えることはなくなっていました。これは武者の個人的な感想ですが。これ以上続けることには疑問すら少しありました。でその後に上告するっていう発言があって控訴審判決の前日に数時間夜を徹して議論をした記憶もあります。

それは別にして下獄したあと、僕が中に入った後のことを簡単に話せば、非常におもしろい経験で、僕としては決して大変な一年一〇か月ではありませんでした。長期刑務所だったんで、最低八年以上の人たちがほとんど、半数は無期刑の人でしたが、僕自身は三年であと一年二年ぐらいで出ていくんだねということで、からかい半分にいろんな事を教えていただきとても勉強になって、楽しく有意義に生きることができました。その時の同僚の皆さんには今でも感謝しています。

工藤　先程も言いましたが、僕は杉戸さんの下獄については、正当だとか不当だとかという問題ではないと考えています。

高裁段階の審理過程の準備が僕にとって負担が非常に重くなり、私自身がつぶれそうになりました。そこで助けを求めるように、ある党派に入りました。その組織との関係の中で上告という問題が出て、一切合切の人間関係が狂ったまま刑務所の中に入りました。特に最初の一年間はかなりきつかったです。杉戸さんは第九工場っていう工場にいて、私はその向かいにあった第八工場っていう所にいたんですけど、一番きつかった時は、真昼間にタイプライター打ちながら頭では首くくることばっかり考えていた時期があって、あの頃が一番やばかったかなと思います。ちょっとおかしくなっているわけですね。どうやってそこから生き抜いて立ち直っていくか、何が必要かっていうことを自分なりに探っていった過程です。僕の刑務所生活は、ほぼそれが全てです。そういう中で出所したと思っています。

上告問題ということについては、私にとっては高裁の維持とそれからそれに耐えきれない自分と、そしてそれを党派に頼るっていうこの三つ巴の関係があって出てきたことですから、その責任を私は刑務所の中で、刑務所自体がどうのこうのっていうことはないんですよ。むしろ勉強もできますし、たくさんいろんなことをやっぱり吸収できるわけですから。それはそれなりなんですけど、僕は全く別なことで、きつい・きついっていうかな、寝たら首絞められる夢を見たりですね、そんな状態でした。出所して稚内に行く時には、僕自身が到達した思いを人に少し話ができるようになっていましたので、おそらく自分なりにあるまとめをしたのかなって思っています。ただそれが、もともと現実を経ていない弱いものでしたから、長い時間をかけて少しずつ立て直してきたと思います。

杉戸　僕は、やっぱり「裏切り者」って言われたことはずーっと心に残ってました。それ以上に、特別弁護人の花崎さんもすごく怒っていたと思う。その怒りを花崎さんは、僕の母親に宛てた手紙の中に書いて、それをそのまま母が手紙で知らせてきたっていうことがあった。それがとても心に突き刺さっていたんですね。ただ、さっき工藤さんが「影響はないだろう」なんていうことを自分が言ったと言ったけど、影響があることは実はやっぱりわかっていた。自分がここで降りたからといって影響がないというのはありえない。わかっていたにもかかわらず、しんどくてやっちゃった。僕がそういう中で工藤さんに言われたとか、花崎さんに言われたとかっていうことを、どこで納得したかっていうと、工藤さんに関して言うと、後で「あの時は悪かった」と言ったときに、工藤さんが「困った。あの時は本当に困った」と言ったんですよ。本当に困っちゃったって。それがおそらく、取り下げはやめてくれって意味で「裏切り者」っていうふうになったと思う。確かに困らせちゃっただろうな。

工藤　高裁でも、やっぱり弁護士さん・特別弁護人との打合せが必要なんです。その打合せに出たのが私一人だったんですよ。そしたら「一人しかいないのか」と花崎さんが怒ったことがあるんです。そういうことは、その場にいた僕一人しか受け止められない訳です。

司会　被告団の皆さんは北大に入られたのち闘争やって中退されました。それ以外のほとんどの周辺にいた人も中退・除籍の人も何人もいますけれど、中心だったメンバーあるいは救対の中でも私をはじめ多くの人が大学に戻り、単位を取って卒業し北大卒業という看板をもらってそれで就職して今日に至ってます。その辺が私たち自身にとって、簡単に言えば後ろめたくて辛い思いをしてるんだと思うんですよ。北大全共闘の仲間たちがいなくなってしまう、支援者がいなくなってしまう、北大全共闘が組織としてなくなってしまったことについてですね、皆さんはどういうふうに捉えたでしょうか。

杉戸　北大闘争が文字通り終わっちゃったと思ったのは逮捕されて約六か月間拘置所入って、出てきたときには北大闘争の影も形もなかった。それが一番ショックでした。それに比べると、皆さんそれぞれの道があるので、みんなが卒業したっていうのはそんなに何も感じなかったと思う。北大闘争が全くなくなったっていう方がとても大きかった。

それから翌年かな、北大奪還闘争で革マルとぶつかって、見るも無残に革マルにたたき出されちゃった。あのときは、なんて言ったらいいのかな、改めてもう北大闘争終わったんだっていう気持ちになった。だからその中で卒業する、しないっていうのは、あまり僕にとっては意味がない、なかった。北大闘争は負けちゃった、みんな一生懸命頑張ったんだけど、負けちゃったたっていうところが一番大きかった気がする。

工藤　卒業してどんどん本州に就職して人が減るっていう現実は裁判闘争の最後の高裁段階ではありました。それ以降はですね、逆に言うと誰が卒業し誰が卒業しなかったのか分からなかったんです。結構長い間お前卒業したっけ？どうだったっけ？っていうのはお互いに聞く時、例えば私のいたF共闘は結構やめた人もいましたので、それで卒業したんだか、してないんだか分かんないっていうことがありました。私も刑務所を出てから稚内に二年以上いました。そんな中でも、全共闘がなくなっても裁判は継続するから救援センターはずっと残ってたんですね。だからその意味では闘争の何らかはずっと救援センターがなくなるまでは残っていたんです。卒業したか、してないかっていうのは分からないし、考えられないですね。

武者　そのことに関しては、結構二、三、時間かけて議論したことも当時あるんです。そういう人も、逆にそういうことに批判的な党派の人もいたんですけど、僕自身の考えとしては当時も今もあんまり変わりません。僕にとっては大した問題ではなくて、例えば全共闘運動、べ平連でもいいんですけれど、そういう運動をこれまでやってきた人たちが、授業に戻り卒業して社会に出ていくということ自体はそんなに特別おかしなことではないけれど、その中でこれまでやってきた運動がほぼなくなりつつある状況の中でそのことも含めて考えていくのだろうなとは個人的には考え、推測していましたね。だからいいとか悪いとかという話を僕が判断したりする問題とはまるで違うというふうに考えていました。

ただ僕自身は刑務所から出てきて、僕自身なんのコネクションもないものですから、格安で時給最低賃金にもならない形でお手伝いするという感じの仕事しかなかったんですよね。もう八〇年代の初めまで数年はバイトで食いつなぐしかなくて、バイトでも雇ってくれるところがなくなったんで、自営で版下と写植屋を始めたというところが実態ですね。何人かの人たちにカンパしてもらったり、時にお金を貸していただいたことがあったせいで、何とか返すことができた人もいるし、いまだ十分返せてない方もいるんですけれど、そういう人たちに助けられてようやく今現在に至るまで生きていますっていう、そんな感じですね。

松岡　杉戸さんとまったく同じタイミングです。あの対革マル戦でぼろぼろにやられて、北大での学生運動は諦めました。その後復学しましたが、これは卒業を目指したというより、学生運動も労働運動もだめ、収入さえ得られないとなると、とりあえず持っている身分である「勉強するだけの北大生」になるしかなかったということです。本部のあと私にとっての北大闘争の負けははっきりしてたんだけれど、それに生き方を合わせるにはやはり約三年かかったということです。

司会　最後に、北大闘争、裁判闘争はご自身の人生にとって意味があったのかっていうのを簡単にお話しいただければと思います。

杉戸　僕は、北大闘争を経験して刑務所から出てきたのは二三歳だったかな。それ以降五〇年ぐらい生きているわけですけれど、一回も生き方が変わっていないっていうのもあまりにも俗っぽいっていうか単純です。北大闘争で経験したこと、そしてその前後に考えたことが、自分のとても大きなベースになっている。それ以降の生き方や考え方のベースになっていると思います。だから生き方が変わったとか変わってないかではなくて、いつもあのときの自分のやったこと、考えたこと、言ったことが、どこかで今の自分に戻ってきている、という気がします。

僕は今、障がい者の人たちを支援する仕事をしてるんだけども、できないこと、その人に絶対できないことっていっぱいあるんですよね。誰にもどうしてもできないことがある、それを認めることができるようになった。あのとき自分も含めて、人にはどうしてもこれはできなかったっていうことがある。それを許すっていうか、認めることができたおかげで、同じように人にも接することができるようになった、そんな感じの考え方が人生の土台になっていると思います。僕にとっては一番大事な経験ですね。

武者　僕の個人的な感想ですけど、僕はあの時代の運動に関りを持ち始めて以降、自分自身の生き方はほとんど変わってないかなと思っています。ただ微妙に変わっていることはもちろんあるんです。考え方も含めてね。たくさんの人に助けられながらようやく生きてこれた五〇年とも言えますのでね。当時の生き方そのまんまではないんですけれども、所々ですごく大変な状況に追い込まれてやるべきこともできないこともたくさんありましたけれど、僕自身の考え方や生き方としては変わっていないというよりも前進しよう、深めたい、できれば広げたいっていう思いで、もう少し生きてみたいかなと思っています。

工藤　はい、私は本部死守戦のような形式ではないやり方はあったんじゃないかと今でも夢想しています。しかし、そうしたものがない中で、特にこの裁判とその後の過程で得られたことは無数にあって、私の血となり肉となって今も生きています。あの一番いい例をひとつだけ紹介しますね。最終陳述集Ⅳのあとがきで岡崎さんが書いてることです。

「一番印象に残った公判は、M君の供述調書の任意性を争った、M君が泉川検事、藤田刑事と対決した公判で、あの日、法廷は、ピーンと張りつめ、それまで、強圧的訴訟指揮をしていた裁判官どもも、口を出す勇気を失ったのか、黙り込んでしまい、その静けさの中で、M君と泉川、あるいは藤田だけが、浮かび上がり、M君の怒りに満ちた叫びと、うろたえながら、の言い訳とごまかしの小さな声とが、対象的に、静けさの中に吸い込まれていった。裁判長が、閉廷を告げた時、張りつめていた糸が切れたように、疲れが、僕の（いや僕だけじゃない。たぶん、あの場に居たすべての人間の）全身を襲った。他の公判では、退屈による疲れはあったが、しかしパチンコでもすれば、すぐに取れる。そのような類の疲れであったが、その日は、全身クタクタで、まっすぐ家に帰るのがやっとだった。あの公判は、僕らが勝った唯一の公判である。裁くべき者も、裁かれるべき者も存在しない場を、僕らの側で設定出来、その場で、僕らは勝ったのである」

このようなあとがきを残しています。この時の経験は非常に大きくて、私自身の中にもまだ生きています。判決は実刑判決で負けるのは分かり切っています。しかし、その中にあって納得できないことにはこのように真摯に立ち向かって、部分的な勝利を収めることができる。これは僕にとっては、かけがえのない大事な経験でした。この経験をしていたおかげで、私は夜間中学に関する一〇年～二〇年かけた行政との交渉あるいは国会での法律制定の動き等々も、必ずやり方があるはずだと思っています。その意味で小さな勝利を積み重ねていく、そうするといつしかそれが大きな花を咲かせる時が来るということを最初に身につけたのがこの時だと僕は思っています。ですからこのようなことをとってみても、とにかく私の人生、これからの先もそうですけど、それが必ず私の体の中に入っている、ということだけは言えると思います。以上です。

松岡　私は継続と転換の両方があったと思っています。おそらく、外形的には内面以上に変わったと見えるとも自覚しています。
継続しているのは弱者の側に立つことです。北大闘争からは少し離れてしまったけれど、弱者と共にいるという点ではそのまま続いています。北大闘争時代の私にとっての弱者は日本の階級闘争上のそれでした。三〇代前半に半ば逃げるようにしてパプアニューギニアで就職してからは、弱者側とは、先進国から搾取、資源の収奪、差別される途上国、その途上国の人々の貧困等になりました。

そんな中で、私の研究成果だけで国の資源管理の政令を変えることができたことがあり、転換のきっかけになりました。この時から、自分の努力で、搾取や収奪、貧困の改善に貢献できるならそれでいいと考えるようになり、再び社会に対して積極的に係わるようになりました。友人の中には、それを転向と非難するのもいたし、日本革命を目指す点では確かにそうだろうけれど、新たに見つけた地球規模の課題は一生の仕事には十分なテーマだと思うようになりました。その後は、世界的な時代の波と一致したこともあり、上記のようなテーマと方向性でやって来られました。研究者としても大学管理職としても、転換前からの継続は守れたと思っています。

司会　ありがとうございました。

【編集委員会より】

この座談会は、本書の企画が動き始めたばかりの二〇二三年九月、工藤、武者、杉戸の三名が、救対星野の司会で行なったものである。座談会は録音され、その内容をそのまま起こした（文章化した）記録がまず作成された。しかし、話し言葉をそのまま文章化した記録はわかりにくく、三人はそれぞれ自分の発言記録に手を入れた。わかりにくかった部分、表現が適切でなかった部分、記憶違いによる事実誤認だけでなく、その時話せなかったことも付け加えた。この段階で、この稿は単なる「座談会記録」とは言えなくなった。

さらに、本部闘争を一緒に闘ったにも関わらず、当時少年だったことで起訴されず、最終的に保護観察処分になった少年Ａ（松岡）が二〇二四年一月から本書の編集作業に加わった。松岡は座談会記録を読み、自分が参加できなかったことを残念がった。そこで編集委員の一人である杉戸が、座談会への誌上参加を強く勧めた。こうして松岡は、記録を読んでそこにいたら自分ならこう発言する、ということを書き加えた。

また、座談会に参加しなかった岡崎を星野、そして後ほど杉戸がコメントを求めに訪ねた。岡崎の意向は「何も言い残さない」であった。
これらの事情から本稿は純粋な「座談会記録」ではない。座談会記録という形をとった五人それぞれの「想い」の記録である。

なお、松岡は末期癌で療養中であったが、入退院を繰り返しながら本書の編集活動をその中心で担った。しかし、残念ながら二〇二四年五月一三日、本書の刊行を見ることなく永眠した。
この記録は、「座談会」を行なったことでしか生まれなかったそれぞれの貴重な「想い」の記述であるだけでなく、松岡の「遺言」になった。

弔辞

松岡さん、あなたはこう言って、半世紀ぶりに私どものところに帰ってきました。

「正直言って、私は最初この企画に参加する気はありませんでした。決心がつかないまま書き始めましたが、もちろん『文』として書けるかどうかではなく、いろんなことをやってきた人生の中から北大闘争を削り出すほど寄り添えるかどうかが自分でも分からなかったためです。
ですから、私にとってのこの期間は、北大闘争に寄り添い直すプロセスでした。そして、今の感じ方としては、できれば半世紀前に一人だけ分けられてしまった私も、もう一度五人に入れてもらいたい…」

私たちは半世紀前に大切なものを失いました。一九六九年一一月八日、同じ場所にいて同じように闘った私たち五人の中から、松岡さんだけが切り離されました。そしてその後、闘いの中で築かれた松岡さんを含む多くの仲間たちとの関係は失われました。それ以降、何十年も一堂に会することはありませんでした。大学を去り、日本を去り、この地に何十年も戻らない者もいました。音信を断ち、生きているのかどうかわからない者もいました。だが、喪失の後には「再生」がありました。辛い喪失、苦しい転換の後、それぞれにはさまざまな再生があり、それが継承されていたのです。

私たちのところに帰ってきて四ヶ月、松岡さんは残されていた力を振り絞って、「あの時代の記録を残す」ということの企画を引っ張ってきました。「頭と口（指）が動く間は編集を手伝う」と言っていた松岡さんからの便りがとうとう途絶えました。今度は「死」が私たちと松岡さんを切り離したかのようです。しかし松岡さんは私たちの心と、今作られようとしている一冊の本の中に生きています。そして、松岡さんが伝えようとしたものは、必ず次の世代と社会に継承されると信じています。

「全共闘に集った友人たちの多くは、直接的な継続性は維持できなかった場合でも、自分なりに納得できることをやってきたのだと思う。支配される者、搾取される者と共に自らを置き、貧困、差別、環境破壊、食料不足、南北問題等の人間に対する負の状況に、『正義』の側から働きかけようとその後の人生を歩んだのだと確信している。そんな思いの活動の一つ一つが、地球規模の課題への取組みや、働く人々や障がいのある人々ほか多様な人々と共にあろうとする現代の思潮を支えている」

松岡さんのご冥福を心から祈ります。ご家族の皆さんもどうかお力落としがないように願っています。

息つくひまなき刻苦勉励の一生が、ここに完結しました。疾走する長距離ランナーの肉体と精神が蹴たてていった土埃、その息づかいが、私たちの頭上に舞上り、そして舞下りています。

松岡達郎氏葬儀への弔辞

北大本部死守隊裁判年表

年	日付	公判回数	証人	取調内容
1969	11・8			本部死守隊5名、午後0時30分頃逮捕される
	11・28、29			勾留理由開示裁判（1名は少年のため家裁送致）
	11・30			現住建造物等放火罪等で起訴
1970	2・17	①		公判日程等を巡り混乱。流れる
	3・4	②		人定質問、起訴状朗読、冒頭意見陳述（杉戸）
	3・24	③		特別弁護人採用、大量監置、裁判官忌避
	4・14	④		工藤、歯の治療のため勾留停止
	4・16			被告人意見陳述（杉戸、岡崎、武者、工藤）
	4・21	⑤		特別弁護人意見陳述（中山、花崎、加藤）検察官冒頭陳述
	5・7	⑥		裁判官交代（秋山→斉藤）再度今までの裁判の過程を確認
				検察官証拠請求。認否、取調べの順序を協議
	5・14	⑦		証人申請、35㎜写真、TV・VTR証拠申請に対する弁護側意見
	5・19			全員保釈金70万円で保釈
	5・28	⑧	K	35㎜写真の撮影警察官
			I	北大本部屋上の領置物件（41点）担当警察官
	6・4	⑨	BS（検証隊長）	証拠物の提示、被告人確認（全員黙秘）。警察官撮影VTR採用決定（退去時の状況。本部からの出火の様子）。検証内容（主に3階の階段付近の石油のアキカン、火炎ビン、劇薬品の存在）
	6・11	⑩	同　反対尋問	火が下の方へ燃え移る状況

日付	公判回数	証人	取調内容
6・25	⑪	YM	1階検証隊　紙くずのもえがら、なわばしごの存在
		TT	2階検証隊　3階階段付近が出火点とする根拠
		KH	3階検証隊　出火場所、金ばしごの領置、会議室北西すみの燃えた戸の存在
7・2	⑫	同　反対尋問	
		MS	屋上検証隊
			35㎜写真一部を除いて採用決定
		AM	本部周辺検証隊長
7・9	⑬	同　反対尋問	
		IN	本部南側及び東側検証隊
		AM	本部西側検証隊
		YH	正門道路及びその周辺検証隊
		F	北側及び木造建物周辺検証隊　非現住の建物について
7・16	⑭	TH	燃え残り物件領置担当者
		KY	ヘリコプターからのVTR撮影者　非現住及び屋上の様子
		TF	消防士長　出火点、放火と推定、油類が発火源
		TK	機動連隊第一分隊長　出火前の本部内の様子、兇器準備集合、公務執行妨害
7・23	⑮	同　反対尋問	検証調書、実況見分調書、一部を除いて採用決定
		NU	伝令　本部裏、本部内の状況、機動隊が突入する際の抵抗の様子
		MT	第一連隊長　警備状況
8・6	⑯	同　反対尋問	
		IM	消防士　火災発生状況、本部火災と裏建物火災の関係
		HA	機動連隊第二分隊長　本部内の状況
		HH	機動連隊　本部内の状況、火災前後の屋上の状況
8・10	⑰	IK	機動連隊長　本部内の状況、機動隊側損害等
		SI	管財課々長　損害見積り額、復旧費等について

1970

月日	回	証人	内容
9・2	⑱	HY	警ら中隊長　本部への侵入・本部内の状況
		学生D	北大生　11・8前日から当日の本部周辺の様子
		学生C	浪人生　会議、火炎ビン造り、街頭斗争の様子、11・8前日から逮捕されるまでの行動
			検察側　甲二号証（被告人供述調書）証拠申請
9・14	⑲	同　反対尋問	
		少年A	本部死守隊の1人。証言拒否で監置5日、被告全員退廷
		IY	北大事務局長　10・21～11・8の状況、特に機動隊導入問題
			甲二に関する弁護側意見
9・24	⑳	MS	Oを逮捕した警察官
		MY	Mを逮捕した警察官
		TH	火炎ビン等の領置及び、鑑定に出した警察官
		SY	鑑定に出すため、移しかえた状況を撮影した警察官
		F	SAを逮捕した警察官
		H	SUを逮捕した警察官
10・15	㉑	KI	被告人取調検察官（甲二関係）
			弁護側証人申請（F　武者母）
10・20	㉒	F	被告人取調警察官（甲二関係）
		武者（母）	（甲二関係）
11・5	㉓	武者　勉	（甲二関係）
		TO	証言拒否→調書採用
11・17	㉔	K	火炎ビン鑑定警察官
		O	火炎ビン鑑定警察官
		TY	情報部隊　火災発生後の屋上の状況
11・26	㉕	同　反対尋問	
	㉖	M	Oを取調べた検察官
12・3		O	VTRを録取した警察官
			甲二号証不採用　TV・VTR出火直前の部分に限り採用

年	日付	公判回数	証人	取調内容
1970	12・10	㉗		弁護側冒頭陳述
	12・17	㉘	奥山次良	教官、学生委・学生部員　弁護側証人
			水谷　寛	教官、学生委・C顧問　弁護側証人
	12・21	㉙	藤森聞一	当時・評議員、改革準備委員会委員長　当局側証人
1971	1・18	㉚	野村俊幸	学生　北大斗争の正当性主張
			森	院生　北大斗争の正当性主張
	1・27	㉛	北川章太郎	教官　弁護側証人
			近藤潤一	教官　弁護側証人
			高松	学生　民青による敵対行為
	2・9	㉜	今村和成	図書館長　検察側証人
			堀内寿郎	当時学長　検察側証人
	2・18	㉝	小川晃一	教官、弁護側証人
			小菅芳太郎	教官、学生委　弁護側証人
			堀内寿郎	
	2・25	㉞	小菅芳太郎	
			小関	当時C部長　検察側証人
	3・1	㉟	HY	少年Aの取調検事　共謀・現住放火罪
			KY	ヘリコプター搭乗警察官　出火時の状況
	6・22	㊱	武者（母）	
	6・28	㊲	杉戸（母）	
			工藤（父）	
				論告求刑　2名に懲役4年、2名に懲役5年
	7・13	㊳		弁護側最終弁論　被告最終意見陳述
	7・14	㊴		弁護側最終弁論　被告最終意見陳述
	9・16			判決。4名に懲役3年の実刑

【資料編】最終弁論（抄録）

特別弁護人　花崎皐平

第一章　本件の特質と弁護人の基本的主張

我々は既に、特別弁護人申請趣意書、冒頭における意見陳述並びに弁護側立証のための冒頭陳述において、本件の特質と、そこからくるところの弁護人の基本的な姿勢と主張について明らかにしてきた。それゆえ、我々の主張については、すでに裁判所の理解を得ているものと思うが、公判の全経過及び検察官の論告を見ると、煩をいとわず我々の主張の要点を繰り返して、裁判所の注意を促すことが、弁護人たるの義務であるように思われる。すなわち、被告学生と弁護団の主張と努力にもかかわらず、我々が法廷で立証しえた事実は、本件全体の限りなく広く、深い諸事実のうちの一部分でしかなく、我々が立証しようと企てていた諸事実のうち、裁判所において採用をみなかった弁護側証人による立証予定の事実部分は欠落したまま結審を迎えた。我々は、その部分を弁論において補うとともに右のような訴訟指揮の背後にある本件への認識のあり方を憂慮して、再度、裁判所へ、本件の全体についての本質的な認識を求めなければならないと考えるものである。さらに、検察官論告をみると、検察官は、本件の本質的側面を全く無視することによって、本件の真実の姿を故意に隠蔽したと言わなければならない。その点については、後に具体的に論証するに先立って、本件の特質を一般的に明らかにしておくことが、弁論を判明なものとする上で必要であろうと考えるものである。

（一）いわゆる大学紛争の根元的な理由と、大学に対する告発の正当性

検察官論告は、北大における紛争が、東大、日大におけるような「緊迫した学内問題」に端を発しているのではないという主張をかかげ、それなのに「いわゆる全共闘系の学生らは…突如実力行使に出た」ものであり、したがって彼らは「何の理由もなく」そうした行動に出たものであると述べている。

さらにまた、弁護人の冒頭陳述の一部分に述べられていた大学の日常性の告発の論理を、文脈を無視して引用することによって、その趣旨をゆがめて援用し、これら全共闘系学生の行動を「現在の大学制度及び北大における現在の教育秩序を根本から破壊すること自体を狙ったいわば目的なき無秩序な破壊行為そのもの」であると決めつけている。

ここには、検察官の思考様式というものが、およそ「思想」とその「表現」についてなじまないものであること、そして権力と現制度への従属を至上とするイデオロギーに汚染されていることが、端的に暴露されている。このイデオロギーがいかに人権を犯す結果に立ち至るかは、後ほど具体的に述べるつもりであるが、さしあたって一般的に反論しておくならば、次のようなことが言えるであろう。

いわゆる大学紛争は、冒頭意見陳述で述べたとおり、およそ一切の指示、指令によることなく、全く自然発生的に全国のいたる所の大学に生じたものである。仮に検察官が言う特殊北大の学内問題がなかったとしても、それは、特殊に北大だけの学内問題がなかったことを意味するにすぎず、そこから「何の理由もなく」突如紛争が引き起こされたと推認することはとうていできない。むしろ逆に、誰の眼にも明らかな事実として、一九六九年に入るや全国のいたる所の大学という大学でいわゆる大学紛争が生じたこと、そしてその担い手が「全共闘」と名乗る主として無党派学生であったことを見れば、これら諸紛争が、(一)一九六八〜六九年の、(二)日本の、(三)大学と学者・研究者のあり方、という三つの側面を持つ、きわめて「緊迫した」、しかも、普遍的な告発理由に基づいていると考えることこそ、科学的であり真実に迫りうる考え方であるだろう。

一九六〇年代の後半は、価値意識の大きな転換があった時期である。一九四五年の敗戦以来、新憲法の下では、「反戦平和」と「文化建設」というのが、日本国民の努力すべき目標であり、価値意識とされてきた。平和国家、文化国家の建設が、国是とされてきたと言ってもよい。その「平和」とか「文化」とが、果たして今日、生きた価値として担われ、信じられているのか、戦後二〇数年に責任がある為政者・知識人たちは「平和と民主主義」がすでに空洞化している社会的現実を、空疎な言辞で糊塗しているのにすぎないではないか。全共闘系学生が、戦後の「平和と民主主義」という価値理念を信じないのは、その理念が、理念としての機能を失って、かえって真実を隠蔽するイデオロギーと化したからである。

こうした問いかけを促したものは、再三にわたって触れているように、ベトナム戦争であった。あの不正、不義の汚れた戦争・ベトナム戦争に反対せずして、果たして我々は、あなたがたは、人間としての義務に忠実であったろうか。我々が、あなたがたが、現代に生きる人間であり、市民である者として、自らの理性、良心、感情に忠実であれば、このベトナム戦争には反対せざるを得ないはずである。…この不正な戦争に国民を動員するために、アメリカ政府がいかに虚偽の宣伝を行い、自らが実際に行ってきたことと公式見解とが、いかにはなはだしく、いわば白と黒ほどに背馳していたかを暴露する文書がつい先日、公表され、アメリカ国家の道徳的権威は地に墜ちた。右の文書によって、あのベトナム戦争こそは、国家の手によって犯された世界史的な犯罪であり、これに反対し、抵抗する個人の行為は、人類普遍の正義にかなうものであり、たとえその手段が国法の定める範囲を逸脱する場合があったとしても、それは、国家犯罪の持つ巨大な罪悪との比較からいっても、当然免責されなければならないものであることが歴史的に証明されたと考える。わが国の佐藤政府は、この不正不義のベトナム戦争を肯定し、アメリカ政府を支持し、北ベトナムへの爆撃行為を支持し、沖縄をはじめとする国内の米軍基地のベトナム戦使用を安保条約、行政協定によって許し続けてきた。これを犯罪と呼ばずして、他に犯罪と呼ぶべきものがあろうか。この行為が、人類普遍の正義にもとるばかりでなく、わが国の憲法に違反する行為であることも説明は要しないであろう。まず裁かれるべきは、この間、政権を担当した佐藤首相であり、その政策を実際に推し進めた政府当局者である。正義の秤は、そのようにして初めて、他の諸行動、特に反戦平和のために行動して訴追を受けている人々の諸行動を計量しうる台座におかれることになるのではないのか。もしそういう裁きが手続上できなければ、鋭い道徳感情を持つ若い世代が全身を賭けて行うこのベトナム戦争に反対する諸行動を、社会正義のための緊急、不可欠な抵抗権の行使として免罪すべきである。

本件は、直接に政府・国家のベトナム戦争加担政策に反対する意図のみによって導かれたものではないが、被告諸君の冒頭陳述、野村俊幸証人の証言に見られるように、基本的な動機の内にベトナム戦争への反戦の意志表現を持っており、そこから問題意識を深めて、クラス反戦、クラス反戦連合、教養部闘争委員会、北大全共闘へと展開したことは明らかである。我々はまず、六九年の全国的な大学における学生の闘争が、その第一の根源的な動機を、ベトナム戦争への反対・抗議、抵抗に置いていたことを指摘し、そのことの持つ倫理的思想的な意義の重大さを訴えるものである。

工藤被告は、冒頭の意見陳述で次のように述べている。

「我々が反体制運動に参加するようになった最大の理由は、不正があり、人間が人間として生きていないという事実からくるものであります。その直接的事実として、没人間的な教育体系〈友情など存在し得ない受験体制、徹底的に個人主義化し、自らの殻の中に埋没しきった大学人〉がありました。また過去二年間の学園闘争、とりわけ日大闘争で、二〇億円の大学予算を私物化した卑劣さの社会的責任を、佐藤自民党政府とのなれ合いで、免れようとしていました。そこに見られた機動隊と右翼暴力団、それに佐藤栄作なる人物の発言は全く一体化しておりました。そして、世界を見渡せば、ベトナムでは、アメリカの近代兵器が、人殺しという彼らの崇高なる目標のためにうなりをあげ、日本で生産された爆弾が炸裂し、沖縄からは今もなおB52の渡洋爆撃が行われていました。また飢餓で苦しむ多くの未開発国の存在が日々報道されていました。全世界的に、東西を問わず不潔なる矛盾が集積されていました。私はこうした、合法的に行われる人間の圧殺行為を許すことはできません。

私は、人間の名において、決して間違ってはいない」

こうした不正に対する道徳的感覚が鋭ければ鋭いほど、現代の世界についての真剣な探求が深められ、妥協を許さぬ行動が求められるのは、当然のことと言わなければならない。それを検察官論告は、「口でこそ戦争反対、大学改革を叫んでいるが、その行為の実体は暴力的破壊活動そのものであり、そのまじめさ自体が疑問である」とし、全体として被告学生を反社会的であると評価している。

我々はまず第一に、検察官の論告の文章と、右にあげた工藤君の発言とを虚心に読み比べて欲しいと思う。どちらが道徳的意識において、人間としての生きた感情と感覚において、自分の人生において追求すべき価値への献身の有無という思想性において、本来の意味での社会性を備えているか、それを判断して欲しいと思う。第二に、右のような俗見は、大学の内部にも存在したこと、そしてそれがいかに誤ったものであるかということについて、近藤潤一証人の証言があるので引いておきたい。

近藤証人は、学生の闘争を現象的に捉えると、俗見はいくつかのパターンをなすとし、その一つは、「彼らは暴力革命を志向しているのであって、大学で解決できない問題をあえて持ち込んで大学に無秩序状態を引き起こすこと自体を狙いとしている。だから、背後に革命理論がある以上、彼らと学問的対応とか論理的対応というのはやるだけ無駄だ」という俗見である。もう一つは、「彼らの主張がどんなに正しくても暴力をもって強制するのはいけない、暴力をもって他者に自分の見解を強制するというのは、大学の存立と真向から矛盾するものであって、これは断じて排除すべきであり、屈服してはならない」という見方、あるいは「彼らが必要以上に過激に物理的な闘争を図っているのは、やればやるだけマスメディアが全国に流してくれるので、そういう宣伝効果が非常に高いからである…」という俗見である。そういう類のことが出てくるのは、「彼等はただ暴力をもてあそび、革命的な幻想に酔いながら大学を破壊すればよいのだ、破壊すること自体を楽しんでいる、喜んでいる集団である」という見方があるからであるが、これに対しては、「ぼくらは実際に学生運動に触れ、また彼らの発行する文書に目を通し、討論を重ねていって、そんな単純なものではないと考えるようになった」。近藤証人は、要約するとこのように述べて、その経験を、なお具体的に証言している。

「私は一つ接触して感銘を受けた一人の学生のケースで申し上げます。その学生は高校時代に数学がとても好きで、将来は数学者として人類に貢献しようということを一生懸命夢想していた高校生だった。それが大学を受験する勉強が始まる。勉強ということが本来人間を解放するものであり、自分を成長させていくことによって他者の成長を阻害しないというのが本当の勉強の姿だと思う。しかし、受験勉強をすればするほど、成績の一時的の高い低いでもって、優越感を持ってみたり劣等感を持ってみたり、しまいには自分より能力の高い友人を憎む気持さえ持つことになる。そういう自分に非常に強く自己嫌悪を持つ。何とかしなければということで、大学に入らなければということで、そういう学生が大学に入ってくる。気がついてみると、ベトナムで毎日何千何万という人間が殺されている。戦争という絶対的な悪が現実に地球の中で展開しているわけです。何とかしてやめさせたいと思うけれども、自分でどうすることもできない。しかし、日本人が平和憲法を持っている以上は、少なくともそういうことに加担してはいけないと思うにもかかわらず、日本はいろんな意味でベトナム戦争を支援し加担しているとしか思えない。特に経済援助という名前での経済侵略を推し進めていく。資本家の代表みたいな形で…ベトナムを訪問する。いわば日本の現在の繁栄は、すべての利潤の追求のためには、戦争さえも避け難く必要としているような、そういう構造の中で我々は繁栄を築いてきた。その代表がまさにベトナム侵略に積極的に加担しようとして訪問の旅に出かけて行く。その人間はだれかというと、もちろん佐藤総理大臣である。それを阻止しようとした学生が死んでいる。自分はどうすることもできない。それで、その学生は言っていましたけれども一晩机に向って泣いていたというんです。かわいそうだと思うんです。そういう学生は…」

その学生は大学へ入ってから非暴力の平和運動を一年間やっていたが、その非暴力の活動が要するに現代社会の色どりであるにすぎない、決して現実に響いていかないことを感ずる。…そして「さらに振り返ってみると、そういう戦争を生み、人間性の抑圧を生んでいるような現在の社会機構の一部に大学があって、その大学もまた同じことをやっている。先生方は一人ずつ自分の学問を追及していって、それは権力によって少しもくちばしを入れさせない自治とか学問の自由とかいうことを追及している。しかし、総体としては現代の大学というのは、要するに現代の高度成長をひたすら追求していく社会の中での中堅技術者、中堅労働力を送り出すために全力を尽くしてしまっていることになるだろう。すると自分たちが勉強することができているなどということも、人間を抑圧していくうえでのわずかの利潤以上に特権的な時間を享受しているのに過ぎないのだというように思いますから、自己嫌悪が非常に激しくなりますし、そういう本質が大学の中にあるんだということを何としても訴えたい。訴えなければならないということになる――。そして、こうした日常的な秩序をどうしても変えたい。この日常的な秩序の中に、いかに深刻な問題が孕まれているかを広く訴えたいとする。そうすると障碍だらけである。そこでいろんな闘いが出てくるのだ」。近藤証人は、以上のように今日の学生の持つ意識と行動を述べている。こうした捉え方は、我々大学教育の現場にいて、そこに即して多少とも学生の問題を真剣に受け止めよう、考えようとする者にとっては、きわめて当然の捉え方といってよい。しかし、こうした捉え方は、大学当局に欠如していた。そこに、特殊に北大における紛争の焦点のひとつがあった。この教師の側からの問題把握の現実との照応関係は、北大全共闘として行動を共にした野村俊幸証人の証言でも裏付けられる。

野村君は、一九六八年からのクラス反戦運動のあとをたどってベトナム戦争の受け止め方の深まりをこう述べている。「今までのぼくらのクラス反戦なんかでの反戦運動というのは、単にベトナムで戦争が行われている。

それは非常に悪いことだ、何とかしなければならないことだという意識があった。ぼくらはそういう考えを一歩深めまして、果たしてベトナム戦争は対岸の火事か、そうじゃなくってぼくらが毎日生活している日本にも、それから現実のぼくらの日常生活の中にも、ベトナム戦争の影というものが落ちているんじゃないか、ベトナム戦争の矛盾が毎日の生活に結びついているんじゃないかというところに、ぼくらは目を向けていったわけです…それからもう一つの契機なんですけれども、ではそういうベトナム戦争なんかの矛盾、…それが学生であるぼくらの生活にどのような形で現れているかということを考えざるを得なかったわけです。たとえば大学で軍事研究をしているとか、それから日本のいわゆる産業の発展ということが言われているわけですけれども、それがベトナム戦争に支えられている、そういう産業の発展に無批判に大学が協力していっている。そういう体制が大学の中にあるんじゃないか。つまりベトナムというのは、単にぼくらにとって外にあるんじゃなくて、ぼくらは自分自身の内部の問題じゃないかというふうに考えていたわけです。それでぼくらとしては長沼とか学園問題とか、そのような具体的な形で、ベトナム戦争に反対するのはどういうことかということを考えていったわけです」

このようにして、問いかけは、大学と大学を生活の場としている学生及び学者、研究者のあり方へと進められていった。そこには、日大・東大闘争の投じた巨大な波紋があり、学生たちの意識は、日大・東大闘争によって、根底から揺すぶられたと言っても過言ではない。検察官は「日大・東大には学生が実力行使に踏みきるときに、それ相当の緊迫した学内問題が存在したが、北大には存在しなかった」と主張している。北大の孕んでいた問題については別に触れるが、日大・東大闘争が指し示したものは、個々の大学の個々の矛盾や不正や不合理は、決してその個々の大学の内部問題に留まらない、またその内部で解決されていきはしないじゃないか、という事実であった。日大の経理不正問題では、いったん取り交わされた確認書が、佐藤政府の後押しで簡単に反故にされ、逆に学生への処分攻撃がなされるにいたったし、東大でも医学部に端を発した問題とは、一部教授と厚生省との癒着にその根本の原因を持つものであり、日大・東大それぞれにおいて、その問いが圧殺され、権力の介入によって強権をもって収拾が図られていく同じ姿をみたとき、学生であるならば、誰しもが「大学とはいったい何か。大学の自治とか学問の府とか言っているのが、本当にそうなのか」という疑いを抱くのは正常であり健全であると言うべきであろう。

日大・東大闘争の収拾は、全国の感受性の鋭いすべての青年・学生の普遍的な怒りを引き起こしたと言ってよい。それは、一日大・一東大の問題ではなく、ちょうどベトナムや沖縄の問題が、我々の切実・緊迫した問題であったと同じく、学生であるならば本質的に、切実・緊迫した問題たりえたものであった。

日大・東大には切実な問題があったが、北大にはなかったではないかという類の議論は、まさに俗論の極みなのであって、人間の道徳的な心情と思想とは、まさに他人の苦しみや怒りを、我がものとするところにその働きがあることを見ないものである。ある典型的な事例において確かめられて得られた本質の認識は、学ばれることによって、それを直接には経験しない者にも獲得される。この場合にも同じである。日大・東大闘争で得られた本質認識の上に立って、他の諸大学の学生（全共闘）は、大学の普遍的矛盾に立ち向かっていったのである。そうした普遍的矛盾を見いだすために、また個々の大学の特殊な問題から進んでゆかねばならないことは、必ずしもないのである。そして、いったん幻想のヴェールをひきはがす行動に立ちあがれば、どの大学もほとんど同じような頽廃した実相をあらわにしたのである。


それはまた、受験競争にしのぎをけずって入学してきた新入生が、大学に抱く幻滅の根拠へ光を当てる作用をも持つものであった。被告諸君の冒頭意見と家族証人の証言は、それを裏書きしている。

大学に入れば本当の学問ができるのだ、という希望が、入ってみれば、高校時代、受験時代の勉強と質的になんら変わらない講義のあり方や、教育のパターンの中でたちまち色あせて、幻滅に変わる…（杉戸、岡崎冒頭意見陳述、杉戸縫子、武者ヒロ子証言）。

北大が孕んでいた、そして今も孕んでいるきわめて切実な学内問題の一つは、こうした教養部、教養制度のあり方である。全学の半数の学生を引き受けていながら、教育・研究条件は、最も貧弱であり、講座制ではなく学科制であるため、教員の研究費、旅費などは、専門課程から差別され、多数の学生を受け持たされ、しかも教養課程全体の教育理念は、学部専攻過程の必要・要求のもとにズタズタにされている現状は、教養部を矛盾の集積の場所としている。北大紛争の過程でも、教養部長の職は、被推薦者が口実をもうけて就任を渋ったりしている状況が見られ（小関証人証言）、他方、大学当局が教養部教官の進言や努力を無視することが、紛争を拡大し、学生委員会辞任、顧問辞任、部長不信任など教養部内部

での矛盾にまで反映していることが明らかとなってい
る。教養部闘争委員会のうちの自主講座を担ったグルー
プは、六九年八月末の討論集会の時点でこの教養制度の
矛盾に眼を向け、その抜本的な改革を訴えてもいた。ま
た、藤森証人も、北大の大学改革の最も重要なものの例
として教養問題をあげている（小川晃一証人も同じ）。
そして北大の場合、教養部問題は教養部自体に問題解決
の場がないことを特徴としている。きわめて奇妙なこと
であるが、教養部教官には、教養部問題についての決議
権を持った会議がなく、教養部所属の各教官は、人事そ
の他の議案を、各専門の学部教授会に所属して議論する
組織となっており、教養部長をもまた、教養部教官の互
選ではなく、評議会で選出される仕組みとなっている。

それゆえ、北大全共闘が教養部闘争委員会を中心とし
ていたこと、問題の発端をなした四月一〇日の入学式粉
砕闘争が、それ以前の卒業式粉砕ではなく、まさに教養
部へと入ってくる新入生の入学式へ向けて、クラス反戦
連合の手で行われたことは、決して学生の恣意によるも
のではなく、北大における学内諸矛盾の核心に適合する
ものであったのである。

堀内学長は、工藤君の質問、「東大闘争というのは、
たんに東大で当局の対応がたまたま拙劣であったから
起ったものだというように捉えるべきではなく、北大に
おいても東大と同じ質の問題があり、それが東大で典型
的に表れたものではないのか」という趣旨の質問に対し
て、「同じような体質はあったかもしれないが、その程
度（たとえば東大医学部の誤認処分のような誤り）が違
う」と答えている。工藤君のいくつかの質問を通じて浮
かびあがってくる堀内学長の姿勢は、「北大は東大ほど
ひどくない」のに、東大闘争での問いかけを我々に突き
つけるのは、東大闘争のものまねだからだ、というとこ
ろを一歩も出ていない。しかし、学生にとっては、こと
はそれほどいいかげんなものではなかった。それに対し
て「以前は我慢していたじゃないか」という、これまた
俗論があるかもしれないが、いったん頽廃や矛盾が白日
のもとにあらわにされれば、それ以後、自覚しなかった
うちは我慢できたことも我慢ならなくなるのは、人間の
自然な気持ちの動きである。野村証人は、杉戸君の質
問「北大闘争の中で大きく問題になったわけですけれど
も、教育とか学問、まあ現代的な矛盾といいますか、そ
れは一体どのようなものであったというふうに主張され
たわけですか」に対して次のように答えている。

「現実の大学の様子を話すと一番分かると思うんです
けれど、例えば教養というのが単純にマスプロだから悪

いんじゃなくて、勉強する学生というのは一体何であるか、と言うならば、はっきり言って知識を授けられるものという位置しかないわけです。そこでは自分たちの問題意識にそって、自分がどのように自分の問題意識なり自分の考え方を発展させていくかということは問題にならないわけです。最後には機械的なテストで篩分けられて、北大の場合は点数制でもって、そういう点では非常に意味のない競争が起きている。文系の場合は法学部、理系の場合は工学部に集中するわけです。つまり、就職がいいからです。今の社会の中では、いい地位につけるわけです。そういうところをめざして過当競争が行われるという形で、北大では、学問追及とか真理探究というのとおよそかけ離れた内実がある。これが学部に行くとまたひどくなる。今度は、講座制があって、直接、独占資本とのつながりが出てくるわけです。委託研究などを通して。そういう形で、口でどうこういう前に、現実の大学を見ればすぐわかると僕は言いたいですね」

　こうした学生の現状批判は、水谷、近藤、小川各証人の証言に表れた大学人の側からの現状批判と一致しており、小川証人は、この紛争によって積年の弊害を知っていたことと真剣に対処する意欲があったこととは別で、大学に真剣に取り組む意欲はなかったことを反省させられた旨、証言している。

　こうした思いは、われわれ大学教育に携わってきた全てにとって当然なすべき反省であり、その反省のうえに立って対話の道を求め、そのうえ手段の是非を論ずるのが、首尾整ったあり方だと言えよう。まして今日高度成長してマンモス化した大学では、教養部に入学して一、二年の、深い幻滅と矛盾にさいなまれている学生の悩みや声は、真剣に対応されるどころか、全く打ち捨てられ、かき消されてしまうのが現実であった。自治会という既成の組織が形骸化し、セクト化し、当面、急を要する討論と意志形成のために用をなさないことも、学生側には周知の事実であった。問いつめ、あらわにすべき問題が根本的であると思われれば思われるほど、そしてそれを、そのまま黙っていては人間としての感覚喪失だと感じられればられるほど、尋常一様の表現では、その緊迫した根本問題を他人に伝えることができないと思うのは、自然なことであり、たとえ、それがある意味で非常識な手段に思えたとしても、それはそれなりの切実な理由があったと考えるべきであろう。たとえば、医者にかかるとき、われわれは、ここが痛い、あそこが変だ、と訴える。ひどい場合には口もきけず、痛い個所を押さえてうめくだけかもしれない。必ずしも、この部分をこういう方法で治して下さい、と叙述しはしないし、できもしない。それと同じように、今日の複雑な大学運営機構など知るはずはないし、知る必要もない学生という立場の者が、こう改革して下さいとは言わず、とにかくおかしいぞと叫んだとしても、それは当然であろうし、またそれを何が要求されているか分からないから放置する、表現手段が稚拙だとして退けるのは、学校側の怠慢にほかならない。学生が明確に叙述してはいないが、切実に何事かを訴えているとき、それを受け止めて、医者が治療し、処方箋を書くように、自分の学問や教育能力を働かせることこそ、大学を職場とする者の基本的なあり方であろう。

小川晃一証人は、検察官の質問に答えた中で、「常識的には封鎖はよくないが、ただ封鎖した場合に、なんかそういう常識では割り切れない理由があってしたのか、やむを得ない事情があったのかということを聞いて、それについて議論をするチャンスを持ってもいいのではないかという意味で、封鎖の是非は討論集会の中で論ずること、という学長への要請を行った」旨証言している。が、これは科学者としては当然とるべき態度であろう。

さらに小川証人は、吉原裁判官の質問「大学改革とか大学のあり方とかという問題に関連してきますと、一大学内部で処理できる問題と、そうでない問題と色々あると思うのですけれども、そういう抽象的な問題は…大学の明確な態度を打ち出すということが、大学内部で果たして可能であったかどうか…」に答えてこう証言している。

「…学生がそういう要求を出してきた場合に、非常に具体的な要求を出してきた場合に、あるいは抽象的なことを言ってきた場合に、大学はそれを一体どこまで大学の中で解決できる問題なのか、それ以上越えると、これは革命とか抵抗権とか政治の問題になるのか、ということを分けるチャンスを、大学はこの点ならできると、この点ならできないということを、学生の具体的な、ある意味で端的な要求を、大学の側で分けてやるべきだと。そういう分けるチャンスに討論集会がなるんだということ…ですから、学生の要求を大学の中で処理できる問題、そうでない問題というのを討論集会で明らかにし、大学の中でできる問題については大学が積極的にやっていくべきである…」と。この態度は、少なくとも教育の場としての大学の健全な管理者としてのあり方を示すものであろう。そうしたことさえ、北大の当時の評議会・学長などは行わなかった。そして、それは単にそのパーソナリティーの特異性に還元できない大学の体質というべきものに根ざしていたことなのである。つまり大学の規模の膨大化と、理工系を中心とする講座増と、それに連動する学生増とが、大学の官僚制化を著しくしている一方、その教育工場化した大学の教育システムに乗せられない学生の人間的な悩みや要求は、切り捨てられるか、役所の窓口でのようにたらい回しにされて、結局、何の答も得られない。評議会は諮問機関であるから、取り決めを含む話し合いの当事者となり得ない、といった類の典型的に官僚制的な取り扱いはその一例である。

当時、学生が提起していた大学に固有な問題というのは、まず第一に、大学の機能・制度の矛盾、たとえば教授会自治イコール大学自治、という自治のあり方と教授会自治の形骸化とか、カリキュラムの矛盾とか教育内部の相互の非有機性、その他であった。第二には、大学が社会的に不正確な制度の要石のようなところに位置を占めていることが問題となった。医学部や工学部での資本との結びつきや、権力との癒着などにみられる頽廃がそれである。第三には、教える者と教えられる者という関係のこれまでのあり方への批判があった。

以上のような大学に関するいわば、直接にぶつかる矛盾だけが問題であったのではない。それらを越えて、それらの背後に、必ずしもそれとは意識されずに、人間とか人生とか世界についての真の把握を求める衝動が働いていた。だからこそ、全共闘運動は、あのように普遍的に、学生の心をつかんで揺さぶったのである。そうした問いに対して、大学は心を開いて語ろうとはしなかった。学生の団交申込みはすべて拒否され、対話を求める切なる求めは、偏見と学生に対する一種の軽蔑と恐れとから、すげなく袖にされた。私を含めて、その問いに本当には答えられなかったし、答えられないと自覚したところから始まるべき共同の探求の営みも、情況の波にのまれて実りをもたらさなかった。その意味で、我々こそ、大学紛争においてその責任を真に問われるべきものにほかならない。

我々は、学生諸君の端的直截な問いに、まぶしいような思い、たじろぐ思いによくさらされる。そしてそれが特権的地位としての大学の教授とか助教授とかいうものの、今の社会の中で占める役割や、それが果して国民の委託に応えるだけの内容を持っているのかという追及に遭うとき、そうした厳しい問いを、自分でも自分に向けることを避けようとして、言を左右にし、責任をあいまいにし、あるいは、問いそのものを圧殺しようとしがちである。あるいは、自己の無力を嘆いてみせることで、免罪されようとする。私は、自分の経験を通じて、教師、とくに教養部所属ではない教師、すなわち講座制所属の教師の側に根強くある学生の不信を語ることができる。学生というものは、自分たちの指揮監督の手をゆるめたり、放したりすれば、必ず怠けるか、ろくなことをしない、何か得体の知れないものという見方である。それには教師自身の抜きがたいエリート意識、優等生根性がまとわりついている。現行大学での教員採用における業績主義の内実は極めて形骸化し、その業績がその人の人間性とどうかかわっているのかなどとは無関係に、タコツボ化した専門主義の中で、いわば通りすがりに得たテーマでの文献いじりであっても、いやむしろそうしたものを積み上げさえすれば、教授、助教授たりうるという形態がみられる。

それは素手で、現場の問題へ立ち向かっていくことを嫌い、恐れ、誰か権威ある者の発言や書物によりかからなければ、ものが言えないという習性を身につけることになりがちであり、そのために、学生が、徒手空拳で、がむしゃらに、しかしそれだけにことの核心にズバリと突っ込んでくるとき、あるいは教授としての体面にかけて、あるいは学生対策的なその場のがれの遁辞によって、その問いを逸らそうとする。団交がなぜ長引き、学生たちが団交でなぜいらだったのか、それは教授会メンバーが、メンバー相互の無言の相互牽制によって、決して自己の内心の思いを語るまいとして逃げまわるからであり、学生が切なる思いをこめて発言しても、それを言いくるめようとするからである。なるほど、教授と学生とは場面をかえれば父と子というような関係であろうし、教授連は、これまで自らの権威に、ただその権威のゆえに尊敬され、一歩下がって口をきかれ、機嫌を損なわないように遇されてきた。だから、礼儀知らずで、いわば詰問をあえてする学生たちなど、不快で相手にしたくないという気持ちになるのも分からないではない。しかし、そこで論ぜられるべき事柄そのものは、そうした上辺のことで無視しさってはならない、緊要で切実な問題であることに、教授の方こそ気づくべきであった。そして偏見なく話し合いに応じ、自らの信じるところを述べてはばからなかった教師たちは、その発言が傾聴され、学生たちからも、自らへの反省の資を得ることができた事実について、水谷寛証人や小川晃一証人も証言したところである。

（二）一九六九年の大学内外の諸状況との関連について

次に我々は、いま述べた大学を問い、現代における生き方についての問いが、一九六九年という時点での大学内外の諸状況からいかに必然的に生じてきたものであるか、その行動がいかにやむにやまれぬものであったかについて若干触れたいと思う。

もうすでにベトナム反戦という根本の動機や大学において学生たちが感じとったことは縷々述べたので繰り返すつもりはないが、一九六九年が大学立法の年であり、日米共同声明の年であったことについて触れないわけにはいかない。

こうした点をいくら述べたてても、裁判所としては、あるいはそんなことは本件とは無関係であるとして、言うだけ言わせておく、という聞き方しかしないかも知れない。素人ながら、いくつか出ている東大事件の判決文などに眼を通しても、裁判所のいう刑事責任の有無の判断には、なんら影響せず、情状としても省みるに値しないという調子で取り扱われているかのようである。しかし、何が、どこまでが事柄において真実として省みられるべきかについて、私は徒労のようにみえようとも、裁判所へ向けて説得を試みたいと思う。我々の法についての議論は、さまざまな事例を通して、さまざまな反論できたえられて到達した議論ではないから、いわゆる専門家からみれば幼稚であったり、無理であったりするかもしれない。しかしまた、専門家であればそれだけ、非専門家の議論の中にもし真実の一粒があるとすれば、それをいかに専門の場でくみとり、生かすかについて努めて欲しいと思う。法と現実との間に矛盾があるとき、法は法、現実は現実という二元論に立つあり方が唯一ではなく、法に内在しつつ、現実にてらして法と現実とへ批判的な立場をとることも可能ではなかろうかと思うものである。

具体的に話を進めよう。北大闘争は四月一〇日を別とすれば、四月二八日の沖縄デーから、一〇月二一日の国際反戦デー、一一月一七日の佐藤首相訪米へ向けての抗議行動という枠づけを持っていた。北大本部封鎖解除自体が、佐藤首相の訪米阻止の闘いへの政治的弾圧を明らかに意図して、その日程を選んでいた。大きくは、右のような日米安保条約をめぐる国民的争点をめぐっての政治的・社会的判断を含み、それと密接にからみあって、大学臨時措置法をめぐる、これまた国民的な争点についての判断を含んでいた。裁判所としては、そうした判断は白であれ黒であれ、それは問わず、外形的行為の責任を問うのだと言うかもしれない。しかし、その場合の責任とは、言うまでもなく「社会的な」責任であり、国の基本法である憲法の下での責任である。しかし、この間の社会秩序は、憲法秩序でさえなくなって、安保体制秩序と化してしまってぃはしないだろうか。

　我々は、今の憲法の枠内で、社会の漸次的改革を期待することが、真に科学的かどうか、社会的責任を真に満たすものであるかどうかについては、また別種の判断を行うものであるけれども、少なくも現秩序が憲法を尊重し、かつその定められたときの理念において国民の権利を保証し、強化する方向を向いておれば、抵抗運動の態様もまた、違ったものであり得ると判断することができるであろう。それが、今日のような安保体制秩序と化してしまっては、国民たる者は、それに抵抗することをむしろ義務とすべきであって、抵抗しないことを期待する方が無理である。時に憲法第九条の空洞化は、第四次防衛計画の実現を見れば、サギをカラスと言いくるめることもできるというところまできている。日米安保条約が単にわが国の防衛のためではなく、他国への侵略と攻撃の協力・援助の目的で現実に機能する姿は、ベトナム戦争で、白日のもとにされた。その後の事態の推移を見るならば、韓国、台湾・日本の間の将来の相互防衛条約へ向かう動き、世界最大の海洋攻撃集団であるアメリカ第七艦隊の肩代わりなど、わが国自身がアジア侵略の主体となる動きが強まりさえしても、弱まる動きはみられない。日本国民としては、日本が近隣諸国へ隠然・公然の侵略を始めることを、全力をあげて阻止しなければならない。始まってしまってからでは遅いのである。将来、他国民にはなはだしい苦痛と犠牲を強いることを見逃すまいとすれば、どんな小さなものであれ、国内の危険な動きに対しては、その萌芽のうちにつみとることが必要であり、そのために国家機関が手を貸さないとすれば、自分たちの力をふるうことも、合理的な理由が認められるであろう。まして、国家機関が、公然と憲法を踏みにじり、権力の暴力をほしいままにして、国民の抗議を力でねじ伏せようとするとき、最小限の対抗力の行使はやむを得ない正当行為とされるべきではなかろうか。

　大学臨時措置法に関しても、同様にその目的と立法経過に照らして、厳しく批判されるべきものであった。同法は学生及び我々大学に職を得ている者の殆どすべてが反対し続けたにもかかわらず、全く議会内多数の抜きうち採決という不当不法な手段によって成立した法律であった。この法案に対する反対運動は、全学ストライキを含むさまざまな形態で行われた。

　札幌においても、学内はもとより市内中心地での全く自発的な波状的ハンガーストライキが行われたことは記憶に新しい。まことにそれはハンストまであえてして反対するだけの悪法であった。ハンスト、請願などの行為が何の影響をも為政者に及ぼさぬばかりか、審議を尽くすことさえなかった事実が、どれほど失望・幻滅・怒りとなって学園を包んだか。また同法の発効をみるやそれまで反対を声明していた大学人たちが、舌の根の乾かぬうちに、その立案者や同調者の意を迎えるかのような封鎖解除、機動隊導入に踏み切り始めたことが、どれほど学生をして新たな怒りへとかりたてていったか、そうした諸事実、諸経験なくしてこの一一月八日の事件はなかったであろう。

一一月八日当日の、しかも個々に分割された外形的行為の責任を問うに先立って、真の責任とは何か、誰が真に責任を問われるべきであるのかについて、実質的な判断を求めることは筋違いであろうか。いや、それこそ被告諸君と我々、またここに傍聴している人々の心からの願いである。それがあってこそ、その判断に賛成するにせよ反対するにせよ、我々は問題の場で出会うことになる。すれ違いに終わることなく、歴史の下で真偽を争うことができる。そうでなければ、我々は裁判というものを徒労な儀式としてしか捉えることができないであろう。

第二章　いわゆる「北大紛争」における北大当局のとった態度の不正、不当性とそれに抗議した学生の行為の正当性について

（略）

私は、次のような想像を決して根拠ない妄想とは思わない。即ち、封鎖・バリストの解決が、決して権力の介入によることなく、外的条件もそれを許すことがあったら、そして学校当局がどこまでも討論・団交を続ける用意があったら、恐らく次のような事態が生まれたであろう。即ち、何らかの意味での大学当局者並びに教授会メンバーの自己批判は不可避となったであろう。そして学生たちは、封鎖・バリストをになった気魄とエネルギーとで、自らが学ぶ意義をそれぞれに求め、学問しつつ、討論を深めるというあり方を発見したに違いない。そのとき解体された大学は、大学らしい大学として甦ることになったであろう。入学試験によって選別されて入って来るのではなく、学園にみなぎる知的厳しさだけが、学びたい者を選びわける基準となって、開かれた大学が現れたであろう。こういう想像は観念論にすぎないと批判されるかもしれないが、あの封鎖・バリストの期間こそ、

そうした大学の姿を垣間見させるものだったのである。その意味では、破壊のための破壊であるとか、何の展望もなくぶち壊せという、皇帝ネロのような存在に全共闘学生を仕立てあげるのは、余りにもみえすいたにせの神話である。

教育という名の犯罪に対して鋭敏であった者が、国家の安全保障の名のもとでの犯罪に鋭敏でない筈はない。その意味では、大学は反安保、反帝国主義の闘いの砦であってよかったであろう。それは憲法の理念とも矛盾するものではない。「砦」ということの意味に実力闘争の拠点という意味が含まれているからいけないのだと言われるかもしれない。しかし、憲法改正、核武装、ひいては徴兵制復活までのおそれを含む、今後一〇年間の自分たちの運命がかけられているとき、どのような有効な異議申し立てが国民の権利として与えられているというのであろうか。実力闘争とはいえ、民衆の闘いは結局のところ、その思想性・倫理性において支配者に対して優位に立つことを前提とする。そうでなければ、近代軍隊と重武装の警察力に単純な物理力で対抗できないことぐらい三歳の子供でもわかることである。いかに力の差があろうとも、単なる力による抑圧には屈しないぞ、という意志を表すことが人民の実力闘争である。それが結果として、権力の足もとを掘り崩すことを期待できるところである。そうした思想性を、破壊のための破壊とか、展望なき狂気のような暴力などというのは、自らがどのような暴力に加担しているのかに無知のゆえである。

北大の封鎖は、二度にわたる実力解除を蒙った。一度は六月五日、職組、学連系学生及び支援の労組員の組織されたゲバルト部隊によるものであった。この間の過程は、小関証言や高松証言、小菅証言などに表れているが、外部の労組部隊の存在については、小菅証人は、ともかく大人がかなりの人数いたとし、小関証人も教職員のヘルメット部隊の存在を確認している。私自身は北大南門わきの道を、白いヘルメットをかかえてクラーク会館方向へ結集する外部の労組員グループを確認しているし、職組マイクを合図の一斉攻撃は極めて組織されたものであった。このことが、それまで暴力反対をとなえていた民青系の偽善ぶりとして、一般学生の民青系からの離反を生み出したことは、すでに明らかにされた教養部自治会執行部リコールに表れたところである。

一〇月三〇日の法文系教育四学部校舎の実力解除は、冒頭陳述で主張したとおり、トロツキストの「大学自治破壊」から大学を守るという名目で行われたものであった。こうした実力解除への動きは、このほかにも教養部校舎をめぐって七月以降何度もあったことは野村証言、小菅証言などにみられるところであるが、理学部での授業再開防衛を含めて、この種の実力行為を大学当局が真剣にたしなめた例はなかった。堀内証人は、この一〇月三〇日のような事態を「暴力をふるわない限り結構だと思っています。少なくとも文系四学部に入って行った学生は、武装はしておりませんでした。武装していなかったと広報には出ております」と述べているが、総じて堀内学長は殆どの場合現場にいたことはなく、全共闘系の主張についいては、北大反戦会議のビラと社学同の「鉄の戦列」第三号の二枚のビラを根拠とし、民青自治会系について、戦闘団の極めて限られた情報をもとにすべてを判断していたふしがある。構造物防御の奨励とか、暴力を振るわない実力解除の容認などの姿勢は、学生間の衝突による流血に心を痛めその実態に即して解決を講じようとする態度ではないことが分かるであろう。

（略）

第三章　総括的意見

（略）

最後に、四として、検察官は、「被告人らの反社会性」という項目を設け、「被告人らは口でこそ、戦争反対、大学改革を叫んでいるが、その行為の実体は、暴力的破壊活動そのものであり、将来に対する何の展望もうかがわれない」とし、主観的にせよ、真面目かどうかも疑わしいと述べ、そしてその理由を、反省の様子が見られないというところに求めている。また最後まで黙秘して、自分たちの正当性ばかりを主張し、法廷でも反抗的であるなどと述べている。これらは検察官が、自己にとって理解できない、あるいは従順でない思想的行為を、反社会的と決めつける、反民主主義的な、言いかえれば人権感覚が麻痺した存在であることを物語るものである。全共闘運動は、その思想性、論理性において立ち、倒れもする運動であった。もっとも真剣に考え、行動した者にとって、その思想と論理は考え抜かれたものであるから、権力の恫喝や圧迫によって奪うことのできないものである。彼ら学生諸君が、自己の信じるところを述べてはばからず、その正当性を主張しようとするのは、全く当然の権利であり、人間たる義務である。彼らは物に対して、あるいは損害を加えたかもしれない。しかし、この世で最も大切な人間の心に対しては、決してそれを傷つけ、破壊してはおらず、むしろ多くの青年学生の真実を求める心を解放したのである。

（略）

今の我々の関係は、被告と特別弁護人との関係である。この関係は今、終ろうとしている。この席に座るのも、あと一回だけである。この席を降りることは、私にとっては一つの解放である。被告諸君にとっては、あるいはその逆のことが起こるかもしれない。私が、そこで、「やれやれ苦しかった裁判は終った。あれだけやれば、まあよかろう」と自分に言いわけして、研究室へ戻り、六九年に読みさしておいた本を開いて読み出すとしたら、私と被告諸君との繋がりはまた切れて繋がらぬものになってしまうであろう。そうならないために、この際この席を降りるとともに、もうひとつ持っている席の方も降りることにしようと思う。

この一年余、この席に座っただけで、なにもできなかったこと、全く無力であったことを被告諸君にも、その他の支援された方々にも申し訳なく思うと告げて終わりとする。

一九七一年七月一四日

（注記）この花崎皋平氏による『最終弁論（抄録）』は『11・8　北大本部裁判斗争記録　Ⅳ　最終意見陳述集』（一九七一年九月二〇日）からの転載である。花崎氏は北大教官でありながら特別弁護人を務められ、学生の知らなかった大学内部の事情も克明に陳述されたことは感謝に耐えない。ただ、ページ数の関係で全体を収録することはできなかった。第一章は全文を収録したが、第二章、第三章は抄録にとどめざるを得なかった。転載にあたって、右記原本編集時の誤り等は正した。また、読みやすくするために、一部のひらがなを漢字表記に改めるなどした。

（編集　中村　充）

第二部

それぞれの全共闘 ―かつて若者だった私たち―

第一章

写真は語るか
―新たな灯火（ともしび）を求めて―

1970.6.15　函館本線陸橋を渡るデモ隊

1970.6.23　テレビ塔前集会

1970.6.23　テレビ塔前集会

1970.6.23　安保粉砕沖縄闘争勝利連続闘争

1970.7.4　札幌南高校

1970.7.4　札幌南高校

1970.7.5　長沼保安林伐採阻止闘争

1970.7.5　長沼保安林伐採阻止闘争

1970.7.5　長沼デモ途中のひとコマ

1970　「闘うおんな・メトロパリチェン」（クラーク会館前）

1970　本部死守隊裁判支援闘争（札幌地裁）

1970.9.15　入管体制粉砕闘争

1970.10.10　羽田闘争3周年入管体制粉砕集会（中央寺）

1970.10.10　デモ隊列訓練をする高校生部隊（中央寺）

1970.11.8　本部死守闘争1周年集会

1970.11.8　本部死守闘争1周年集会

1971.5.19　沖縄ゼネスト連帯集会

1971.5.19　沖縄ゼネスト連帯集会

1971.6.15　北海道救援センター

1971.6.15　沖縄返還協定調印阻止・樺美智子追悼集会

1971.6.19　破防法と闘う講演集会

1971.7.10　本部死守隊裁判報告集会

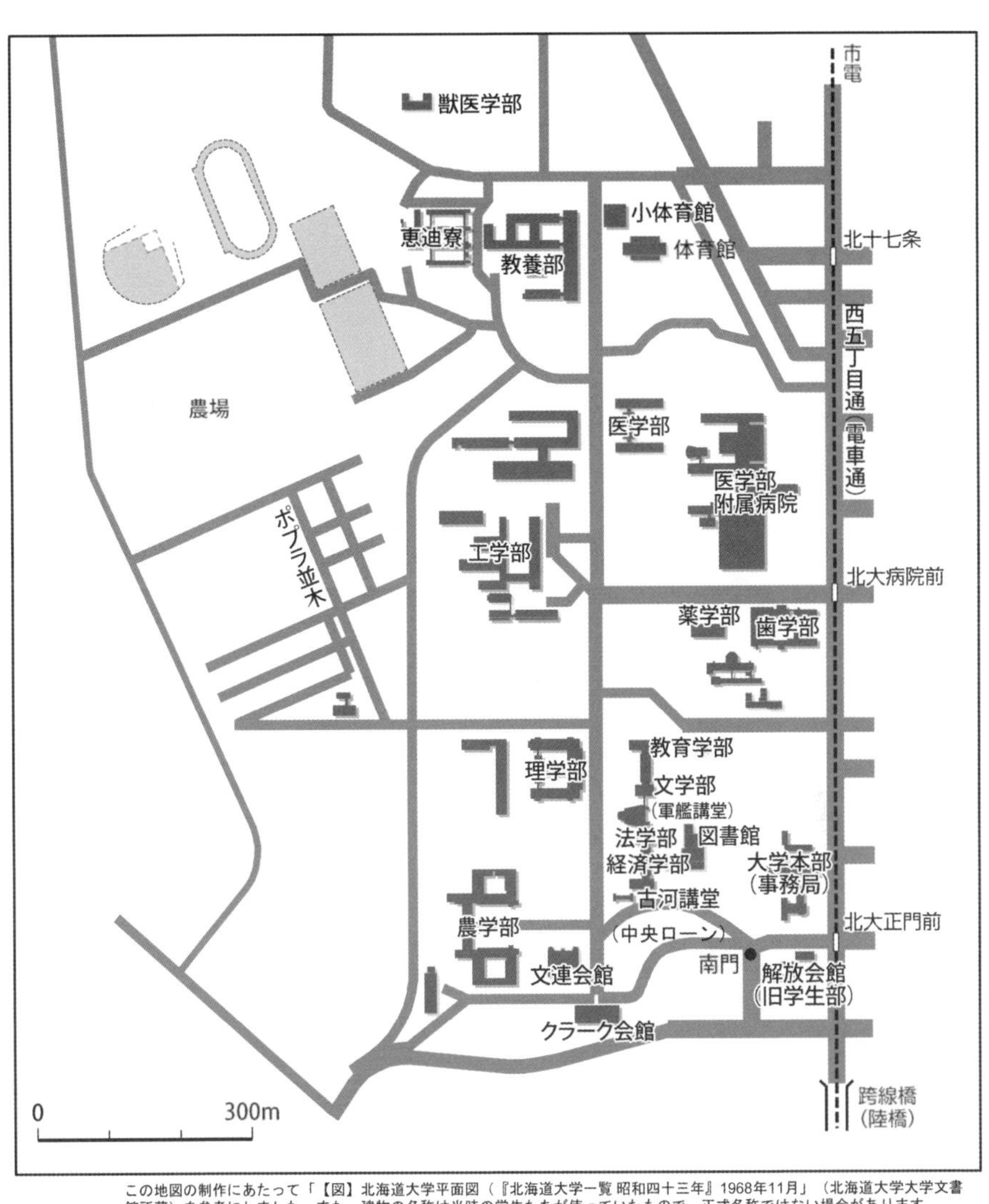

この地図の制作にあたって「【図】北海道大学平面図（『北海道大学一覧 昭和四十三年』1968年11月」（北海道大学大学文書館所蔵）を参考にしました。また、建物の名称は当時の学生たちが使っていたもので、正式名称ではない場合があります。

第二章

人生の恵みの時（とき）を生きて

ダム湖に沈んだ村と北大闘争

林　宏澄（六六年入学　べ平連）聞き書き（杉戸　孝）

岐阜県の最北部揖斐郡揖斐川町に、日本で最大の貯水量を誇る徳山ダムがある。このダムが堰き止めた水によって湖底に沈み、地図から消えてしまった「徳山村」で小学校の教員をしていた平方浩介氏は、このダムを「日本一のムダ」と著書『徳山ダムの話』で揶揄した。このダムの最大の目的であった「水資源」は一滴も使われず、水は二〇年近く蓄えられたままである。電力会社がとってつけたような発電施設を完成させたのは、ダムが水を貯め始めて七年後の二〇一四年のことだった。今は「揖斐のさきもり」と名付けられ治水目的が強調されているが、当初は「将来不足するであろう」水資源を確保するための利水が徳山ダム建設の唯一の目的だった。

北大卒業まで

一九四七年、岐阜県白川町（当時西白川村赤河）で生まれた林は、中学生になって岐阜市に住む母方の伯母に引き取られた。父母はともに小学校の教員で、小学生の間、林は現在白川町となっている地域を転々とせざるを得なかった。中学生になった林に、落ち着いた生活をさせたかった父母が、子どものいない母の姉に林を預けた。林は、中学生の頃から「自立」することを迫られていた。

林の「自立心」は、高校に入ってさらに強くなる。林は岐阜県立岐阜高校に進学した。岐阜高校は、地元の名古屋大学や、東京大学・京都大学に進学することを目指す岐阜県一の「進学校」だった。林は浪人しないでも入学できそうな大学の中で、北海道大学をあえて選択した。「ちょっとした冒険心」からと言うが、当時この地方からわざわざ北海道大学を選ぶ高校生は少なかった。

岐阜県には、戦前から飛行場など「軍」の施設、軍需工場が多く置かれていた。空襲も激しく行われ、各地で多くの犠牲者が出た。林の父親は自らの中国東北部（満州）での戦争体験を誰にも語ることはなかったが、林自身は幼少期から、岐阜市が大きな被害を受けた（人口一五万人の岐阜市で一〇万人が被災した）「岐阜空襲」（一九四五年七月九日）の話を周りの大人たちからよく聞いていた。「戦争は二度としてはならない」。当時の高校生が持っていたごく当たり前の「反戦意識」を持って、林は北海道に渡った。

北大入学後、林は恵迪寮に関わりを持ち、頻繁に出入りするようになった。恵迪寮は北大学生運動の一大拠点で、民青（日本共産党の青年学生組織「民主青年同盟」）と革マル派（「革命的共産主義者同盟革命的マルクス主義派」）が主導権を競っていた。林も両派からさまざまな働きかけを受けたが、漠然とした「違和感」があった。林は結局「応援団」に入った。応援団も恵迪寮の一大勢力だった。保守的な風土である岐阜県から来た林には、応援団の方が「肌に合った」ようだ。

この頃、ベトナム反戦運動は徐々に国際的な広がりを見せ始め、一九六五年、作家の小田実らが東京で「ベトナムに平和を！市民連合（発足時は「市民文化団体連合（ベ平連）」を始めた。林はこの「ベ平連」に「市民の自立的な運動」を見出したと言う。民青や革マルに感じた「違和感」とは大きく異なる「共感」を感じた林は、北大の助教授として一九六四年に東京からやって来た花崎皋平氏（当時三四歳）らと札幌にベ平連を作る活動に加わり、その後、北大にベ平連を立ち上げた。誰かに誘われたわけでもなく、自らの意思で、必要だと思ったことを一からでもやっていく、林のこの後の「人生」の始まりだった。

ベ平連が立ち上がった一九六六年、一八歳の林は虫垂炎で入院した病院で看護学生の女性と恋に落ちた。一生の伴侶となる由美さんとの出会いだった。「生活を考えると自分は好きなことばかりでは生きられないので、好きな人にはそんな風に生きてほしいと思ったの」。由美さんは笑いながらそう振り返る。その後、林が無収入の期間、生計は由美さんが支えた。

一九六九年五月、林は長沼（北海道夕張郡長沼町）で逮捕された。一九六七年の一〇・八羽田闘争を契機に北大で急速に勢力を拡大した三派全学連や、これも青年労働者の間で急速に影響力を拡大した反戦青年委員会と、各大学に作られた学生ベ平連は、現地闘争を共に闘い、「長沼ミサイル基地建設反対」デモで機動隊と激しく衝突した。長男は、林が留置場にいる間に生まれた。

一九六九年四月から「北大闘争」が始まり、北大ベ平連の若い活動家の多くがその中核を担った。林はその中で、あくまでも北大ベ平連の組織維持に努めた。「組織」は今後も必ず必要だという確信があった。

「自己否定」や「帝大解体」には「違和感」があった

と言うが、林が目指していた「市民の自立的な運動」と全共闘運動には強い繋がりを感じていた。全共闘や三派との集会をべ平連は積極的に共催した。しかし最も重視したのはこれまで続けていたベトナム反戦運動だった。後輩たちが北大闘争に集中する姿を心配しながら、いつも近くで寄り添いながら、市民運動としてのべ平連の旗を守り続けようとした。これも林の「活動スタイル」だったに違いない。

林は六九年の一〇・二一の市街戦や一一・八の攻防戦はほとんど覚えていない。現場にいてべ平連の仲間と一緒に闘ったことは確かだが、何をしていたのかという具体的な記憶はまったくない。しかし、逮捕された多くの若い仲間たちのことや、今後の学内での活動をどうするかを考えていたのは間違いないようだ。林は農学部の四年で、北大べ平連を誰かに引き継がなければならないという責任を感じていた。

住民運動との関わり

七一年三月、林は北大農学部を卒業した。「テイよく大学から追い出されたという雰囲気だった」と林は振り返る。当局は「事後処分」などしないし、まともに卒業論文も書かなくてよかった。党派の活動家には意図的な留年で大学に残ろうとする者もいたが、ノンセクトの学生はそもそもそういった発想はあまりなかった。

伊達の火力発電所建設反対闘争は、林にとって初めて出会った「人々の自立した闘い」だった。やはり誰に誘われることなく、自分で伊達に赴き、闘争に関わろうとした。有珠の人々との交流は思い出深かった。「舟に乗せてもらって一緒に漁をしたことが何回もあった」と言う。林にとって伊達闘争は「具体的な課題をもった現地住民の自立した闘い＝住民運動」との最初の出会いであった。

林は伊達で現地のS医師と親しくなった。やがて「伊達環境権訴訟」の事務局を担うことになる。やはり林が北大べ平連で担っていた「後方で闘いを支える役割」だった。この経験も林のその後の人生とって大きな意味を持った。伊達闘争から学んだのは「現地の人々と『親しくなる』こと」、「『生活』を共にし、それを自分の『身』に入れること」の重要性だったと林は振り返る。

林はその後も林のスタイルで「人々の自立した闘い」に関わり続けることになる。

「遠く」ベトナムを考えるだけでなく、自らの足元、

自分の生活の在り方を考え、見直そうと思った。

岐阜への移住と「子ども劇場」運動・NPO支援活動

林ら学生たちと一緒に北海道におけるべ平連運動を作り上げ、やはり伊達の闘いに関わった花崎皋平氏は、九〇歳をこえて自らの「実践の方法」を次のように振り返る。

「…最近になって自分の歩みを振り返ってみて、自分が方法としてきたのは、歩くことであったことを確認した。歩いて、さまざまな課題と取り組む社会運動の現場におもむき、そこで考え、まなぶことであった。そして共生とは友だちになること、対等、平等の付き合いに心がけることだと心掛けてきた」（花崎皋平　河合文化教育研究所講演会レジュメ『共生』をめぐって」より「『共生』に結びついた実践の方法」二〇二二年）

一九七五年冬、林は由美さんと二人の子どもと共に林の郷里岐阜に移り住む。由美さんが「札幌の生活が嫌になった」からと言うが、あまりはっきりした理由は思い出せない。

卒業してから弁護士事務所のアルバイト程度しかしたことがなかった林は、岐阜市で「市民生協」に就職する。結婚して初めての「まともな職場」だった。しかし、まもなく、今度はあまり聞きなれない不思議な「職場」に移る。岐阜の「子ども劇場」の立ち上げに加わり、そのまま「専従職員」になったのだ。

「子ども劇場」は優れた舞台芸術を鑑賞することと、子どもたちの自治集団づくりを大きな柱に子どもだけではなく、大人も共に育ちあえる多彩な活動を広げている文化団体です。この間、子どものための優れた舞台劇術を鑑賞することと、幅広い年齢での遊びやキャンプなどの自主的な活動を積み重ねてきました。（北九州こども劇場Web案内）

林は、最初ほとんど給料の出ない専従を続けながら、岐阜県の「子ども劇場」運動を組織し、その中心で活動した。林は二〇〇三年、出会った様々な人々と共に、岐阜のNPO活動の「核」となる「ぎふNPOセンター」を立ち上げ、その中心的な役割を最後に、六五歳で「退職」した。

このセンターは「次の世代」に引き継がれ、今も岐阜県でのNPO活動の中心として機能し続けている。

この法人は、地域社会の住民が地域の課題を自ら解決し、地域を超えたより広い社会との連携に積極的に取り組むこと、また、そのような住民主体の社会を実現するため、NPOを含む住民の自発的活動を支援し、促進することを目的とする。（「ぎふNPOセンター」定款より）

林の真骨頂は、林が「働き」ながら続けた「徳山学舎」に見ることができる。

徳山学舎のこと

徳山村は、峠を越えると福井県という岐阜県の最も西北部にあった山村である。この村に大規模なダム建設の話が持ち込まれたのは一九五七年のことであった。この村と村民は、それ以降、ダムに翻弄され続けた。徳山村が消え藤橋村（現揖斐郡揖斐川町）になったのは一九八七年。ダムが完成し、住民が移転し誰も居なくなった村が完全に湖底に沈んだのが二〇〇八年だった。その間、大きな「反対運動」が起きたわけではなかったが、移住が始まり、二〇〇一年に残った人々が離村した後も、縄文時代から続いたこの地域での生活や文化を地上から跡形もなく消し去った理由を、村民のほとんどが納得していなかった。

林は「戸入」という部落の人々と「仲良く」なった。谷底にある村の中心集落を見下ろす山の中腹の土地を、特に仲良くなった『徳山ダムの話』を書いた平方氏の親族から借り「小舎（こや）」を作り始めた。多くの友人とその子どもたちが、小舎作りをしながら、山菜取りや渓流釣りを楽しんだ。ランプの火の元で地元の古老の話を聞いた。林は小学生時代過ごした白川町の頃のように生き生きとしていた。「野生児」のように子どもたちと活動している姿を見て、「学生時代の林とは別人のようだ」と北大時代の友人たちは感じた。

「小学四年の秋、初めて一人で学舎に参加。たき火で顔中をやけどした。学校を一か月近く休み、やけどの顔のことでいじめられたこともあった。次の春には『行ってくる』と、また一人で学舎に向かった。

母親のY子さん（四七）は『あんな大けがをしたのに何でと思ったけど、息子にとってこれも成長のひとつ』と黙って送り出したという。

『流しそうめんがやりたくて、山から切り出した竹で作ったことがある。材料さえあれば、何でも自分で作り出せる自信がある』。高校進学では迷わず建築科を選択。『将来は大工を目指す』と目を輝かせる」

（一九九九年一二月二日『朝日新聞』夕刊）

「学童保育所」に通う共働きの親を持った子どもたちや、障害のある子どもたちも、徳山学舎に多く通うようになった。

少しずつ整備された徳山学舎は、最終的には五〇人ほどが泊まれる二階建ての立派な小舎になった。ダム本体が完成し、貯水がはじまった二〇〇七年、これまで学舎に関わった者たちが集まり、小舎を解体し火をかけた。

炎を見ている林は、一九六九年一一・八の本部から出た炎を思い出した。学舎の最後を見ながら、子どもたちは大きな歓声を上げていた。林は思った、学舎で経験したこと、大人たちから聞いたことを、子どもたちはこの炎の記憶と共に、いつかきっと思い出すに違いない。

『権威あるもの』『力あるもの』からの『保護』を求めるのではなく、課題を自ら見つけ、自分たちで解決しようとすることが『民主主義』の一番の土台だと思う。そのために戦っている人々の『生活』に『寄り添う』ことをこれまでずーっとやってきた気がする」

我が心に戦旗を掲げて ——ブントの太田さん

編集委員会

一九六九年六月、北大闘争の大きな転機になった教養部のバリーケード封鎖を、当時北大全共闘の中で党派としては最大の動員力を誇ったブント(社会主義学生同盟)がほぼ単独で行なった。そのブントの部隊を率いていたのは、当時経済学部の三年生だった太田和廣氏である。

しかし、北大闘争敗北後、党派活動家は極めて厳しい状況に置かれることになった。北大学生運動を掌握した対立党派からの暴力的排除は徹底していた。大学構内に一歩たりとも入ることはできず、学外での公安警察からのマークも異常に厳しかった。北大の党派活動家は「行き場」を失い、おそらく孤立し、北大闘争を共に担った仲間たちの「眼前」からいつの間にか消え去ったように見えた。

太田氏は一九七二年、郷里の宇和島に帰り、結婚して三人の子供をもうけた。三〇歳代でコンサルタント会社を起業したが、二〇〇一年五三歳で急逝した。太田氏を偲んだ家族・友人たちによって『追悼集』が編まれ、おそらく太田氏の意を汲んで、学生時代の大切な記録として「北大教養部二年六組（有志）クラス反戦結成アピール」が『追悼集』に掲載された。また、この『追悼集』には、多くの友人からの寄稿に混じって、教養部で同じクラスであった松田潤氏の追悼文が掲載されている。今回、松田氏の了承を得てこの追悼文を抄録させていただいた。あの時の「ブントの太田さん」の姿と、その後の太田さんの姿が重なり合うことを願って。

なおこの稿のタイトルにした「我が心に戦旗を掲げて」は、太田さんがいつか書こうとしていた「歴史小説」の題名の一つであった。亡き太田さんに家族から「贈る言葉」として『追悼集』にサブタイトルとして添えられた。

太田君のことども（抄録）

松田　潤

通勤の車の中で、自分が車を「所有」（太田君なら持つと言わずに所有というのではなかろうか）して、運転をするということを三十数年前に想像しただろうかとふと思う。太田君もきっとそうであったろうと、こんなことさえ、語ることもなく君は、ぼくの前を駆け抜けていった。とうとう、北大以降の太田君を見ることがないままに、まさかこんな文章を書くということが起きようとは…。

教養のロシア語のクラスで一緒だった阪東君からクラス会の案内と『北帰行』という会誌が届いて、太田君が元気に「太田流通研究所」という会社を起こしていることを知ったのはもう何年前になるだろう。その時は仕事で出席できないままだったが、東京ではあの頃のクラスメートが仲良く集まっていて、まだ文章を書いているということを知ってとても懐かしく、そして心強く感じたものだった。

北大のクラーク会館という名を持つ学生会館の裏、道路一本隔てたくぼ地に小さな公園がある。その公園に「偕楽園」という名前があるのを知る人は、ほとんどいないだろう。ぼくも太田君と知り合うことがなければその名を知ることもなかったろう。

あの頃、大学生が「学生運動」という体育以外の「運動」を熱心に行っていた時代に太田君とぼくは一年六組で一緒になった。

一年六組というと小学生のような気分になるが、北大の教養部で第二外国語に初めてロシア語のクラスが作られ、そのたった一つのクラスが一年六組だった。ロシア語をあえて選択するというのは、多分かなり変わり者か、意識的な者だったのだろう。ぼくはといえば単に天の邪鬼だったのだが。

そんなクラスの中で、目立つ男だったのが太田君だった。目立つといっても「まじめ」ということばが彼に持った第一印象である。坊主頭でもないが、それに近い髪型、あの頃の学生のごく一般的な服装の学生服の上着にグレーのズボン、少々四国訛りの強い、朴訥とした青年。ロシア語というアルファベットからして、見慣れぬ外国語にしどろもどろになりながら、でも精一杯背伸びをした会話を交わしながら、ちょっとでも大人に見られようと努力していた。いや、そんな青年はどこにでもいた。何が目立ったのだろう。一年間とうとうロシア語のP（エル）を四国訛りのままに発音し通してしまった男。おそらく、今の小中高ならいじめの対象にされてしまっただろう。教養部の数学の名物教員と言えば聞こえは良いが、つまらない十年一日の講義を繰り返すN教授の講義を大教室の一番前の席に座って聞き、何度も何度も質問を繰り返し、論争ともいえぬ論争を挑んでいた姿。

いつの頃であったろう、六組の何人かで読書会を始めたのは。トルストイの『懺悔』を取り上げようと言ったのは太田君であった。そんな中から『マラドーイ』というロシア語の名の文集を出すことになり、まじめなまじめな文章を書いていた太田君。地方出身の朴訥な青年にふさわしく、いつの間にか「民青」の有力なメンバーとなって自治会の活動に真剣に取り組んでいた太田君。僕はそのあまりの「まじめ」さにいささか辟易しながらも、いつの間にか結構よく話をするようになっていた。また、同じクラスで仲の良くなった大阪出身のN君とともにぼくは政治的には、「民青」とは敵対する「中核」の周辺にいたために、その意味では論争相手でもあった。しかし、二年になって間もない頃だったように記憶するのだが、突然「ブント」（社学同）の活動家に変身していたのだ。それからは政治的には「中核」「ブント」「解放派」と三派の同じ仲間としてクラスの外でも会うようになっていた。

その頃太田君が住んでいたのが、「快楽荘」という近くの公園の名からとったであろう名前だけは素敵に響く古い木造アパートだった。松本零士のマンガ『男おいどん』の「大下宿館」そのもののような部屋に『レーニン全集』だけが唯一の財産という生活をおくっていた。教養から学部へ移行した時には太田君は経済学部、ぼくは文学部ということになっていたし、キャンパスはもう「大学闘争」のまっただ中で、ブントの幹部として頭角を現わした太田君は赤ヘルでデモの先頭に立って、相変わらずの訛りでアジっていた。ぼくはといえば。N君とのつきあいで時々白ヘルをかぶって遠くから太田君の指揮ぶりを見ていた。N君も経済学部ということで文学部のぼくは、「大学闘争」の中ではいわゆるノンセクトの「全共闘」として黒ヘルをかぶることの方が多くなり、組織の幹部として忙しそうにしている太田君とはあまり話す機会もなくなっていた。

あれはブントのY君が自殺した直後で、何か急に太田君と話をしたくなって彼の部屋を訪ねたときのことであった。もちろんその頃のぼくたちなので、部屋に電話があるわけでもなく、昼間突然、部屋を訪ねたのだ。鍵もないベニヤ板のドアを開けるとせんべい布団から顔をのぞかせたのはブントのHくんと後輩の女の子だった。まじめな太田君はワイルダーの『アパートの鍵貸します』を地で行っていたのだろう。彼女が映画のシャーリー・マクレーンのように。太田君が好きであったかどうか聞かずじまいだったが。あの頃の太田君のことを思い出すと、きっと目に浮かぶ光景である。

そんなことを、「太田流通研究所」の主宰者となった五〇代の太田君と話す機会もとうとうなくなってしまった。まあ、「健康優良不良中年」で過ごしてきたぼくも今年の人間ドックでは「人間フォアグラ」脂肪肝の宣告を受けてしまったことだ。追っ付けそちらに行くことになるだろう。顔を合わせれば、きっともっといろいろ面白いこと、楽しかったことも思い出すだろう。それまでしばらくの辛抱ということで待っていてくれ。そちらにはうまい酒はあるか。なければこちらから用意をして行くことにしよう。あの頃はせいぜいレッドかハイニッカだったが、もうそんな酒もないだろうか。それとも、あの頃を思い出すにはそんな安酒がふさわしいかもしれないナ。この文章を書き終えたら、何か君とのあの時代を偲んで飲むことにしよう。

逃げ込みし家の娘は

田崎　恵一（六六年入学　理学部）　杉戸　孝（聞き書き）

一九六八年一〇月二一日東京新宿

一九六八年一〇月二一日、国際反戦デーが全国各地で闘われた。東京では新宿を中心に激しい街頭闘争が闘われ、一〇〇〇名近くの逮捕者を出した。新左翼諸党派は地方の大学から活動家を動員したため、東京の地理に疎かった地方の活動家から多くの逮捕者を出した。

田崎は中核派（マルクス主義学生同盟中核派）の一員としてこの闘争に参加し、機動隊に追われ、狭い路地に面した民家の庭に逃げ込んだ。騒ぎに気がついてカーテンの影から見ていた娘と思われる一〇代の女性は、手招きして田崎を家の中に入れてくれた。そして驚いたことにカーテンを開け放ち、ピアノを弾きはじめた。学生たちを追って路地に入ってきた機動隊員は、ピアノを弾く寝間着姿の娘を横目で見て路地から去って行った。田崎は辛くも逮捕を免れた。

田崎は女性に礼を言い、裏にある居間から脱出した。闘争現場であった新宿駅を少し離れると、そこには喧騒に包まれた首都の雑踏があった。人々は何もなかったように楽しげに歩いている。田崎はホッとすると同時に悲しい気持ちになった。同じ隊列にいた仲間たちは、そして北大の仲間たちは、今どうしているのだろう、あの娘さんは親に叱られていないだろうか。コマ劇場のネオンが眩しかった。

逃げ込みし家の娘は寝間着にて　捜査避けむとピアノ弾くらむ　礼を言い窓から出るを許される　コマ劇場のネオンが見える

北大の三派

田崎は京都府綾部市で生まれた。父親は綾部が発祥の地であるグンゼの社員だった。父親の転勤に伴って小学生時代は兵庫県西宮市、中学生になって札幌の月寒で過ごした。高校は地元の月寒高校に入学したが、父親の転勤で三年生になって横浜の高校に転校することになった。しかし、受験する大学は長く過ごした札幌の北大を選択し、一九六六年北大理類に入学した。

大学に入ってすぐ、社会問題に関心のあった田崎は、高校時代の友人に誘われ学習会に参加した。その学習会は革マル派の活動家が多い「革マル系」の学習会だった。その影響もあって田崎は、教養部時代の二年間は革マル派のデモなどに参加した。

理学部に移行した一九六八年、理学部にいたHさんという先輩の影響もあって田崎は中核派に加わった。教養部にはクラス反戦が誕生しノンセクトの運動が勢いを持ち始めていた。田崎は中核派の教養部担当の一員として、クラス反戦のノンセクト活動家と親しくなった。教養部建物の三階にある広い階段踊り場にはソファーがあり、そこは北大三派の「ボックス」になっていた。田崎はそのソファーに座って、通りかかるノンセクト活動家によく論争をふっかけた。意外にも田崎は、豪放磊落といった外見から想像できない「議論」を好む理論派だった。

北大闘争が始まった一九六九年には、理学部の「理学部闘争委員会(理闘委)」に加わり、北大闘争には「理闘委」として関わった。だから「あの時期、自分は『全共闘』だったと思っている」と田崎は言う。北大闘争中のことで今でも鮮明に覚えているのは、封鎖中、大学正門で「警備」をしていた時、近くの住民に「頑張ってくれよ」と励まされたことだった。六八年一〇・二一のできごとといい、闘いの中、肌で感じる「大衆の支持」が、田崎の活動の原動力だったようである。

しかし、入学した北大には、さまざまな「セクト＝革命を目指す組織（党派）」が、「大衆の支持」をめぐって日々争っていた。

北大内で確認できる反共産党系の主要セクトは次の通りである。1社学同＝学生戦線，2反帝学評＝反戦反安保行動委員会，3中核派＝反戦会議・マルクス主義研究会，4革マル派＝反戦闘争委員会・全学闘争会議。
（『北大闘争の位置と思想』河西英通）

当時、北大のこうしたセクトで最大だったのは、日本共産党とその青年・学生組織である民主青年同盟（民青）であった。またこの民青と対抗するセクトとしては、革命的共産主義者同盟革命的マルクス主義派（革マル派）が突出した勢力を誇っていた。ともに北大は国内の大学でのそれぞれの「三大拠点」のひとつであった。（当時の民青の御三家は、北海道大学・名古屋大学・立命館大学、革マル派は、北海道大学・琉球大学・早稲田大学だった）

それ以外の北大のセクト（社学同・反帝学評＝解放派・中核派の三派やフロントなどの構造改革派）は「異色の存在」であった。二つの大きな勢力の中にかろうじて作られ、細々と維持されている「辺境の小さな拠点」だったのだろうか。北海道はそれぞれのセクトの中央指導部から見れば、「辺境」の小さな存在で、「人材や資源の補給地」に過ぎなかったのかも知れない。

セクトの立場から見ると、セクトやその学生組織に属していない「ノンセクト」の学生は「オルグ（組織化）」の対象だった。「未熟」な学生大衆を正しい革命理論の下に導くことが各セクトの基本的使命だったからである。「大衆組織（学生組織）」やサークル活動を通して、「優秀な」学生を選別し、上級組織へ加盟させる。これが、ほとんどすべての革命を目指す組織が行っていた活動の柱だった。そして「オルグ」できないどころか、自らの政治組織の方針を批判する学生は活動の現場から遠ざけるか、極端な場合は排除し「つぶす」対象とされることがあった。

しかし北大の三派は、こうしたセクトの免れることのできない「業」とは無縁の不思議な存在であった。北大の三派に加わる新入生は、それぞれのセクトの革命理論の「正しさ」ではなく、中心人物の人柄に惹かれたという理由で加わる者が多かった。田崎は学部に移行して、学部で出会った中核派の先輩の人柄に惹かれ、革マル派から中核派の活動家になった。このことが田崎のその後の人生を大きく変えたようだ。

大学を去って

田崎は北大を卒業しなかった。一九七一年、北大を自主退学した田崎は、北海道を離れK県に移り住んだ。中核派の活動家としてK県反戦青年委員会に加わり党派の活動を続けた。

当時の北大の三派はほとんど壊滅状態にあった。革マル派は三派の活動家が北大で活動することだけでなく、学内に立ち入ることさえ許さなかった。かつての民青と革マル派による二極体制は、すさまじい暴力的な支配体制として復活した。多くの三派活動家が大学を去った。

田崎はK県で同じ反戦青年委員会の活動をしていた女性と結婚した。大手運送会社を四年ほどで退職し、その後、外商担当として地元の中堅書店に一〇年ほど勤務する。反戦青年委員会の活動だけでなく労働組合を結成するなど職場内でも活動をしたが、この間のことについて田崎は多くを語らない。革マル派と中核派との「内ゲバ」は熾烈を極め、凄まじい「殺し合い」となっていた。田崎がK県を去ることを決めたのは、この悲惨で無意味な「内ゲバ」と無関係ではなかった。

内ゲバ殺人は、当初は状況におされた偶然的な、現場での暴発という要素が大きかったのであろう。が、回を重ねると逸脱が逸脱として自覚されなくなり、合理化され正当化され、果ては組織的に煽り立てられ遂行されるにいたった。両党派が内ゲバ殺人の正当化に用いる理屈には、それぞれに特徴的で相違があるが、報復の論理をとり、相手党派に反革命の烙印を押す点では共通している。報復の論理によって、内ゲバを抑制、停止してそれから脱けだす道を見いだせず、内ゲバのとめどもない悪循環的な拡大に陥ることになる。相手を反革命と断罪することで、罪悪感や思い悩みに妨げられることなしに、革命か反革命かの強迫観念に駆り立てられ、相手党派のメンバーの破滅が革命につながるという倒錯にはまりこんで、ゲバを揮うことが可能である。このようにして、両党派は一気可成的に殺し合い内ゲバに転げ落ちていった。

内ゲバ殺人が及ぼした社会的反響も、甚大であった。先年公刊された『全共闘白書』(新潮社、一九九四年)での、全共闘運動的なものから距離をおくようになった主因についてのアンケート調査への回答に従うと、内ゲバが第一位であり、第二位の連合赤軍事件と合わせると、圧倒的な割合を占めている。新左翼党派運動はそれなりの広がりを有するにいたっていたが、その運動に共感したり支持を寄せたり、期待したりした人達も、その多くは、内ゲバが殺し合いにまでいたると、強い衝撃を受け、心を痛め、慨嘆したり憤慨したりしながら、結局は呆れ果てて愛想をつかすにいたったであろう。

(『新左翼党派運動の歴史的意味』大藪龍介)

田崎は陶芸家をめざして愛知県のS市に単身移り住む。陶芸を学び、作家として個展も開いた。しかし陶芸家として「食べていく」ことはできなかった。

やがて「窯屋」に勤め始めた。焼き物の製作には窯が必要であり、この窯を扱う会社がS市にはいくつもあった。田崎はこの中の一社に就職し、全国の現場に出かけた。北海道の現場で学生時代の友人に出会うこともあった。

しかし、かつて盛んだったS市の窯業は衰退していく。いくつもあった「窯屋」も廃業していった。五〇歳代になった田崎は知り合いに乞われて「介護」の世界に入った。ヘルパーの資格を取り、やがて「障害者移動支援」の「ガイドヘルパー」の仕事に就く。重い「自閉症」の子供たちの通学や通所同行、休日の余暇支援などを行う仕事である。

これが田崎には一番「合っていた」ようだ。田崎は「人から必要とされる」ことにことのほか「弱い」。だから求められるとなかなか断れない。そして引き受けた以上は精一杯やるが、それが自分に合っていないと途中でやめてしまう。

こんなことを繰り返していた田崎が、最後にたどり着いたのが障害者の「移動支援」だった。六歳のころから担当している重い「自閉症」の男の子は成人し、もう二〇代の青年になった。田崎は他の事業所から転職を勧められた時も「ずーと見ている子と離れたくない」という理由で断っている。北大闘争の時に「頑張れ」と声をかけてくれた住民や一〇・二一でかくまってくれた娘さんのことをいつまでも覚えている田崎らしいエピソードである。

大切にしているもの

「人のためになることを何かしたい」と始めた学生運動は、いつの間にか「人にさそわれて」党派の運動に加わることになった。しかし、「対立抗争」にあけくれる党派の運動にはどうしてもなじめなかった。内ゲバが激化し、「どこかで間違ってしまったのでは」と運動から離れ、生きていくために「稼ぐ」だけの仕事に就いたが、それは長続きしなかった。こんな自分が自分らしく生きていくためには、どうしても「人のためになっている」と確信できる「行動」が必要なのだ、と田崎は信じている。

本を読むことが好きで「理論」を大事にし、それを実践しなければ、といつも考えてきた田崎は、今はシンプルなたった一つの理念を大事にしている。

それは「決して嘘をつかない」ことだ。

人に対しても、そして何よりも自分自身に対して。

五〇年前の自分（たち）探しの時間

相原　慎二（六六年理類入学）

一昨年一一月中旬に、意識不明の状態で救急車で運ばれて緊急入院してから現在（昨年一〇月中旬）までの間に、四回入院（検査入院一回、手術三回）という経験は、「体調崩したらしい」という噂が立つのに充分な経歴になってしまいました。

なかなか病みあがらない後期高齢者の身体状態の現実に直面していて、油断したらダメだと、ちょっとだけシンミリとしていた日々が少し続いていた、一回目の手術の退院直後の今年六月初旬、元北大本部封鎖闘争被告団の工藤氏の名前で少し厚めの郵便物が一通届きました。

「何だろう?」と開封して、入っていた三点の資料をページの薄いものから順に読み進めるうちに、徐々に緊張してきて、同時に「五〇年前の記憶」の曖昧さも色々と徐々に広がってきて、何度も中断しながら読み、また読み直しは何回も繰り返して、読み通すのに結構時間がかかってしまいました。

その前に、緊急入院後の体力低下もあって、仕事を続けながら、三月～四月の間にアパート自宅（三階）と、近くにあった事務所（三階）を、自宅一階へ引っ越す作業が終了したのが四月末。五月初に高齢者運転技術検査合格と免許更新の後、一回目の入院手術という具合に目まぐるしいスケジュールをこなした後だったので、三点の資料を手にする気力は正直弱めでした。

それでも、岡戸孝氏の『記憶を紡ぐ』を何度か繰り返して読み直しているうちに、印象が変わってきました。教養部C闘委と学部生としての自分の置かれていた状況との違いを当然強く意識しながら、一九六九年四月一〇日以降の北大闘争を振り返って、自分なりの視線で思い起こしてみようという気持ちとその作業を、次第に強烈に後押ししてもらったという思いがあります。

書かれている人物が仮名なので、見当がつかなく判らなかったり、知らない人物だったりしたが、判る場合は改めてその人物の別の一面に触れた感じがして、本当に、様々な事柄について、時系列がバラバラに想い起こされるという至福の時間でもありました。

あの時代（ころ）は、自分にとっては深くは判らない問題に対しても自分なりに全力で立ち向かい、可能な限りの思索と実践を重ねるたびに、次第に「何か」を求めるように日々を送り、未熟であっても後悔がない、という熱い青春の時代でもあったのだと改めて思い至りました。

八月末の締切り間近になって、やっと工藤氏に連絡を入れ、時間がまだ必要な旨を伝えました。実はこの時、九月に一週間ほどの二回目の入院手術が決まっていました。すると、入院前日にＱ対（救援対策）仲間の星野氏から連絡が入り、Ｑ対に関する執筆内容の分担の提案があり、大変有り難く承諾。そして、退院後に直接会って話していく中で、彼は、「Ｑ対の仕事は際限がないので、今回の出版を機に区切りをつけたい」と語り、私の知らない「昔の真実」や、今回の出版呼びかけの趣旨の下で進行している議論の方向性の中に感じている「懸念と違和感」について、小声で吐露しました。

私の中では、一九六九年北大全共闘運動についての〝区切り〟は記憶として一度ついています。七四年秋頃に出所した道内の被告三氏を各刑務所で数名で出迎えた時に。

もう一つ、小声で吐露されたことについては、議論にまだ参加していないが、自分の経験からどのように参加して表現していくことが可能なのか、少しだけの役割はあるのかなと感じているところです。

自分がなぜ、北大全共闘の中でＱ対に関わるようになったのか。キッカケは何か。北大全共闘運動は北大生だけの運動・闘争だったのか、などできるだけの記憶を拾い集めて振り返ってみたいと思います。

（はじめに）

私は、一九四七年五月一八日、空知郡長沼町で生まれました。父親は五人兄姉の末っ子で、祖父は病死していて、母子家庭でした。一人だけ農家を継がず、空知管内で小・中学校の教員となりました。一九五二年、私が五歳の時、父の転勤で苫小牧に移住。一九五七年小学四年で勇払小に転校。一九六二年中学三年で苫小牧東中学校に転校。一九六三年苫小牧東高校入学。長沼生まれの苫小牧＋勇払育ちです。

（一九六九年四月一〇日北大入学式当日）

一九六九年、入学式の後に体育館周辺で新入生歓迎の「都ぞ弥生」を合唱する北大男声合唱団の一員として集合する予定だったが、大幅に寝坊してしまいました。その言い訳のため、よくたむろしているクラ館階下の喫茶店に向かったところ、数名の団員がいて、「ゴメン。寝坊した」と告げた私に「大丈夫。入学式は中止だから」の返事。「エッ何で？・」というと、「ヘルメット・角材姿の学生たちが、体育館を占拠したから」との話で、びっくりして頭の中が一瞬固まりました。〝入学式が粉砕された〟と知った瞬間でした。

これから何が北大で始まっていくのだろうか、という期待のような不安のような複雑な思い・考えが整理されないまま、頭の中でアッという間にいっぱいになっていたことを覚えています。日大・東大全共闘に対する情緒的なシンパとは言えても、党派関係も何もないノンポリ学生で、充分には受け止めきれない状態で大学院進学を考えていた四年目四年生の衝撃的な春だったのです。

(四月一〇日以降)

この日を境に、大学内の雰囲気は一変しました。自分の周辺でも合唱団内はもちろん、所属する理学部高分子学科内でも色々な動き、議論が沸き起こっていました。特に学科は、死去した古市二郎前学長の出身学科だったがゆえに、理学部の中では特異な雰囲気があり、堀内寿郎学長派が少数派という信じ難い構図が生まれていました。

学科の全体集会では、戦闘的なメンバーが多い三年生、卒業と就職を控えて中間派が多いけれど、採択の結果、当局対応への意見表明の立て看板を数回立てた四年生、助手院生層では冷静な姿勢で大学当局に対して批判的なメンバーの存在を知りました。二〇名くらいの四年生の中に元革マル派活動家が二人いたことを知ってからは他講座の院生の研究室に通い出して、日韓条約闘争や六〇年安保の時の話を教えてもらったことで、後々、理学部内の他学科の学生、院生と顔見知りになって、徐々に理学部以外の学部（教養部、農学部、法学部、文学部など）の助手院生との面識が増え、広がっていくきっかけになりました。

(夏から秋の頃)

北大本部前学長団交があったり、学内でバリケード封鎖が拡大していく中で、文系四学部や軍艦講堂、本部にも、いつしか出入りするようになりました。顔見知りが増えていく中で、本部に初めて入った時に誰何されて「理学部」と答えると更に厳しくなり、「知り合いの院生の名前」を告げると知り合いだった別の院生が出てきて、やっと解放されるという緊迫した場面もありました。

また、民青派部隊による〝暴力性〟の実態を二回直接体験したのもこの時期でした。一回目は、文系棟通路でのバリケード解除のために、ホースによる放水襲撃で図書資料類を放水破損。翌日〝暴力学生の襲撃による破壊行為〟糾弾のビラを見て、堂々たる大うそに怒りを覚えた後、「成程な」と感心しました。二回目は、理学部屋上から文学部屋上への投光機とピッチングマシンによる襲撃。たまたま当番で歩硝に立った夜、隣で「ピシッ」との音がして、次に「うっ」といううめき声を聴いてその場を急いで移動した経験があります。共に、夜の出来事でした。

（一〇・二一のこと）

学科の三年生と一緒に、ヘルメット、角材の隊列に加わった時、何回かジグザグデモを繰り返したら、最前列で機動隊と対峙し照明光を当てられた北大南門前の通り。次に笛が吹かれたら突っ込んで逮捕も覚悟と内心震えていた場面と、引き返してから、正門前の〝解放区〟で、大勢の群衆と一緒になって闘った後の、明け方に肩車姿でスピーチした杉戸氏の姿は感動的だった覚えがあります。当時はまだ名前も顔も知らなかったのですが。そんな情景が不意に蘇ってきました。

（一一・八のこと）

参加を申し出た時、「一〇・二一の比ではない」と一度拒否された後に、三年生の猛抗議で認められ構成されたグループは全員同じ学科でした。早朝向かった中央区に人影はなく、北大南門に変更後は、北大本部の北方面に移動して、本部決死隊五人と呼応した連帯の闘いの輪の中にいました。ノンヘル姿で組まれた隊列で電車通りをジグザグデモをして後ろ向きにまわった時、機動隊に襲われ、あっという間に機動隊員の中にとり残されました。この瞬間も逮捕を覚悟しました。でも、そおーと動き出して歩道に向けて走り出した途端、「この野郎！」という機動隊員の声と、「あっ早く！！」という悲鳴のような声を背中に聞いて、もう必死に全速力で走り続けたら歩道に戻れました。という光景は今もすぐ蘇ってくるが、この日、何時頃どんな感じでアパートに戻ったか、記憶がはっきりしません。

（一一・八以降のこと）

翌日から、理学部の裏側の学科の講座研究室に、多分能面のような表情で通い、一二月一杯、卒業実験を続けたと思うが、今後どうするか、卒業は？就職は？色々考え続けて幾つか結論を出して年明けの方針を固めようとしていました。

年が明けてから、卒業論文に必要な実験データの一定量を確保するまでは、研究室に通い実験を続け、その後はアパートの自室で布団を敷いたまま過ごす生活を始めて、研究室は無断欠席の日々。で、最初に卒業実験中止→卒業論文作成中止にして卒業延期と留年を決めました。

四月から、五年目四年生として大学院に再挑戦し、卒業実験再開・卒業論文作成をして〝卒業証書〟を仕送りの〝領収書〟として親に手渡すこと、初公判が始まった後は、北大本部裁判の行方を最後まで見守り、傍聴していくこと等を決意していました。

（七〇年二月初公判の頃）

初公判は、地裁前集会での革マル派の妨害シュプレヒコールの騒々しさと入廷後に何も発言せずおとなしく傍聴席に座っていたのに、自分を含め数名が「退廷」させられた渡部保夫裁判長の強権指揮発動が記憶に残っています。傍聴の後、狸小路の旅館・深山荘や解放会館での〝会議〟に参加し続けて、自己紹介していく中で少しずつ、C闘委メンバーの顔と名前を覚えるようになって、自分が直接体験していない「四・一〇」以降の大学内のもろもろの闘いや活動状況を知ることも少しずつ増えていきました。そして、「四・一〇」の問題提起をどう受け止め続けていくのか。「各自、自己運動を開始せよ」宣言を受けて今後どう実践していくのか、という議論を中心に、個々の去就や問題意識も鮮明になる中、確か被告団が釈放されていた頃のある日、工藤氏の末弟から「Q対（救援対策）やりませんか」との誘いを受けました。

（Q対への誘い）

最初は、被告団工藤氏の二人の弟の三男佐千夫氏が私のアパートに来て碁を打ちながら、そしてその二～三日後、二男の高志氏がやってきました。裁判の傍聴は最後までやろうと決めていたので、手伝いできることがあればと承諾。

「四・一〇」の問題提起をどう受け止め続けるのかは、裁判を最後まで傍聴していくことで考えていこうという簡単な理由から。何日か後、江別の花崎氏宅での集まりで他のメンバーと顔合わせをして、南大通りの斉藤ビルの北海道救援センターの事務所に通うことになりました。七〇年春頃だったと思います。

（北海道救援センターのこと）

当時の事務所で北大全共闘のQ対メンバーが多かったのは、逮捕歴があったり、逮捕事件の被告だったりしたことでQ対活動を始める場合が殆どらしく、自分のように逮捕歴も党派歴もなく関わるのは珍しいケースだったらしいです。北大全共闘のメンバー以外では、反戦労組関連で裁判所や弁護士事務所の職員さんたちの助言、協力が大きかったり、市民救援会のメンバーや、北大以外の大学の職員、学生の参加、看護学生や色々な職種の人が関心を持って出入りしたりしていて、女性も多く、総勢で二〇名を超えるメンバーで構成されていました。一時、デモ時の歩道医療班が一〇組くらいになったこともあります。最初の仕事が〝自分のペンネーム〟を考えることだったと思います。逮捕歴がなく被告でもなかったため、法的な知識、常識に乏しく、本当にゼロから学びのスタートでした。留置場の逮捕者へ差し入れするため、差し入れ人の「名前」「住所」「生年月日」が必要でした。逮捕時、名前不明の場合、留置番号で差し入れすることも学びました。

差し入れの七点セットを揃えて差し入れることから始めて、同時に少しずつ「基本小六法」を片手に「狂犬病の予防と対策」（救援ノート）を読み込んだり、解説を受けながら「公安条例最高裁横田判決」を内部学習したりして、「逮捕～起訴～裁判までの流れ」の法的な意味合いも少しずつ身につけて、Q対活動に取り組みました。夏の合宿では活動の検証・反省と総括の議論もまじめに重ねていました。

（七〇年～七一、七二、七三年の頃）

この頃は、北大本部裁判以外にも北大全共闘運動の影響もあって、大通公園を中心にした集会・デモ街頭闘争が展開され、闘争主体や闘争形態が未組織と未成年で、予備校生や高校生によるデモや逮捕者が多かった時期でした。留置場の逮捕者への差し入れ活動や拘置所での面会活動、釈放後は面談を通じて取り調べ状況の聞き取り調査、家族との面談、相談を通じて、時には裁判支援にも関わったりしました。

未成年や高校生の場合は、少年法との関わり、鑑別所の問題、親・家族関係が大事になるケースでありながら、親・家族の側に自分の子、兄弟姉妹を警察署から、留置場から、拘置所からとにかく早く外に出すことを最優先にする力が強くなりがちです。しかし、主体的に参加した結果の逮捕であるという現実に本人自身が立ち向かおうとする時、北海道救援センターの救援活動としての経験が持っているであろう意味合いは大きかったのではなかったかと、今、ひとりで回想しています。

（七二年一二月札幌高裁判決）

北大本部裁判闘争は、七二年一二月札幌高裁「実刑判決」で一つの区切りを迎えました。出所・出獄して再会できるまでの二年余りの間、私は被告団一人一人が家族に宛てた手紙の中から掲載可能な文書をお借りして、私自身が手書きした原稿を、Q対仲間の牛田川金太左衛門氏の協力でオフセット印刷してB5版小冊子として作成して、被告団のメンバーが出所してくるのを待っている仲間同志の皆と、ご家族へ郵送したり手渡ししたりする作業を続けていました。ただ、現在、その具体的な記憶が何故か飛んでしまっていて、現物も持っていないので、とても悔しい気持ちです。

（そして、七四年一〇月頃）

服役を終えて出所・出獄する三人と再会するため、岡崎氏を函館刑務所で、（多分）武者氏を旭川刑務所で、工藤氏を札幌刑務所で、数名の仲間と共に出迎えて再会を果たし終えました。この日、私の内では、私にとっての最初の〝区切り〟がついた日になりました。

その頃の北海道救援センターの取り組み活動は、逮捕時のQ対活動を維持しながら、市民運動体として二つのテーマの取り組みを開始したばかりの頃でした。一つのテーマは、在日韓国人政治犯でっちあげ問題から始めて、日韓問題を考える会＝日本の戦後責任を考えること。もう一つのテーマは「伊達火力発電所裁判に勝ってもらう会」への参加から始めて、チェルノブイリ原発事故、泊原発そして核ゴミ問題につながる活動として。

（最後に）

北海道救援センターの事務所は一九七〇年代後半に穏やかに閉所しましたので、二つのテーマには現在私の個人的取組みとして、細々と関わり続けています。

二〇〇八年七月の洞爺湖サミットの時は、四人の逮捕者に関するQ対活動に関わり、三〇数年ぶりに、東京のQ対関係者と再会もしました。

最後に、この私の拙い原稿が、今回の「呼びかけ文」の趣旨に少しでも適うものになっていることを念じつつ、五〇年前の自分（たち）から逃げることなく、五〇年前の自分（たち）に忠実に出会って、できることながらも、再現される共同執筆の本を共同編集して、そして記憶力と格闘しながらも、歴史的にもきちんと立ち向かい、限定的に共同出版していくという形が一番似合っているのではないかと考える次第です。

自分としては、まさかの二度目の〝区切り〟になりそうだけど…。一度目は記憶として、二度目は記録として。

学生運動とは何であったか

中村　充（一九六七年入学　経闘委）

私がベトナム反戦デモに出たのは、高校三年生の時だったと思う。同じクラスだった、後に詩人として活躍するSに誘われた。後から知ったのだが、これは反戦高協のデモで、機動隊と接触する側には大学生が入ってくれた。大阪の扇町公園から出発し難波の高島屋デパートあたりで解散するのだったが、途中、かなり激しいジグザグデモも展開した。

反戦高協は「戦争と植民地主義に反対する高校生協議会」の略称である。京大に行った先輩が高校生の組織化にのりだし、それに、IやS、後に弁護士なったKなどが応じた。羽田・弁天橋で機動隊に後頭部を警棒で殴られて亡くなった山﨑君も参加していたのだろう。後に小説家になったMも参加していた。多いときは大手前高校だけで五〇人くらい動員したこともあった。

大阪から北大へ行ったのは、実家から離れて一人暮らしがしたかったのが第一要因である。それに、次兄が小学生の時に心臓弁膜症でなくなったこともあって、末っ子の私に対する母親の愛情が鬱陶しかった。今から考えれば感謝しかないのだが。一九六八年一〇月八日のデモで逮捕された時は、家裁の調査官に手紙を書いてくれた。

一九六七年に北大に入り、まずはサークル巡りをした。その頃は、自分にもまだ強い党派性はなく、自分の問題意識に合うサークルを探したかった。そのうちの一つに「労働問題研究会」というのがあった。これは民青系だったが、それほど党派性はなかった。新入生歓迎で炭鉱見学に行くことになったが、当日の朝、主な上級生は来なかった。彼らは寝過ごしたのだった。とりあえず、来た上級生の案内で、札幌近くの炭鉱に行った。その炭鉱では、もう採炭していなくて、保守点検をしていた作業員に案内されて炭鉱の中、一〇〇から二〇〇メートル入って帰ってきた。そこの炭鉱はわりといい現場だったようで、作業員の方が「炭鉱の中は、温度が一定で、夏涼しく、冬暖かい。それで炭鉱労働者は外の現場では働けなくなる」と話されていたのが印象に残った。このサークルで、エネルギー問題の議論が出たことがある。確か、「赤旗」を取り出して、石炭から石油へのエネルギー転換は、必要に迫られた合理的なものではなく、炭鉱潰しの政府の陰謀だという議論をしていた。この議論を聞いて、このサークルは駄目だと思った。

色のないサークルとしては「自然保護研究会」にも行った。ここでは五月の連休に積丹半島一周の旅に連れて行ってもらった。一泊目は小学校の教室、食事は自炊だった。誰かが海からナマコを採ってきて、輪切りにしてくれたが、多分食べられなかったと思う。二泊目は北大の空沼小屋に泊まった。後から知ったのだが、この論集にも執筆されている同年入学の理学部の谷博さんと一緒だった。

そうこうしているうちに、クラーク会館で開かれている「マルクス主義研究会」という勉強会の張り紙を見て行ってみた。そのサークルは、中核派のフラクションであった。高校生の時に、反戦高協のデモに行ったとか、機関紙「前進」を読んでいたという話をしたら、好意的に迎えられた。以後はこの「マルクス主義研究会」によって活動することになる。

我々が入学した当時、学生運動をしようとしたら、党派（セクト）に属するかそのシンパとして活動するしかなかった。北大は民青が主流であり、最大野党が革マル派だった。数はまだ少なかったが社学同（社会主義学生同盟）もいた。中核派はまだサークル活動から大きく出ていなかった。社青同解放派は、リーダーが前年の新寮闘争で停学になっていたので組織化は遅れていた。

秋になって、私は中核派に加盟した。自ら加盟したのではなくて、上級生に説得されて断わりきれず承諾したようなものだった。後に聞いたのだが、革マル派は同盟員になるまでに段階があって、審査があり、正式に加盟するには二年程度かかるという話を聞いた。中核派は候補者をまず加盟させて、組織活動の中で育てていくという方針であった。

一概には言えないが、我々の世代はなぜか社会発展のコースとして、資本主義→社会主義→共産主義というものを信じていた。とりあえず貧富の差が歴然とある社会は駄目だろうということは考えていた。だが、その次の発展段階とされている社会主義国家からいいニュースが流れてこなかった。

ベルリンの壁の話はひどいものだった。自分たちの国から逃げ出す人々がいて、しかもその逃げ出す人々を撃ち殺す軍隊があるというのは驚きであった。そんな時に、中核派の「反帝国主義・反スターリン主義」というスローガンに出会ったのである。若かったせいもあって、それまでの疑問が一挙に解決したように思われた。社学同はスターリン主義の物質的基礎は、取り囲んでいる資本主義にあるので、世界革命が実現すればスターリン主義の問題も解決するという立場だった。

まだ中核派シンパのときに、社学同の指導者Kさんに話しかけられたことがある。中核派が一九六七年の東京都知事選挙で美濃部亮吉を支持したことを批判する趣旨であった。私も議会主義は軽視していたのでぐらつきかけたが、東京都知事が革新系になることで、政治の流動化が起こるのはいいことだという中核派の主張に納得していた。この中核派の美濃部支持は北小路敏を都議会議員にするための戦術だった。美濃部亮吉は都知事になったが、特に政治の流動化も起こらなかったし、北小路敏もかなりの票を集めたが次点で落選した。

中核派に加盟すると、週一回会議があり、その都度「マル学同書記局通達」というのが東京から来ていて、その読み合わせがあった。この「書記局通達」を読むことで、全国組織の一員になったことを実感した。九月まではわりと平穏な日々が続き、「マルクス主義研究会」での学習が中心だった。

九月半ばに送られてきた「書記局通達」は激しい内容のものだった。一〇月八日の佐藤首相のベトナム訪問阻止闘争に関するものだった。九月には法政大学で処分撤回闘争が起こり、九月一四日未明に機動隊が導入され二八五名の学生が逮捕された。法政大学は中核派の最大拠点大学だった。だが、「書記局通達」では法政大学の情況がどうなろうと羽田闘争に組織の全力をかけると書かれていた。「一〇・八闘争に組織の飛躍的強化をかけて全力投球せよ」「全同盟が全て逮捕されることを覚悟して、一〇・八闘争に突込まなければ一〇・八闘争は爆発しないのだ」というような文言であふれていた。これは

『資料　戦後学生運動7』（三一書房　一九七〇）からの引用だが、当時の私の記憶と一致している。

確か、この頃から「書記局通達」は読後、焼却することになっていたと思うが、取り置いていた人がいたのだろう。だが、この指令は全組織には物質化されなかった。これまでの単純なデモではないとは考えたのだろうが、機動隊と直接、武力（？）対決するとは思わなかったのだろう。行動隊が手にしていたのは、形だけのプラカードを付けた角材（全員ではない）と投石用の石だけだった。ヘルメットもほとんど準備していなかった。

この時の羽田弁天橋で、山﨑君は機動隊に警棒で後頭部を殴られて死亡した。警察官僚には悪知恵が回る人がいて、公式には、学生の運転する装甲車に轢かれたのが死因だと発表し、各新聞も警察発表通り、現場で見たよ

うに追随する記事を書いた。ちょうどこの日は日曜日で夕刊がなく、警察にも考える時間があったということだ。

後から現場にいた人の話とか、良心的な報道を総合すると、学生の勢いに装甲車を運転していた機動隊員が、キーを付けたまま逃げ出したため、その装甲車に乗り込んだ学生が橋をふさいでいた他の装甲車にぶつけて空港への通路を確保しようとしたらしい。そのせいかどうかわからないが、人が一人か二人通れる空間ができ、デモ隊がそこを通って進出した。そのうちに、態勢をととのえた機動隊が通路を開け、突然、警棒を振りかざして学生に襲いかかったということだ。

連合赤軍の吉野雅邦も、このとき、中核派のシンパだったようで機動隊の警棒によって頭を割られている（深笛義也『2022年の連合赤軍』清談社Publico　二〇二二）。この装甲車を運転していたとされる学生が検挙されたが、証拠不十分で釈放された。後から思えば、中核派も組織をかけて闘うという方針ならば、せめてヘルメットを事前に用意すべきだったし、機動隊員も学生が死ぬほど頭を乱打すべきではなかったと思う。しかし、これは後知恵で、その時々の現場では思わぬことが起こるものだ。

同じく六七年一一月一二日の佐藤首相の訪米阻止闘争では、学生側も角材とヘルメットを用意し、機動隊側もジュラルミンの大盾を装備した。中核派の政治局会議では、一〇月八日の闘いで学生も打撃をうけているので、カンパニア闘争にとどめようという意見もあったらしいが、学生側も今さら戦術を後退させることはできなかっただろうし、この前日に佐藤首相の訪米に抗議して焼身自殺したエスペランティストの由比忠之進事件の影響も大きかったということだ。

一〇月八日に空港の橋まで、学生の進出を許した警察側は、この日は羽田の一つ手前の大鳥居駅に阻止線をはった。学生側もよく闘ったが、この阻止戦は突破できなかった。北大の中核派からは二人が参加したが、一人は逮捕され、二十数日勾留された。

私はこの第二次羽田闘争には行かなかった。山﨑君の死を十分受け止めきれなかったのである。一九六八年一月に佐世保にアメリカの原子力航空母艦エンタープライズが寄港すると決まった時は、佐世保に行く覚悟はできていた。北大からは、私を含め一年生二人が行くことになった。二人では組織的行動ができないので、京大のグループに入れてもらうことになった。

最初から意識的だったのかどうかわからないが、中核派は闘争におけるマスコミの影響力に注意を払っていた。山﨑君の死の代償として、中核派に焦点が当たったのを最大限利用しようとした。佐世保闘争も三派の中では中核派だけが全国動員をかけた。他の党派は佐世保が九州の端であることもあって西日本動員にとどめ、東京は東京でカンパニア闘争を行うという方針だったようだ。京大の中核派のリーダーは、今や焦点は佐世保に集中している。佐世保現地以外での闘いは焦点をそらす反革命だと言い切った。この方針は功を奏し、佐世保でも中核派の動員力がまさったせいか三派の統一的行動が実現したようだった。

六八年、中核派は続く三里塚、王子野戦病院闘争でもリーダーシップを発揮したが、他派はそれを中核派のセクト主義、引き回しと捉えたため、三派系全学連は中核全学連と、社学同と解放派の反帝全学連に分裂した。全学連は大衆的なものであるべきだった。三派系全学連のような党派連合全学連であったとしてもセクト主義が克服されていれば、学生運動の展開も変わっていただろう。六七年から六八年にかけて、東大、日大で学園闘争が起こり、東大では六〇年安保闘争で、共産同＝社学同の影響を受けた世代が復活し、党派と一線を画す闘いが構築されていった。日大でも、最初に大学の不正に怒り、立ち上がったのは党派の影響を受けていない学生だった。

もし三派系全学連が統一戦線の役割を果たし、大衆的な全学連となっていれば、東大、日大や各大学の闘争をも包摂し、まさに全日本的な巨大な闘いが実現できていたかも知れない。しかし、今となっては夢物語になってしまった。

一九六九年、私は三年生になって中核派を離脱し、ノンセクトで活動することにした。革マル派のセクト主義には辟易していたからだ。革マル派は、ことあるごとに中核派に対して「いちゃもん」をつけてきた。東京で発行されている中核派の機関紙「前進」の記事に事実誤認があるので訂正せよと強要されたこともあった。中核派に所属している限り、思うように闘争ができないと考えた。

ヘルメットを白から黒に塗り替えた。しかし、結果的にはそれは甘かった。経済学部に進学したので、「経済学部闘争委員会（経闘委）」を名乗ったが、強固な闘う組織にはならなかった。春に自治会選挙があり、民青に勝てる可能性があると考え、あれほど嫌っていた革マル派も入れ、三派、ノンセクト連合で候補者を出したが、勝つことはできなかった。

その後は、大学本部や解放会館に泊まったこともあったし、民青とのゲバルトにも参加したが、最終的には六九年の一〇・二一のデモに野次馬的に出たのが最後になった。一一月八日の機動隊導入による本部攻防戦は、北大南門付近で見守るだけに終わった。

思い返せば経済学部のゼミには出席していたが教養部の情報が入らず、本部闘争被告団の裁判闘争に関われなかったことを残念に思っている。

何が人生の岐路となったのか
――後期高齢者に仲間入りして

谷　博（一九六七年理類入学）

私は一九七一年三月、理学部地質学鉱物学科を卒業して、岐阜県の窯業会社に技術職として就職した。その会社は、「工員」と「職員」に区別され、工員にはいわゆるクローズドユニオンショップ制の労働組合があった。私のような大学卒業者は「職員」とされ、労働組合はなかったし、一時間までの残業には残業手当が付かなかった。

入社直後、ある保守系の衆議院議員候補者の選挙事務所に「顔をだすように」と上司から言われたことがあった。私は即座にその理由を聞いたが「皆が行っている」という以上の答えはなかった。そこで「残業代は出るのか？」と問いただすと出せないと言う。「それじゃ、その選挙事務所へ行って、あんたは落選しろと言っていいか」とさらに尋ねると、その上司は諦めて、「もう行かなくてもいい」と冷たく言い放った。

一　政治少年への道

林業が盛んな奈良県吉野で私は生まれ育った。家は吉野川のそばにあり、一九五三年の一三号台風と一九五九年の伊勢湾台風と二度にわたり床上浸水の被害にあった。父は製材所を営んでいたが、私が小学校低学年の頃、倒産。父母は吉野川の砂利採取に従事した後、畑を借りて、杉苗・花卉栽培を始めた。父母が借りていたのは私の同級生の家の畑だった。

どんな経緯だったのか記憶にないが、その同級生に「小作人の子のくせに」と罵られたことがあった。また学校で集めていた農協一〇〇円貯金に親が五〇円しかくれず、担任から「谷！　五〇円どうした」と厳しく責められたことも辛い思い出である。小学六年の頃、父母は養鶏業を始めた。鶏舎が小学校のそばにあったので、鶏のエサをやってから登校するのが日課だった。

中学校は町内に一校しかなく、六つの小学校から生徒が集まった。中学校三年の時、同級生の兄が自衛隊員で、彼が自衛隊の勧誘に来た。当時は自衛隊違憲論が強く、私はそのことを質問しようと思ったのだが、結局声が出なかったのは情けなかったと後悔している。

私の田舎ではその頃、高校進学率はせいぜい半分くらいだった。末っ子だった私は兄姉が就職したおかげで、公立高校に進学できた。軟式テニス部長をしていた二年生の時、運動部の活動費増額を目指すために生徒会長に立候補せよと勧められ、一九六五年度後期の生徒会長に当選した。後期の生徒会のため、予算には手を付けることができず、私は全県の生徒会に「高校生徒会連合を作ろう」と呼びかけた。しかし、その集会に来たのはたった一校だけであった。私はうかつにも次のような通達が文部省から出ていることに気が付かなかった。

昭三五、一二、二四　文初中五〇五

都道府県教育委員会、都道府県知事、附属高等学校をもつ国立大学長、国立高等学校長あて

文部省初等中等教育局長通達

高等学校生徒会の連合的な組織について

さきに、文部事務次官（通達昭和三五年六月二一日付け文初中第三二一号）をもって、「高等学校生徒に対する指導体制の確立について」御配慮願ったのでありますがその後一部の地区において高等学校生徒会の連合組織などを結成し、また、これに参加しようとする新たな動きがあると聞き及んでいます。生徒会活動は、さきの通達においても申し添えましたように、もともと当該高等学校の学校生活を豊かにすることを目的として、学校の教育課程として行なわれるべきものであります。しかるに、上記のような連合組織が結成されれば、生徒会活動は、外部の好ましくない勢力によって支配され、学校の指導も及びがたくなることはこれまでの実際例に徴しても明らかであり、それは

もはや学校の教育課程の範囲から逸脱しているものといわざるをえません。

　このような見地から、高等学校生徒会の全国的または地域的な連合組織などを結成したり、それに参加することは、教育上好ましくないと考えます。よって、貴管下の各高等学校に対し、この趣旨を徹底し、生徒会活動についてそれぞれの実情に即して適切な指導が行なわれるよう御配慮願います。


　私は徐々に政治色に染まって行き、新聞部のベトナム戦争の特集記事を教員側が止めたときには、抗議したこともあった。一九六四年の東京五輪を契機に日の丸掲揚運動が強まり、我が校でも毎週月曜日、日の丸を揚げることが生徒会の仕事とされた。我々は全く無視していたので、たびたび担当の教員から揚げるよう指導されたが、応じなかった。

　このように二年生の時は生徒会活動に没頭したため、成績は急降下。当時の我が家の状況で大学進学するためには、授業料の安い（年一二、〇〇〇円）国公立大学入学と特別奨学生（月八〇〇〇円支給で、返済は三〇〇〇円）取得が絶対的条件であった。そのため、三年生の初めに軟式テニス部を退部し、もちろん生徒会長は二年生で終わった。

二　北大理類入学と文団連役員との決別

「大学の庭」という本を読み、北海道大学に興味を持ったので、郷里から遠いが北大に進学する気になった。入試科目が、理系にもかかわらず割合得意だった社会科が二科目だったのが幸いした。英語が苦手だったので、欧米人の名前が覚えられず、世界史は避けて日本史と地理を選択した。理科は単位数に応じた選択（物理四問、化学と生物が三問、地学二問の内、六問を選択）であった。化学は無機化学が二問出るだろうと予想して、有機化学は全く勉強しなかった。理科は物理四問と化学二問（無機化学）を解答した。数学はできたが、国語と英語はさっぱりだった。

　晴れて北大理類の学生になった。教養部はドイツ語選択クラスにした。大学から送られてきた書類の中に恵迪寮に関するページが白紙で隠されており、異様さを感じたので恵迪寮への入寮は諦めて、まずは学生課が斡旋してくれた賄い付きの下宿に入った。しかし、半年後生活費の安い恵迪寮に入寮した。

　初めて札幌の街に暮らして、自衛隊員の多さに驚いた。そこで、文化祭のクラス出し物は「学徒出陣スタイル」

にしようと提案し実現した。その時の記念写真が残っている。また、テニス部に入部しようと、コートを見に行くと一面の雪。五月末までは使えないという。それで、「自然保護研究会」に入会した。なにを勘違いされたのか、「君は二年か三年くらいの浪人の経験があるだろう。文団連（文化団体連合会）の役員になれ」と強引に役員にさせられた。

しばらくはその活動をしていたが、「一九六七年一〇月八日」の羽田闘争の評価に相違が生まれた。六〇年安保闘争で樺美智子さんが亡くなっているのに、文団連役員の多くは彼の死を「挑発行為のせい」と言うのである。さらに私が高校の頃、彼らは中国支持派で「中国映画」の夕べなどをよく開催していた。ところが、北大教養部に入ると「赤旗特派員が中国から追い出された」というようなビラを撒いていた。私は訳が分からなくなった。そのことも重なって、文団連主流派と袂を分かつことになり、文団連の役員を辞めた。

私は方向を変えて、雪で滑る札幌市内のエンタープライズ寄港反対デモに行ったり、反戦青年委員会の学生版「クラス反戦連絡会議」の結成に参加したりもした。長沼ミサイル基地反対の集会に行ったとき、夕張地方の炭坑労働者の力強さに励まされ、援農にも行った。ベトナム反戦のデモにも参加した。日大や東大で闘争が激しかった時期には日大に友人がいたので、顔をだしたこともあったし、東大安田講堂前集会にも行った。国鉄労働者の闘いにも参加したが、苗穂機関区で驀進してくる蒸気機関車の前に座り込んだ時はさすがに恐怖を感じた。広島の原水禁大会にも参加した時、汽車賃しか持ち合わせが無く、原爆公園のベンチの下で野宿した。

われわれ学生の弁護を引き受けてくれたのは、新進気鋭の横路孝弘弁護士だった。夕飯に招かれたこともあった。彼が衆議院議員に立候補すると言ったときは「弁護士がいなくなるから」と反対したものの彼の意思は堅く、後援会主催の『地の群れ』（井上光晴原作、熊井啓監督）という映画ポスター貼りを手伝った。新しい弁護士を探すべく友人から借りたネクタイと背広を着て、院生と二人で札幌の弁護士廻りをした。しかし、学生の弁護を引き受けてくれる弁護士は皆無で徒労に終わった。

その後、だれかが、学生の弁護をしてくれる弁護士を見つけてきた。下坂さん、高野さん、入江さんの三人だと記憶している。中でも入江さんは自宅に招いてくれて、何度か夕飯を御馳走になったものだ。弁護士に支払う金はほとんどなく、逮捕された学生に歯ブラシ・歯磨き・

石鹸・タオル・下着を差し入れるのが精一杯だった。たまに警察指定の弁当を差し入れることができた。友人から五〇円、一〇〇円とカンパをもらって、保釈金に当てたものだ。

三　理学部地質学鉱物学科移行と地鉱事件

話は一九六八年に戻る。二年目の秋に学部移行があり、自然が好きなこともあったので理学部地質学鉱物学科（地鉱）を選んだ。山岳部・探検部・ワンダーフォーゲル部などの野外活動系と、小さい頃から化石や鉱物になじんで来た学生が多かった。移行して不思議なことに気がついた。先輩と称する学生や院生がしきりに「地団研（地学団体研究会）」への入会を勧めてくるのである。田舎者にはなんの団体かも分からず、無視していたが、そのうち共産党系の研究組織であることがわかった。彼らはその当時「プレートテクトニクス論」をアメリカの手先的学説と言っていた。そのあたりの事情は泊次郎著『プレートテクトニクスの拒絶と受容』（東大出版会）に詳しい。ちなみに私が一九七八年、高校の地学教員になった頃の地学教科書にはまだ「陸は水平に動かないという理論に基づく日本列島水陸分布図」が載っていたが、今ではプレートテクトニクス全盛である。

生活費を稼ぐために地質調査のアルバイトもした。これは一石三鳥であった。というのも地質学の勉強もできるし、アルバイト料ももらえ、おまけに無料で三食にありつけたからだ。それでも卒業後に母親から「お前には八〇万円ほど仕送った」と送金額を詳細に書き込んだノートを見せられた。母の死後、そのノートは母の日記と共に今は私の手元にある。

地鉱では三年目の夏にフィールドワークをし、その成果を修業論文（以下「修論」。修士論文ではない。）として発表し、四年目に進級できるという制度があった。私のフィールドは津軽半島であった。津軽半島の調査を終え、東京でアルバイトをして九月末だったか大学に戻ってきた。暫くして「一〇月一六日付け　地鉱教室声明」が貼り出された。

その年の四月、北大でも非・反民青系の学生による入学式阻止闘争を皮切りに学生・院生・教員を巻きこんで学内闘争が盛んになった。理学部は民青系の拠点であったが、特に地鉱は教員も含めた拠点中の拠点であった。少数派の私は当り前のように闘争に参加していたので、これは私たちを対象としているなと思った。

次の一連の文書は友人が保管していた資料によるものである。

・一九六九年一〇月一六日　地鉱教室声明
一　学内における破壊行動はゆるされない行為である
二　前記行動に参加している当教室所属の院生学生に対しては一致して猛省をうながす努力をする
・これに対して三年目クラスの学友一〇名が質問したところ、次のような返答であった
(返答要旨)
「一〇月二〇日からの修論発表当日に混乱の可能性がある。発表前に複数の教授が封鎖破壊行為に参加している学生と話し合い、猛省を促す。反省しなかった場合は思想信条は自由だが、行動には納得できないので彼らが反省し、あたりの情勢が落ちつくまで発表は延期してもらう」
・この返答に対して三年目クラス討議が行われた。
「対象となる学生は反省しない限り、三年目のうちに修論を発表する機会を与えられないことになる。このような重要な点で、対象となる学生と他の一般学生を差別するのは明らかな処分である。処分の権限は学科ではなく、理学部にあり、不当である。したがって、修学論文発表をボイコットをせざるを得ない」
・クラス決議は賛成多数で可決され、多数がボイコットしたが、数人がクラス決議に反して修論発表したようであった。
教室委員発言
「(修論) 発表をしたいものがあれば今までの例どおり、とりあつかう」
・これを受けて、三年目クラスは一二月四日にクラス決議を再び行った「(修論) 発表を行っていない三年目学生全員に発表の場を設けるよう要求する」

一九六九年一一月には機動隊が大学本部などの封鎖を解除し、立てこもっていた学生を逮捕した。そのうちの一人は私と同じ下宿にいた。刑事裁判と並行して大学当局は彼らに損害賠償を求める準備をしていた。我々は必死になって、その動きを止めようと動いた。機動隊による封鎖解除後の大学構内は抑圧された重苦しい雰囲気だった。

一九七〇年三月五日に「地鉱事件」と呼ばれる理学部を揺るがす事件が起きた。それは運動の再構築を図ろうと、教室へ戻ろうとした反主流派の院生等に対する暴力的排除事件であった。地鉱教室主流派（共産党系）の教

員が先頭に立ち、彼らに同調する学生・院生等によって引き起こされたのである。彼らは反主流派の院生が来るのを待ち構えていたかのように「来た！　来た！」と歓声を上げていた。この事件では院生・学生に負傷者が出た。我々は事件糾弾のステッカーを理学部のあちこちに貼った。さすがに理学部教授会も無視できなくなり、色々な動きがあって、一〇月発行の「理学部広報」に以下のような地鉱事件についての経過が掲載されたのである。

一九七〇年一〇月一〇日付け理学部広報の記事中、「三月五日地鉱事件」についての項目は、九月一八日付け、学生委員会メモ「九月二五日に提出された地鉱の教室学生合同委員会報告書を元に検討」と題して、以下のような資料を元に検討した結果を記載している。

七月一八日　理学部教授会報告書
「添付資料一　五月一九日　地鉱教室報告書」
「添付資料二　六月二二日　理学部教授による調査委員会報告書」
「添付資料三　地鉱の反論」

これ以外に、九月二五日に地鉱教室が出した三月五日地鉱事件についての地鉱の弁解書が記載されている。その内容は次の点が重要であり、原文のまま掲載する。

「彼らは処分と曲解した。修論発表ボイコットを除いては正常。封鎖に加わった院生を特別に扱う考えもなく、なかった」

事件後、反主流派院生は中退を余儀なくされたが、ボイコットした三年目学生の修論発表会が三月下旬に行われた。私は卒業論文を「火山灰の粘土化」をテーマにする予定だったが、火山灰研究の教員に体よく断られ、洞爺湖畔の鉱石分析とした。なお、国立歴史民俗博物館研究報告二〇一九版に河西英通氏が『北大闘争の位置と思想』という論文を投稿しているものの、地鉱の一連の事件については触れていない。

（追記）一九八〇年九月発行の『北大理学部五十年史』によれば、民青の諸君が味方と信じていた理学部当局により、七二年六月には機動隊導入・逮捕・捜索と弾圧を受けている。歴史は皮肉なものだ。

四　卒業後の転職と今

卒業・就職するまでにも紆余曲折があったが、前述したように、卒業後一九七一年、私は岐阜県の会社に技術職として就職した。ある日、工場で労災事故が発生した。

その職場では二人一組で製品を作るのだが、その日は一人が欠勤し、一人が二人分の仕事をこなしている中での事故だった。九州の炭坑から転職してきた労働者が妻と幼い子を残し、機械に挟まれて死亡したのである。この事故をきっかけに、職員も労働組合加入を要望した。結論が出ないまま、入社後二年半で室蘭市在住の営業職へ転勤になった。営業という仕事に不満を持ち、結局三年未満で退職した。労働組合在籍はわずか数ヶ月だった。

退職後は地質調査業に転じ、本州にも数回出張したことがあったが、ほとんど北海道内でヒグマに怯えながら、道路やダムの地質調査をした。花崎皋平さん（元北大教員、大学の方針に抗議して辞職）に誘われて北海道電力伊達火力発電所パイプラインの問題点調査や、裁判にも協力した。裁判資料の中に、北電に協力した教授が接待を受け、料理を振る舞われたとの内容があり、早速それを北大工学部の壁に張りだしたところ、一日で破られてしまった。その頃、本部に立てこもって逮捕され、裁判で三年の懲役刑を受けた仲間が次々と釈放され、函館や旭川に迎えに行った。

一九七七年に次兄が病で倒れ、母が関西に帰ってきてほしいと言ってきた。我が家では私が大学二年の時、父が脳溢血で倒れ、次兄が家業の養鶏業を支えていたのである。長兄に関西での教育職への就職を勧められたのだが、教員免許に必要な科目が数科目不足していたため、知り合いに頼んで札幌商科大学の聴講生にしてもらい、やっと高校理科教員免許を取得できた。

一九七八年に大阪府立高校地学教員に採用された。採用試験の中に興味深い設問があった。「秋について書け」というものである。私は長沼に援農に行ったとき、雪の舞う中で稲刈りをしたことがあったので、その経験を元に関西で考えている秋とは違う北海道での秋の経験を書いた。「日本列島は南北に細長く、北海道の秋はいつも稔りの秋ではない。小雪の降る中に刈られず放置されていた稲の穂を私が搾ったとき、米粒ではなく白い汁が出て来た。全国どこでも稔りの秋とは言えず、人間も同じように違うのだ」。以後通信制と定時制が併置された高校一校勤務で三五年間過ごした。

地学教員であったので原子力発電所の地盤地質の現地調査にもたびたび誘われた。教職員組合の大会で何度か「反原発」の修正案を提出したが、執行部は「反原発運動をしても核兵器はなくならない」とか、あげくの果ては「原発がなくなると電気が困る」とまで言い出し、決して「反原発」を取り上げようとはしなかった。ダム調査や大阪北部にある軟弱な大阪層群中の防空壕調査にも参加した。

九一年、日教組分裂の際には少数派として、日教組に残り、通信制課程に多数在籍していた朝鮮学校生徒の全国高等学校体育連盟（高体連）や大学入学資格取得を推進した。生徒を理解しようと精神科医を講師に主任手当拠出金による研修会も数年間続けた。それはやがて「スクールカウンセラー」制度となったが、それが良かったかどうかは私には分からない。また地域の労働組合とともに「誰でもかかれる診療所」作りに協力した。その診療所は今も私のかかりつけ医である。

不登校生や高校中退者の受け皿と期待された単位制による昼間定時制の開設にも尽力した。阪神・淡路大地震の年の一九九五年三月兼務辞令が発令され、一日ほぼ一二時間仕事をし、四月の開設にこぎ着けた。ところが、私の退職後、「通信制生徒の増加（私立の通信制生徒の増加が原因）」と、「三年連続募集定員割れした高校は募集停止にする」という大阪府立学校条例の規則で廃校になった高校に、定時制昼間部は移転し、私が尽力した課程は二〇二三年秋に廃止された。

この定時制で私は未経験のサッカー部の監督を任された。チームプレーが最も必要とされるスポーツの一つだが、生徒たちは自分たちで考えプレーした。大阪府代表として、「全国定時制通信制全国大会（全国定通大会）」に六度も出場し、準優勝したこともある（六度目は私の退職後）。他校には日教組の組合員もいて、大阪で日教組定時制通信制教育大会を開催したときは、全国の多くの仲間と再会した。

教員退職後は紀ノ川―吉野川の地質調査と古墳巡りを趣味としながら、「高校・支援学校の退職教職員の会」の事務局長もしている。「退職者の会」は様々な政治闘争への参加や学習会、趣味の会などの主催が主な行事であり、私の事務局長歴は一〇年を超えた。北大教養部、自然保護研究会、地鉱教室で処分反対を闘ってくれた学友、学生運動の同志、さらに「伊達裁判に勝ってもらう会」の面々、そして高校退職者の仲間と今も親交を続けている。

五　アジア太平洋戦争と私

最後にアジア太平洋戦争に関わった親族のことを記しておきたい。父の次弟はインパール作戦で亡くなったと聞かされていたが、私が取り寄せた彼の軍歴証明を読み、二度目の召集で中国各地を転戦し、一九三七年の「南京攻略戦」に参加していることを知って愕然とした。除隊後三年半ほど郷里でトラック運転手をして妻子と暮らしていた。一九四四年三回目の召集でサイゴン経由、インパール作戦に動員され、後退戦の中でマラリアのため大河タルウィン河畔の寒村で一九四五年六月戦病死した。

　妻の伯父も同じ頃、ビルマで英空軍の機銃掃射により戦死している。また親族の一人で母の小学校の同級生は「沖縄ひめゆり部隊」を率いていた。撮影日時が不明の父方の祖母の甥が出征した時の写真が残っている。この写真には祖母も写っており、おそらく盛大な出征祝に送られた彼は一九四四年、二〇代半ばの若さでインパール作戦で戦死した。広島で被爆した父の従兄弟もいる。彼の首にはケロイドが残っていた。郷土誌によると一九四〇年頃の七〇〇〇人強の住民のうち四〇〇名以上が戦死・戦病死している。年齢も二〇代から四〇代まで幅広く、応召前の職業は軍となんの関係もない農林業従業者が六割以上を占めている。

「心に刻みしこと　六〇年代後半の学生生活について」

中村　得子　（六七年一年六組クラス反戦、文闘委）

「心に刻みしこと…」は二〇〇七年、北大文学部同窓会女性部のインタビューに応じ、広報誌に掲載されたものです。これを元にして、文章化させていただきました。女性部の方の「問」は省略し、私の回答だけを文章化しました。それに伴い、一部文章を読みやすく変えさせていただいておりますことをご了承下さい。

（一）

私は一九六七年（昭和四二年）に北大に入学しました。大学にいたのは四年プラス留年した一年で、五年間です。大学闘争の渦中に在学していましたが、経験したことは僅かです。

　生まれたのは、一九四八年（昭和二三年）、敗戦後間もない広島市です。実家は香川県高松市です。まだ北大の入試は東京でもやっていた頃でしたが、北海道で受験しました。願書を出しても受験票がきませんでした。心配して学生課に問い合わせたら、「受け付けています」

と言われました。後で分かったのですが、玄関で飼っていた犬がそれを全部かじってしまっていたのです。受験票は試験前日に再交付されました。連絡船、夜行列車、生まれて初めての飛行機を乗り継いでの北海道でした。

文類を受けました。何を勉強したいというより、北海道に行きたいという気持ちでした。父が旅順で大学を終えたものですから、よく父の写真で、リンゴの木に登ったり、スケートをしたりしている姿を見ていました。旅順工大は古い白亜の建物で、北国にすごく憧れていたのです。雪の降るところに行って見たいなと、そんな気持ちでした。

高松というところは、女子の進学先はだいたい女子大です。半数の女子は職業意識を持っていましたが、残り半数は教養のつもりで進学しました。津田塾、お茶の水、奈良女子大とか、まあ上智大学で語学をやるとかです。それで、帝国大学にいく女性は殆どいないという状況です。向こうではまだ帝国大学なのですよ。

北大に入学した時、女子寮を希望しました。父が、親戚もいないし、自分が寮生活をしたものですから寮を勧めたのです。農学部の横から桑園に行ったところの、おんぼろの女子寮です。その寮に願書を出していたんですが、入れるかどうかも分かりませんでした。学生課にいくと、「あなたは審査に受かっていますから、すぐ寮に入ってください」といわれました。それで、寮にいくと「あなたは名簿に入っていませんから、だめです」といわれます。その時すでに寮闘争が始まっていたのです。大学側が管理権として五名を選び、寮は自治権として五名を選んでいました。五名の空きに五名、五名で十名です。そのうち三名位はダブっていましたが、残りはどちらかに選ばれて、どちらかに選ばれていなかったのです。学校は無理押しして入れる、寮生は絶対入れない、私にとっては初めから厳しい状態でした。

当時、駅留めのチッキで小荷物を送っていました。札幌駅留めで送ったのです。でも、札幌駅は貨物の取り扱い駅ではなく、桑園、東札幌、苗穂の駅に洋服やら布団袋などが別々に着いていたのです。駅も住む所もわからないのです。父に「どこに行けばいいのか分らない」と電話で言うと「寮に入れ」と訳の分からないことを言うのです。それで、ともかく住む所を決めようと思って琴似の方に下宿を決めました。とても良いお宅で、母親と娘二人の下宿でした。でも結局辞退者がいて、女子寮に入りました。最初は居づらかったんですが、若いし、同じ学生ですし、だんだん仲良くなりました。その時すでに学校側と寮生とはごたごたしていたのですね。

（二）

私は、高校時代から、所謂七〇年安保というのが迫っていること、何ごとか大学にいったらあるのではないかと思っていたのです。寮は、すでに政治的雰囲気のなかにありました。

その前年（一九六六年）、早稲田で学費値上げ反対の闘争がおこっていました。恵迪寮では革マルも強かったので、民青との争いがあり、寮生の処分者が出ていました。私が入った時は、その処分撤回運動が始まっていたのです。そういうことが、だんだん分かってきたのです。

大学に入ってまずサークル。何に入ろうかとうろうろ見ていたら、学生会館というのが正門の横（今の学術交流会館の場所）にあって、一階に学生の下宿やアルバイトを斡旋する、ちょっと郵便局のような感じの所があって、中央の階段を上がると奥に北大新聞会、その横に雑誌刊行会というサークルがあったのです。そこで出している雑誌が、『雄叫び』という名前でした。娘に「どんなサークルに入ったことがあるの」と言われた時に、「雑誌刊行会、雄叫び」と言うと、「それなんなの」と言われてしまいました。北海道を知りたいと思って雑誌刊行会に入ったんです。そこは雑誌をつくる会なので、結構、文学部の人がいました。

その夏は皆で炭鉱に行ったのです。すでに炭鉱は斜陽化に向かっていて、閉山とまではいかないけれど末期症状でした。前年（昭和四一年）「佐藤総理大臣様、炭鉱をつぶさないで下さい」と書いた赤平豊里炭鉱の小学校六年生の少女の手紙が話題になっていました。

空知川のほとりの赤平炭鉱に、雑誌刊行会の仲間たちと取材に行きました。初めて炭鉱というものを見ました。珍しかったですね。その頃女子寮に入った人は、皆かなり貧しかったです。持ち物もほんとうに粗末でした。炭鉱の子女もいました。友から聞く炭鉱の大変さや北海道の社会について、色々考えていました。

（三）

そして、一九六七年一〇月八日、羽田で京大生の山﨑博昭君という人が亡くなりました。佐藤首相のベトナム訪問を阻止しようとして、学生が羽田の周辺で激しく機動隊と衝突しました。そこで、学生が一人死んだのです。寮の問題はあまりピンとこなかったんですけれど、これからは学生運動が盛んになるのかなと思いました。とにかく学生が死んだわけだから、北大でもそれに抗議する集会がワーッと教養部から農学部の間のあちこちでありました。はじめて、あちこちで大衆組織の人が、ヘルメットは被っていなかったけれど集会をやったのです。急に立てカンバンなどが構内に増えました。私には、人が死ぬということは六〇年安保以来のショッキングなことでしたから、この時はじめて集会に出たのです。まだ学内でやっていて、外に出るのはもう少し後になります。私が学外のデモに出たのがいつだったのか忘れましたが、すごい緊張感がありました。この年は色々の兆しが出てきた年でした。

一方、雑誌刊行会は訳の分からない状態でした。政治的なことをやる人とやらない人（ノンポリ）が、分かれてきた時代です。でも、皆何か自分のバックボーンになる考えを探していた時期ではあったと思うのです。当時読まれていた本は、吉本隆明、高橋和巳、埴谷雄高などです。コリン・ウィルソンの『アウトサイダー』がベストセラーになったりもしました。私はロシア語をとっていたので、ドストエフスキーくらいから始めて、文学と政治などが渾然一体としたものを読んでいました。クラスでも読書会が盛んでした。私のクラス一年六組でもクラス雑誌を何号か出し、みんな盛んに書きました。

クラス五三名中、女子八名でした。その女子の半数は札幌出身で、残りは道外です。女子学生の比率はまだ少なくて一割くらいでしょうか（大学入学者はその世代の一割四分程度でした）。

（四）

翌年、宗教学科に移行しました。久しぶりに四人が移行したのです。学部生はおらず、院生二人で、移行生にも机がありました。土屋先生がまだ助手でいらして、中川秀恭先生はおられませんでした。その頃、宗教学の卒業生は、院生をやってどこかの大学の助手や助教授になったり、高校教員になったりするのが最良のコースだったのです。割と暢気で静かな雰囲気で荒れた感じは全くなかったのです。

古いシベリヤ街道のある校舎で授業を受けました。新校舎は造られていましたが、移行生は立派な校舎には入れてもらえませんでした。でも楽しかったです。投げ込み式ストーブが黒板の横にあって、時々ゴーッと音をたてて燃え上がって、前の方の人が石炭をくべにいくということが珍しかったんです。ええ、スチームもありましたた。ガーン、ガーンとすごい音がしたり、所々に穴が空いていて、ヒューと水蒸気が噴出したりするのです。

移行した時、宇野先生が担当教授でした。先生の前の大きなテーブルに四人が座りました。全員ドイツ語を履修していませんでした。マックス・ウェーバーをやるというのにです。先生が「どうやって、ゼミをやろうか…」「来年三年生になるまでドイツ語をやろう」ということになったのです。宇野先生からドイツ語を教えていただきました。デモに出ながら、三～四カ月間執拗にドイツ語をやりました。でも、あまり覚えていません。当時、面白いフランス哲学・思想が出てきた頃ですから、私以外の三人はフランス語をやっていました。そんな風でした。

一九六八年頃は面白い時代だったと思います。フランスでは五月革命が始まっていました。アメリカでの反戦運動やヒッピー文化、演劇やロックなど、世界中で新しい文化のうねりが起こっていました。そしてこの年に入って、東大闘争が始まったのです。日大でも使途不明金で、すごかったです。秋田明大議長の日大は筋金入りでした。東大に全共闘が出来、日大にも出来たんです。北大は、まだ割と暢気でした。

（五）

一九六九年一月だと思います。安田講堂で機動隊との激しい攻防戦があり、テレビ中継されました。屋上で、ヘルメットの学生たちが放水をあびせられたり、「安田講堂でまた会おう」「時計台放送は、一時ここで中止」とかアジ演説があり、機動隊に封鎖解除されました。それまで東大は、総長と全共闘とが団交をずっと行い、処分撤回闘争が続いていました。

東大闘争は医学部からなのです。あの時は、帝大解体というのが一番最初にありました。大学に入って、そこにある権威というものに皆乗っかって公人などになっていく。志を持っている人は、それで社会に貢献しようと思えたのでしょうが。この時期は、学生の数がものすごく増えていましたし、その権威主義にすぐ乗っかっていけないと思う学生もたくさん出てきたと思うのです。東大の学生も同じだと思います。最初は、古い権威に対する反発、抵抗という思いで皆の共感を得たのです。北大でも確かなことは言えませんが、青医連などは闘争の大きな牽引役だったと思います。学生たちは何の疑問もなく、権威的な国立大学を卒業して、それでいいのか。何か違うものを深く求めるべきか。皆葛藤がありました。

自分は、経済的に恵まれたか、成績がちょっと良かったということで、大学に入ってきたのだけれど、小学校や中学校のクラスには、進学しない人がたくさんいました。私たちの時代は団塊の世代でしたが、まだ一握りの人たちしか大学に進みませんでした。地方ではエリートだと云われて進学してきた沢山の人間が塊となった時代に、自分らしく生きることとは何だろうかと考えたとき、勉強だけしていて就職試験を受けて、それだけでいいのかと悩みます。自分が青春の色々な悩みを持ったその時期が、まさに政治闘争の時期とぶつかってしまったのですね。だから全共闘の一番初めの頃は、あまり政治的ではなかったのです。ただ知識人としてどういう自分であるべきか、ということだったと思います。知識人というレベルでさえない自分たちとは、いったい何なのだろう、ということだったのです。

私たちは「団塊の世代」と言われ、しっかりとした上昇志向がないと勝てないというのは変だけれど、ちゃんと風に乗らなければ飛べないという競争のなかで、色々な自意識のレベルがあって、そうはなれない自分、自分とは何か、そういう自我意識に向かいあわされてしまったのですね。やはり人数が多くて、競争社会にいたからだと思います。でも結局、そこに戻らなくてはならないのは確かなのです。社会で仕事をし、食べていかなければならない。モラトリアムとよく言われたけれども、大学に入ってずいぶん長く七、八年かけて卒業していったのは、その間にやっと身のふり方に折り合いをつけたというか、出会いを見つけたという感じかなと思います。甘かったかもしれないけれど。

（六）

前述したように、一九六九年一月一八日、安田講堂に機動隊が入って東大闘争は終ったわけです。その年の東大の入学試験は行なわれませんでした。それで、多くの大学が入学式粉砕ということをやって、東大闘争を引き継ごうとしたのです。

北大では、四月一〇日に入学式粉砕闘争がありました。早朝、入学式場の体育館を封鎖しました。その時に、北大全共闘の形がほぼ出来てきたと思うのです。それまではクラス反戦というほんの一握りの教養の学生がやりました。

私は、皆さんが思っているほど暴力学生ではなかったですよ。「革マル派、大学本部封鎖。堀内学長を軟禁して、大衆団交をせまる。翌日自主退去」（五・二〇）と書いてますが、よく分からないです。「五派連合、大学本部再封鎖」（五・二六）とありますね。この年全国一四〇校くらいの大学が、学園闘争に入ったそうです。どこも無期限闘争、バリケート封鎖という状態で、なんとかして東大の闘争に連なろうという気持ちでした。東大からオルグがきたと聞いたことがあります。七〇年安保闘争という大きな政治目標を前にして、北大にも集会やバリケードの指導にやって来たと聞いています。北大生は、バリケードの出口を作らなかったという、有名な話がありますが、それも真偽の程は分かりません。

一番最初にバリケード封鎖したのは、本部でした。五月末（五・二〇、五・二六～）で、教養部の封鎖は、一カ月後（六・一八～一一・八）ですね。同じ日に起きたように錯覚していたけれど、随分違います。

私は、夏休みで帰省していました。文学部の封鎖の最中に戻ってきました。バリケードといっても一～三階の椅子や机を一階に移して積み上げているだけで、皆出たり入ったりしていました。先生によく「なんとかの本がいるから取って来て」といわれ、学生が「はい」といって先生の部屋から本を持って来たりといったふうでした。でも中哲、中文の教官室から揃った全集や小奇麗な本が盗まれたそうです。

北大図書館は革マル派の拠点で他から人を入れなかったです。文学部には色々な人たちが入っていて、こんなことを人に擦り付けるのはどうかと思いますが、壊されたり落書きされたことは外部の人たちによってなされたように思います。封鎖の時のことはきちんとは分からないですけれど、文学部闘争委員会というのがありました。これは助手、院生、学部生が集まって三〇人位が、自分たちは全共闘であると表明したんです。「八・一七全共闘（仮称）」と書いてあります。大学から、中央ローンで集会を開いて街に出て、色々な政治的スローガンでデモをして帰ってくる。そんなに激しい投石もしていないです。文学部の学生は全共闘と名乗った中では、わりに大人しいというか、あまり過激性を期待されない面々で、数も少なかっと思うのですけれどね。

文学部の封鎖解除は一〇月三〇日です。こんなに遅くまでやっていたんですね…。でも文学部は、機動隊に解除されたのではなく、民青の人たちが入ってきて解除されました。民青の反封鎖派の人たちがバリケートを壊して入ってきたのです。一階の階段辺りに火を付けられました。それで上の方にいた全共闘の学生たちは降りられなくて軍艦講堂を通り、法学部の三階のあたりから、図書館へ行く渡り廊下（木造）の屋根の上をつたって図書館へ逃げました。外壁の非常用ハシゴを、革マルの人たちに助けてもらって屋上に上がりました。図書館の中はきれいでした。女性はバリケードの中で寝泊りはしていませんでした。下宿に帰っていました。

（七）

正門前で、一〇・八、一〇・二一と色々と集会が続くのです。この一〇・二一は国際反戦デーで、北大正門前の市道で全共闘系の武装デモと機動隊が衝突しました。皆その辺の敷石をかき割って投げたので、翌日、路面電車の軌道はデコボコでした。周辺の古本屋さんなど大変だったと思います。この頃は集会、デモを街へ出て行ってやりました。機動隊の人たちは指揮学生の名前を知っていて「○○君、もう少し寄せなさい」とか言うのです。また、「○○君、少し早めなさい」とか、デモに出ている学生も苦笑いだったり、また呼ばれているよという感じでした。投石等もしていたんですけれど。地方都市のことなので、まあそういう面もあったのです。最後まで、真面目で暴力学生というのとは違う人が全共闘の中にたくさんいましたし、ほとんどそうでした。

当時、男性と一緒に走るのはかなり大変でした。フランスデモというのは、手をワーッと左右に広げて繋ぎ、道路いっぱいに広がって走るのです。背後を機動隊に追われながら走るのは、すごく疲れてしんどかったです。それに比べてジグザグデモは、皆くっついて蟻ん子のようにビシュビシュと歩いていくので苦しくはないのですよ。集会に参加する男性は多かったけれど、女性はすぐに減っていきました。街頭デモに最後まで参加する女性はそう多くはなかったです。この反戦デーの衝突での逮捕者は八三人、そして女子も五人と書いてありますが、おそらくそれは教養部のC闘委か看護学校の学生だと思います。看護学生も非常に熱心に参加していましたし、C闘委には多くの女子学生が加わっていました。

こうして一九六九年の一一月八日に、本部バリケードに最後まで残った学生と機動隊との激しい攻防戦があって、それで北大の闘争というものが一応終わったのです。あの頃大谷会館（南三、西一）は、左翼の集会にもホールを貸してくれたのです。すでに全共闘は解散すべきかどうかという状態でしたが、赤軍派の支援集会が開かれました。会場に入る前に一人一人警察のチェックがあり、次に開催者側のチェックがあって中に入ると、ものすごい人でした。そのすごい人の間を赤軍派の人が入ってきたのです。北海道まで経済支援と後方支援を募るためにオルグに来ていました。最後としてはすごかったです。その後のことですが、七〇年を過ぎると政治的なことはあまり上手くいかなくなっていったのです。

自治会は、しっかりとありました。自治会選挙は一、二回あって自治会ということで色々なことが行われていました。その後、全共闘になったので、どうなったか分からないです。本当に学生運動は新左翼が出てきて、区別できないくらい、名前も分からない位に分かれてしまいました。何か資料を見ても分からないです。皆ヘルメットに自分の属する組織の名前を書いていたのですけれど、この前読んだ本には、最後になると「ニャロメ」と書いてある人もいたそうです。

（八）

私の卒業証書は鳥山教授（文学部長事務取扱、西洋史）

名義なんです。一年間留年して七二年に卒業しました。よく卒業させてもらえたなと思います。卒業後、仕事を転々とし、東京、海外などで数年を過ごして、再び一九七八年北海道に戻ってきました。

六〇歳を過ぎる頃になると、かなり知人が亡くなってきます。自分を含めてそろそろ死ぬ年齢になったのだと思うのです。あの様な経験をして、どのような人生を送ったのかと周囲を見渡すと、フリーで組織に属さない人が多かったかなと思います。しかし、それも色々です。亡くなった人はそこで終わった訳ですし、これから生きのびる人がどんなふうになるのか分かりませんけれど、全共闘とはどういうものだったのかと、私は癌の告知を受けた時、ふと考えました。

「癌ですよ」と言われて、「あー、分かりました」と答えました。「手術です」と言われた時、なぜか私は全共闘なんだと思いました。「あなたは誰ですか」と言われたら「私は中村得子です」と言うより「私は全共闘です」と言う、そういう感じなのです。自分が死ぬということに一番近づいて、癌告知された時、それはそれでしかたがないと思えるのは、やはり全共闘だったということが大きいと思うのです。誰かと一緒に突き詰めて何かをやった経験というもの、その中での一人だったという経験が、もう一度どこかでぽっと出てくることがあるなら、死ぬとか、困難な状態の時に不意にも思い出されると思うのです。実際になったらドタバタと騒ぐのかもしれませんけれど。

父の世代の戦争体験をした人は、本当に強かったと思います。あの経験は大きくて、動かし難いものだったと思います。生死については何とかなる、といった恐れのない気持ちがあったと思うのです。戦争を体験した人は、七、八〇歳までよくここまで生きたと思いながら、あまり語らずに亡くなっていったのでしょう。

その闘病の時から一五年が経ちました。本の寄稿に際し、今なお私は全共闘だと言えるかどうか自分に問うてみます。高校生のとき、六〇年安保闘争国会議事堂前デモのラジオ放送を聞きました。もっさりした倫理社会の教師が授業一時間、無言でテープを流したのです。一人の女学生樺美智子さんが亡くなったことを知り、衝撃を受けました。生身の人間として、暴力や権力に抵抗して闘う時、ひるんではいけない。その経験をいずれしておかなくてはならない、そう思いました。だから大学に入ったら七〇年安保は避けて通れないものだと自覚していました。全共闘運動は二、三年早くやって来ました。それは私にとって政治運動でも社会変革運動でも真底では違っていました。組織に頼らず平和や自由のために、一人で闘い得るのだと参加を促すものでした。一人だから他の一人と共に闘うことができる。全共闘の運動は一人を単独にはしない大きなうねりのようなもの、「幻想」のようなものでした。
それは一つの決意でした。最後まで、全共闘の一員でありたいと願います。

二〇二三年一〇月三〇日

一九六八年、一九六九年、一九七〇年はどんな時代だっただろう?
――私にとって、全共闘運動とは何だったのか

高橋　啓一（元F共闘）

昔、娘が思春期の頃「全共闘運動とは何だったの」と聞かれ、私は一瞬、答に窮した記憶がある。私にとってのあの時代をもう一度整理してみた。

① 大学がエリート集団の場から大衆化して行く過程
② 高度経済成長へ向かう中での漠然とした不安（組み入れられることへの恐れ）
③ 世の中の不正や矛盾に対し、無力な大学や知識人たちへの失望
④ 欧米の Student Power 高揚の中、「何かしなければ…」という焦り
⑤ ベトナム戦争への反発（これが最も大きかった）
高校時代、校舎を掠めて米軍立川基地に着陸する輸送機（ゴムシートに包まれた米兵の死体が運ばれていると言われていた）。沖縄の基地から北爆に飛び立つB52…加害者側の心地悪さ
⑥ 私の活動は「ベトナム反戦運動」から始まった。
⑦ ソ連によるプラハの春の蹂躙、ソ連型共産主義への幻滅と中国文化大革命への期待
⑧ 東大安田講堂攻防（一九六九年一月一八、一九日）
⑨ 北大本部封鎖解除（一九六九年一一月八日）

⑩　よど号ハイジャック事件（一九七〇年三月三一日）、新左翼運動の変節と人心離反
⑪　浅間山荘事件（一九七二年二月一九～二八日）テロへの嫌悪感

あの日以来、常にある種の「後ろめたさ」と「負い目」を抱えながら、ずっと生きてきたように思う。しかし、一一年前に六三歳で退職し、残りの人生もせいぜい一〇年そこそこ、利害を越えてあるがままに生きてゆこうと決めた。

何十年ぶりかで、先の「戦争法案」反対の国会デモに参加した際には、昔の記憶が蘇り、忘れかけていた高揚感を覚えた。

この間、こうした「負い目」はあったが、常に、あの日を原点に、物事を判断してきたように思う。私は思うのだが、「あの日」最後まで本部に立てこもった五人は「英雄」になり、その後、過酷な経験をしたわけだ。そして、北大本部の周りで陥落するバリケードを見守った我々は、「敗者」となったのだと。しかし、「英雄」と「敗者」を分けた境目はその後、半世紀を経てみれば、さほど大きな違いではなかったのではないかと、今は思うようになった。「負い目」は抱えながら…。

『生い立ち』

一九四八年、中学校の美術教師の父と専業主婦の母との間に生を受け、東京郊外で育った。

中学、高校とテニス部に所属する体育会系の生徒だった。高校で出会った早熟な友人たちを通じ、レイモン・ラディゲやアルチュール・ランボー、ポール・ニザン、そして大江健三郎など別の世界に触れた。また当時、校舎を掠めて米軍立川基地に着陸する輸送機を身近に見ることで、大義のないアメリカのベトナム侵略に怒りを感じていた。あの時代、友人と割り勘で赤旗を購読し回し読みをしていたが、いま一つピンと来なかった。そんな中、朝日ジャーナルには新しさと可能性を感じていた。父親への反発もあり、家を出たかった。北大に入学すると、立川高校時代に比べクラスのメンバーたちが幼く見えた。（単に私が傲慢であっただけであるが）

教養部の一年目は、それなりに授業が面白かった。経済学の先生が熱く語る『共産党宣言』や、階段教室の奥山先生のマックス・ウェーバーの講義など。

しかし、堀内学長の「ナチスの走狗」発言は絶対に許せなかった。

闘争に明け暮れた一九六八、六九年だったが、その中

で恋もした。そして失恋も。

時々思う。「あの時、あの手を離さなければどんな…」


『その後』

私は「あの日」から三年後、一九七二年に理学部・物理学科を卒業してNECに就職した。四〇年間にわたり光ファイバー通信を中心に技術開発に携わってきた。正直に言えばあの日以来、「後ろめたさと負い目」を感じながら生きてきた。

四〇年間の会社勤めの中で、しばしば地位や学歴の裏に潜む、人間の卑しさを見るにつけ、出自や学歴とは全く関係のない「人の格」ということを考えてきた。大企業の一員ではあったが、常にあの日を原点に物事を判断してきたように思う。

六年間のアメリカ駐在を含め、四〇年間の会社勤めも決して安穏ではなかった。通信バブルが弾け赤字転落する中で、人員整理を行った五〇歳代半ば、突発性難聴を発症し、左耳の聴力を失った。これは天罰だと今も思っている。

一方で、国内の通信回線を光ファイバー通信方式で置き換え、大陸間を光海底ケーブルで繋ぎ、大容量通信を実現したこと、それにより、世界規模でインターネットが急速に普及したこと、こうした技術開発の一端に関われたことに技術屋としては少し満足している。


『退職後』

少しずつ自分の過去を見つめ直すことを始めている。また、自分が生きてきた時代を歴史の流れの中で位置付けたいとの思いもある。退職を機に、幕末から日清・日露戦争、満州事変から日中戦争、そして太平洋戦争へ向かう歴史を学んでいる。改めて歴史を学ぶと、実に興味深い学問であることに気付かされる。遅きに失した感はあるが…。特に加藤陽子先生の『それでも日本人は戦争を選んだ』は歴史を学ぶ面白さを教えてくれた一冊である。また、半藤一利さんにはジャーナリストの視点で歴史を見ることを学んだ。

日本の一五年にわたる戦争史を辿る中で、未だに釈然としないのが軍部と結びついた財界の判断である。日中戦争までに財閥は莫大な利益を上げてきたわけだが、絶対に勝ち目の無い対米戦に何故軍部に引っ張られ付いて行ったのか？

企業の論理はあくまでも投資対効果。なぜ？当時の財閥の関与を少しずつ調べている。

NHK BSプレミアム『映像の世紀』そして『バタ

フライエフェクト』は興味深く視聴している。加古隆さんの音楽も。

『反省』

(一)　一九六九年、本部を封鎖した夜、通り掛かった民青の活動家を拉致し、針金で後ろ手に縛り暴行を加えたセクトのメンバー。嫌なものを見てしまったこと、そしてそれを見て止めることをしなかった自分に嫌悪を感じた。

あのような人たちが権力を握ったらどんな世の中になるのだろうか？

(二)　プラハの春の蹂躙で、ソ連型共産主義に失望し、中国の文化大革命に期待した。毛沢東語録も持っていた。しかし、その後、歴史的事実が明らかになる中で、「大躍進政策」の失敗で国家主席の地位を劉少奇副主席に譲った毛沢東が、自身の復権を画策し、紅衛兵（学生運動）や大衆を扇動して政敵を攻撃させた、言わば官制暴動であったことを知る。文化大革命の過程で多くの知性や文化が失われた。

(三)　退職後、ベトナム戦争の背景を学ぶ中で、欧米列強の東アジアでの植民地支配の歴史を知った。日本軍もナチス・ドイツのフランス占領を機に、日中戦争の過程で課題となっていた援蒋ルート遮断の目的でベトナムへ進駐。第二次大戦後、再度支配を狙ったフランスがディエンビエンフーの戦いでベトミンに敗れると、代わってアメリカはジュネーブ停戦協定を無視し、ベトナム共和国（傀儡）を樹立。

ドミノ理論を唱えるアメリカの反共政策と北ベトナムを支援するソ連との間の典型的な代理戦争となる。当時はそのような歴史をよく理解していなかった。現在のロシアによるウクライナ侵攻と重なって見える。

(四)　当時も暴力革命を信じてはいなかった。今現在、「手間は掛かるが、やはり議会制民主主義しかないか？」との思いがある。

フランス革命後のナポレオン、ナチス・ドイツ、ロシア、そして中国の専制主義…歴史から学んだ教訓は、

【権力は握ったその瞬間から腐敗が始まる】

【一党独裁の弊害】異論を封殺、党の存続が自己目的に

【長期政権の害】スターリン、プーチン、習近平、安倍晋三、側近は皆イエスマン

㈤　お恥ずかしい話だが、ポツダム宣言、日米安保条約、日米地位協定など…退職後、初めて全文をちゃんと読んだ。

㈥　池上彰と佐藤優の『日本左翼史』三部作で、日本の戦後左翼の変遷を知った。あの時代、セクト間の考え方の違いなど、私は何も理解していなかった。

新左翼運動が残したものは？　池上は「総ノンポリ化」、佐藤は「何も残さなかった」と言う。しかし、夜間中学の運営や不登校児童への支援を地道に続けている人たちがいることを伝えたい。

㈦　世の中の不正義に対し、無関心な若者たちを育てたのは我々全共闘世代だ。

以上

心優しい子ども・若者たちが全共闘運動を超え始めた

野村　俊幸（北大ベ平連、教養部C闘委、文学部行動委員会）

一　運動参加の原点

一・一　実家の貧しさと小さい頃からの戦争嫌い

一九五〇年三月、函館市西隣の上磯町（現北斗市）に生まれた。両親と兄二人、父方祖母と叔母の七人家族で、父は零細な自転車修理店、母は様々な日雇いで働きづめ、叔母も和裁内職に精を出すが、生活はとても貧しかった。兄たちが高校卒業後働いてくれたおかげで、私は大学に進学でき、心から感謝している。お金がなければ大学に行けないという不公平さへの憤りが、社会問題に目を向けるきっかけとなった。また、身近に戦死者・傷病者はいなかったが、なぜか戦争が嫌いで、男子の戦争ごっこに加わったことはなく、女子のままごとに混ぜてもらう方が楽しかった。

一・二　函館西高の社研活動

六五年に北海道立函館西高校に入学、社会問題研究会

（社研）に参加し、新聞部や放送局と一緒に自衛隊採用説明会に抗議する活動を行った。意識の高い生徒は民青で「左翼＝共産党」という認識しかなく、六七年一〇・八羽田闘争は民青の学生が決起したと思った。しかし、翌日の報道で共産党が学生たちを激しく非難していることを知ってショックを受け、共産党に強い不信感を持つようになった。

二　一九六八年：ベ平連、クラス反戦、安保研への参加

六八年北大に入学し、ベトナム反戦運動に参加したかったが、民青には不信感があり、三派・革マルは過激で理論も難しく、参加する気にならなかった。ベ平連は主張が分かりやすく、雰囲気もソフトで、求めるものにピッタリ合ったので参加した。

クラスは文類ロシア語九組で、民青系が多かったが、ベトナム戦争反対の非民青、非三派・革マルの学生が集まりクラス反戦を作った。多くのクラスでも同様の動きが広がって教養クラス反戦連合が結成され、私も積極的に参加した。また、同級の民青活動家とも親しくなり、その影響もあって民青系の「安保問題研究会」にも参加した。

クラス反戦は一〇・二一国際反戦デーのデモで、ベ平連と一緒に札幌駅前で座り込みを敢行、機動隊にごぼう抜きされた。これを転機に、平和的デモから実力闘争へと方針が変化していく。同時に、激しさを増す東大・日大闘争を前に、全共闘への共感が広がり、反民青の色を濃くしていく。いわゆるノンセクトラジカルが大きく勢力を伸ばしていく。

三　一九六九年：C闘委・全共闘運動の高揚から活動の停止へ

三・一　C闘委活動の特色

六九年度は、クラス反戦・学部反戦（各学部でもノンセクトグループの結集が進んでいた）の入学式粉砕闘争で幕を開けた。クラス反戦はその後、教養部クラス闘争委員会（C闘委）へと発展するが、以降の経過は『記憶を紡ぐ』に詳しく、私も筆者と活動を共にしたので経過説明は省略し、運動の特徴について最も印象に残っていることを記したい。

㈠　C闘委には、代表者も「執行部」的なメンバーも決まっておらず、具体的な行動が必要と考えるメンバーが、その都度集まって方針を決めて活動した。意に沿わない行動には参加しなくてもよく、そのことで批判

されることもなかった。これは「一人ひとりがベ平連」という理念と重なり、両方に参加するメンバーも多かった。

㈡　組織運営の大まかなルールはあったが、規約も会費もなく、従って入会届も退会届もない。組織というより出入り自由の「運動体」だった。参加しなくなった人を非難することもないので、クラスでは何事もなく付き合うことができた。

㈢　活動の基盤は各クラスでの討論と、それを通した個人的信頼関係にあった。しかし、教養部の長期バリケード封鎖はその活動基盤を掘り崩し、やがてC闘委は三派と並ぶ「ノンセクトというセクト」と目されるようになる。北大全共闘は中核派、社学同、社青同解放派、C闘委、学部共闘で構成され、C闘委はその主力組織となっていく。

このような活動スタイルの重要さに、残念ながら当時の私たちは十分に気が付いていなかった。

三・二　六九年秋の闘いからC闘委の活動停止へ

教養部バリの長期化に対し、大学当局と民青系自治会は、理学部を会場に教養部の授業再開を図った。これを阻止するため、全共闘は鉄パイプや火炎瓶で武装して理学部突入を試み、民青は理学部屋上からの投石と、バリケードで固めた玄関からの放水で対抗、北大闘争で最も激しいゲバルトになった。このとき私は二回負傷し、その傷跡は今も残っているが、不思議と民青への憎しみは湧かなかった。戦国時代の合戦で個人的恨みは残さなかったと言われるが、それに近い感情だったのかもしれない。もちろん、現在も恨みはないし、地域で献身的に活動をしている共産党系の方々をとても尊敬し、私の関わっている地域活動にも協力いただいている。

やがて運動は、一一月佐藤首相訪米阻止の「反安保政治決戦」へと雪崩込み、一〇・二一国際反戦デーでは、北大前電車通りで夜を徹した機動隊との市街戦を展開する。私はこの闘争で、凶器準備集合罪教唆と公務執行妨害罪教唆で逮捕状が出て「地下に潜る」ことになり、運動の前面に立てなくなった。一一・八本部バリケード解除阻止闘争も、かくまわれていた知人宅で呆然とテレビ中継を観るしかなく、ただただ悔し涙を流すだけだった。この悔し涙がその後の活動継続の礎となっている。

封鎖解除後、北大構内はロックアウト状態になり、全共闘もこれらの闘争で大量の逮捕者を出して弱体化し、組織活動が困難な状況に追い込まれた。C闘委は大学当局への抗議と活動拠点確保のため、一二月に教養部前の小体育館を封鎖占拠し、私もここに潜り込んで活動の再開を試みた。しかし年明け早々、大学当局は機動隊を導入、私はこのときに逮捕される。当時は未成年のため、取り調べの後、家庭裁判所送致となった。二八日間少年鑑別所に入所、家裁審判で保護観察処分となり釈放されたが、再逮捕の危険があるような活動はできなくなった。

C闘委は参加者も減り、闘争の展望を打ち出すことができず、七〇年三月上旬、狸小路の西端にあった古い旅館で会議を開いて、活動停止と各自がそれぞれの考えにより「自己運動」を行うことを決定し、組織的活動を終えた。以降は、連絡を取り合えるメンバーが誘い合って本部裁判を傍聴し、不当な訴訟指揮に抗議する活動に参加した。

三月下旬にこの抗議行動で、二〇人ほどが根こそぎ法廷で拘束され、私は二〇日間の監置処分で苗穂刑務所に収監された。これもあって、C闘委の組織的活動は完全に潰えた。

四　一九七〇年：摸索と呻吟の時期、ベ平連で再起を期す

私は、七〇年四月に文学部社会学専攻課程に学部移行した。北大構内から全共闘が消え、革マル支配の状態となった。革マルのテロから身を守るため、早朝に文学部校舎に入り（文学部は革マルが弱く校舎内は安全だった）、暗くなってから北大正門近くの「解放会館」と呼ばれていたサークル会館（現在は跡地に立派な学術交流センターが設置されている）に通う生活が続いた。

ここには、ベ平連系のノンセクト活動家が「教育問題研究会」というサークル室を確保し、活動拠点としていた。私はその仲間に加えてもらうが、展望を打ち出すことができないまま反安保・沖縄闘争デモに参加したり、長沼ミサイル基地建設反対運動などに参加したりした。長沼闘争では長期間現地に入り、基地反対同盟の農家に泊めてもらい援農も行ったが、田植えした稲がちゃんと育ったかどうか心許ない。

五　一九七一年：文学部の運動再構築と人生最大の転機

七一年になると、文学部で全共闘運動に共感する学生の結集が進み、文学部行動委員会を結成する。沖縄闘争と学費値上げ反対闘争が主な課題で、大衆的運動の基盤ができると、革マルのテロの心配もなくなり、大学構内での活動もできた。七二年二月一四日、バリケードストに突入するが、一七日に機動隊が導入され封鎖を自主解除し、組織的闘争はほぼ終息した。

ノンセクト運動の大きな柱が三里塚闘争支援で、現地に拠点を設けて、援農も含め現地闘争に参加した。九月一六日の大規模な衝突で、急ごしらえの機動隊員三名が死亡するという不幸な事件が起きた。こちらの衝撃も大きく、以降、武装闘争への自制に繋がっていったように思う。

この年の春、人生最大の転機が訪れる。解放会館前の集会で演説していた、長い髪とジーンズに黒ヘルメットがよく似合う薬学部闘う集団φの女性リーダーに心を奪われた。思いがかなって七二年三月、卒業を機に結婚。人生を共にしてくれたおかげで今日まで歩んでくることができたと心から感謝している。

六　就職後の歩みと全共闘運動

卒業したものの就職できず、見かねた大家のおばさんが、懇意にしていた「北海道観光百景」という業界誌の社長を紹介してくれて同社に入社でき、雑誌記者を務めた。「誰にでも分かる文章」を書く訓練ができたのは、とてもありがたかった。だが、生活基盤は不安定だったので、より安定した仕事を求めて北海道庁の採用試験を受けた。

まぐれで合格し、七三年四月に渡島支庁社会福祉課に配属された。初めから前歴バレバレなので、職場で「全学連だったの?」と聞かれ「いや、全共闘です」と答えた。同年代の同僚たちとは、フランクに学生運動の話もできたので、カミングアウトをめぐる葛藤はなかった。

仕事は生活保護担当ケースワーカーで、これは道職員生活の原点となった。一般行政職なので、その後は転勤を繰り返しながら様々な仕事に従事した。四八歳の時、児童自立支援施設大沼学園に異動、その後、児童虐待対応で多忙を極める函館児童相談所に勤務し、基礎から社会福祉の勉強をする必要性を痛感した。そこで、社会福祉士と精神保健福祉士の国家試験を受験する資格を得るための通信教育を四年間受け、幸いこれらの国家資格を取得できた。

その後、倶知安保健所と渡島保健所に勤務し五八歳で退職。学校法人西野学園函館臨床専門学校講師や北海道教育大学函館校非常勤講師、はこだて若者サポートステーション相談員を務め、二〇二〇年、無事職業生活を終えた。以降後述する不登校・ひきこもり支援のボランティア活動中心の生活を過ごしている。この全過程を通し、全共闘運動に参加したことが大きな支えになっている。

七　全共闘運動から学んだこと

全共闘解体以降、運動の再建には社会主義革命から共産主義社会の実現を目指す革命運動と、それを担う革命組織が必要だという考えに傾き、あれこれ摸索した。しかし、仕事を通じて現実社会と接し、組合活動や地域の平和運動、自治体改革運動などに関わり、それは不可能であると分かった。プロレタリア独裁の亡霊は、北朝鮮の金王朝や中国の習近平専制政治を生み、ボルシェビキ革命のロシアは、ソ連崩壊を経てもなおプーチン支配に至り、ウクライナ侵略で全世界に脅威をもたらしている。

社会には多くの矛盾があり、改革が必要である。そのためには、政治体制は議会制民主主義に則り、経済活動は市場システムを基盤に、それが生み出す格差や貧困などは、様々な経済政策や社会政策を通じて改良を積み重ねるという立場に、私は今立っている。「革命幻想」を脱却するのに十年余りかかったのは長い回り道だったが、この転換で視野が広がり、様々な活動にも柔軟に、虚心坦懐に関わることができるようになった。

ひとつの主義や思想を絶対化する組織は現実から遊離し暴走すると、カルト集団化することも明らかになった。連合赤軍の粛清や、新左翼セクト抗争の殺し合い、爆弾テロなど人間の尊厳を踏みにじる犯罪はこうして引き起こされたもので、一人ひとりを大切にするという、全共闘運動が目指した理念とは全く無縁のものである。

社会的・政治的運動への参加は、自立した市民の自主的・主体的活動が何より大切である。全共闘運動は「一人ひとりがべ平連」という、べ平連運動と理念を共有しながら、私自身がその大切さをしっかり理解していなかったために余計な回り道をした。私の転換を妻が「べ平連に戻るのね」と評した。これを聞いて「確かにそうだ！」とスッキリし、進むべき道を確認できたように思う。

八　人生の第二の転機：娘たちの不登校と全共闘運動

一九七四年生まれの長女が中学二年になって間もなく、いじめにより不登校になった。当時は十分な情報もなく、何が起きたか全く分からず、ともかく学校に行かせようとした。このままでは高校進学ができないと不安になり、行かせようとすればするほど、長女の体調は悪化、家から出られない「ひきこもり」状態に追い込んでしまった。

妻が不登校についていろいろ調べ、無理に行かせることが間違いだと気が付いてから、長女の状態は少し回復するが、私はなかなか変わることができなかった。しかし、妻から説得され、学歴社会を批判し「帝大解体」を叫んでいた自分が「わが子が高校進学できなかったら大変だ」と不安にかられ、長女を追い詰めていたことに気がつき、わが身を恥じた。以降、長女の不登校を受け入れ、長女はだんだん元気になっていった。

今度は、八四年生まれの次女が小学四年で不登校になるが、登校刺激は一切せず、学校からの働きかけもやめてもらった。おかげで、次女は概ね元気に過ごし、不登校のまま中学を終えた。紆余曲折はあったが、二人とも通信制高校を経て社会人になり、家庭を持ち元気に暮らしている。

不登校について詳述するのは、本稿の趣旨ではないので省略するが、要するに現在の公教育が子ども一人ひとりを十分に尊重せず、管理・抑圧・競争が優先しがちで、これに多くの子どもたちが違和感や嫌悪感を感じていることが背景にある。その小中学生は二〇二二年度が二九万九〇四八人で九年連続で増加し、高校生は五万九八五人で、合計三五万人におよぶ。これは「病気などの明確な理由がなく三〇日以上欠席する児童生徒」なので、例えば保健室や相談室などに登校すれば欠席とはならないし、医療機関を受診して病名がつけば病欠となり不登校には入らない。だから、様々な理由で学校が強いストレス要因となって実質的に不登校状態の人数はこれよりはるかに多いだろうし、心も身体も悲鳴を上げながら必死に登校しているいわば潜在的不登校までカウントすれば、とても三五万人の比ではないであろう。

長女の家庭で、彼女の長男、次男が中学でいじめに遭い不登校になった。長女はママ友と子どものことが話題になると、「うちは今、学校ストライキ中だわ」と話していたそうだが、まさに本質を突いている。今、約三五万人の子どもたちが「山猫スト」（労働組合員の一部が組合執行部の指令なしにストライキを行うこと）に突入していると受けとめるべきではないだろうか。

次女宅では、三人の子どもが、小学一年から、それぞれの理由で学校が嫌になり不登校中である。それを「ホームスクール」として家族全員で認め合い、学校にもその旨を伝え、理解してもらっている。

九　心優しい子ども・若者たちが全共闘運動を超え始めた

以前、次女からこんなメールをもらった。

「きっと、戦後復興期とかの学校は、とにかく子どもの安全な居場所としての機能が最優先だったから、個性的な子どもたちも受け入れたし、子どもたちも息苦しくなかったんだろうね。で、さあどんどん経済成長していくぞ～！ってことで、より良い『製品（労働力）』を提供すべく、学校工場のラインで求められる製品精度が上がってきちゃったもんだから、これまでの検査を通っていた『不適応品』が表面化してきた、と。んで、そんな厳しい検品を目の当たりにして、『適応品』の子どもたちにもストレスがかかって、『不適応品予備軍』への陰湿ないじめにつながり、『不適応品予備軍』が『不適応品』になっていく。これが不登校の全てとは言わないけど、一部分を表してるのではないでしょうか。まぁ、いま、改めて多様性の大切さを国もアピールしてきてるから、いろんな学びが認められていくといいよね」

当時、全共闘運動でも「教育工場」という表現があった。私は娘たちに全共闘に参加していたことは折に触れて話したが、詳しく説明していたわけではない。その娘が、全共闘と通底する教育・学校批判をしていることに深い感慨を覚えている。

全共闘運動は、学問や教育・研究のあり方を根底から問うことが原点であった。しかし、七〇年安保闘争という歴史の渦の中で政治化・急進化し、具体的成果を上げることができないまま解体した。

今、不登校の子どもたちとその家庭は、公教育で応えきれない新たな学びや生き方を、自ら創り出そうとしている。フリースクールや様々なオルタナティブ学校、ホームスクールなどの具体的な取り組みが、全国各地で急速に広がっている。

紙数が尽きたので「ひきこもり」について言及できなかったが、これは決して「心の問題」だけではない。多くの「こもりびと」は、過酷な職場環境で傷つき精神疾患に追い込まれた経験を持つ。そこから、新たな生きる場を創り出す様々な実践も広がっている。

不登校体験者もこもりびとも、もちろん一人ひとり異なる。ただ、自分を真剣に見つめ、他人の気持ちを思いやる優しさは共通している。全共闘運動は問題提起に終わったが、このような心優しい子ども・若者たちは、現実の生活と運動の中で全共闘を超え始めている。

北大闘争の五五年後に、このような未来の可能性を実感しながら終活ロードに入れることに、わが子や孫たち、不登校・ひきこもり支援に奮闘する全国各地の皆さんに、心から感謝して、本稿を終える。

（追記）本稿は家族の個人情報に触れているので、妻と長女・次女にも校正してもらい、発表の了承を得た。また、次女宅の小学五年の孫娘も校正に加わり、次女が校正した後の文章からさらに三か所も訂正箇所を発見してくれたという。ジジ馬鹿ながら(汗)、凄い!と感心した。また、編集委員の方から、家族のメッセージを掲載できないか打診されたので相談したところ、長女から次のような一文が届いたので紹介させていただく。

【長女からのメッセージ】

我が家では父が大学生の頃に関わっていた運動については、タブーにすることはほとんど無くて、子どもの頃から、どんな学校生活だったかなどを耳にする機会が多く、「お父さんは『がくせいうんどう』というものをやっていたらしい」「そこでお母さんと知り合ったらしい」…なんていう話を普通の会話の中で知ることができました。

ただ、その頃は断片的にしか話が入ってこないので、どんな考えがあってその運動が起こったなんて分かるわけもなく、「なんかやんちゃだったんだな」「凄いな」くらいの認識でした。

今回この原稿を読ませてもらって、当時の理念や思想を全部理解するまでに至ったかは心もとないけれど、両親はもちろんのこと、当時の若者たちが「このまま権力の言いなりになっていては駄目だ」「自分たちの手でこの世の中を変えていきたい」という思いをもって活動していたんだなと、改めて知ることができました。そして、何十万人という若者たちの思いが、一つの大きなうねりとなって大きな運動に繋がっていく…その勢いや情熱を少し羨ましく、眩しく感じました。

私の不登校を受け入れてくれるようになったのも、ずっと心に抱き続けていた理念と自分の家庭の現状を照らし合わせて、気がついたことがあったからだったと書かれていて、父の世の中に対する反骨心や理念は、形を変えながらもずっと続いていたんだなと、改めて確認することができました。

不登校やひきこもりの支援活動も、私たち親子のような苦労や辛い思いをする人たちが少しでも減れば…という思いはもちろんだけど、当時の世の中に疑問をもって、自分たちの手で変えていきたいという思いを抱き続けているからこそなんだろうなとも思いました。

私がこの原稿を読む機会を得ることができたのは、母のことはもちろん、私たち姉妹のことも名前に『さん』付けで呼んでくれる父の「いくら夫婦や親子と言えども、文章にして世に出すのであれば、一個人として了承を得るべきだ」という考え方によるものだと思います。幼い頃から子ども扱いすることなく、こうやって私たちのことを尊重して、人対人として接してきてくれた父に改めて感謝したいと思います。

（長女：あや）

私の北大闘争

星野　次郎（ポチ）（六八年入学　C闘委七組文系仏語クラス）

昭和二四年に生まれ、札幌駅の近くの電機資材卸の家の息子として育った。高校は学区のせいではるか南の札幌南高に進学した。当時はベビーブームで一年から三年まで各学年一〇〇〇人のマンモス校であった。可もなく不可もない成績で卒業し、北大文類に合格した。

受験は、今思えば、他地域の受験生には申し訳ない環境である。というのは、受験準備の模試は北大の学生たちが受験会場になる北大教養部の教室を会場として実施したので、当日は緊張感のかけらもなかった。南高からはおそらく二〇〇〜三〇〇人が受験していたはずである。従って、受験会場では数人の他校の受験生がいただけで、ほぼ南高生だらけだったので、高校の試験みたいであった。緊張する要素が何もなかった。

一〇〇〇人の生徒のうち、高卒で就職したのは一名のみで、残りはすべて進学した。

北大の授業は新鮮だった。「教授」という利口そうな人が学問も酒も教えてくれた。しかし、一年の夏休み頃から、休み時間になるといろんな学生がビラを配ってなにやら演説をしにきた。自治会系の学生の演説は聞きやすいが、質問を受けると答えられなくて立ち往生していたので、なんと勉強不足なのだと憤慨した。彼らの語る言葉は耳に心地よいが、中身に不信感を覚えた。赤テープを巻いた学生も来たが、何やら威勢ばかりよくて北大における問題点についての発言はわずかであった。一番心に響いたのはクラス反戦の学生たちである。いつの間にか私も彼らと行動を共にすることとなった。

一九六九年。秋は学生運動の季節である。一〇・二一国際反戦デーを経験し、一一・八を迎えた。当日は、北大全共闘の主力部隊は戦地北大構内にはいなかった。四〜五人の部隊を組み、それぞれ火炎瓶を持ち札幌テレビ塔に集合し、市街戦を目論んだ。しかし、集合場所には警察が大勢でおり、多数の逮捕者を出した。残存部隊は北大に戻ったものの、すでに機動隊が導入され、本部ろう城隊は孤立し落城していった。多くの戦闘部隊は、一般学生に紛れて、ただただ涙に霞むろう城の陥落を見送るしかなかった。

十二月三日早朝、私は一部隊のリーダーであったため、自宅で令状逮捕された。「北大学生運動の指導者を逮捕！」との身に余る光栄な表現で、夕方のＮＨＫニュースと道新夕刊に顔写真入りで報道された。私の友人・親戚は、テレビ画面に映し出された私の写真を見ながら言葉もなく食事をとったとのことである。

その年のクリスマスの夜に私は処分保留で釈放された。勾留先の南警察署では一日八時間以上の取り調べと称する無味乾燥で無駄な時間を過ごした。ある日、取り調べ後に房に戻ると、イカツイ親父がいた。

「おい！ 学生！ いったい何をやった？」

「学生運動です」

「北大か？」

「はい」

「勉強したのにな。もう終わりだな。ウチには半端者がたくさんいるから出たら来い！」

「オジサンは何をしているんですか？」

「オレか？ ばくち打ちよ。ヤクザよ」

その次の日から、豪華な弁当が差し入れられた。聞けばその親分が組の者に指示して差し入れさせたらしい。その他に、救対からの差し入れ、家族からの差し入れ、クラスの仲間からの差し入れなどがたくさん重なり、美食と運動不足により釈放時には五キロも太っていた。勾置されていた時には、差し入れが心を支えてくれた。

同房のイカツイ親父は、数日後に裁判が始まり拘置所へと旅立った。

「おい！ 待っているからな！ 出所したら来いよ！」と叫んで去っていった。

そうか、刑務所に行くのかと覚悟を決めたとたん、突然釈放された。

数日後、釈放されたことの挨拶と差し入れへの感謝で救対（救援対策委員会）を訪問した。状況を話すと、処分保留釈放は、次に何かあれば合わせ技で重い刑が科せられると聞き、後方支援の救対の手伝いを始めた。

救対の仕事は多忙を極めた。差し入れ、家族との連絡、面会、弁護士との連絡などなど。私は、処分保留のため、表には出ず、もっぱら内部連絡を担当した。差し入れなどの実働部隊は、もっぱらＣ闘委の女性部隊が担当してくれた。

ほどなく、裁判闘争が始まった。この裁判の闘いは極めて困難を極めた。

犯行行為と言われる行為のほぼ全てに否認はしないが肯定もしない。事実関係については、検察側は行為を問題にするが、被告側は行為の背景や大学側の不誠実さから惹起されたやむを得ないものであると主張するという、すれ違いの裁判である。

そのすれ違いが一瞬交差した時がある。学長に対する証人尋問の時である。一学生が法廷で学長に詰問し詰め寄る。ノラリクラリかわそうとする学長に、裁判長がもっと誠実に答えるようにと諭す。学長はうなだれ、被告席は勝利に沸く。思えば、裁判の雰囲気が変わったのはこの時である。以後裁判長は、やったことは罪に当たり罰を与えるが、その動機などは十分に理解できるとの判断に傾いたように見えた。

検察側の求刑は、被告たちに差をつけた。二名に懲役四年、二名に懲役五年である。一致団結を必死に守り続けてきた被告側は憤慨した。共謀共同正犯による求刑にも拘らず、求刑に差を設けることはできないとして札幌地方裁判所の判決は一様に懲役三年の判決を下した。被告たち一同は不思議に喜んだ。みな同じ判決であったからである。

控訴すべきか否かについて大激論がなされた。弁護団は収監が遅くなることと、現住建造物等放火罪の成立についてまだ反論の余地があるとの立場から控訴を勧めた。救対ほかは、基本的には被告団の意思に委ねるとしたものの、これ以上裁判所に対して北大闘争の意義を説得する方法も内容もないことから、社会復帰への近道として服役すべきではないかとの意見を持つ者もいた。弁護団と被告団との協議により控訴することとなった。

控訴審の審理は早期に終わり、第一審の判決を踏襲して控訴棄却となり判決は確定した。

前後して、救対は四名の被告団のご家庭を経過説明に訪問したことがある。私は、そのすべてに参加したが、今の時代でなくてよかったと思う。今の時代のように、マスコミが押し寄せ、何もかも曝き出されていれば、各ご家庭の安寧は脅かされたであろう。

A君の実家は中部地方にあり在所では名家であった。お母さんは、歓待してくれたが、家のそばを長髪の学生がウロツクことには神経を使った。

B君の実家は北関東の農業地帯にあった。何代も続く農家であった。お父さんは根っからの保守であり地域の重鎮でもあったが、息子のしたことに絶大なる支持を表明していた。

C君の実家は道北にある。お父さんは極めて温厚な方であった。息子たちの運動には理解を示し支援してくれた。

D君の実家は札幌である。お母さんは、いつも息子の身を案じ涙ぐんでいた。お母さんに会うたびに、私たちは言葉もなくうなだれるばかりであった。

　被告たちは下獄した。救対の裁判闘争担当者は一旦休業した。

　私は、文学部史学科日本史学専攻に学部移行した。

　大学に幻滅していた私は三年次を全休して留年した。四年次に、母親から「卒業だけはしてくれないか」と懇請され、日本史研究室を尋ねた。初めて訪れ挨拶をすると、研究室の助手さんが「よく来てくれました。我々は皆星野さんのことをお待ちしていました」と温かい言葉をかけてくれた。行く場所もない私にとって、とても居心地の良い場所となった。

　卒業するために勉強するにつれて、大学卒業を糧に就職をすることを放棄した。旅費稼ぎのために、全国から来た求人に対し、果ては九州の求人まで応募したところ、大手企業はじめ数社から内定が出た。「大学紛争に邁進した闘志は企業に入っても大きな戦力になる」との理由であった。しかし、自己の存在を掛けた北大闘争を、産学協同を否定した運動の論理を、それすらも企業の活力に吸収してしまう資本主義社会の仕組みに恐れを抱いた。その結果、すべての内定を断り、資格試験を目指した。

　弁護士になるために、法律事務所に就職し勉強した。三年ほど勉強していよいよ試験結果に期待できる程度の学力が付いたと評価された試験日（五月の第二日曜日の母の日）の前日に、かねて入院加療中の母が亡くなった。その年の試験は断念せざるを得なかった。

　取り敢えずと受験した司法書士の試験に合格したので、世間体もあって、司法書士事務所を開業して、相変わらず勉強しながら救対の仲間との交流を続けた。

　司法書士としての業務が多忙になりつつあるとき、闇金で苦しむ人たちを救援しようという機運が司法書士会で盛り上がってきた。私もその一端に加入して、多くの相談者と向き合ううち、北海道新聞から取材を受けた。それが次ページの記事である。

　記事になったその朝から数か月の間、事務所の電話は鳴り続け、日曜祝日も毎日五、六件の相談者が事務所を訪れた。累計五〇〇余人の相談を受け約二〇〇件の事件を受託した。来る相談者は、闇金に追い立てられている方をはじめとして、お金のトラブルに巻き込まれている人たちである。もちろん相談料など払えるはずがない。被害対策のできる人からは回収した金額からいくばくかの報酬をもらえるが、相談だけの人や回収できない人からは約束をしたとしても、払われることはなかった。

戦う者たち2008　ラウンド4　vs　ヤミ金融

星野次郎さん（58）　司法書士＝札幌市中央区

「街の法律家」に誇り

多重債務者救済に奮闘

ある夜のこと、事務所で残業をしていた時に電話が鳴った。地下鉄大通駅からである。そのご婦人は「明日、闇金へ支払わなければならないが、お金の工面ができないので相談できないか」とのことである。相談できなければこのまま電車に飛び込むと叫ぶ。仕方がないので、来てもらった。しゃべり始めて一時間堰を切ったようにしゃべり続け、ティッシュひと箱がなくなった。取り敢えず、飴とお茶を飲ませて落ち着かせて話を聞いた。

聞けば、子供の携帯代を工面したとのこと。三万円に始まり、気が付けば二〇数万円になっていた。札幌の業者も東京の業者も関西の業者もいる。即時、対策である各業者への架電をして違法行為であること、警察に被害届を出す予定であること、裁判所に申し立てて口座を凍結することを伝え続け、ようやく日が変わる頃に解決した。相談者からなけなしの三〇〇〇円の報酬を頂いた。

千歳のご老人から相談があった。その内容は「年金暮らしで悠々自適の毎日であるが、札幌のある会社からお金を借りた。毎週集金に来るが、これは闇金なのか」との相談である。金額を聞くと借りたのは三万円。毎週一万円を払っている。年率一七三三％にもなる。れっきとした闇金であることを伝え、札幌の業者に連絡をして解決するか？と聞くと、それは困ると言う。何故かというと、毎週集金に来てくれ、一時間ほど話をしてくれる。その人たちが来なければ誰も来ないからだと言う。これには驚いた。計算すると二〇万円ほどの過払いになっているので、札幌の会社に赴いて過払い金を回収して指定口座に振り込んだ。報酬は二万円頂いた。

ある若者の相談を受けた。闇金数社からの請求に耐えかねてうつ病が悪化した。架電して、すべての業者と合意して伝えると、大変喜んでくれた。しかし、その数日後、親類の方より本人の訃報が届いた。自死であった。精神科医の友人に聞いたところ、その人は闇金に追い立てられ支払うことで毎日が充実していたのではないか、それが解決して、急に心のバランスが崩れたのでは？ とのことである。遺書の中に私への感謝の文章と共に五〇〇〇円の報酬が入っていた。そのお金はいまだに使えていない。

そのほかにも多くの相談者を迎えた。その多くは、依存症の人たちであったが、孤独であることも多かった。この世の中のお金に関するトラブルが多いのは、「お金の魔力」に起因することがいかに多いかを示しているのだろう。それもこれも、救対での活動と同じであるように思えた。困難に直面した人に寄り添い、共に解決の道を探る活動である。

お金のトラブルは果てしない。人は物事をお金に換算して表現をしている。この仕事は、ライフワークになっているが、違法金融業者には勝ててもこの魔力には勝てない。この年になって、業務を終えることができないのは、相談者が絶えないことにある。

救援活動のお陰で人生の道標を得られたことに感謝している。

最後に沖縄の歌手ネーネーズの「黄金（こがね）の花」の歌詞の一節を。

「素朴で純情な人達よ　本当の花を咲かせてね
黄金で心を捨てないで　黄金の花はいつか散る
素朴で純情な人達よ　体だけはお大事に
黄金で心を捨てないで　黄金の花はいつか散る
黄金で心を捨てないで　本当の花を咲かせてね」

一九六八年からの私

釋　衆行（六八年　文類入学）

「戦争」体験

幼少期の記憶に残っている出来事がいくつかある。いずれも小学校に入学する前のことである。

時期は定かに覚えていないが、戦争で手足を失ったいわゆる「傷痍軍人」が、アコーディオンなどで軍歌を奏でながら募金を募っている光景が日常的な中、徴兵され、両足と片手を失った小柄な元兵士が、筵に義足や義手を取り外し、略式の戦闘帽に喜捨を求めている前で、近所の住民が「ご苦労様でした！」「お疲れ様でした！」とその労をねぎらいつつ、一円札などの小銭をその帽子に入れている光景を見て、戦争の悲惨さ、恐ろしさ、残虐さに身震いしたのを覚えている。これが、戦後生まれの私にとっての最初の「戦争」体験であった。

更に、昭和二九年九月末のある日の朝、起きると祖父を前に、母や叔母が涙ながらに新聞を見ている重苦しい雰囲気の光景が目に入った。新聞の一面には船底を上にした青函連絡船が写っていた。函館の七重浜には遭難者の遺体が多数流れ着き、当日沈没した五隻合計で総勢一、四〇〇人以上の死者を出した海難事故で、世に言う「洞爺丸事故」だということは後に理解した。

実は、当時は小樽のはずれに住んでいたが、名古屋に出張していた父が、この連絡船と同時刻の便に乗るということは葉書で事前に知らされており、「もしや、この船に乗っていたのでは…」という不安の中にいたようだ。祖父の「折角、戦争から生きて帰ったのに…」という悲痛な言葉の直後、沈没したのは函館から青森行きの連絡船だということが分かり、一転、安堵の空気が流れることとなった。

人間は常に死を意識した存在であると言ったのはハイデガーであったが、幼少期に「戦争」や「海難事故」を疑似体験したことが、今に至るまで、尾を引いていると思う。

ベトナム戦争

義務教育課程を経て、高校、大学と進む中で、日本のみならず世界的にも影響を与えた事件が「ベトナム戦争」

であった。高校在学中にも、当時の南ベトナムのゴ・ジンジェム政権の圧政に対して僧侶の焼身自殺による抗議が頻発していたが、特に大学へ入学した年には、ソンミ村でのアメリカ軍による住民五〇四人の虐殺事件が起こり、米国のみならず、世界的にもテレビ報道やニュース映画の情報が拡散され、戦争当事国の米国での反戦運動が大きく高揚することになった。米国ではさらに大学生の反戦運動が結びつき、各地で大規模な反戦デモが行われるようになった。アメリカのベトナムへの本格的介入のきっかけとなったトンキン湾事件は、北ベトナム海軍の魚雷艇による米国駆逐艦への攻撃だったとされるが、一回目の攻撃は、米国駆逐艦を南ベトナム艦艇と誤認したものと北ベトナムも認めていたが、二回目の攻撃と言われている事件はペンタゴンペーパーズなどの調査から、完全に米国によるでっち上げであると、七一年になってニューヨークタイムズ紙が断定している。

後年、ワシントンを訪れた際に、リンカーン記念堂近くの戦争記念のモニュメント群の中で、硫黄島の擂鉢山奪取の記念碑前では、多くの市民が記念写真を撮っていたのだが、その近くのベトナム戦争時の海兵隊の掃討作戦中の姿を模した記念碑の周辺は閑散としており、この戦争を評価する国民の冷たい視線を象徴しているように感じた。

リンカーン記念堂からポトマック川を渡ったアーリントン国立墓地には建国以来の四〇万人以上の戦死者たちの墓標が広大な敷地内に延々と続き、覇権国アメリカの戦争の歴史を実感した。

かつての日中戦争や、昨今のロシア・ウクライナ戦争のように「他国に押し入り、放火や殺人をするのは侵略であり、悪である」との認識は当時の学生には共有されていたと思う。

情況への投企（教養部時代）

大学一年の時、第二外国語はフランス語を選択したが、ロシア語クラスの友人故T君から、読むように勧められたのが、大江健三郎や吉本隆明の著作だった。当時の大江はサルトルらの実存主義の影響を受けていたので、大江を理解するためにサルトル全集の第一三巻『実存主義とは何か』（人文書院）を当時二〇〇円で購入した。読み進めるうちに、突き当たった言葉が「情況への投企（アンガジェ）」であった。以来、未熟ではあったが、「アンガジェ（engager）、アンガジュマン（engagement）」について思索を重ねる中で、大江が評価していたW・Hオーデンの「見るまえに跳べ」の言葉に押され、ベトナム戦争や米国に対する異議申し立てとしての反戦デモや、長沼ナイキアジャックス・ミサイル設置反対デモ、沖縄返還デモなどに参加するようになり、都度、現下の政治状況についての考察を重ねた。

二年の時からのいわゆる「北大闘争」には級友と共に関わりを持ったが、学費を稼ぐために、週四日（週二回ずつ二人）の家庭教師のアルバイトをしていたため、事実関係の記憶には自信が持てないので、軽率な発言は控えたいと思うが、当時は教官も交えたクラス討論やパネルディスカッションが頻繁に行われた記憶がある。特にフランス語の諸先生とは、アルベール・メンミなどの訳書を通じて公私に渡り様々なご教示を頂いた菊地昌実先生や中山毅先生を中心に、かなりの頻度で議論をした記憶がある。例えば「自己否定」をどうとらえるのか、単に学生をやめるなどというのはニヒリズムの極みのように思えて釈然としなかった（この件については後述する）。最後まで本部に籠った方々に対しては後ろめたい気持ちがあり、思い出すたびに気持ちが落ち込む。

大学を巡る現在の状況は、当時よりも厳しい深刻な環境に置かれているのではないかと危惧している。例えば北大における名和総長解任事件が代表的なものである。北大当局によれば、パワハラの事実を証明する記録はないし、名和氏本人によれば、軍事研究を学術会議の勧告により辞退したり、加計学園の獣医学部新設構想に反対したことが、文部科学省の大臣をはじめ忖度官僚の反感をかった結果、文科省がでっちあげたものだとする主張は真実味がある。国立大学法人化以降の大学への新自由主義的「改革」の暗部が顕現したのではないだろうか。恐らく、文科省の権限を強めたりしたところで、最近言われている研究力の低下などの課題に対しては何の解決策にもならないだろう。

学部移行後

教養課程を修了し、経済学部に進んだ。西洋経済史を講義されていた石坂昭雄先生のゼミを志望した。ゼミ生の大半が当時の本部闘争やC闘委の支持者であったため、先生はゼミのテキストをどうするかで悩まれたようだ。石坂先生ご自身が東大の大塚久雄先生のいわゆる大塚史学に連なる気鋭の研究者なので、本来はマックス・ウェーバーの著作等を使用するのではと推測されたが、結局、三年目はレーニンの『ロシアにおける資本主義の発展』（大月書店）、四年目はローザ・ルクセンブルクの学位論文『ポーランドの産業的発展』（未来社）と決まった。前者はロシア革命前のロシア経済のデータを駆使した七〇〇ページにのぼる研究書であり、後者はローザ・ルクセンブルクがチューリッヒでの亡命生活中に執筆され、学位論文として教授ユリウス・ヴォルフを通じてチューリッヒ大学に提出された純粋な経済学書であった。私自身は「見るまえに跳ぶ」と共に「跳ぶまえに見ろ」という諌言と勝手に受け止めさせていただいた。

親鸞との出会い

故T君に紹介された吉本隆明の著書については、当時の定番『擬制の終焉』などは読んでいたが、六八年に発刊された吉本隆明全著作集の『文学論Ⅰ』のなかの『歎異抄について』という九頁ほどの短文を読んで、歎異抄を読む場合のポイントは理解した。

その後、岩波文庫『歎異抄』（金子大栄校訂）を読み、第一章以降大きな衝撃を受けた。同時に読んだのは野間宏が解説した『歎異抄』（筑摩書房）であったが、この著を批評した平野謙（だったと記憶している）が「非常によく書けているが、マルクス主義者の貴方がなぜ？」という趣旨の発言をしていたのが気にかかった。確かに、親鸞を信奉する人々の中には原理日本社の蓑田胸喜や三井甲之などの右翼もいるが、左翼ないしは左派と目されている人たちも沢山いるようだ。吉本隆明、桶谷秀昭、梅本克己、三木清、真継伸彦、石牟礼道子、渡辺京二、そして古くは服部之総、佐野学、等々。これはどういうことなのだろうか。一向一揆の歴史などが、「反権力」を想起させるのだろうか。

石牟礼道子は吉本の父親と同じ熊本県天草の出身で、幼少の頃よりお寺で聞法していたようで、亡くなる前に熊本市の真宗寺で得度し、前住職の葬儀では導師も務めている。（法名釈夢劫）。晩年の石牟礼の世話をしていた渡辺京二も石牟礼と同じく真宗寺に埋葬された。

これらの人々は、親鸞の「さるべき業縁のもよおせばいかなるふるまいもすべし」（歎異抄）という人間観や、自らを〈愚禿〉と押さえ、「真実の心（しん）はありがたし、虚仮不実のわが身にて清浄の心もさらになし」と〈罪悪深重・煩悩具足の凡夫〉との自覚に立ち、衆生については「りょうし［猟師］、あき人［商人］、さまざまのものは、みな、いし［石］・かはら［瓦］・つぶて［礫］のごとくなるわれらなり」（唯心抄文意）、「うみかわに、あみをひき、つりをして、世をわたるものも、野やまに、ししをかり、とりをとりて、いのちをつなぐともがらも、あきなひをもし、田畠をつくりてすぐるひとも、ただおなじことなり」（歎異抄）という絶対平等の精神に共感する人々が多いのではないかと思う。水平社宣言を起草し、「人の世に熱あれ、人間に光あれ」と叫んだ西光万吉も西本願寺末寺の僧侶であった。恐らく、親鸞の考えの根本にある「弱者や虐げられている人々に寄せる暖かい視座」にも共感する人々が多いのだと私は思う。

出会った人々

歎異抄を理解する端緒を吉本の著書に求めつつも、その後も歎異抄を手掛かりに、仏教そのものへと関心が強まり、『教行信証』をはじめ関連する仏教書を読み漁った。昭和五一年（一九七六年）には吉本の『最後の親鸞』が発刊され感銘を受けたが、彼が「親鸞は仏教そのものを解体した」と表現したのは、親鸞の最後の到達点といわれる〈自然法爾（じねんほうに）〉のことだと理解した。以後、三木清の遺稿『親鸞』を読み『ヘーゲル法哲学批判序説』にあるマルクスの「宗教は阿片である」という言説にも一定の距離をおくことに共感した。又、西田幾多郎の最終論文『場所的論理と宗教的世界観』などでの〈絶対矛盾的自己同一〉〈逆対応〉などの概念や、鈴木大拙の『日本的霊性』での〈即非の論理〉などの概念、更には田辺元『懺悔道としての哲学』などを学ぶうちに、「仏教」は世間知でいう「宗教」というものとは対極にあるものだと考えるようになった。正確な日時は失念したが、東本願寺での報恩講（親鸞の命日前後に行われる仏教聴聞週間）での法話に、真宗大谷派の学僧の最高位の〈講師〉として登壇され、仏教学で学士院賞を受賞し、北大文学部教授だった藤田宏達先生のお話を伺ったときにそれを確信した。

但し、仏教を一人で読書だけで理解するには限界があり、「良き師」を求めて各種の講演会を巡って聞法を繰り返した。練馬の真宗会館での日曜礼拝、築地本願寺の仏教文化講座、有楽町国際フォーラムでの親鸞講座、東大前の求道会館、芝にある仏教伝道協会講堂、そして会費を払えばだれでも入会できる本郷三丁目にある東大仏教青年会などには長年にわたって通い続けた。

これらの行動に前後して、私が二九歳の時に、母が五七歳で亡くなり、平成四年二月には父が七六歳で逝き、同年一一月二八日に弟が脳内出血のため四二歳で還浄した。奇しくも親鸞の命日と同じ日であった。平成五年には真宗会館で横須賀市の長願寺住職海法龍師と出会い、今に至るまで教えを乞うている。又、共に東京大学のご出身で元大谷大学助教授だった故坂東性純師と本多弘之師、京都学派の哲学者で大阪大学副学長を務めた故大峯顕師、元真宗教学研究所所長櫟暁師の法話を度々聴くご縁を得たのは幸運なことであった。

この間、母の一三回忌には、京都東本願寺の御影堂で浄土真宗の門徒として「帰敬式」（キリスト教の洗礼に該当）を受け、法名「釈衆行」を拝受した。

自己否定

明治の仏教者清沢満之は、東京大学でフェノロサから初めてヘーゲル哲学を学んだ人物である。内村鑑三と並んで西田幾多郎らの明治の知識人に大きな影響を与えた。清沢は仏教の課題を「自己とは何ぞや、それが人生の根本問題なり」とし、無明（むみょう）の原因は自らを知らないことにあるとして、「内観の道」を説いた。宗旨は違うが、道元禅師が「仏道といふは自己を習ふなり…」としたことと軌を一にする。清沢はその著『宗教哲学骸骨』で有限無限論を説き、凡愚の自覚から広がる真実の世界の顕現を説いた。有限の存在である我々は、多くの有限な存在と接しているがゆえに、当然相対的な存在である。有限相対な存在の我々が、真理とされる一切を包摂する絶対無限な存在を説き述べることはできない。不可称・不可説・不可思議ということになる。唯一、有限な存在を自覚することによってしか絶対無限者を感じることはできない。仏教的にいえば「機の深信法の深信」といわれるテーマで、卑近な例でいえば、自分の影が見えている時は自分を照らす光の中にいる。自らの至らなさを自覚する時は既に自分を照破する真理の中にいるということで、機は自分、法は真理で、屡々「機法一体」といって同時に忽然と成立するものである。

このように言うと「観念の遊び」とか「観念のおしゃべり」との批判が出てきそうだが、苦悩の解消には内心の論理の決着をつけるしかないように思える。

学生時代には、例えばある社会現象では被害者的立場でありながら、実は加害者である場合もあるという「気づき」を促すキーワードとして機能していたのではないだろうか。むしろさらに広義に考えた方が分かり易いと思う。（自己に対する批判原理への「気づき」）

利他の精神

水俣病闘争に半生を捧げた石牟礼道子は、谷川雁や森崎和江の「サークル村」を拠点に「書き手」としての活動を開始したが、晩年の谷川から強い批判を浴びることになる。谷川の批判の論点は水俣病患者を「プロレタリアートの原形質をのぞかせている層」と「単に都市住民を驚かせている層」を構造化できていないことが運動の「暗点」として論難するものだったが、石牟礼にしてみれば、そんなことはどうでもいい、位相が違う話だったのではないだろうか。物事には理念、理性によって解決できるものと、そうではなく、現実そのものにどう対峙するのかということがあり、石牟礼は「今そこにある現実」に献身的に対応したのだと思う。

学友の中にも、そのような精神で活動されている方々がいることに深く敬意を表したいと思う。夜間中学の設立に永年携わってこられたKさん、不登校やひきこもりの問題に真摯に向き合ってこられたNさん、障害者の就労移行支援等に誠心誠意向き合ってこられたSさんらの活動には頭が下がると共に誇りにも思う。又、温かい気持ちにさせられるものがあるのは私だけではないだろう。

昭和四九年（一九七四年）に刊行されたキリスト者滝沢克己の『「歎異抄」と現代』という著書に次のようなくだりがある。曰く

「…一九六八、九年〈大学闘争〉以後の情況が、『歎異抄』の著者の直面した問題の、七百年の時を隔てていかに深くかつ直接に、今日の日本の禍福・世界の興廃に関わっているかを時とともにいよいよ明らかに示しつつあるからである。…」

歎異抄を熟読、熟考した滝沢が〈弥陀の本願〉というものを考察し、カール・バルトの「インマヌエル」（神われらとともに在す）同様、「人間成立の根底」に着目して、三木清や梅本克己のように「親鸞のいう『宿善・宿業』（歎異抄第十三条）の『不思議』にまで降り立つことなしには、けっしてこれを解くことはできない」と指摘したことを踏まえ、五〇年前から明らかにしつつあるものは何かを私なりに今後も考え続けていきたいと思う。

（了）

『何もナッシング』

高田　陽一郎（六八年入学　F共闘）

深川八幡さまを氏神に戴く町に生まれ、幼くしてもらわれていった先が浅草三社さまの氏子の町という父親は、死して古い店と借金を残した。父は、戦後復員してこの地（墨田区）に移り住み商売を始めた。私は長男で、物心ついた頃から肉屋であった。近県の中学を出たばかりのオニイチャンたちが住み込む家はそれなりの広さがあり、家族ともども食事をする部屋（畳敷きで一〇畳くらいか）の鴨居と天井の間には父親の筆による家訓めいた言葉が何行か認められており、その一つに「金は天下の回りもの、貯める工夫より生かして使え」とあった。真理であろう。〝江戸〟の心意気であろう。生かして使ったのであろう。しかし、死して残したものは古い店と借金であった。

この町で商売をするということは、この町に尽くし祭を支えるということを意味する、と父親は考えていた。町内の人たちもそう考え、当然その息子も同じと考えていたようだ。札幌から東京へ戻ると、程なく、町会・地元の青年会・自分の子供がこれから通うことになる小学校（私も卒業した）のPTAから声がかかり、私が学生運動で警察沙汰になったことを知る者知らぬ者、あわせ呑む、あわせ呑まれる…混濁する中、保守そのものの町の中へと足を踏み入れることとなった。それから何年かすると今度は神社の〝年番〟という役が回ってきて、断る訳にもいかず引き受ける。年番とは氏子各町会から集められ神社へ奉仕する、いわば神様のお使いの役で、祭の当日になると四〇人程の若者（私は四〇代でしたが五〇代の人、六〇歳近い人もいる）が早朝より日がとっぷり暮れるまでかかって氏子一一町会を獅子頭を担いでくまなく廻るという祭の中心的行事を担うこととなる。誰も計ったことはないので確としたことは判らないのだが、走行距離は五〇キロとも六〇キロとも言われる。年番のこなすべき年間行事は何百年も続いてきた「神事」なので、不参加を申し立てることはもとより上の者に逆らうことなどもっての外、全共闘とも民主主義とも対極の世界になる。〈何事も成さず、何事も成し得ず…〉

二年間の年番を務め終えると、町会長（町内では町会長が一番エライ）が「陽ちゃん（地元ではそう呼ばれている）老人会を作ってくれないか。役所から活動資金が出るんだよ」と。何のことはない、金に目が眩んでしまって。町内には老人会があることはあったのだが、なにしろ元々老人の集まりでもあり、時の経過に抗うことはできず、オカクレニナル方は後を絶たず解散。東奔西走しながら将来の老人会の担い手として狙いをつけた青年会をも巻き込みながら、先々を考え六〇歳から加入できる組織がいいだろうと裾野を広げた。しかし、取り立てて社会の高齢化問題に対する画期的視点がある訳でもなく〝闘う老人会〟と位置づけられるものでもなく…。〈何事も成さず、何事も成し得ず…〉

墨田区は向島区と本所区があるとき合わさったもので、行政的には当時のなごりとして肉屋の監督庁である保健所が二つあってそれぞれ旧区の所轄を維持しており、食肉組合も向島支部と本所支部が活動をしていた。当時はそこそこの店舗数もあったので、本部、支部、支部を幾つか集めたブロック、支部を幾つかの地域に分けた地区部会と会合も多く、その会合の多くが宴会を伴い、もれなく深夜に及ぶ。そんな中、「若者だけの寄り合いがない」と誰かが言い出し（ヨセバイイノニ）支部の中での二代目の組織をということになり〝青年部〟が結成された。また宴会が増えた。組織を固める、組織を強化する、団結だ――「組織論」としてはいろいろあるのだろうが、大事なのは強化〝費〟だ。我々二代目は父親たちとは違い完全閉店までは店を出るわけにはゆかず、従って集結する時刻は遅く、会合はスナックへと流れ流れる。つまり組織を強化するには費用がかかる〈何事も成さず、何事も成し得ず…〉

子ども時代の記憶では、店の周辺にはいわゆるスーパーマーケットといわれるものは未だなく、商店が軒を連ねるというほどではないけれども、普段必要なものはそこそこ間に合う程度の〝商店街〟ではあった。しかし、私が入店したころ（昭和五五年）小規模ながらもスーパーの出店を見るようになり、個人商店から綜合マーケットへとお客さんの流れが変化してきた。加えて店主の高齢化もあり、閉店する個人商店がポツポツ出てくると負の連鎖が始まる。

ここで手をこまねいている訳にもいかず店舗改装に踏み切る。もちろん、今までも提供していたのだが、揚げ物・総菜（肉屋のコロッケは皆さんお馴染ですが）を充実させ、お弁当屋さんに近いものへと発展させた。大きなガス釜でごはんを炊き、ごはんと揚げ物に加えサラダを何種か手作りし、それぞれ好きなものを好きなだけ選んでもらうスタイルを作った。カレーを煮込んでカレーライス、トンカツをのせればカツカレーとお客さんの注文でバリエーションを増やしてみるとそこそこ評判となり、近所の会社勤めの若い人たちがいっとき列をなすことにもなった。

しかし、いつまでもいい状態が続くという商売はなく、少ない知恵を絞って新メニューを出すも大幅な売上増には至らず、もちろんもっと悪い立地で成立している店もあるけれど、私の代になってからは商売の醍醐味を感じられるようなことはついに起こらず（起こせず）父親たちのような活気ある時代の到来は望むべくもなく…。新宿・渋谷のようなビッグタウンと沿線の町との格差、沿線の街と小さな商店街との格差、更に商店がポツンとしかないところとの格差。重層的な格差。広がる一方の格差。〈何事も成さず、何事も成し得ず…〉

しかしながら、借金は厳然として存在し、母親は九〇歳を超えてなお店に立っており、のんびり構えている場合でないことは明らかであり… 〝決断〟する。

古来「小売店」とは業種を問わず、幾つかの種類のものを並べておいて、その中からお客さんに選んでもらうという形が一般的であり、選ぶ対象が少ないのはお客さんに対し失礼になると考えており、当然生モノは売れなければロスになる。従って一定数の来客があってはじめて成り立つのであって、この状態で小売りを維持するのは難しく、「借金もあるが設備（冷蔵庫…）もある」ことに思い至れば小売りをせずに（つまり店は開けない）、卸売りのみにするというのが得られた結論であった。卸売りというのは地元の小中学校や保育園に給食用の食材を注文された分だけ用意すればよいのでロスは出ず、これなら何十年もやり続けてきた仕事なのでカミさんと二人でやれるなと踏んだ。そのうえで、私が働きに出ようと。これが借金返済のラストチャンスと〝位置付け〟た。

働き口を探していることが仲間の肉屋の知るところとなると、ウチへおいでよと声がかかる。職人の仕事というのはその店々でのやり方がそれなりに違うので双方が苦労することになるだろうことは十分予想がつくことだったので、ケンカになるのもつまらない。肉屋以外の仕事でも知り合いに紹介してもらうとなると、紹介者に迷惑をかけまいとするのもストレスだしと、縁もゆかりもないところを探すのがよかろうとハローワークの扉をたたいた。

ハローワークに行くのも初めて、履歴書を書くのも初めて。紹介されても面接までたどり着けないことの方が多く（当時六四歳だったので年齢的なことが十分考えられる）、面接まで行っても採用してくれる事業所はなく（相手の顔色から察すれば〝ジジイはいらない〟と読める）それでもアルバイトを探す、捜す、さがす。〈何事も成さず、何事も成し得ず…〉

古くからの友人にこぼすと「オマエ、履歴書の書き方がまずいんじゃないの。北大卒のヒゲを生やした奴を焼き鳥の串刺しやらハンバーグの玉ねぎ切りに雇うか？」と言われ、〝正直者はバカを見る〟と思い直し以後高卒となる。少しすると新聞折り込みのチラシで近所の高級弁当の盛り付けのバイト（土・日のみ）が決まったが、それでは返済には足らず更に探すと、ケーキ屋さんの下ごしらえの下ごしらえの仕事が見つかった。このケーキ屋さんは若干の店売りはするものの、ここで作ったものをその日（深夜）のうちに各店舗へ配送するいわばケーキ工場で、二四時間三六五日（クリスマスも正月もない）完全無休で稼働し、私の理解では追い付かないが、複雑なシフトが絡み合う。私の上司はがっちりした体躯の四十代の責任感の強い男だった。連日連夜のシフトに入っていたようだったが、包丁を握り、立ったまま寝ている人を初めて見た。そして、何回も見た。

何年か後、借金を完済した。その頃母が倒れたこともあり、ケーキ屋さんを辞した。六九歳になっていた。ちなみに先の弁当屋さんの時給は八六〇円。当時の最低賃金は八五〇円。あの根源的な問いを思い出す。「格差をつくり、押し広げ、固定しているのは誰か」〈何事も成さず、何事も成し得ず…〉

履歴書を書いたことがないと言ったが、肉屋になる前は札幌で印刷屋に勤めていた。卒業したことはしたが、教授は就職斡旋に難色を示し、あえて頭を下げることも喰い下がることもせず、かと言って打つ手もなく、相変わらず救対（北大全共闘救援対策委員会）事務所でウロウロしていた。そこへ本部裁判中のKから「トッツァン、器用そうだから手伝ってくんねえか」「残業は毎日あるし（Kも忙しくてまいっていたのかも）残業すれば晩メシあたるから」と。翌日から印刷屋でアルバイト。もちろん履歴書は要求されず。

この頃救対に出入りしていた、メーデー事件で足に銃弾を受け、その足を引きずりながらデモに付いていたWさんに気に入られ、薬科大学を作るのを手伝って欲しいと誘いを受けた。渡りに船とばかりにバイトで繋ぎながら話の具体化を待つことに。しかし、幾つかの動きはあっ

たものの次第に連絡が細り、いつしか不通となった。〈何事も成さず、何事も成し得ず…〉

印刷屋バイトも何年か経つと正社員になり、付き合っていた彼女と結婚。結婚祝賀会（当時北海道では会費制が一般的）には全社員が来てくれた。会社の規模が推し量られるが、感激した。

何年か勤めたが、世話になったこの印刷屋を裏切るかのように、開業して一年足らずという会社に引き抜かれる。金に目が眩んだ?!この会社は総評系の、つまり国労とか全逓とかの労働組合が主な取引先で、原稿の遅れまくる中、納期はずらせないという典型的なパターン。労働者の生活を守る、今でいう〝働き方改革〟などという考え方はツメの先程にも考慮されていない。想像はしていたが、労働組合の執行部とはこんなものか。〈何事も成さず、何事も成し得ず…〉

会社の業績と給料は順調に上向いたが、トラブルの質も上向き（常勤の役員は創業者兄弟と私の三人）、創業者たちと私の軋轢は日に日に深まり、過労による体調不良も考え合わせて退職を選択し、東京での家業継承へシフトした。

体調を立て直すことを第一と考えたが、三二歳の〝若さ〟は何物にも代え難く、数週間の後には永年の夢であった最北の地宗谷岬へ向けて、テントを積んだ自転車に跨っていた。何日かかったのか今となっては定かではないが、旅は順調に進み明日は稚内に入れるという段になって、ペダルを漕ぐ足に痛みが走った。やっとの思いで稚内に住むKさん（救対でともに活動した）の家に倒れこむも痛みは引かず、後日Kさんの車に乗せてもらって岬に立ったのであります。漕ぎ続けた自分の足だけで立つ筈でありました。ふと見ると、自転車に乗った一人の若者が口を半開きにし、呆然と北の海を見つめている姿に釘付けになったのであります。あの顔です。彼と同じあの顔をする筈でありました。〈何事も成さず、何事も成し得ず…〉

どなたが仰ったのか判然としませんが「個人的なことは、社会的なこと」

このひと言と並行させると〈何事も成さず、何事も成し得ず〉

とんだお笑いグサじゃありませんか。

それでは恥の掻き納めということで…チョン！

全共闘系ノンポリ

浅野　元広（一九六八年北大教養部文類入学）

いつのことだったか、数名の同世代の者たちとの飲食の席で、ある人から「(学生時代の浅野は）全共闘系ノンポリというところだね」と言われて、その通りだなと納得したことがある。

全共闘系というのは、まさに「系」であって全共闘そのものではないということだ。もっとも、北大では、C闘委、学部共闘、諸セクトが活動していたが、北大全共闘というものが正式に結成されるのは一九六九年一〇月とのことである（岡戸孝『記憶を紡ぐ』四六頁）から、正確にはC闘委系というべきか。

ノンポリという言葉は、多義的に使われていて、文字どおりの政治的無関心、学生運動無関心の学生から、いわゆるノンセクトラジカルと言われる学生たちに対してもセクトに属していないという意味で使われることがある。幅広いスペクトラムがあり、その中で私はどの辺りにいたことになるのだろうか。

一九六九年当時の北大教養部における最大の勢力は、この幅広いC闘委系ノンポリではなかったろうか。

私は、一九六八年に北大教養部文類（独語）に入学した。最初の一年間くらいは民青系学生であった。当時、東大等で全共闘と共産党・民青との対立が次第に激化していき、北大にも東大等での議論がそのまま持ち込まれていた。自治委員会や学生大会等で、東大等での議論をそっくりコピーしたような各派の論戦というか怒号とヤジが飛び交っていたが、それなりに考え方の違いが少しは分った。私は、民青の立場ではあったが、こと大学闘争に関しては、内心では全共闘の考え方に次第に共感するようになっていた。

一九六九年四月一〇日に入学式会場が封鎖されるという「異議申し立て」（同一八頁）がなされた。私は、当時まだ民青系であったので、早速、召集され、新入生が教養部の各教室で待機しているので、各教室に赴いて入学式会場の封鎖というのが如何に「暴挙」であるか説明に行くということになった。私の柄ではなかったが、頭数が足りなかったせいか、やむを得ず私もどこかの教室に入った覚えがある。何を話したのかは全く記憶がない。それが私の民青での活動の最後だったと思う。

その後、四・一四学長告示が出され、その撤回を要求項目とする北大闘争が始まった。四・一四学長告示というのは、当時の私でさえ、「学園闘争」が全国で起きている問題状況等を全く理解しない、時代錯誤の妄言のように思えたものだ。このたび、四・一四学長告示を読んでみて（同一八頁～）、ますますその感を深くした。

その後、一九六九年の夏頃には、私も教養部のバリケードに出入りするようになるのだが、四月から夏頃まで、どこで何をしていたのか全然思い出せないのである。この間、本部封鎖、本部封鎖解除、教養部封鎖等の出来事が続き、『記憶を紡ぐ』によれば、C闘委としても苦しかった時期のようであるが、私は、出来事を遠くから眺めていただけで、その経緯等を知る由もない。そんな私が、どうして教養部のバリケードに出入りするようになったのか。今となっては、自分でもよくわからない。

バリケードの空間は確かに解放感を味わわせるものがあった。教官室に勝手に寝泊まりして、教室の机やドアを壊して盾等を作ったりするのだから、今思うと傍若無人もよいところだが、今まで味わったことのない「自由」の空気があったのだと思う。そんなことを、当時、民青の女性と話した覚えがある。きっと、君はどうして民青を離れて「あんなところ」へ行ったのかとでも問われたのだろう。彼女は笑って、「まるで夏休みになってはしゃいでいる小学生みたいね」と言った。「それのどこが悪い」と言いたかったが、何も言えなかったようだ。

私は、その後、一九七三年に司法試験に合格し、一九七四、一九七五年の二年間、司法修習生として過ごした。北大では、弁護士を目指して司法試験の勉強をしていた民青系の学生はたくさんいたが、元○○派はもとより全共闘系ノンポリに至るまで、非民青系の学生で司法試験を受けるような者はいなかったと思う。自己否定という、当時、盛んに言われた言葉からも想像できるように、弁護士を目指すなどというのはむしろ否定されるべきことのように受け止められていたのではないか。自分で受けておいて何だが、私も司法試験を受けるということについて、どこか後ろめたい気持ちがなかったわけではない。ところが、一九七四年四月に司法研修所に入所（二八期という）して驚いた。そこでは、修習生によって、連日、ビラ等（集会、研究会等の案内でさすがに政治的な活動を呼びかけるものではないが）が配布されていて、そんな中に、べ平連、全共闘系を思わせるような内容、文体

のものまであった。何かの集まりへの参加を呼びかけるものであったが、「蛇の道は蛇」とでもいおうか私もその集まりに参加していた。

そこでまた驚いた。二〇〜三〇名位の集まりであっただろうか。その多くは、学生運動での逮捕歴、起訴歴のある者たちで、元〇〇派という人もいた。後で知ったことだが、一九六八年に修習生べ平連というグループが生まれ、一九六九年にはそれが発展して反戦法律家連合（略称・反法連）と名乗るようになり、その運動が、毎年、続いているのだという。先の集まりは二八期反法連の運動の形成を目指したものだったのである。何も知らないで出席した田舎者は私くらいだったと思う。

二八期修習生約五〇〇名の内、五〇名位は、元〇〇派、全共闘系ノンポリといった気配で、一〇〇名くらいは共産党・民青系のように思われた。人数はもちろんあてにならないが、六〇年代末の時代の残像が司法研修所に形を変えて残っていたのである。私は反法連の運動に加わり、思いもよらずここで新しい刺激を受けることになった。

私は、一九七六年四月に東京弁護士会に入会したが、すぐに救援連絡センターに登録して公安事件、市民運動関係事件等の刑事弁護（接見）活動等に従事することになった。それが私の弁護士生活の始まりだった。

あの時代、様々な言葉が飛び交い、私には到底理解できないような難しい議論も華やかだった。そんな中で、私に一番印象に残っている言葉は、「自己否定」と「直接民主主義」であろうか。どちらも、当時の全共闘系を象徴する言葉だったように思う。

「自己否定」論は、学生とは何か、大学とは何か等々、様々な問いを投げかけ、階層的に構成された社会とその中での自分の立ち位置や〇〇反対等と主張することのいわば立場性等について、鋭く問題を突きつけるものだった。

「直接民主主義」論は、それまでの組織や運動の官僚主義的なあり方を批判し、新たな組織や運動の形態を目指すもののようであった。C闘委は事実上のリーダー的な人たちはいたものの、議長とか委員長とかいうような役職名を有する人がいるわけではなく、それ以前にC闘委の構成メンバーなどもはっきり決まっていたわけでもない運動グループというようなものであったと思う。反法連というのも組織ではなく、C闘委によく似た運動グループであった。

私にとって「自己否定」や「直接民主主義」は、私なりの「自由と平等」の追求であったのかもしれない。戦後民主主義批判とか近代主義批判とかの難しい議論もあったけれど、そういう難しい話が当時の私にわかるはずもない。反対に戦後民主主義の中で培われた「自由と平等」の理念が、現にある大学や国家等の「体制」的な組織の批判に向かわせたのではないか。そして、それが反法連の運動を経て、人権と民主を追求するその後の様々な活動や関心に繋がっていったのだと思える。

つぶやき

近藤昭子（一九六八年入学 文類 べ平連、C闘委）

努力が功を奏し、大学に行けたのだから、当然卒業後は職業を持つものと考えていました。母のような辛抱をする人生は絶対嫌だ！と思いました。自分に収入がないため、離婚を選択できない人生を絶対に送らないぞと意気込んでいた若かった私は、いかんせん卒業後すぐに子供を持つことになりました。定職を持つ夢は破れましたが、精神科病院での心理検査職のアルバイトを心理の先輩を頼りに週一回から始めることができました。しかし、皆に後れをとってしまったという焦りがありました。私を勘当した母や近所の知人、夫に育児を頼み、スタートしました。

二人目が二年後に生まれましたが、活発な子供の世話は、高齢の母には無理でした。そんな時、大学の運動で知り合ったKさんと三才のS君が現れ、北二四条にあるリブの館での集団保育がなんとなく始まりました。当時リブの館にも数人の子供たちがおり、子育てに興味のある男女が応援をしていました。しかし、リブの館は住まいであり、住人の生活の場でしたから限界もありました。

こうした流れから自然に、保育園づくりがスタートします。一〇人以上の親たちがお金を出し合う無認可の、市の補助金もない共同保育園「バク」が昭和五〇年に始まりました。保育園は北一四条西二丁目の古い二階建て一軒家で、常勤の保育専従者二名と、父母の自主的な当番四～五名で一五人の子供たちをみていました。夫も土曜日は当番に組み込まれていました。北大のクラーク会館前芝生の小川は、子供たちの大好きな水遊びの場所でした。父母も含めた運動会や学芸会、大学教授の別荘を借りての合宿等楽しい思い出がたくさんあります。夜遅くまで続いた運営会議、保育とは何か、女の自立とは何か、性についてなど本当によく語り合いました。成長につれ学童保育も必要となり、S君と長女は小学校終了後、保育園まで二人で帰ってきました。私たち家族は夫の転勤で札幌を離れることになりました。五年間、こうした仲間と一緒に活動し、付き合い、子供の預かり合いも含め、いつも子供と一緒の濃い時間でした。

こんな仲間との付き合いでしたが、精神障害に関しての捉え方の違いが今の私の活動に繋がります。精神科病院の治療に対して疑念を抱き、〝薬漬け〟〝電気ショック〟〝ロボトミー手術〟をされるのではと、仲間は精神科治療に対して疑念や偏見を持っていました。私の職業に対しても批判的で、私自身、受け入れてもらえない辛さがありました。当時でさえ、市内には四〇以上の精神科病院があり、1万人以上が入院していました。その一つで私も働いていました。家族が不眠で困っている、精神に異常をきたし妄想的なことをいっているなど、そんな非常時に家族はどこに相談に行けばよいのか知らない人が多いのだと知りました。案外私だってそんな時は右往左往し、必死になって良い病院を探すのでしょうが、理想の病院はありません。ましてや寛解という表現での退院、社会復帰はどうなるのか、いろいろ疑問がわいてきます。仲間との意見の違いは、ロボトミー裁判闘争や市民への啓発活動へと発展します。そして五〇年以上も続けてきた私の仕事にもなりました。

今回、私がつぶやきたかったこと。札幌では男女問わず仲間の応援があった。転居先でも同様、近所のママたちの、次女の保育園の送迎という応援があって、私の職業生活が成り立った。子育ては夫と二人ではとてもできないなぁと思うと、母のことを悪くは言えないと思いました。昔（一〇〇年前）の女性が収入を得るということは、周りに応援する人がいないと本当に無理だということがよくわかりました。

極北の一九六九と全共闘運動への思い

高野　博三（六九年理類入学）

一　潮騒の小さな街で

私は一九四九年二月に函館の貧しい自転車店の三男として生まれた。真冬になると玄関の隙間から雪が入り、土間の一面が白く染まっていた。自転車の陳列台の下では鼠が巣を作っていた。外では未舗装の道を馬車が往来し、大きな糞を落としていた。

父は海軍少尉として舞鶴航空隊で敗戦を迎え、失業した。父は重巡洋艦「利根」に乗艦し、零式水上偵察機の整備下士官としてハワイ、ミッドウェイ、マリアナなどの海戦を生き延びた。敗戦で居場所を失った両親は一歳の兄を連れて実家（新潟）に一時身を寄せ、次いで函館に流れ、古い民家で慣れない商売を始めた。どん底の生活の中で両親は子供四人（兄二人、姉一人、私）を育てた。後日談で、生活の苦しさから幼少の私を養子（口減らし）に出す話もあったと母から聞かされたときは複雑な思いをした。

父は映画が大好きで、小学生の私をしばしば映画館に連れて行った。古い記憶にあるのは「軍神山本元帥と連合艦隊」「明治天皇と日露大戦争」で、戦史への関心は父から植え付けられた。両親は「喜びも悲しみも幾年月」を観て「どんなに貧乏でも息子たちは大学に進学させたい」と思ったそうである（何度も聞かされた）。また、兄や姉に連れられてアメリカ映画「シェーン」「ベン・ハー」「エル・シド」を観て主人公の正義感や倫理観に感動した。TVドラマ「名犬ラッシー」は日本ではあり得ない遠く離れたアメリカの豊かな世界を映していた。ラッシーのような犬を飼いたいと思った。

小学校時代は昆虫採集が大好きで、帰宅すると直ぐに捕虫網を持って家を飛び出した。算数は大嫌いで特に文章問題が苦手だった。帰宅すると母の特訓が待っていた。小学校の卒業文集で恩師・大越先生から頂いた言葉「正しいことを正しいと言える人になれ」は今も忘れていない。ただ、その言葉をいつも実践できたという自信は全くない。

中学校を卒業して一九六四年に函館工業高等専門学校（高専）機械工学科に進んだ。五年制で、「大学レベルの技術を学べる」と宣伝されていたし、家の苦しい経済状況もあって最初から大学進学は考えなかった。期待して入学した高専だったが、技術偏重の授業と古い校風になじめず三年生の五月に退学した。T先生の「文部省が高専を作ったのは従順な技術者を産業界に供給するため」との話に驚き、不愉快な思いをした記憶もある。

高専を中退し、兄姉が通った函館東高校の一年に編入学して大学受験を目指した。すぐに中間試験があった。生物と地学が〇点なのは分かっていたので、両親には内緒でズル休みし、五稜郭公園の土手で『世界の名著五二 レーニン』（国家と革命）を読み、夕方に帰宅した。その後、受験勉強の合間に『世界の大思想一七 ルソー』（エミール）を読み、フランス啓蒙思想と革命に関心が向くようになった。高専時代に『共産党宣言』や『空想から科学へ』を読んだが、経典のような唯物論は私の肌に合わなかった。

一九六五年の北ベトナムへの爆撃開始、アメリカ海兵隊のダナン上陸でベトナム戦争は一挙に拡大した。沖縄から発進したアメリカ軍の戦略爆撃機、そして日本を母港とする空母の艦載機がベトナムの都市・農村を目指して無差別爆撃を繰り返し、無数の大型爆弾、ナパーム弾、ボール爆弾などを民衆の頭上に落とした。焼けただれた子供や無数の金属玉が食い込んだ女性の報道写真はこの戦争の非人道性を訴えていた。私は次第にアメリカ映画に描かれた正義感や倫理観に疑いの目を向けるようになった。日本政府はベトナム戦争に積極的に協力していた。その政府を日本人は支持していた。

一九六八年、東大・日大を中心とした全共闘運動は、帝国主義大学解体の論理を極限まで追求し、退路を捨てた運動になっていた。津軽海峡で本州から隔てられ、蝦夷地の南端の小都市に住む一受験生にとって、まだ対岸の火事だったが、翌年一月の安田講堂籠城戦は見ていて辛くなった。機動隊の攻撃力は圧倒的で勝負の結末は見えていた。しかし、厳冬の二日間、放水を浴び、催涙ガスで目を痛めても志を曲げずに最後まで抵抗する学生の姿に「大人特有の狡さ」は見られなかった。東大入試は中止となった。そのため東大や主要大学の志願者の行方が全く読めない状況になった。ドミノ現象で北大理類の志願者は前年よりも約五〇〇人増えた。北大合格について伊藤先生から太鼓判を押されていたが、やはり内心穏やかではなかった。両親や兄姉に我儘を言って経済的負担を強い、高専二年間、東高校三年間と寄り道生活をした立場で浪人はできないし、したくなかった。深夜放送で由紀さおりの「夜明けのスキャット」がいつも流れていた。

三月三、四日の早朝、凍てつく道を自転車で走り、受験会場の北大水産学部に向かった。合格発表までの日々、『東大紛争の記録』（東大紛争文書研究会編）に収載された資料を読んで、紛争の経緯と東大全共闘の主張を初めて理解できた。特に都市工学大学院ストライキ実行委員会の立看が主張している「自己否定」の論理は衝撃的だった。

後日、合格通知が届いた。灰色の禁欲生活に終止符を打てた。北大の学生運動が報道されることは、まだなかった。札幌（新琴似）の下宿に布団と衣類だけを送った。

二　うす鼠色の札幌で

四月一〇日の入学式の日、市電を降りて教養部に向かうと騒々しい雰囲気が漂い始め、教養部本館前は新入生で溢れていた。封鎖された体育館での儀式は中止となり、教養部本館での分散入学式になった。無風のはずの北大で、赤や白のヘルメット姿で覆面した本物のゲバ学生たちを初めて見たときにはアドレナリンの量が増えた。本館の玄関前では自治会の学生がピケを張り、ヘルメット姿の学生と小競り合いをしていた。

翌日、クラス反戦連合から入学式粉砕の意図を伝えるビラが撒かれた。これは私が収集したビラの第一号となった。「帝国主義大学」の一つ北大への告発文だった。ただ、学内の内部事情や対立関係を全く知らない私には唐突で腑に落ちないものだった。

四月一四日、堀内学長は告示で体育館を封鎖した学生を頭が弱く、ナチの走狗となった暴力学生の行動と同類、と非難した。また、二六日の通達では全学の教職員、院生、学生の団結で暴力学生の封鎖の動きを排除しよう、と呼びかけた。私は掲示板に貼られた無機質の告示を寒々とした気持ちで読んだ。闘志満々の学長の文章だった。私は二つの掲示がもたらすその後の「動乱」と「断絶」を想像する能力を持っていなかった。

五月に入りクラス反戦連合、学部共闘、三派（中核、社学同、反帝学評）は大学に三項目要求①四・一四学長告示、四・二六学長通達を白紙撤回せよ②四・二八の学内戒厳令状態を自己批判せよ③四月以降の闘争に関して一切の処分策動をやめよ――を示した。その後「大衆団交をしろ。しない」で、五月以降の北大は完全に機能不全になった。堀内学長は暴力学生との一切の対話を拒んだ。学長側に立つ民青は彼らを「暴力学生、トロツキスト、自民党の手先、警察のスパイ」と呼んだ。同様の対立関係は『東大紛争の記録』でも述べられていたが、なぜここまで相手を非難するのか理解できなかった。「大学の運営に関する臨時措置法」を巡って、五月に議決された教養部の時限ストが、六月には議決抜きでバリケード封鎖になり、本部、文系校舎、図書館へも封鎖が波及した。しかし、学長も教授たちも対立している五派の学生に会って生の声を聞き、率先して事態を打開しようとはしなかった。学長の意思表示は、無機質の掲示物のみでなされた。これは学長が称揚する「理性の府」での深刻な断絶の世界を象徴していた。

私は授業のない中でアルバイトを始めた。日給の高いアルバイトは人気があるので、学生部の玄関前で寝て朝一番に並んだ。北国の星は澄んでいた。酒やビールを定山渓まで運ぶトラックの助手をしていたとき、若い運転手から「大学生か」と聞かれ「そうです」と返事すると「気楽でいいな」と言われた。ちょっと陰った彼の表情は今も忘れられない。測量助手、建築現場での鉄筋組立、建築資材の運搬、映画館の椅子修理などをやった。普段は下宿で数学、物理、化学を勉強した。田中先生の『明治国家』、奥山先生の『社会思想史』は夏に完読した。大学らしいテキストで歯ごたえがあった。

九月、私は貯金で寝袋を購入して理学部に向かった。議決抜きで教養部がバリケード封鎖されていることへの不満があり、民主化行動委員会（民青）と協力して封鎖の拡大を防ごうと考えた。部屋には約二〇人のメンバーが寝泊りしていた。私は特に警戒もされなかった。深夜になると私も黄色いヘルメットを被り、角材を手に文系校舎に接近して石を投げて挑発した。ある夜、理学部の屋上で投石機が組立てられ、文系校舎の窓が狙い撃ちされた。ガラスが割れ、窓に立てられたロッカーの揺れる音が響いた。人間を直撃すれば即死する威力があった。夜明けとともに投石機は分解され隠された。民青は暴力反対と主張していたが、深夜になると彼らもゲバルト（暴力）集団に変身した。理学部からは、その行動を黙認されていた。私は一週間で傭兵をやめた。民青への誘いも断った。日中、理学部前に五派連合は集まって投石でベランダの民青を攻撃し、民青は放水と投石で応戦していた。私はすぐ横で茫然として彼らを見ていた。虚しかった。五派の外人部隊には、函館東高校の同級生で札幌の私大に進学したSもいて、理学部前の私を目撃していた。四五年後に同窓会で再会したときに彼から「一九七〇年には運動から離れた」と聞いて「えっ、そんなに早くやめたのか」とつい言ってしまった。

一〇月二一日の国際反戦デー、北大には今までにない異様な緊張が漂っていた。クラーク像の近くに全共闘の大学生、高校生が角材を手に多数集結した。私は遠巻きにして彼らのアジ演説を聴いていた。彼らは密集隊形で「安保粉砕、道庁占拠」と叫んで正門から右折した。国鉄の陸橋の最上部には既に機動隊のジュラルミンの盾が横一列に並んでいた。札幌駅北口に向かう医学闘の隊列から機動隊に触発性の火炎瓶が次々に投げられた。一人の機動隊員が火だるまになったが、放水車ですぐに消された。ガス銃からは多数の催涙ガス弾が撃ち込まれた。私は目が痛くて耐えられなくなったので、その場を離れて大通り公園に向かいバスで下宿に帰った。繁華街にはいつもの日常生活が満ちていた。下宿のラジオは深夜まで市街戦の様子を伝えていた。私は、さ迷っていた。

一一月八日に三〇〇〇人の機動隊が北大構内に入り、激しい本部籠城戦で五人が逮捕された。構内に私はいなかった。勝負の結末を見るのが辛かった。私は函館の実家に帰省していた。白黒のテレビ画面に「北大封鎖解除」の文字が見えた。逮捕されて本部屋上から降りた学生を見て、私は後ろめたい気持ちになった。

一九七〇年一月、教養部の授業が再開された。廊下の壁は落書きで覆われていた。

「連帯を求めて孤立を恐れず、力及ばずして倒れることを辞さないが、力を尽くさずして挫けることを拒否する」の言葉（東大安田講堂の落書き）もあった。嵐が過ぎ去るのを待っていた教授たちは何事もなかったかのように教壇に立った。数学のＩ教授は「君たちは、資本主義は悪だと主張するが、大企業の恩恵で授業料の安い国立大学に通学できている」と自信に満ちた表情で言った。雪空の下、教養部本館の前には機動隊の大型警備車が待機していた。この一年で北大は何も変わっていなかった。

春、北大全共闘の姿は消え、三項目要求も消えていた。私は新たに結成された教養反戦連合の黒ヘルメットを被り、仲間と教養部本館、小図書館を数日間封鎖した。七〇年安保闘争を旧一年生が引き継いだ形だったが、前年のような熱気はもうなかった。私は大人社会の狡さに怒っていたが、社会主義や共産主義をめざす革命家ではなかった。黒ヘルメットというオブジェを頭に載せた一人《ベ平連》だった。私は工学部（原子工学科）に進んだが、社会問題に興味を持つ学生はごく一部で、殆どの学生は大人しく学業に専念していた。工学部本館は投石防止用の金網で覆われていた。学び舎は鳥籠だった。

ベトナムや沖縄・三里塚の問題は目の前にあったし、何もしないことは罪悪と私は思っていた。一九七一年一〇月、一一月、「工学部闘う集団」は工学部本館をバリケード封鎖（一〇月は二日間、一一月は八日間）した。私は電子工学科の実験棟を友人Hと守備した。ある日、清掃業者が正面玄関にやってきて「建物の中に入れて欲しい。清掃作業ができないと日当が得られない」とリーダに訴えた。リーダは了解し、五、六人の年配者がバリケードの隙間から中に入ってきた。母と似たような年齢の女性は、鉄パイプを握る私を怖そうに横目でちらっと見た。私は視線を外した。申し訳なかった。夜、北大正門前と病院前では敷石を剥がし、割り、投げて機動隊と激しく衝突した。正門前では学長の公用車が燃えていた。深夜、笛を合図に私たちはポプラ並木方面に撤収した。

一九七一年九月一六日、本部籠城戦の札幌地裁判決を傍聴した。籠城した五人のうち少年を除く四人に懲役三年の実刑判決が言い渡され、被告団が退廷するとき一人の女性が涙声で「お兄ちゃん」と叫んだ。被告の一人が振り向いた。廷内は抗議の怒声で一杯だった。あの時の女性の切ない声は消えずに今も胸底でこだましている。私が「北大闘争の記録」を残したいと思い続けている理由の一つは「お兄ちゃんへの家族愛」が「フーテンの寅への家族愛」と等しく、優しさに満ちていると思うから。そして、忘れられない情景だったから。その日、三里塚では空港公団と機動隊が農地収用の第二次強制代執行をしていた。大義は農民と学生の側にあった。三里塚でも家族ぐるみで国家権力による農地収奪に抵抗していた。私も三里塚闘争を強く支持していた。農民たちの闘いは南ベトナム解放民族戦線の戦いとも重なった。友人Hは解放戦線の旗を持って札幌の街をデモした。

一九七二年二月と三月は最悪の日々だった。連合赤軍が女性一人を人質にして「あさま山荘」に籠城して逮捕され、その後一四名の同志殺害が発覚した。革命家のすることとは信じられなかったが、土中から遺体が掘り出された穴の写真はグロテスクで、絶望的な気持ちになった。新聞も週刊誌も買わなかった（読めなかった）。原子工学科の友人たちも連合赤軍を話題にしなかった。連合赤軍兵士には男女を問わず、死を恐れない革命戦士としての徹底した自己否定と自己批判が求められた、と後に知った。世間では愚かな連中の猟奇的殺人事件だとして、自分とも革命とも無縁の世界と見做していた。しかし、私は連合赤軍の若者たちが辿った道を他人事とは思えなかった。社会人になっても、隠居爺さんになってもあの事件にこだわり続けているのは、全共闘運動にも潜んでいたある種の危なかしさ（過剰な正義感がもたらす暴力）が肥大化した姿を連合赤軍に見たからだった。

一九七二年一一月、本部籠城被告団に対する損害賠償請求撤回要求のビラ（被告団が作成）を原子工学科内で撒いた。講座（研究室）の冷たい空気が微かに揺れた。

　私は原子工学にあまり興味が持てず、お陰で成績は最低。三菱電機の採用面接で「成績が悪いね。大学で何をしていたの」と言われて覚悟したが、なぜか採用された。

三　**玉虫色の世界の中で**

　入社後、伊丹で主に化合物半導体の研究開発に従事し、採用面接の二六年後、北大から博士（工学）の学位を授与された。苦労ばかりかけてしまった両親への償いになっただろうか。世俗にまみれながら、連合赤軍公判対策委員会、関西三里塚闘争に連帯する会と接点を持ち、六〇歳で定年退職してからは、一〇・八山﨑博昭プロジェクト、戦争をさせない一〇〇〇人委員会、市民意見広告運動などに足を入れて、「非戦」のか細い炎を心の中で燃やしている。

　気が付けば既に七四歳を過ぎていた。東高校時代、若山牧水の短歌「白鳥は　かなしからずや　空の青　海のあをにも　染まずただよふ」が大好きだったが、鏡を見れば、そこには白髪に染まりかけた爺さんが一人いる。人生、うろうろだった。でも悔いはない。

　ベトナム戦争がなければ、私が学生運動に関わりを持つことはなかった。高専に進まずに、松川中学校から東高校経由で一九六七年に北大に入学していたら、私は一九六九年の嵐をどう受け止めただろうか。染まることもなく、空を漂っていただろうか。

　二〇〇〇年、ベトナム（サイゴン＝ホーチミン市）を初めて訪ねた。若い女性の白いアオザイは輝いていた。市内の戦争証跡博物館には世界の反戦運動を紹介するコーナーがあった。しかし、ベ平連、社・共の活動の紹介はあっても新左翼運動（全共闘系）の展示は皆無だった。割り切れない思いでホテルに帰った。二〇一四年に発足した「一〇・八山﨑博昭プロジェクト」に賛同したのは、「羽田闘争や山﨑博昭についての資料類をベトナムの戦争証跡博物館に展示する計画」を掲げていたからだった。二〇一七年八月、遂にその計画は実現し、「日本のベトナム反戦闘争とその時代」展がベトナムで開催された。現地で挨拶した白髪の山本義隆の声は感動で少し震えていた。羽田闘争五〇周年の一〇月八日、私も弁天橋に立っていた。羽田空港はすぐ目の前にあった。私は六八歳、亡くなった山﨑博昭は一八歳のままだった。遺影の彼は微笑んでいた。やっと彼に会えた気がした。

　二〇一七年、北大時代に収集したビラ、パンフなど闘争関連資料を北大大学文書館に寄贈した（「高野博三資料」として保管された）。八年前の二〇〇九年、北大附属図書館で第六回北海道大学史研究会「北大紛争一九六九—七〇年」映像資料上映会があった。これは北大教職員組合のIが撮影したもので、後に札幌北警察署警備課にもDVDで提供された。これは歴史史料ではなく、老舗左翼の党派色の濃いプロパガンダ映像だった。

偏見に満ちたレンズの先には「暴力学生」と指弾された若者たちがいた。この編集はひどい、と思った。こんなもので極北の一九六九が語られてたまるものか、と思った。収集した資料の寄贈先を法政大学大原社会問題研究所にするか、ハワイ大学日本研究所にするか最後まで迷ったが、結局、研究者や北大生の利便性を考えて北大大学文書館にした。極北の一九六九の主役だった若者たちの熱い思いが形として残るように、「暴力学生」と呼ばれた若者たちの真情が再評価される日がいつか訪れるよう願って…。

《献辞》

一九六九年一一月八日、凍てつく空の下、狭き門から入り、北大本部屋上で最後まで闘い、立ち尽くした全共闘の五人の若者たち、支えた家族、そして五人への思いを心に秘めて、その後の五五年を懸命に生きてきた心優しい仲間たちに本手記を捧げる。

《追補》火焔樹と白蓮の街で

昨年（二〇二三年）八月に拙文をほぼ脱稿しました。編集委員会に提出したからには、楽隠居三昧と決め込んで、今年（二〇二四年）二月末に旧サイゴンを再訪しました。私は一五年ぶり、一三回目です。妻順子は初めてです。街には超高層ビルが林立し、物乞いをする子供たちの姿も見えず、ベトナム戦争の傷跡は水平線の彼方に消えたかのようです。ベトナムの若者たちもあの時代の抗米救国戦争の歴史に関心は薄いそうです。

街の中心部に、「ベトナム戦争とあの時代」が凍結保存されている場所、戦争証跡博物館があります。私たちはそこを訪れました。欧米人観光客で一杯でした。建物に入ると「世界のベトナム反戦運動」の展示室が目に入ってきます。壁には羽田闘争で亡くなった山﨑博昭の遺影が飾られ、ベトナム語と英語で事件の背景が説明されていました。そして遺影の上にはベ平連の実物の旗も展示されていました。弁天橋を渡った彼と、その後、橋に立った私たちの思いは国境を越えて彼の地に届いていました。

世界の無数の「山﨑博昭」たちに栄光あれ

伊達火力反対運動が残したもの

札幌と現地をつなぐ

帆江　勇

「壁が白いものと誰が決めた」。一九七〇年春、どうにか合格できた北大で、教養部一階の壁に大書きされた落書きを見た。「うん、そうだ」と感じ入ったのを今も覚えている。そこには以前、大学で闘う人々の思いやメッセージが力強く書かれていたに違いない。それをなかったかのように塗りつぶして、新入生を迎え入れようとした大学当局に対しての憤りか、おちょくりだろう。大学闘争の火は消えたようなものだったが、チョロチョロとした残り火があるような気がした。しかし、革マル派のリーダーがクラーク会館でするアジ演説をかっこいいと思ったものの、内容は呑み込めなかった。学生食堂では、党派のオルグにしょっちゅう付きまとわれたが、ほとんど理解できなかった。夏休みになって、そんなわずらわしさから解放されて帰省した際、はからずも、北海道電力の伊達火力発電所建設計画を知った。地元を小ばかにした内容だった。「生まれ故郷が踏みにじられる」。以後、私の大学時代の大半は、反伊達火力で明け暮れることになった。

八月中頃、伊達高校国語教師の正木洋先生を訪ね、大学進学の報告をした。先生は「今、町が北電の火力発電所を誘致しようとしている。それが実にひどいものなのだ」と語り始めた。

北電の当初計画は、

・出力二五万キロワット二基
・煙突高度一三五メートル
・重油中硫黄分二・四パーセント
・温排水量毎秒一九トン
・温度差八～一四度
・揚油法シーバース方式
・電気集塵機なし
・排煙脱硫装置なし

硫黄酸化物による大気汚染と農業被害、温排水による漁業被害が予想された。深刻な大気汚染にさいなまれ、「公害列島」とも言われた当時の日本。使用重油や設備は、本州では一昔も前の代物だ。それでも北電の触れ込みは「公害のない緑の中のキレイな発電所」だった。

二週間後、高校教師、漁業関係者、主婦、医師、帰省学生など、気心の知れた約二十人が正木宅に集まった。「こんなものを町が受け入れるのは間違っている」「町内に広く知らせなくては」といった声が次々に飛び出し、何かしなくては、ということになった。ある女性が言った。「会の名前は、堅苦しいのはやめましょう。例えば、『北電誘致に疑問を持つ会』なんてどうですか」。皆がうなずき、それに決まった。次いで会の約束事。「スポンサーはつけない」「賛同する者は手弁当で参加する」「金のある者は金を出す、金のない者は知恵を出す」「イデオロギーは入れない」。よちよち歩きの危なっかしい集まりだが、自立した市民運動の原型だったと思う。その素人っぷりが、農業者、漁業者へと輪を広げ、やがて伊達火力発電所問題が、北海道の一大政治課題となっていく。

北電の火力発電所建設計画は、初め室蘭市に打診して断られ、それを伊達町（一九七二年に市制移行）と豊浦町が誘致合戦した結果、伊達に決まった。町議会が本州の火力発電所を視察した際の報告書には「横須賀の空は青かった」とあった。町当局が思い描いたのは「火力発電所を基盤に企業誘致を進め、町の発展を図る」。いかにも安直な発展のビジョンだ。北電は一九七〇年四月、伊達町・長和地区への建設を正式に決定し、二か月で用地取得を終えた。

「疑問を持つ会」は、発足して一か月後、北電の計画では硫黄酸化物による大気汚染と、それに伴う農業被害、温排水による漁業被害の恐れがあることに加え、不明瞭な形で誘致が進められようとしていることなどをB４版一枚のビラにまとめ、町内各戸に新聞折り込みで訴えた。火力発電所問題が一気に表面化した。建設予定地区の農家が野菜への影響はないのか不安の声をあげる。温排水の排出口は伊達漁協の水域だが、隣接する有珠漁協は、ホタテ養殖などに被害が出るのではないかと「絶対反対」を打ち出した。こうした中で、一九七一年二月、北電の住民説明会が初めて開かれた。農・漁業者、市民の厳しい追及に対し、まともに答えられず、たじたじとなる北電側。理がどちらにあるかは、はっきりしていた。

それでいて、北電は計画内容を小出しに変えて、建設を強引に押し通そうとする。

・出力　二五万キロワット二基→三五万キロワット二基
・重油中硫黄分二・四パーセント→一・七パーセント
・煙突の高さ一三五メートル→一五〇メートル
・燃料搬入シーバース方式→パイプライン方式
・温排水温度差八〜一四度→五〜七度

逆効果だった。煙突を高くすることによって、隣町の壮瞥果樹園組合などは「伊達に建つ工場によってどうしてわれわれが被害だけを受けるのか」と、反対の動きが広がる。この年、反対する団体が次々に声明を出し、一二月の集会・デモは漁師の大漁旗で揺れた。

私は、伊達と札幌を行き来し、伊達では正木先生宅や知り合いの漁家に寝泊まりすることが多かった。札幌では、会計事務所に勤めていた兄のところに身を寄せて大学に通った。二年目の後期から、希望通りの法学部に移行できたが、授業にはあまり出席しなかった。家からの仕送りはなかったので、奨学金のほかに、段ボール工場や建設会社のイベント会場設営などのアルバイトをして稼いだ。学内では、教養部で同じクラスだった仲間らと黒ヘルをかぶって反戦平和を訴える街頭デモに参加したほか、一九七一年の一〇・二一国際反戦デーに合わせた軍艦講堂封鎖にも加わった。だが、学内での活動は、翌年春頃には皆、どこか行き詰まりを感じるようになっていた。私は、伊達に帰ると、反火力運動の高揚感に浸り、生き生きと動き回ることができた。五月頃に、高橋ビンちゃんら何人かに声をかけた。「伊達に行ってみないか」。北電と対峙している農家や漁師の生活ぶりや、言葉に触れたら何かが見えると思ったからだ。反伊達火力の動きが、外からも注目され始めていた。北大からは、公衆衛生の助手が比較的早い段階から正木先生らに助言をしていた。前年秋頃には、医学闘の三、四人が交代で現地に足を運び、運動を見極めようとしていた。

私の友人たちは、主に有珠の漁師五、六人に受け入れてもらった。寝食を共にし、昆布干しや、舟で沖に出てホタテの稚貝の仕分けなどを手伝い、仕事ぶりを教わった。三里塚闘争の「援農」に倣えば「援漁」である。前後して、ベ平連系の人たちも伊達を訪れ、反対農家の話を聞いたり、援漁に加わったりするようになった。漁師は、大学生に気押されることなく、生活者然として尊大にふるまうこともなく、初めから仲間と付き合うような感覚で受け入れていたと思う。そういう土地柄の人々なのだ。

有珠は伊達市の西部地区で、明治以前から一つの集落をなしていた。英国の探検家・紀行作家、イザベラ・バードは一八七八年（明治一〇年）に東京から北海道までを旅した『日本奥地紀行』で「有珠は美と平和の夢の国である」「私が日本で見た中で最も美しい絵のような景色であった」と記している。コンブやワカメ、海苔などの海藻が豊富にあり、ウニ、アワビ、ナマコ、カニのほか、カレイ、アイナメ、メバル、ソイといった魚介類も採れる。海からの恵みをたっぷり受けて、財力はさほどでなくとも、穏やかな生活を享受できる。まさに平和な土地なのだ。そこに土足で踏み込もうとする北電は許せない、といった反感が伊達火力反対運動には秘められていた。それは悲壮感ではなく、底抜けに明るいものだった。若者が役場前で抗議のハンストをすると、年寄りは「偉い」と言って、鮨を差し入れしようとした。

私の生家も、有珠の零細漁家だった。私が小学校五年生の時に父が脳溢血で亡くなり、一九歳離れた長兄が家の支えになった。六月のウニ漁。日の出とともに手漕ぎの磯舟を出し、沖の岩場でウニを突く兄を、六時頃に岬の端から大声で呼び、朝の弁当を届けるのが私の役目だった。ゆっくりと櫂を操って近寄った兄は「ほらっ、これ食って帰れ」と言って、一五センチほどの大きなムラサキウニを一個、放り投げてくれる。その場で殻を割り、大粒のプリプリしたウニをほおばる。海水と混じった至福の味だった。コンブ漁は、夏休みが終わってもある。家族総出で、砂浜に稲わらを敷いた干場に一枚一枚丁寧に干す。豊漁だと、学校の始業時刻を過ぎてもその仕事が続く。遅刻したのが恥ずかしく、泣きべそをかきながら教室後ろ側の戸を開けることがたびたびあった。長兄は三〇代で漁協組合長をした人だが、ホタテや海苔の新しい養殖形態に私財を投じて失敗。火力発電所問題が起きた時には、出奔していて有珠にはいなかった。母は独り水産加工場のパートでしのいでいた。

一九六〇年代後半、法学者の間から「環境権」という新しい概念が提唱された。四日市など大きな公害裁判は、被害者が相次いで被告企業から損害賠償を勝ち取っていた。しかし、いずれも事後救済である。公害を未然に防止するために、裁判の場で伊達火力の建設そのものを止められないか、という機運が急速に盛り上がった。正木先生とともに、外科の開業医だった齋藤稔医師も反対運動の中心にいた。長和の農家、有珠の漁師は患者として信頼を寄せていた。北電や市当局と裁判の場で対等に渡り合える。ある漁師は「俺はいままでケンカで被告にばかりされてきた。原告になれるのだったら俺もやる」と言って加わった。原告五二人、選定人一二五人の原告団ができた。私は、札幌在住の原告になった。一九七二年七月提訴の訴状には、「環境権」に基づき、差し止めできるとした。「伊達環境権訴訟」が全国から注目された。作家松下竜一さんらによって、九州電力豊前火力発電所の差し止めを求める訴訟が続いた。

九月、伊達通いを続けてきた北大生やべ平連系の人々らが「伊達裁判に勝ってもらう会」をつくった。伊達と札幌とが強く結ばれるようになった。やわらかい名称は、「北電誘致に疑問を持つ会」とどこか似ている。毎週土曜日に札幌の中心部で街頭宣伝をし、強行着工など節目ごとに、北電本社前でのハンストなど抗議行動を重ねた。口頭弁論の日には、前夜から札幌地裁前にテントを張って傍聴券獲得行動も繰り広げた。ある日の会合で、誰かが「最近の有珠はどう?」と私に尋ねたので、「子供たちはチンポ出して泳いでいるよ」と答えた。以来、「有珠チン」が私のニックネームである。

北大闘争と伊達火力反対運動をつなぐものがある。「一一・八本部闘争裁判」の弁護団が、「伊達環境権訴訟」の原告代理人になったことだ。中心的な役割を果たした高野国雄弁護士は、伊達にも頻繁に足を運んだ。有珠の若い漁師と深夜に、定員オーバーの車に乗り込んで、大滝村の露天風呂に一緒に行ったこともある。

伊達火力発電所は、北海道第三期総合開発計画のエネルギー政策に組み込まれていた。北電や道庁などは反対運動に正しく向き合えていなかったが、裏では地元漁協幹部の抱え込みや、関係市町村との公害防止協定締結など、建設に向けた足場固めもなりふりかまわず進めた。

根強い反発を無視して、北電は一九七三年六月一四日、強行着工に踏み切った。夜が明けてからほどなく、座り込んでいる住民らを、五〇〇人の機動隊が取り囲んでごぼう抜きにする。排除されてもなお座り込みの列に戻ろうとする住民。騒然とした中で一一人が逮捕された。

一か月後、有珠の漁師と北電幹部との話し合いがあった。漁師は強行着工を厳しく追及した。私もスリッパで床を強くたたくなどして、怒りをぶつけた。火力部長が謝罪文に署名した。これを巡って、「強要」の疑いがあるとして、私と若い漁師のKさんが八月一五日朝、伊達警察署に逮捕された。終戦記念日だったからか、お昼にでてきたのは赤飯だった。腹立たしかったので口にしなかった。

「カンモク（完全黙秘）」。どういう訳か私の頭の中には「もし捕まったら、取り調べにはカンモクを貫く」というのがこびりついていた。刑事は「伊達高校から北大にまで進んだ君が、どうしてこんなことをする」と変なことを問い詰める。検事は「Kは無理矢理に署名させたことを認めている。君はどうなんだ」と、嘘か本当かわからない例のやり方で供述を迫る。私は、永平寺の僧が唱える般若心経をテープで聴いて覚えていたので、それで応じた。検事の顔をじっと見つめて無言。頭の中では「観自在菩薩、行深般若波羅蜜多時…」を繰り返した。完全黙秘には、お経が一番だ。逮捕から一週間後の夜、勾留理由開示公判前に処分保留で釈放された。

私は、四年で就職・卒業せず、大学に残った。司法試験を受けようと思っていた。だが、奨学金の延長もなく、食べていけない。途方に暮れていた時、札幌の地下街で、知り合いの朝日新聞記者にばったり出会い、その伝手で北海道支社報道部での夜のアルバイトにありついた。電話で吹き込まれる記事を、原稿用紙に書きとる仕事で三勤一休。独り暮らしの母に、わずかながらの仕送りができた。一方で、伊達に足を運ぶ回数は減った。

アルバイト生活が一年を過ぎた頃、勉強が進んでいないのを見抜いていたデスクから「今のお前の生活では試験は無理だ。いっそ朝日の試験を受けてみたらどうだ」と声をかけられた。甘いささやきになびいてしまった。初めから新聞記者になろうと思っていたわけでなかったので、当然、不合格。補欠だった。翌年春、「勤務地は北海道限定で採用する話がある」との誘いで社員になった。道を間違えて朝日新聞にもぐりこんだようなもので、札幌で新聞記者生活がはじまった。高邁なジャーナリスト精神などなかったから、事件、事故を馬車馬のように追った。

やがて「北海道限定」の条件は立ち消えになり、一九八〇年一〇月一四日の伊達環境権訴訟判決の時は盛岡支局員だった。休暇を取って札幌地裁へ行き、「請求棄却」の判決を聞いた。現行の法体系では、事前の差し止めは確かに難しい。それでも、原告団、農漁民は勝つつもりで必死に闘ったのだ。顔見知りの朝日新聞記者から、札幌の原告としての受け止めを尋ねられたが、答える言葉はなかった。

その後の浦和支局時代には、一九七一年の朝霞自衛官殺害事件の関係で指名手配されていた、滝田修・元京都大学助手の逮捕を早版で特報した。それもあってか、東京本社社会部では、警視庁記者クラブで警備・公安部を担当させられたこともある。公安部の幹部は「逮捕されたことは知っているよ。記録上は五年で消えているはずだ」と語り、伊達火力反対運動にかかわっていたことも承知しているかのようにほのめかした。名古屋本社の編集局長を最後に朝日新聞を退社。関連会社の青森朝日放送で役員を五年間つとめて、そのまま青森市に住みついている。

一九九二年の国連環境サミット以降、日本の主だった企業は、環境問題を強く意識して活動をするようになった。しかし、その二十年も前に、北海道の片田舎で農漁民が足元の「環境」を見つめ、地域の独占企業と闘っていたことは特記されるべきである。

この文を書き始める少し前、北電が二〇二三年度末までに伊達火力発電所を休止する方針であることを知った。操業期間は四五年である。私たちが五〇年前に想いをいたして、今日までを振り返ろうとしているとき、対象が存在しなくなるという皮肉なねじれに戸惑いを感じる。伊達火力発電所を閉じるに際して、反対運動をどのように総括しているのか、北電にメールで問い合わせた。回答は「行政手続きのみで電源立地が可能となる時代が終わり、環境への配慮と地元との合意形成、加えて地域への貢献が必要であることを改めて認識した出来事であったと考えております」だった。

農漁民、市民が教えてあげたのだ。

見果てぬ夢

大嶋　薫（一九七〇年文類入学）

バリケードの中へ

時折一九六九年一一月八日の記憶を呼び戻してみる。北大本部屋上で闘い続ける五人の死守隊を呆然と眺め続けていた私の脳裏には何があったのだろうかと。早朝からの札幌駅周辺での陽動作戦は完全に空振りに終わり、既に本部周辺は機動隊に制圧されていた。何もできない悔しさ、怒り、五人を待ち受ける過酷な運命への無力、そして明日からの私はどうするのだという不安。いくら呼び戻そうとしても、未熟な一八歳のただただ立ち尽くしている姿が浮かび上がるだけである。

この年の四月、北大を目指して予備校に通うため旭川から札幌に出た。住まいはその名も「合格第一寮」。木造二階建てが二棟、四畳半二段ベッドに二人、計一〇〇人ほどがここから毎日電車で三〇分ほどかけて学び舎へと通い始めたが、私には何か満たされないものがあった。すぐ近くでは、冬季オリンピック開催に向けて地下鉄工事の音が鳴り響いていた。

高校時代は、中学一年生から始めた新聞配達を続けながら、吹奏楽部でトランペットを吹き、生徒会活動に没頭した。しかし、青春ドラマに胸をときめかせ特に政治的な関心も持たない普通の高校生は、当時少しずつ広がっていた「校則見直し」「制服・頭髪の自由」「学校祭の自主運営」などを生徒会長として主導し、「見えない鎖」の存在に気付き始める。二年生の冬だと記憶しているが、べ平連の集会で岡本太郎デザインの「殺すな」のバッジを入手して学校内で胸につけた頃から、私の中の何かが変わり始めたのだろうか。

そんなもやもやした気持ちを胸にしながら、五月ころだったろうか。お上りさんよろしく札幌の街なかをウロウロしていると、ふと目に入ったのが電柱に貼られた札幌べ平連のステッカーだった。デモに参加し、当時北大南門の近くにあった事務所までくっついていくと、熱気の中に居心地の良さを感じて足繋く通うことになる。そして七月、高校時代に生徒会活動を共にした友人が訪ねてきて「東京に行く」という。ついては、その決心を促した反帝学評のオルグにぜひ会ってほしいということで、教養部バリケードに足を踏み入れる。実直で、相手を説き伏せるという威圧感を感じさせない人柄が信頼できたこと、自由な空間と、その中で議論し行動する空気を何が何でも共有したいという思いが、浪人生をバリケードへと向かわせていった。

バリケードと闘いは、その全てが新しい世界との出会いであり、新鮮だった。学問とは何か、大学の社会的役割とは何かを起点として「反戦・平和」「自己否定」「自由」「民主主義」「革命」「教育」「家族帝国主義」などなど、自由と解放をめぐる論議がシャワーのように降り注いできた。教養部と文系校舎をめぐる民青との攻防では、防御のベニアを突き抜いてこぶし大の石が頬をかすめ、投石機の威力にびっくりした。全国全共闘大会では、「赤軍派」の登場よりも、その後のデモは機動隊に蹴散らされ、立教大学の講堂で新聞紙一枚をかぶって夜を明かしたことくらいが記憶に残る。デモは好きだったが、実力闘争は苦手だった。

そして一一月八日、バリケードとの蜜月は幕を閉じる。

その後は、反帝学評の先輩たちの「まずは大学に入ることが、これからのお前の闘いなんじゃないの」という言葉に促され、遅まきながら受験勉強に没頭する。寮で遊び仲間ともなった五・六人と、土曜日には三本立ての深夜映画を楽しみ、酒とたわいのない与太話に興じたことが、良い思い出となっている。

クラス共闘から伊達へ

七〇年四月北大文類に合格して臨んだ入学手続の日、教養部校舎は機動隊に囲まれ、私は機動隊の後ろに見え隠れする北大職員に散々毒づいて校舎に入る。一クラス五〇人の無機質な教室がずらりと並ぶ教養校舎は、半年前とは全く違う建物に変わっていた。授業には全く興味を持てず、食堂に撒かれる様々なチラシには目をやるだけ。コンパや山登り、大学祭などで意気投合した仲間との語らいや麻雀、アルバイトにエネルギーを費やし、時に本部死守隊の裁判を傍聴し、文学書（高橋和已、大江健三郎、吉本隆明、谷川雁など）を乱読する日々が一年ほど続くことになる。

そして二年生へと進級するころ、経緯については全く記憶にないのだが（たぶん高橋敏昭君の主導で）、麻雀仲間を中心にクラス共闘設立の機運が盛り上がり、「MM共闘」が六月五日北大祭に登場する（ちなみにMMはメロメロの意。決してマルクス・毛沢東ではありません）。安保・沖縄・三里塚などの街頭集会やデモに明け暮れながら、私は初めて第二次強制代執行を前にした三里塚現地に入った。援農先で感じた稲刈り時期の大地のエネルギー。現闘小屋で語らう連帯感。まだ明けやらぬうちから、農道や裏道、竹林や緑深き藪に身を隠しながらたどり着いた東峰十字路。

そんな三里塚の空気をパンパンに吸い込んで突入した文系校舎軍艦講堂のバリケード封鎖は、防衛体制を維持・継続する展望が全く開けずに自主退去。その夜の一〇・二一国際反戦デーでは、おそらく札幌では最後の街頭バリケード闘争と思われるが、学内にまで踏み込む機動隊によってメンバーの一人が逮捕されて、救援活動に消耗し切ってしまい、ＭＭ共闘はわずか五カ月で解体する。夏には合宿を行い、今後の闘いの方向性や共同性のあり方などについての議論を深めたつもりだったが、学部移行（北大は二年生の秋に、成績と希望を加味して進む学部が決められる）後の展望を欠き、十分な結集軸の共有もないまま突き進んだ失敗の歴史は、思い出しては悔やまれる痛恨の記憶となった。

敗北感に打ちひしがれ再びさまよい始めた私は、ＭＭ共闘に参加していた女性に誘われて、当時活発に活動を始めていた「ウィメンズリヴ」のグループと出会うことになる。相変わらず授業に行く気は起らず、週二〜三日工事現場の夜警のバイトなどしてふらふらしていたのを見かねたのか、猫の手の代わりだったのかは定かではないが、「リヴ」の運動史にも語られている「私」を主語とする圧倒的なエネルギーにいつの間にか引き込まれたのだろう。そして子育てにもかかわりながら、自分自身が気付かなかった「男意識」や「集団主義」が一つ一つ引きはがされていく始まりとなったように思う。この「リヴ」とのつながりは、のちに記す「ひらひら」専従の時代へと引き継がれていく。

どんだりこんだり伊達火力

そんなある日の夜、「お前どうせ暇だべ。裁判所前で泊まり込みをしているからとにかく来い」。久しぶりにかかってきた高橋敏昭君からの電話が「伊達裁判に勝ってもらう会」との出会いとなる。

会には実に多彩な面々が参加していた。会の名付け親でもありメンバーから「石狩の父さん」と呼ばれた長谷川嗣さん。当時は七〇歳位でいわば長老といえようか。

凛として寡黙。時に厳しくそして優しいまなざしで、私たち学生の暴走しがちな行動を見守ってくれた。戦中はアナキストとして活動し、戦後は農民運動や石狩地方の社会党結成に大きな足跡を残したことは、一〇年ほどを経た葬儀の席で初めて知った。私立大学で教鞭をとっていた、私より一回り上のヨッチャンは、時として熱くなる議論の収め役。貧乏学生の財布役として、居酒屋の支払いのみならず、しょっちゅう自宅に推しかけて泊まることも度々であった。北大を辞し市井の哲学者として歩み始めていた花崎皋平氏は、思いのたけがあふれ収拾のつかなくなる議論やシッチャカメッチャカの行動の一つ一つに意味を与え、会の活動の理論的な支えとなっていた。北大生が最大勢力とはいえ学部はバラバラ、社会人の女性も多く、今風に言えば、多様性に満ちていたといえる。

一九七四年九月、会では発足から二年の活動記録として『どんだりこんだり伊達火力』を出版した。「どんだりこんだり」とは、有珠の漁師がよく使う言葉で「でたらめ」「いいかげん」あるいは「めちゃくちゃ」という意味である。花崎皋平氏は出版の思いを次のように記している。「札幌周辺に住んでいる私たちが、伊達の歴史や人々の生活やその中に入り込んでくる火発問題などを、自分たちでしらべ、まなぶことをつうじて、自らの環境はみずからの手でまもる、という立場に立って『手作りの裁判』にとり組んでいる裁判原告の人々と手をにぎり、裁判のたたかいを私たち自身のことへと、すこしでも近づけよう。伊達市現地での反対運動と札幌地裁で審理中のいくつかの裁判とにおいて、人間が生きる『環境』とはいったいどういうものか…という重大問題が私たちのまえにひきだされていることを、内外を問わずすべての人たちに知ってもらいたい、そして支援の輪をひろげたい」。

私は「支援バカの詩（うた）」と題して当時の活動の様子を記したのだが、その中から二〜三拾いあげてみる。

ガリ切り、謄写版印刷の時代のビラづくりでは「ワイワイ大勢で創る楽しさ。助っ人不在で一種ヒロイックな気持ちに駆られ、一人ぽっちで創る侘しさ。酒を飲み交わしつつ足元をフラつかせながら創る爽快さ。そのような感情の起伏と伊達現地への〝想い〟が、その一枚一枚にはちきれんばかりに詰め込まれているように思える。他人が読んで、たとえ駄文雑文のたぐいであると評する人があったとしても、その内に静かに蠢く私たちの運動の歴史が語られている。原則的には未来への照射としてあるように思うのは、手前勝手すぎるであろうか。歴史を変えそして源流となるのは、〈政治〉でも〈革命〉でもなく、たとえその時誰も気に留めない、新聞の片隅にほんの二～三行載る程度の蠢きであったとしても、生活民として息づき生活史を根底から覆すような闘いであることを信じて疑わない」

裁判所前の泊まり込みでは「北海道は一年のうち半分は雪の中。その雪を掘り起こし、下水の蓋を氷の下から引き剝がして突っ張りにしてテントを張り、段ボールやボロ毛布など寒さをしのぐのにいくらかでも足しになるものをとにかく詰め込み、石油ストーブを灯して越冬態勢が出来上がる頃、勝ってもらう会の支援バカたちは、手に手に一升ビンやつまみ、まだ温かいおにぎりなどの〝温かさ〟を持って――〝温かさ〟を求めて三々五々集まりだし、ささやかな宴の始まるのを常とした。普段例会などに来れない人が、このときばかりはとソッとテントの隅に置いて行ってくれる差し入れや、明日勤めがあるからと夜中の二時三時に帰った人が、明け方まだ暗いうちに熱い紅茶や味噌汁を届けてくれたりする、そんな無類の支援バカたちの優しさに、甘え支えられて続いた泊まり込みであると思う。そして、夜を徹しての会話の中で、北電や裁判所との強いられた関係の中で、〝手作りの裁判〟のイメージが少しずつ具体的になっていったのではないかと思うのです」

裁判支援の在り方については「〝人民裁判〟というには大袈裟過ぎるにしても、伊達からはるばる駆けつけてくる原告団の人々に、北電と〈対等〉の立場で決着（おとしまえ）をつけてもらいたい、思う存分に〝生活民〟としての生活―思想を裁判の中でぶちまけてほしい、その舞台を創り上げるために私達は精一杯のお手伝いを続けていきたいと思うのです。ですから、〝裁判は幻想さ〟と言い切るふてぶてしさと、カッコ良さを私たちは拒否します。農民や漁民や炭鉱夫たち、歴史の片隅に蠢いていた人達が、いつも容赦なく強いられ、すがりつき、そして裏切られてきた世界が〝法〟の世界であるのだから。そして今眼前に、挨拶もなく漁師や百姓の庭先どころか図々しくも座敷にまで土足で上がり込んだ北電と、生活を賭けて闘おうとしている人々がいるのだから。私達が〝幻想さ〟といって切り捨ててきたものの重さを、裏切られ踏みつけられてなお、荒野の中の一点の炎のごとく燃え立つ闘いの意味を、己の中に刻み込みたくて、伊達に〝想い〟を馳せる私達なのです」

今読むと、前のめりの生硬な文章に冷や汗が出るが、就職一年目、くじけそうになる気持ちに負けまいと、自分の意思を確かめながら原稿用紙に向かっていた。

話が少し前後するが、そんなこんなであっという間に就職試験の時期に。なんの準備も下調べもないまま何とか札幌に残って伊達との関わりを続ける手はないかと苦慮した結果、日糧製パン（株）の二次募集に合格する。しかし、これは採用通知が来ていた旭川市役所を辞退することであり、両親を落胆させ裏切ることでもあった。

私の両親はともにオホーツク地方の開拓農家に生まれた。父は次男坊。農家では食えないと一八歳で海軍に志願し、フィリピンで敗戦を迎え鴻之舞鉱山に坑内夫として就職する。母は教師から女学校への進学を勧められるが経済的に許されず、野良仕事のかたわら編み物や裁縫を習得している。私が小学四年生の時、一つ下の弟を山の遭難事故で亡くす不幸はあったが、東洋一の金山ともいわれた鴻之舞での長屋暮らし、資源の減少による合理化を機に旭川に出てからの中学・高校生活は、両親の働く背中を見ながらの幸せな日々であった。当たり前のように北大進学を目指し法学部の卒業を迎える私に、どれほどの期待をかけていたのかは、想像に難くない。

一年三カ月後には日糧パンを辞め、一年ほど失業保険とアルバイトで食いつないで二条市場の鮮魚店に勤めることになるのだが、二度目の親不孝の時も両親から厳しく責められたり叱られたりすることはなかった。大学三年生から卒業までは、札幌の短大に進学した妹との同居生活だったので、うすうす私の行状は伝わり覚悟を決めていたのではないかと思っている。鮮魚店に勤めて間もなく、「リヴ」とのつながりから「勝ってもらう会」の活動で知り合い、長年にわたって我が家の米櫃を守り、今は〝家庭内野党〟を自認する小学校教師の連れ合いと結婚する。

失業していた時期から伊達闘争の焦点は、伊達火発に燃料を運ぶ「パイプライン」問題に移っていた。私は伊達市の齋藤稔医師宅を訪れることが多くなり、朝の日課であったルート予定地調査や地権者宅の訪問に同行し、齋藤医師が自前で購入したドイツ製の印刷機を駆使しての裁判資料やチラシ製作に取り組んだ。千客万来の齋藤家では、夜遅くまで続く打ち合わせの時も、いつもニコニコと笑みを絶やさずに傍らで世話を焼く耳鼻科医のまつえ夫人に、お世話と心配をかけた。

市民運動の坩堝（るつぼ）の中で

私が約九年にわたって専従を務めることになる「ミニコミ喫茶ひらひら」の誕生は一九七四年十二月。「リヴ」の活動拠点としてスタートし、オープンスペースとして喫茶を始め、様々なジャンルのミニコミ誌を取り寄せるなど、市民運動の交流の場としての役割を担うようになっていった。まだ若く体力があった私は、「ひらひら」の運営にもかかわりながら、出入りする様々な人たちとの新たな出会いを広げていた。

そして鮮魚店勤めが四年を過ぎた頃、再び大きな転機が訪れる。

母が肺がんに侵され、余命三カ月の宣告を受けたのである。私は、徹夜をいとわぬ内職で無理を重ねながら、子供の成長を楽しみにして生きてきた歩みが、突然遮断されるという不条理に対する怒りと嘆きとともに、母に「お前はこの先どう生きていくのか」と問われている気がした。同時期「ひらひら」では、店を切り盛りしていたSさんの後任が見つからずに閉店の危機を迎えており、連れ合いの懐妊は「保育園の送迎をどうする？」という難題を突き付けていた。一九八〇年に「私たち自身が地域になる」「よそ者の口出し」を合言葉に始まった「地域を拓くシンポジウム」での議論も後押ししたのだろう。一九八二年、「ひらひら」店主の時代が始まる。

時折、右翼の街宣車が押しかけては「赤い赤いひらひら～」とがなりたて、道庁爆破事件を理由に二度の家宅捜索を受けるなど、経営は四苦八苦の状態だったが、私にとっては、全国から送られてくるミニコミや書籍を読み漁り、未知の人たちとの出会いが現場を広げ、多様な市民社会とのつながりを創り出す貴重な年月となった。

店主になって間もない一九八二年夏、道内の反原発グループ・個人のネットワークである「反核反原発全道住民会議」が結成される。一九七九年のスリーマイル原発事故により盛り上がりを見せた泊原発建設反対運動が、一九八一年一二月の第一次公開ヒアリング以降停滞していることに危機感を持った現地の市民グループ「岩内原発問題研究会」の呼びかけによるものだった。私は、「自由な時間があり、運動経験があり、ひらひらを連絡先にできる」ということで事務局長を仰せつかることになる。代表の柏陽太郎氏は当時共和高校（共和町は岩内町と泊村にはさまれている）の教員で、六〇年安保世代。高校教員を中心につながっていた「主体者連合」のリーダーの一人でもあった。後に北海道教職員組合高校部の専従役員を務めている。

「住民会議」が、七月に札幌地区労やＹＷＣＡを中心に多くの市民が参加して成功を収めた丸木位里・俊夫妻作による「原爆の図展」の実行委員会に参加し、一九八三年十二月には泊原発第二次ヒアリングに反対する現地行動、さらに当時話題となっていた低レベル放射性廃棄物の海洋投棄問題を切り口にして反原発運動の裾野を広げようと、東大自主講座につながるグループの協力を得て、ベラウ、マーシャル諸島、オーストラリアの先住民を招いた講演会に取り組むなどする中、「ひらひら」は急速に「ミニコミ喫茶」から「市民運動の活動拠点」としての性格を強めていくことになった。

一九八四年四月、突然、幌延町に高レベル核廃棄物貯蔵施設の誘致問題が浮上。夏ごろからは幾度となく、片道五時間をかけ幌延町や隣接する天塩町の酪農家を訪ね、核施設への不安や酪農の現状を聞き、反対運動の進め方などを論議しながら、道内各地への種まきに奔走する。牛一頭を与えられて笹薮を開墾し、ようやく人並みの生活ができるようになって大規模化の圧力と核施設の誘致騒ぎ。そして小さな町を二分する対立。酪農家に不安と苦悩を強い、人々を分断し民主主義を根こそぎ奪い破壊しようとしてきた企ては、今も全国いたるところで繰り返されている。

道内各地での集会や講演会を積み重ねて裾野を広げ、「幌延反対」の声を東京のど真ん中で示そうと、大型フェリーをチャーターして「反核の船」を仕立てるなどのユニークな運動を経て、反核反原発のエネルギーは一九八八年、泊原発の可否を問うための住民投票条例制定を求める「一〇〇万人署名運動」、泊原発運転差し止め訴訟「五万人原告団」へとつながっていく。

このように市民を巻き込んだ大きな闘いを主導し支えたのは、労働組合のセンターである「全道労協」と「札幌地区労」の組織力であり、非力な「住民会議」が市民運動と労働運動の橋渡しし、接着剤の役目を果たすことができたのは、当時頻繁に相談にのり支援をいただいた全道労協のＴ氏や札幌地区労の重野広志氏の先見性や包容力、胆力があってのことである。そして、「アジアの女たちの会・札幌」の活動のかたわら「住民会議」の事務局スタッフとして、時として独りよがりになり先走りする私を諌め鍛えてくれたＹさんとＦさんの力なくして、この時代を乗り切ることはできなかったであろう。

一方、一九八二年二月、初めて「選挙運動」なるものに首を突っ込むことに。一九八三年四月の北海道知事選挙を巡る、「横路孝弘と勝手に連帯する若者連合」通称「勝手連」の始まりである。一九七五年から胆振管内豊浦町の山奥で羊飼いをしていた、言い出しっぺである元日大全共闘書記長田村正敏氏との出会いは、伊達の齋藤医師宅であった。新聞などで、横路氏の出馬を巡って様々な動きがあるのは知っていたが、自分が直接かかわるとは思いもしなかった。伊達の縁と、私の娘と田村氏の長男の生年月日が一日違いという偶然と、彼の豊かな感性に引き寄せられて「まっいいか。なんとなく面白そう」くらいのノリで、呼び掛け人の一人に名を連ねる。結成から半年以上、主役＝候補者が決まらずに、いわば生煮え状態でくすぶっていた「勝手連」が、横路氏が出馬表明するや一気のブームに―「不可能を可能にする」選挙の一端に触れることができたのは、幸せな経験であった。そして一九八三年一二月の解散総選挙では、横路氏の後継として「原爆の図展」の共同代表を務めた竹村泰子さんに白羽の矢が当たり、選挙母体である「草の根連合」の役員に。一九八七年の札幌市長選挙では、土壇場で手を挙げた田村氏の選対事務局長役を引き受けざるを得なくなるなど、少しばかりオマケがついた。

「ひらひら」では、この間も反戦、反安保の講演会や共同行動の事務局を担い、在日朝鮮人のオモニを演じる新屋英子の「新世打鈴（シンセタリョン）」、核開発に揺れる下北の漁師を画く愚安亭遊佐の「心に海をもつ男」、水俣を舞台にした砂田明の「海よ母よ子どもらよ」の公演にも奔走した。一九八七年には、砂糖の国際価格の暴落で飢餓に陥ったフィリピン・ネグロス島への緊急支援を目的とした「ネグロスキャンペーン北海道」の立ち上げに、クリスチャンの女性たちや「草の根連合」とともに加わる。この運動は、植民地時代からつくられた構造的貧困に目を向け、のちにフェアトレードへとつながっていく。

反原発運動の大きなうねりの余韻が残る一九八九年、「アジア太平洋資料センター（ＰＡＲＣ）」が提唱した国際連帯運動「ピープルズプラン二一世紀（ＰＰ２１）」の一環として、北海道では札幌・二風谷・釧路と一週間にわたる「世界先住民族会議」が開催される。私は事務局として支えながら、彼らが未来へとつなごうとする「祖先からの物語」と豊かな「精神」に触れ、さらに初めて沖縄の地を踏み、「二〇世紀はじめのスローガンは進歩だった。二〇世紀末の叫びは生存ということだ。つぎの世紀からのよびかけは希望である」と始まる、水俣宣言の場に立ち会うことができた。

そして一九九〇年、「ひらひら」に出入りする少し若いメンバーを中心として、市民がつくる市民に開かれた自由な学びの場としての「自由学校『遊』」がスタートし、川崎、富山、名古屋、米子など全国を巡った「地域シンポジウム」が、支笏湖開催で一区切りをつけたころ、五度目の転機が訪れる。

市議会議員の道へ

九〇年の夏、当時札幌地区労議長の重野広志氏から、翌年の札幌市議会議員選挙に出馬しないかとの誘いを受ける。八〇年代に入ってから全国の自治体では、いわゆる「市民派」の議員が登場し始めていた。この背景には、これまでの「反戦・平和」を軸とした運動から、「原発・環境・人権・女性・自治・食の安全」など、新たな社会運動の広がりがある。個別の課題から面としての広がりへ、政治を市民の生活の場である地域へ手繰り寄せようとする試みが始まっていたように思う。

しかし、地方議会で一番過酷といわれる政令市の市議選で、定数七人に社会党(当時)系三人が挑む激戦区。「環境・人権・市民自治―さっぽろ福祉のまちづくり」を掲げて、市民運動の仲間と中小企業の組合員の支援で善戦するも、初戦は敗退。魚の移動販売を二年、障がい者小規模作業所の指導員一年を経て、一九九五年四月にようやく議席を得る。政治改革の議論がかまびすしい中、前年六月に自社さ連立政権が生まれ、この年一月に阪神淡路大震災、翌年九月に民主党結成、九七年一一月拓銀破綻と、政治・経済ともに激動の時代の幕開けでもあった。

所属する政党名が社会党―社会民主党―民主党―民進党―立憲民主党と変遷した二八年の議員生活の中では、二つのことを記しておきたい。

一つは、上田文雄札幌市長の誕生。

二〇〇三年春の札幌市長選挙での候補者を巡り、私もメンバーの一人である民主党サイドの選考委員会は結論を絞り切れずにいた。タイムリミットが迫る頃、泊原発や幌延の取り組みを通じて懇意にしていた私に、上田文雄弁護士への鈴付け役が回ってくる。「私たち全共闘世代の責任」という私の言に、こっくりとうなずいた(ようにみえた?)のが決め手となり、政令市初めての再選挙を経て四四年ぶりの民間出身市長が誕生する。市政運営の基本を「市民自治が息づくまちづくり」とする三期一二年の上田市政を議会人として支えることは、大きな喜びであり貴重な経験を重ねることにつながった。

もう一つは、イラク人質事件。

二〇〇四年四月七日、高遠、今井、郡山三名のイラクでの拘束報道を受け、翌日家族とともに東京に飛んだ。連れ合いが、劣化ウラン弾の使用に反対する「ＮＯ!!ＤＵ（小型核兵器）サッポロ」の活動を通じて今井君と面識があり、家族との協議の結果、政府に直接訴える行動を即決して、「民主党に顔がきくし、修羅場をいくつもくぐって役に立つのはこういう時でしょ！」と、えらい剣幕で迫られたからである。

そして、北海道東京事務所で寝泊まりする一週間を経て三人の帰国後、私たちは「自己責任論」をかざしたバッシングという敵と闘うことを余儀なくされる。「自己責任」を言い出したのは政府高官である。ある意味、国家が個人の意志をいともたやすく封印し自らの責任を隠ぺいする仕掛けの実験台でもあったろうか。一方、人質の解放へと力を尽くす、世界の見知らぬ人たちが持つネットワークに未来への希望を確信したのも、この事件を通してである。

北大本部を見上げ呆然と立ち尽くしていた一八歳の、その後の五〇余年の一部を書き連ねてきた。昔読んだ本に「筑豊は夢を見られるところ」というような一節があり、勝手に「筑豊」を「全共闘」に置き換えてあこがれてきたようにも思う。「どんな夢？」と問われても、その時々の居場所によって変化するので、応えようがないのだが。

アイヌの人々、在日韓国・朝鮮人、障がい者、レズビアン、ゲイ―多くの出会いがあり、縁を結び、学び、そして生かされてきた。これからも「夢の見られるところ」を探し続けたい。

爺はこうして生きてきた

高橋　敏昭（ビン）（伊達裁判に勝ってもらう会）

一　「国を創る」ということの意味

小学三年の頃、先生から連絡用紙をA子に持って行くよう言われた。A子は休みがちで話したこともなく、印象の薄い子だった。尋ね当てたA子の家は安普請の長屋を見慣れた私にも、とても貧弱と思える一二軒以上のハーモニカ長屋だった。玄関から見える壁には新聞が張り付けられていて、A子は恥ずかしそうな表情のまま小声で下を向き、「私の家、いろんなことがあってねえ…転校するかもしれないの…転校なんかしたくないのに。父さんがね、新しい国に行きたいと言っているの…。クニヅクリに行きたいって…」。何を言いたいのか、私には判らない。「隣の部落でなく、もっと遠くに行くのだろう。A子は不安なのだ。でも、クニヅクリって何だろう?」。尋ねることもできず、「用紙渡したよ。ちゃんと学校来てね」と、一方的に言って走って帰って来た。その半年ほど後に学校の夕礼で、A子の転校の挨拶があった。先生の話し方が何かぎこちなく、「遠い所へ引っ越しします。皆さん、しっかり挨拶しましょう」と言い、A子も泣きながら頭を下げただけだった。経験のない異様な重い雰囲気だった。

翌年、授業の一環として、十円玉一枚を握りしめて映画館に行った。冒頭の報道ニュースで、「祖国の建設に向かう、在日朝鮮人の新たな挑戦、朝鮮ナンタラカンタラ国のクニヅクリに参加すべく、家族と共に祖国へ向かう熱意に…」との解説が流れる中、たくさんの紙テープが、船の上の人たちと見送りの人たちを結び、新潟港から出ていく船がゆっくり小さくなっていくのを見て、「クニヅクリとは、悲しく厳しいものなのだ」と思った。

二　私の生い立ち、そして炭住街

北海道の空知炭鉱群の一部を構成する美唄市に生まれてから一八歳まで過ごした。私にとって、美唄とは石狩川の支流の美唄川と美唄炭山線に沿って細長く連なる三菱鉱業の炭住街であり、それ以外の美唄は知らない。各部落の名前は平坦地を意味する地名は少なく、傾斜地に二軒長屋、四軒長屋、八軒長屋、十二軒長屋等が密集していた。部落には生活に必要な種々の施設が会社によって設置されていた。大きなものは総合病院・野球場・陸上競技場・炭鉱員養成学校。また、各々の部落には購買所・無料公衆浴場。集会場と何十畳もある和室の付いた建物に詰所と呼ばれる事務所。そこには見るからに目つきの良くないおじさんたちがいた。母に、「詰所のおじさんたち、おっかない人たち？」と聞くと、「あいつら、トッコー上がりだからね」と教えられ、トッコー上がりとは怖い人の別称だと思った。みんな仲良く遊び、学校でも上下関係のない平等な生活と考えていたが、中学になって考えると、極めて巧妙な企業中心の体制と判った。住む場所も明確に分離され、戸建て住宅に住む本社採用の転勤もある極めて少数の上級職員。道支店採用の精々中間管理職止まりの職員。鉱員から稀に職員に登用され、本人も鼻高々の下級職員。そして大多数の鉱員。その鉱員も種々細分化された管理体制だった。さらに、その下には「社外」と呼ばれる小規模の商店、下請けの組のほか、上州××一家と襟に染められた半纏を着た入れ墨のお兄さんたちもいて、映画で見る江戸時代の城下町の現代版と思えた。私はその炭住街の四軒長屋で、父四九歳・母三九歳の八番目の子供として生まれた。長男とは二二歳離れた次男でその間の六人は女だったので、ちやほやされて育てられた。兄は一六歳で霞ケ浦の予科練に志願入隊し、最後は「震洋」という特攻用爆弾ボートの訓練中に終戦を迎えたそうだ。兄が「俺はトッコーガエリだから」と呟いた時、あの詰所のおじさんたちと同じ仕事なのと聞くと、「戦争中に朝鮮半島から連れてこられた人たちなどを監視するため、特別高等警察があり、終戦後にそれらの人たちが部落を管理するため雇用されたのだ」と教えてくれた。A子の親も強制的に炭鉱に連行され、監視され続けた生活が嫌でクニヅクリに帰ったのだと気付いた。

父は、秋田の角館から函館へ夜逃げした親に付いて来て、肉体労働を色々と転職し最終的に炭鉱に辿り着いたらしい。母は下北半島の大湊に生まれたが、尋常小学校には一年間も行っていないし、無戸籍のまま育てられ、死亡した妹の戸籍をそのまま引き継いだようだ。そうでないなら、三歳の時に一歳の妹を背負ってご飯支度をしていたことになる、と寂しそうに笑っていた。カタカナは読めても、ひらがなはあまり覚えておらず、四五歳を過ぎても恥ずかしがらず、小学生の私に聞きながら勉強していた。「小さい頃から勉強していないと母さんのようになるからね。勉強して困ることなんてないから」と真面目な顔で言っていたのを今でも生々しく思い出す。

勉強することが、炭住街という社会の底辺から抜け出す唯一の手段であると教えたかったのだろう。

小学校の社会の授業で、「ソ連という国は国民が団体で一緒に働き、労働に応じて平等に賃金が配分される。また、国で決めた計画のもと、工業物が生産されるので無駄がなく、計画経済は今後の日本も見習って行くことになる」と教えられた。国によって色々違いがあることを初めて知った。

中学校の組合活動に熱心な教師が授業中に突然、「昨日ホルモン焼きを食べた。大変美味しかった。しかし、昔日本が朝鮮半島を侵略して、朝鮮人を虐待し食べる物を略奪し、肉の良いところは全て日本人が食べて、臓物だけを現地の人が食べた。それがホルモン焼きの由来だ。そんなことを思い出すと悲しいし、辛い思いがする」と笑いながら話していた。炭住には、満州や樺太から命からがら逃れてきた引き揚げ者が多く、その悲惨な話とホルモン焼の繋がりが理解できず、また、教師の笑顔と話の内容の不一致に疑問を持った。

この頃から、新聞に「ベトナムでアメリカ軍がベトナム人を何人殺した」という記事が連日のように掲載されていることに気付いた。そして、ベトナム人がベトコンという名称に変化していった。アメリカ軍がアジアの国で定期的に軍事行動を行い、毎日のように人が殺されている。日本は平和な国だが、まだ戦争は世界で続いている。自分の社会観の急激な変化が起こっていた。

私が小学一年の時、父は炭鉱員を定年退職し、会社の付属施設である風呂屋の窯焚きに再雇用された。しかし、六年の時にそこも解雇。その後、国の失業者対策事業で土方として働いていた。いわゆるニコヨンといわれる最低の肉体労働者だった。父の収入も炭鉱員の時の半分以下となったため、風呂屋への再雇用と同時に母も洗濯屋の外交として、御用籠を背負い、各炭住街を歩いて回っていた。炭鉱労働者のそんな老後に、少しも矛盾を感じていなかった。

しかし、中学三年の六月、父が脳溢血を病み半身不随になった。仕事の終わった夜、コップ一杯の焼酎を飲むことが唯一の楽しみだったと思える父が、ただ働けなくなった自分を恥じ、泣くのであった。働き続けて病気になっても、何ら過去の労働への恩恵を受けないことを恨むでもなく、ただ自分を責めていた。その忍び泣きの声を聞くたび、「今も聞こえるあの子守唄、母ちゃんの働く声がする」という、丸山明宏の「ヨイトマケの唄」のフレーズが何度も頭の中を駆け巡った。もっと世の中や他人を恨めばいいのに、なぜ自分だけを責めるのか分からなかった。

「小さい頃から優等生と言われていたのに、周りの皆が高校に通学する中、俺だけが地元で働くのは嫌だ。集団就職に行きひっそり内地で働こう」と思い、夏休み後、先生に父の病状を話し就職先の斡旋を頼んだ。その日の夜、先生が母に面談に来て、「この場で普通高校への進学を約束して欲しい。成績優秀だから、奨学金は最高額をもらえるだろう」と、強引に捲し立てた。その迫力に負けたのか、母は普通高校進学を認めてくれた。あんなに悩んだ進路問題はいとも簡単に解決した。ただ、社会の底辺で働く人に対する社会保障制度への素朴な疑問はそのままずっと残された。

折角、普通高校に進学しても、周りの男たちの大学進学話を脇目に見て、全道大会出場の確率の一番高い槍投げに集中したり、冬は朝暗いうちからスキーに行って一〇時過ぎに登校したり、目的のない野放図な生活をしていた。勉強は母が喜ぶので、学内のテストのためにだけ行い、大学進学希望者の求めに応じ、気紛れに教えていたりした。偶々見ていた平凡パンチのヌードグラビアの近辺に「ベトナムに平和を！市民連合」が結成されたとの小さな記事が出ていた。やはり内地の人たちもベトナムの出来事に大きな疑問と不満を感じているのだと改めて思った。三年になり数学教師から、慶応大学・工学部への推薦入学の話があった。

家庭の事情を話し就職する旨伝えたら、「勿体ないな」と呟かれた。就職掲示板から内地の小官庁を選び合格した。そんな中の一〇月、二つの衝撃が私を襲った。一八歳の京大生が政治デモで命を失ったという報道である。明治維新や昭和の二・二六事件の青年将校を思い浮かべながらも、内地での穏やかな生活を考えていた自分なら参加しないと思った。私自身のことではもっと驚きのことが突然起こった。中卒で働きながら各種奨学金を受け、正看護婦になった姉を中心として「トッチを大学に行かせたい」との声が上がり、他の兄姉たちとの協議の結果、何と「大学進学」が突然視野に現れた。しかし、世の中そんなに甘くはない。

二回も受験に失敗した。桑園で早朝に牛乳配達をしながら予備校に通っている時期、大通り界隈で「べ平連」のデモに出会った。炭鉱夫の酒酔い顔で歩くメーデーしか知らない私の眼にはインパクトが強く、最後尾に参加した。その後、一〇・二一国際反戦デー、一一・八北大本部死守戦では隊列の最後尾で、勿論ヘルメット無しでの参加だったが、政治的、社会的意思表示の高揚感とその結末に涙する自分を知り、大学生活が身近に、そして合格意欲が急激に増した。

三　全共闘運動は消滅していた

七〇年四月に入学した北大・教養部の食堂には革マル派（日本革命的共産主義者同盟革命的マルクス主義派）の動力車労働組合との連携のみに自己陶酔するチラシしかなく、読んでいると見張りの人から執拗な勧誘を受け、黒田寛一の民謡かお祭りのお囃子のようにも聞こえる、変な声から始まる映画（？）鑑賞を強制されたこともある。「親の苦労の根源、自分の生き方の立ち位置」を全共闘運動の中に求めたいだけなのに、「自己運動に注力せよ」という訳の判らない言葉を残して北大全共闘は解散したらしいという。「お寺の坊主でもないのに座禅かよ。座禅で世の中変わるのか」。悪たれの一言を言いたいのに叫ぶ相手もいない。主要なデモに義務的に参加しても空虚感・寂寥感は増すだけだった。

七一年一月、故郷美唄の駅で思いがけない人を見た。北大本部死守隊裁判で傍聴席から顔だけを見たことのある工藤さんだった。待合室の雑踏から一人切り離された感じのする、寂しそうな笑顔だった。「此処にすべての苦難を背負って北大本部に立てこもって戦った英雄がいるのだぞ」と大声で叫びたかった。同じ美唄炭山に祖父がいると教えられ、急に身近な人になった。

「この人に笑顔を取り戻させるために学内で動こう」。極めて単純明快な目標ができた。そんな中、三月に学長選挙があり堀内学長も再出馬するという。とんでもない無節操な話だ。しかし、再選反対運動を呼びかけようにも、春休みのため教養食堂は閑散とし、知人は誰もいない。革マル派と一緒でも仕方ないかと諦めたが、医学部所属の学生を主力とする医学闘と工学部闘う集団のデモ隊が突然現れた。闘う集団の隊列に入れて貰い部屋まで付いていった。いろいろな雑用を命じられたりしながら、教養部の分断された状況を訴え助力を希った。「工学部の名誉教授室を押さえてあるので使っていい」との承諾がようやくあった。此処を拠点に教養部の文類一年三組の同級生を中心にクラス共闘（ＭＭ共闘）を立ち上げ、他のグループとの連携の強化を図った。結集軸は本部死守隊裁判支援、ベトナム反戦、沖縄無条件完全復帰獲得としたが、主要メンバーの帆江さんから建設計画途上にある「伊達火力発電所建設反対」の訴えがあり、初めてその詳細を知った。

他のグループと交流を持つ中、毛沢東を熱烈に信奉する人たちに出会い、その考え方に違和感を持った。大人に三角帽子をかぶせて自己批判を迫る紅衛兵の映像や、年少の若者を手先に仕立て、党内権力闘争に終始する毛沢東そのものに邪悪さが見えたからだ。権力独裁の弊害の象徴であるスターリンへの批判の一方で、また独裁者の容認なのか、との失望感もあった。また、一点合意を全面許容、一部疑義を全的否定とも見做される可能性もある、「異議なし・ナンセンス」の言葉には今でも否定感が残る。

話を戻すが、北大本部死守隊裁判で四人の懲役三年の実刑判決を怒涙のなかで突き付けられ、また反面、三里塚闘争からのメンバーの無事帰還を受け、持続可能な闘争態勢の継続・拡大を図るべき大事な時に、私たちは決定的間違いを犯した。沖縄の返還交渉に向かう首相訪米阻止を目的としながら、十分な話し合いもせずに僅か三〇人程度で、一〇月二一日早朝に軍艦講堂封鎖を成り行きにまかせて決行したことだ。角棒等の武器や食料の用意もなく、更に一番困ったのは、教養部や文系学部の学生の参加がほぼなかったことだ。日本共産党系の組織である民主青年同盟や革マル派の怒声や冷たい視線を受ける中、法学部教授の交渉の誘いに単独で面談し、①二四または四八時間の期限付バリケードの約束②期限付きであれば警察導入なし、の条件を持ち帰った。バリケード内のメンバーからは「単独交渉は認めてない」「お前に交渉権限はない」「無期限で戦いぬく」などの反発にあい、四面楚歌の状態に陥った。「闘争の長期継続優先」の訴えは受け入れられず、脱落者として涙で一人離脱した。仲間の逮捕もあり、私たちの最初にして最後の封鎖闘争は一日も持たず終わったようだ。

四　伊達の漁・農民は私の生き方を変えた

酒と読書と麻雀の堕落生活に明け暮れていた七二年五月下旬、帆江さんから「伊達火力反対運動が急激に進行している。行ってみない？」との誘い。彼の本音は「抜け殻・自堕落の私に活を与える」ことだと思ったが、その優しさに甘えた。

高校教師Mさん、外科医Sさんのお供をして有珠や稀府の漁師、長和の農民に教えを受けた。「魚貝類はミリ以下のプランクトンを食べ、海藻の胞子は自然な流れの中で自生可能な場所に定着して繁殖する。噴火湾の潮の流れだけでなく、地形による離岸流や、日周の潮の満ち引きによっても海は変化する。そんな噴火湾に毎秒七トンの、温度が八度も違う熱水が勢いよく放出されたら、プランクトンも胞子も死んじまう。そしたら、魚も貝も海藻も死滅する。そしたら、海が死んでしまうのさ」

「天気予報では風速、風向を数字で表すが、畑にいると違うんだよな。例えば、海から吹く風は渦を巻いて走るんだよ。有珠山の麓から昭和新山に向かい、壮瞥や洞爺湖に向かう風は、谷が狭まると共に速度を増し乱高下して走るんだよ。いろんな有害物質を含んだ発電所の煙は平均の数字ではなく、濃淡様々な値で各所に分散されるよ。そんで、逆転層という見えない空気の壁が突然できたりしてね。親子四代、俺だけでも二〇年から百姓やってんだから間違いないよ」。淡々とお茶を飲みながら、笑みを浮かべて話されると、観念の世界から作り出されたものでない、実際の生活の中に根付く闘争意欲に触れ、思わず下を向き、頷くだけだった。

若手農民や漁師たちがM氏宅に集合した時、無面識の学生六人も同席した。話合い終了後、彼等だけが円座になり、全共闘運動時の自慢話を大声で始めた。脱落者としての恥辱と農漁民の困惑の表情を無視したかのような、場を弁えない彼らの言動への怒りで、一人深夜の海を見るためその場を離れた。月明りの中、有珠山と昭和新山の間に遠く羊蹄山が見えた。「鈍海を老夫が孤舟黙々と、駒駆くるといふ岳に向こうて」という呟きが思わず漏れた。この反対運動と共に歩こう。自分の人間としての成長の原点は此処にあると感じた。

五　「伊達裁判に勝ってもらう会」

七〇年八月「北電誘致に疑問を持つ会」が灯した小さな光が伊達市内のみならず、西胆振の近隣町村にも急速度で反対の叫びを拡大させた結果、「伊達環境権訴訟」として七二年七月、札幌地裁へ提訴に至った。この訴訟を札幌に住む人たちが、裏方として現地住民の手伝いをするため、直後の八月「勝ってもらう会」が結成された。当然のようにその結成前段から尽力したつもりだ。その後の活動詳細は『どんだりこんだり伊達火力』という刊行物に記載してある。支援活動継続のため、仲間との暗黙の約束に従い、道内の金融機関に就職した。勝ってもらう会では、私の勤務地と直近の地下街三越前で週末、ビラ配りとカンパ活動を定例化していた。女性職員は「やっぱり噂通り、反対運動やっているんだ。カンパ少しでいい?」と声掛けしてくれた。しかし、男性職員は睨みつけたり無視したり、特に集団の場合は、私と接触することがタブーであるかのようにわざわざ遠回りして小走りに去っていった。職場では最低限の業務指示以外の会話のない、村七分?状態が一年半ほど続いた。しかし、その後の事務システムのコンピューター化に伴い、なぜか上司・同僚を指導する立場になり、次第に私を見る目が好転していった。六〇年安保世代の先輩が「自分の思想を理解して貰おうとしても無理だ。適当に合わせ、そして毅然としていろ」と、いつも酒を飲みながら優しく話し続けてくれた。彼の支えが勤務の継続を可能とし、今の自分の生活に繋がっていると感謝している。そんな初任店も全同期生の中で最短の三年で、市内最小規模七人の支店へ転勤する。しかし、新制度の特別夏休み有給休暇の取得を小規模店舗だからとの理由で、制限する要請(命令)を平然と口にするトップに全体会議で反発。「支店長の頼みを無視するのは、私の下で働きたくないという意味？」の嫌味に、売り言葉に買い言葉の応酬。二年で転勤し室蘭市で五年半過ごした。「会社員には不向きなのかな？」との想いを持って、勝ってもらう会への定例会合参加に別れを告げた。

勝ってもらう会の活動も花の二八組と呼ばれた七二年入学組の卒業とともに、積極的活動は次第に先細っていった。ただ、会員同士の結束は固く、今なお慶弔時を含め、適宜会合（単なる飲み会で近況報告主体）を継続している。訴訟は八〇年に全面敗訴。伊達火力発電所はその燃料供給元である新日本石油、室蘭製油所の廃止に伴い、二三年度末をもって発電を停止する。北海道有数の海水浴場で、良好な漁場でもあった有珠前浜も、温排水の影響のもと、赤茶けた岩肌を覗かせて見る影もない。

六　終章

以後、子供二人の病気による家庭崩壊危機、妻の献身的貢献によるその克服、昇格否定と転居の伴う転勤辞退願い等、個人的には厄介事が続くが、私事であり詳細な記述は省く。

ただ、「爺、仕事は何もしなかったの？」と、孫たちに疑われるのは辛いので、若干記憶を呼び戻し記載したい。

勤務六年目から室蘭市内店舗で、鞄を持って取引企業の業績把握、新規企業の開拓を担当していた。着任一年後の金曜日夕方六時頃、小さな観光バス会社の社長から電話が入り訪問すると、「同業の会社が資金繰りに困っていて、電話が入った。『バスを一台買って欲しい。名義変更の書類は即刻渡すので、午前中に現金八〇〇万円を小樽まで持って来て欲しい』と言ってきた」。この懇願への対応を如何にするかの相談であった。これまでの取引実績から即刻対処すべきと判断し、融資書類を受け取り、朝九時に小切手を持って窓口に来てもらうことにした。出勤早々、事情を話したら、「あんたらしい素早い判断だな。融資意見書等は営業時間中に提出。現金の手交は事前で可」と支店長から褒められた。偶々、今回はトップも知っている企業だからよかったが、担当企業の情報を上司と共有しておかなければ、一番困るのはお客さんの側だと思い、自分の担当する企業の一覧表に自分の評価、トップの許容限度額、更に本部に増額申請するものまでのランク付けを記入し、適宜回覧して、「情報の共有化」を図った。先輩たちは、従来から固定観念として「決裁の権限はトップにあるもの」と捉えていたので、「そこまでやる?」と驚いていた。

この手法の効果が、六か月も経たず現れた。従業員九人の小さなガラス加工会社だったが、社長は実直で技術だけでなく営業熱心だったので、高い評価をしていた先だ。思いもよらず上場会社から直接指名を受けたので、材料の仕入れのため五日後に五千万円程のお金が必要となるとのこと。新規本部決済案件なので、書類送付期間を含めると、翌日には全書類を作成・送付しなければならず、夕方に口頭で承認を受け、自宅で酒を飲みながら全書類を作った。かつて同じ銀行に勤めていた妻が明け方三時に起きてきて、「清書、検算するなら、私の方が上手だよ」と言って、六時まで私を寝かせてくれた。子育てで大変なはずなのに、大変有り難かった。朝に全書類を提出すると、「こんなに上手な字はあんたじゃない。誰の字だ?」と詮索された。事情を説明すると、上席者たちの斜め読みで簡単に承認を受け、予定期日以前に本部決済も受けた。この「情報共有の手法」は、私が営業店を預かるようになってからも、より簡素化して使い続けた。

逆に、情報が分断され、結果として組織破綻に至る、悪い結末を見ることになるとは、当時想像すらしていなかった。それは九七年に起こった。「犬が馬を背負う」とも揶揄された、都市銀行の営業破綻に伴う営業譲渡の実務の一端を営業店から本部機構に異動して担い、内外部との各種交渉とその結論を得る機会に恵まれた。

自企業の論理だけではなく、他企業・他業種の考え方とのすり合わせが、価値観・文化観の想いを新たにさせてくれ、相手の立場を理解・尊重することが自分の考え方の幅の広がりに繋がったと思う。

また、五〇歳代前半で、道内の最有力経済団体である北海道経済連合会に役員待遇の理事・事務局長で出向した時、道庁の新税「環境税」導入に対する反対運動の最先頭に立った(立たざるを得なかった)。そもそも、新税の構成要件、対象者等が不明確のままの、次期選挙のための打ち上げ花火的(?)なものだった。農林水産業団体を含むほぼ全業種が反対に回り、立場上、道庁との交渉の主担当者にならざるを得なかった。結果として、道が提案した新税導入案は道議会で否決された。種々の事情もあり知事の求心力は低下し、任期満了で退任。

その後、挨拶に来た元知事は二人で面談した応接室で、「やっぱりあれは引くべきだったのか？」と呟いた。私としては答えようもなかった。後日、別の立食パーティの席で「現職知事が選挙への立候補を断念した元凶はお前だ！」と副知事から痛罵された。「政策立案時に経済界など関係者への事前の根回しを怠ったのは誰だ！」と言いたかったが、済んでしまったこととして、あえて反論はしなかった。

話をまた元に戻そう。

新左翼系の党派間の絶え間のない内ゲバ（殺人）や、連合赤軍の同志殺害事件以降、私たちが掲げていたはずの世直しの旗は急激にその色を失い、僅かに残っていた国民の支持も私の思いも地に落ちた。そんな中、南ベトナムでは民衆がアメリカの支配とその傀儡政権を拒否し、一九七五年四月末、サイゴン市（現ホーチミン市）は陥落、臨時政府の樹立という朗報を得たが、連合赤軍の指導者であった永田洋子などにまつわる詳細な報道を頭に焼き付けていた私は、満度の悦びに浸り続けることは出来なかった。「何かが違う。違う方向に進んでしまった」という切ない想いが、今も頭の片隅でうごめき続けている。これは私だけの感覚ではなく、当時の世代共通のものであったのか、政治への発言や政治体制への批判がさも悪いかのような雰囲気が蔓延し、それらから生じる沈黙が、中選挙区制から小選挙区制への移行を、僅かな政権交代の期待を込めて許容してしまった。結果として、金と票のためには魂までをも売り渡す「一強多弱政党体制の継続」と、ひいては「政治家一族の世襲の続行」を許すことにつながり、政治の膠着を招いてしまった。また、新市場主義経済の名のもとで、「国民総中流意識」とも揶揄された短期間の成熟期を除き、「四〇％の国民が自分の老後の生活に危機感を有する」という将来の生活維持に疑問を持つ事態に至っている。多様化する雇用体制がもたらす弊害を感知できなかった無知を恥じるばかりだ。累進所得税の平準化と、消費税の導入とその拡大が今後もより増大し、富の再配分構造の悪化につながってしまっていることに唖然としている
最後に、七二年の伊達裁判ニュース編集後記の余白に書いた雑文と現在の感想を述べて、終わりとする。


「あるべき明日を求めて」

「野山を思いのままに切り崩し、自然を支配してきた人間は、今自然の摂理に裁かれようとしています。『生活のために』私たちの環境を泥足で踏みにじり、そうす

ることが国の富であると思い込んでから久しく、多くの人々がその災いに気づいた時、私たちの廻りは『公害列島』という別称さえついておりました。自然と親しみその中で生活してきた私たちの祖先が残した遺産は、ますます消え失せようとしています。例の『開発』という美名のもとに…。伊達火力発電所建設禁止の訴えは、私たち人間が自然を支配しようとした思い上がりへの反省と失われた心の古里を私たちの手にする願いでもあると思います」

「東日本大震災」をいかにも自然災害であると錯覚させるかのような事件は、自然科学の蓋然性を無視し、人間の傲慢な自己都合の経済優先主義が残した結果であり、「東京電力福島原発犯罪」というべきものだ。明治以降の富国強兵の大号令の結果、広島・長崎の原爆に至った轍を、またしても「アンダーコントロール」の虚言の下に、忌まわしい犯罪の発生を繰り返そうとしている。

悲しみと虚しさを持ちて、無言で佇む自分を恥じている。孫たちよ、ごめんなさい。

ラディカリズムのゆくえ

有土　健介（一九七〇年入学）

そしてそれでもなお私が絶望しないならば、私を希望で充たすものは、現在そのものの絶望的状態なのです。

（マルクス「マルクスからルーゲへ」）

心が弱くなった時、マルクスの手紙の一節を思い出す。絶望は死に至る病じゃなく希望だ、なんて。しかめっ面のマルクスのなんとも底抜けのカラ元気。異議なし。いいじゃない。絶望的な時代こそ、笑えばいいと思うよ。

思いおこせば七〇余年、恥多きことばかりの人生である。還暦を過ぎて悪性リンパ腫となり、死ぬか永らえるか「神のみぞ知る」と医者に言われたが、まだ生きている。誇れるものなどないが、一九七〇年代初頭に体感したラディカリズムだけは、心張り棒のように私を支えている。

一九五一年、S町に生まれた。父は勤め人であったが、それだけでは暮らしていけず、母とわずかばかりの敷地に野菜畑をつくり綿羊を飼い、暮らしを維持していた。本家は大きな畑を持っていたので、子どもの頃は春には種芋を植えたり、秋には牧草やデントコーンの刈り入れに駆り出されたりした。

小学校も中学校も給食などなく、朝の残りのおかずの入った弁当が昼ご飯だった。日雇いの貧乏大家族の長女に生まれ、小学校も行かせてもらえぬうちに、米軍の艦砲射撃で遺体の転がる地獄を生き抜いた母は「うちはまだいいほうなんだよ」と言った。確かに、開拓地から来る子どもの多くは昼飯抜きが当たり前だった。雨や雪が降ると休みがちで、勉強が遅れると学校に来なくなった。

私たちの戦後は、豊かさへの希求に満ちていた。金持ちではない。衣食住に悩まず、一つくらい好きなことをして生きたいというささやかな願いだった。母の妹は絶世の美人だったが、きつい労働と栄養失調で肺を一つ失って離縁され、永く療養所で過ごした。米一俵をもらうために農家に嫁がされたものの過労が肺病を招いたという。療養所に行くたびに、これは貧困の病だと思った。

田舎では、中学を出ると町内の定時制高校に行くのが普通だったが、昭和四〇年代になると汽車通で隣市の全日制高校に行かせる家も増えた。教育熱心だった両親の踏ん張りで、全日制に進めることになった。中学では一学年に一六〇人の子どもがいたが、高校に進むのは四分の三程度、大学短大となると四人に一人で、高等教育は豊かさへの階段に違いなかった。

入学金とべらぼうな授業料を取られる東京の私大は無理だったが、札幌の国立なら授業料が毎月一、〇〇〇円で済むので、私は大学に進むことにした。生活費は月三〇、〇〇〇円ほど必要だったが、奨学金とアルバイトでなんとかなる。

べ平連運動に参加する級友を横目に、自分のことだけしか考えず勉強した。一九七〇年、私は現役で国立大生となる。だが、喜ばしい気持ちもつかの間。入学式の案内もなく、教養部棟でのオリエンテーションだけ。外では黒ヘルやら白ヘルやらが体育館を挟んでデモを繰り返し、それを野次る集団もいて、混沌としている。負けるとわかっていても屈しないヘルメット姿が妙に清々しかった。私は、貧しさや不便さから脱出するため、蜘蛛の糸を登ってきた。目的を達成した後の虚脱感もあったのか、ガリ勉人生、それでよかったのかとようやく考えはじめた。競争社会の中で、他人を蹴落としても平気だった自分に不快感を覚え始めていた。その居心地の悪さを何もなかったことにするなと教えてくれたのが、入学式粉砕デモをしている学生たちであった。大学に来てよかったと思った。

いわゆる全共闘運動は一九六九年をピークに衰退し、代わりに党派が前面に出る。世界同時革命を訴える声の大きさと、ノンセクト学生の囲い込みが幅を利かせつつあった。陰湿で非和解的なゲバルトが浮上する後退戦下であった。私は吉本隆明の愛読者となり、吉本が関与した直接・持続・実力闘争を追求した六〇年安保全学連の流れを汲むブントにシンパシーを感じるようになるが、その彼らこそ最も早くボロボロに分裂雲散していた。

そのように七〇年代は、新左翼運動への信頼が薄れていたが、全共闘が提起していた「大学」ヒエラルキー（共同幻想）を解体せんとする初心だけは、自己史と照らし合わせても間違っていないと、遅れてきた一人の叛徒である私は思った。学問と知識を特権的に独占し、古今伝授に倣った密室ギルドの中で、期待される人間となり、ささやかな富を配分され、社会的に上昇していくために受験競争を勝ち抜いてきたとすれば、自己実現のために否定してきた現実に対する責任（落とし前）のようなものは、微力でも果たさなければならないと感じた。もし、全共闘運動の中で、自己否定という言葉が出てきたとすれば、それは戦後的な出自を背負って教育制度に幻想を持ち、競争社会を「上昇」してきた者にこそ、最も切実に響いた。

ある時期から、誘い合って現代思想の勉強会を持ち、教養部のクラス全員が揃う語学の時間になると、終了間際に手を挙げて沖縄問題などについてのクラス討論会を呼びかけた。みなが寛大というわけではなかったが、それでも発言する人も多く、まだいい時代だった。

教養部時代はクラス有志で、文学部では行動委員会などの旗を掲げていたと思う。沖縄返還問題に一番関心があったが、三里塚や長沼の農民らに反戦連帯する街頭の諸闘争にも参加した。学内においては、苦学生を閉め出す受益者負担の大幅な学費値上げ策動に反対し、スト権投票をやり抜いて文学部バリケードストライキ闘争の一端を担った。「帝国主義的再編を粉砕し、大学を全人民に解放しよう」というようなビラも書いた記憶がある。

気合いの入った文章を綴ってきたが、「それで何を変えたのだ」と問われると、返す言葉がない。一九七二年秋、国際反戦デー闘争のバリケードを解除した翌日、学部の研究施設内で正体不明の爆破事件が起こり、すべては暗転する。大衆運動と無縁の破壊活動により、内通者の協力を得て、無防備な学生たちへの弾圧が始まる。昔も今も、銃だ、爆弾がどうだとか、赤色テロだとか言い出す連中の裏には、必ず巨大な謀略があるはずだ。

　大学で身動きできなくなってからは、肉体労働をしながら上京し、友人の反軍運動を手伝った。そのうち学内も落ちついてきたため、日和ったのかなどと言われながら、教室の端に座って単位だけはとって卒業し、節を曲げることの少ないジャーナリズムの世界に入った。ローンで小さなマンションを買った。立身出世の夢を裏切ったが、母親は喜んでくれた。大きなことはできなかった。政治的には社会民主主義政党に投票する小市民だった。

　新左翼運動を担った人の中には、党派性に評価軸を置く傾向がある。唯我独尊の反スタ党倒錯者がそうだ。だが、戦後のラディカルな運動では、常に大衆が党派や労組指導部の思惑を超える叛乱を作り出してきた。国家権力の幻想性を天上から地上に引き下ろし、市民社会の成熟と大衆の自立を屹立させ、人間存在の全体性を取り戻す闘いであったように思う。ソ連崩壊で既成左翼の多くは正当性を失ったが、中ソに依存することなく自己の根を掘り下げることで、社会変革へ垂鉛を下ろした独立左翼―全共闘―大衆叛乱は、依然として未来への可能性の中心として捉え返される。ラディカリズムは、前衛的な意識（自覚の論理）で組織されるのではなく、日常への異和から小さな一歩を踏み出す行為の共同性から生まれる。

　さて、終活の身でも若者に伝えられる宝があるとしたら、全共闘運動の内発的な社会批判の地平であると思う。

一　国家の名で労働者を殺戮する戦争を絶対に起こさせない（反戦主義）

二　差別と貧困をなくし、労働の資本制的分断及びあらゆる疎外から人間を解放する（水平主義）

三　民衆存在の世界性によって国家を市民社会の方に開いていく（国際主義）

というのが全共闘ラディカリズムの最低綱領であったと、自分では思っている。この原則を守り拡充し、発展させることが世代的責務であろう。

　右傾化が進んでいるという。どこの国でもそうだ。だが、戦争イデオロギーは国粋的でも、足元には一国主義を崩す世界性が横溢している。戦争屋が仮想敵国を煽っても、徴兵制なき軍隊など生活者には他人事であり、隣近所の兄ちゃん姉ちゃんが等しく駆り出されて生命をかけない限り、軍隊は信頼を得られない。専横的な排外主義が露出していても、民衆の価値観は生活こそが第一である。

「意識が生活を規定するのではなく、生活が意識を規定する」という故事を反芻する。意識を規定する生活の質は、外国人を含めた非正規労働者、高齢者、シングルマザー、障がい者など社会的弱者の圧倒的存在だろう。住宅ローンと教育費に苦しむサラリーマンも同じだ。豊かさを希求した戦後世代の原点は、現代でも変わっていない。

世情を揺るがす闇バイト犯罪として露出しているものの根底には、貧困と不安がある。学生時代から多額の借金を背負った若年層、親の家と年金に頼る氷河期世代には老後など見通せず、往古に遡れば徳政一揆や大塩平八郎の乱が必要なほど状況は深刻だ。

貧しくなっているのは個人ばかりではなく、社会であり地域共同体だ。労働者の勤勉さを資源として戦後復興を果たしてきた日本社会は、米国型大資本の論理によって商店街をはじめとした地域経済を破壊し、雇用を不安定で流動的にし、少子高齢化と過疎化で集落を壊滅させている。地域の活力を取り戻すには、若い力が必要であり、留学生や研修労働者、移民、難民を加えた新しい定住者こそは開かれた社会の財産である。彼らを使い捨てにせず、社会における正当な権利者とする。多様な民衆こそ、ますます世の中を支えていくだろう。

現代のラディカリズムは非正規的で不定型な民衆の中に潜勢している。テレビメディアが矮小化しようと、この生活者大衆こそが多数派であり、物質力である。単色の啓蒙と組織論では手に余るだろうが、全共闘の小さな「異議あり」の声と同じように、本当は連帯を手探りしている大きな声なのだとタグ付けねばならない。

ラディカルであるためには、根本を掴まねばならない。一人であることは孤立ではない。ネットとSNSは出自が不分明でも、新たな質の批判と叛乱の武器となる。

マルクスと小熊秀雄に倣って言おう。

老いたるモグラよ、沈黙の卑屈を超えて、状況の根を掘れ、しゃべくり捲れ！

*スピンオフ：自立誌『革自』派顛末記

本編で触れなかった『革自』という自立誌をめぐる思い出を記しておきたい。

全共闘的な学部行動委員会に主体的に参加して、多くのユニークな学生と出会った。特に拠点だった社会学科のボックスでワイワイやるうちに村城正尚君（仮名）と八瀬知生君（筆名）とは気が合い仲良くなった。

村城君は新聞会に知り合いがいたらしく、解放会館二階のボックスに案内されたような気がする。読書家で評論ができ、博識だった。吉本隆明についても詳しかった。

八瀬君は空知の小都市の寺の息子で、ロマンチストで詩人だった。札幌駅裏にあったぼろアパートの二階に住んでいた。私のところから五分くらいだったので、よく遊びに行った。驚いたことに部屋の中にドラムセットを置いていて、ジャズを聴いていた。マッコイ・タイナーの「ソング・オブ・ザ・ニュー・ワールド」がお気に入りで、アメリカの深部を吹き抜けるアフロの風があることを教えてくれた。

私は高校時代に文芸部にいたので、ものを書くことに興味があった。当時は吉本隆明の『試行』を頂点に、自立誌をつくり発信することが当たり前だった。私はひとりで「北大文学哲学研究会」を立ち上げ、彼らを誘った。誌名には「革命」とか「自立」というキーワードを入れたいと思い、できたのが文哲研機関誌『革自』だった。

発行所は労働者人民の不抜の拠点を自称していたわが藤井アパート二階の屋根裏部屋。共同のトイレ・洗面所、風呂なし。一畳一〇〇〇円の六畳間。ほかに入居者二人。店員風の女性は井上陽水の「傘がない」を安っぽいプレーヤーで夜ごと流し、肉体労働系青年は寡黙を生きていた。私は「男おいどん」そのもので、一階の赤い屋根に足を置いては時折「アサー」とか「鼻血ブー」などと咆哮していた。近くの文具屋で謄写版セット一式とざら紙を買ってきて、ガリ版切りから印刷、製本までをシコシコとこなした。

村城君は批評を書いた。吉本隆明の難解な『心的現象論序説』についての考究や映画論を書いた。八瀬君は詩を書いた。映画「ロミオとジュリエット」のヒロイン役だったオリビア・ハッセーの大ファンで、八瀬知生（はせ・ともお）という筆名の由来だった。私は詩と評論を書き、有土健介を名乗った。有島武郎、アンドレ・ジイド、大江健三郎、芥川龍之介から一文字（音）ずつもらったのである。安易なネーミングだが、気に入り現在も使っている。

東京で反戦運動をしていた杉本敏男君（仮名）に『革自』を送ってやると、勝手にD大文学哲学研究会（仮称）を名乗るようになった。「文哲研も全国文哲研連合になったな、もう革自派だ」と笑った。ブントの全国反帝戦線連合のパロディーだった。まもなく「墓碑の怨念」という評論を送ってきたが、高橋和巳の『明日への葬列』をなぞり、足立正生の映画戦略論をミックスしたものであった。

杉本君は、当時赤ヘルを被っており、川面を見つめ「この赤い色には労働者人民の真紅の血が流れているんだ」

と言うから、私はもちろん「異議なし！」と叫んだものだ。杉本君の闘争意識の軽妙さは、陰湿に沈む内ゲバ時代とは無縁の明るい正義感があって好きだった。

何号か薄い機関誌を出し、『革自』文学派は自然消滅した。「みんな去ってしまった」（中島みゆき）からだ。

八瀬君は食品会社に勤めたが、ある日、ケニアへと旅立った。現地の女性と結婚するとか、したと言ってきたので、なにか送ったりしたこともあるが、音信不通となった。真面目な村城君は公務員を勤め上げたが、二〇一六年にガンのために亡くなった。社会人になってまもなく、私は根室から札幌まで吉本隆明講演会を聞きに行き、彼の家に泊まったことがある。そこで藤女子大にいた同世代の女性の「私の声が聞こえますか」というレコードを聴かせてくれた。初めて聴く中島みゆきというシンガーソングライターの悲歌にひどく打たれた。荒野だ、と思った。その経験はのちに「みゆき・マイ・クロニクル」という文章になり、『中島みゆきの場所』という本に収められた。村城君に会わなかったら、体験に基づいた吉本隆明論やその他の批評も書けなかったと思う。もう私の声が聞こえるはずもないが、あらためて言うよ、ありがとう。

杉本君は自称一八歳で共産党員になり、二〇歳でブントシンパ、三〇歳を過ぎると自民党、さらには自由党やらの過激な末端になり、大川隆法は面白いと言いだした。私は面白くてもそれだけだと応じた。そのうち突然、地方議員に立候補したが最下位落選、単ゲバを貫いて絶望的な孤独の裡に亡くなった。思えば青春の一時期だったが、本当に楽しく闘った。だから言うよ、ありがとう。

ラディカリズムへの入射角が変わることは、だれにでもあるから「不屈の百年」的な非転向主義を私は取らない。実力闘争が必要なときは、実力闘争が一番だと思う。しかし、闘わない奴など全否定だという立場は取らない。政治的にはダメでも、芸術的に優れていて、人格的に立派な人はいるからだ。人間は多様性を持っているから素晴らしいわけで、その多様性を知ることで、人間はもっと人間らしい豊かな関係になることができる。マルクスには『経哲草稿』のどこかで、そんなことを言っていてもらいたかったと思う。

そのためには自分の考えを絶対視せず、伝え続けること——書き続けること、しゃべり続けること。人間の五感と五感は響き合うはずだ。ちっぽけな『革自』を作った初志を反芻する。私の声が聞こえますか。　（完）

燎原の炎のごとく

薬学部、教養部医学進学過程の友人たちから

「薬学部闘う集団φ」の結成について

藤堂　景美（一九六八年入学）

先日は、『記憶を紡ぐ』などの大変貴重な資料ありがとうございました。新たに『荒野に火柱が』の企画があると聞きました。少し、当時の薬学部での動きを思い出して、書いてみました。皆様の記憶を紡ぎ直すのに少しでもお役にたてれば幸いです。

早速その日の内に読んでしまいました。五〇数年前のことが、頭の中を駆け巡りました。

北大の入学式闘争の時、私は一般学生でしたが、偶然その場におり、騒然とした雰囲気の場、何かをしなければしなければ…と思い、べ平連の門をくぐりました。

私はもともと反権力で非暴力の考え（小学校の恩師と父親の影響）でしたので、なんのためらいもなくべ平連に参加できました。

その後、北大闘争の中、薬学部に学部移行したのですが、ご存じのように薬学部は、学生・職員そろって日共系の牙城でした。学部の全共闘シンパの先輩に聞くと「静かに・大人しく」が無難であるという返事が返ってきました。しかし、私は何も悪いことをやっているわけではないのです。正々堂々と大人しく、粛々とべ平連のビラを掲示板に貼りました。

次の日に登校するとビラは跡形もなく剥がされていました。また、同じビラを貼るとまた剥がされます。これを繰り返しているうちに、一般学生の中に私の行動を支持してくれる人も出てきました。その中で特に熱心な学生と共に今度は規模を大きくして壁新聞を作り柱に貼ったところ、最初は破られましたが、だんだんとその被害は少なくなりました。

仲間も少しずつ増えていきましたので、一つの仲間の集合場所としてみんなで相談して、「薬学部闘う集団φ」の名称を使うことにしました。

以上が薬学部の概略です。

北大闘争は俺たちの人生の恵だった

S・K（一九六八年入学）

私もなんとか息災です。老骨細々と仕事を続けています。当地は医師不足。深刻ゆえ声かけが多いです。それと、孫守です。

この度、『記憶を紡ぐ』拝受。読ませていただきました。私にもお送りくださり、ありがとうございます。私については、授業や試験が難しく、「自分には過分な大学に間違って入学してしまったのではないか？」と落ち込んでいたこと。米軍や南ベトナム軍を応援していた自分を反省し始めていたこと。民青の先輩たちのクラスオルグの難解さに感心しながらも、素朴な認知力では反発を禁じ得なかったこと。他クラスのクラス反戦に色彩を感じたこと。F共闘がやけにカッコよかったこと。C闘委のアジ（多分「進藤君」）「今を生きる自分の問題」。彼らや連中や奴らやあいつらなどではない、自分という主体性の問題意識。「政治的行動はしない」自体が政治的行動なのだということ。「ベトナムの衆を苦しめている社会体制にぬくぬくとつかっている学生でございますなんて言ってられるかってんだ」と東京出身なりの江戸っ子気質等々かな。

医学部同期生で三二組反戦（医進闘）→医学部学生闘争会議と一緒だった友人に『記憶を紡ぐ』を送りたいです。私などより深度のある関わり、民青暴力が理学部から文系校舎に来た時、二人で口から血を流しながら鉄パイプを握りました。沖縄闘争では上京して東大や神奈川大学に泊まりました。T県で精神科医です。昨年夏、学会で上京し飲みました。「お互い孫守じいさんになったが、北大闘争は俺たちの人生の恵みだったね」と語り合いました。

追伸　『記憶を紡ぐ』理学部前写真、右から三人目、白地に赤縦線、後ろ側にMC（医進）のヘルメットは私です。

北大闘争とは何だったのか（入学式を粉砕された友人から）

和田　伸　夫（一九六九年入学）

■入学式を潰された一年生

私は入学式を粉砕された一年生である。祝ってほしかったわけではないのだが、歩き初めに転ばされたような、面白くない思いはある。

当時、東大や日大の学園闘争に、ベトナム戦争や中国の文化大革命などと激しく動いた時代なので、受験勉強をしながらも同級生で政治の話をしてきたし、この唐突な事態に対して全く無防備であったわけではない。それでも直対応で反発していた。会場の体育館前をデモする革マル派に対し、「帰れ、帰れ」のピケットをする民青系自治会と何となく腕を組んでいた。私の北大闘争とはそこから始まった。

授業は教養部がバリケード封鎖されるまで二か月程度しかなく、クラスに仲間を作るにはあまりにも短かった。当時、大学管理法改悪に反対し、私のクラスからもデモに出ていたのに、その流れを切ってしまった。私は親元から自由になった解放感で、そもそも軽佻浮薄な質なので、政治闘争のデモに参加し、バリ封鎖が始まるとヘルメットをかぶった。ノンセクト・ラジカルって奴だ。

一一月機動隊導入を前に、徹底抗戦しても玉砕だからやめろと寮の仲間から議論された。が、当時、私は聞く耳を持たず、本部ビルの防衛の棒杭埋設作業に毎日通った。八日早朝、不発の市中ゲリラ活動にも参加するところだった。それから大学前の西五丁目通りで催涙弾に涙した。その後、佐藤訪米阻止で羽田空港の蒲田まで決死の覚悟で電車に乗った。政治決戦に参加するつもりだった。ただし、何もできなかったが……。

■ぺんぺん草も生えない状態になった

負けた後、授業再開初日、「機動隊に守られて授業なんておかしいじゃないか」とクラスで声を出した。しかし、誰も加勢してくれなかった。とても寂しかった。全く浮き上がったこの一年の結果だ。ＤＩＣ（ディック）という集団に属する真面目な奴からは、「おめおめと授業に出るな。帝大生を自己否定しろ」と詰め寄られた。でも恥ずかしながら、おめおめと授業にでた。

全共闘最後の戦いは、裁判所傍聴席でのインターナショナル斉唱である。本部の被告裁判での裁判長による強権的な訴訟指揮に抗議した。二〇人ほどが捕まった。一日監置と聞いていたが七日も苗穂拘置所に入れられた。よど号事件の成功をラジオで聞いた。「やった」と感激。出所しての雪道は長かったよ。

秋には、革マル派から生協食堂にポスターで名指しされ、テロの恐怖を味わった。生活費稼ぎもあって、休学。ほとぼりが冷めただろうと一年後に復学した。工学部の合成化学科では、最低限の勉強しかしなかった。

■ゼネラル石油精製で組合活動

一九七四年めでたく大学を卒業し、ゼネラル石油精製に入社した。羽田空港前の川崎工場へ。ここには争議中の少数第一組合があって、私は正式社員になった一年後、御用組合を脱退しこれに加入した。予想してはいたが、しっぺ返しは厳しかった。赤腕章をまいた途端、仕事を取り上げられた。昼休み、社内食堂に行くとき十重に囲まれ「お前なんかやめろ」とコール。救援に来た仲間は倒され蹴られ、あばら骨折に。当時、職制と第二組合一体で第一組合を破壊しようとしていたから、私の組合変更は大ショックだったのだ。仕事がないのは、きつい処罰である、それが数年続いた。

七八年、親会社エクソンの判断で、争議は和解した。一二人の解雇や数々の賃金差別など一括解決だ。私も正常業務に復帰した。しかし、そもそもその能力はなく、技術職よりも労働組合の仕事が私には合っているかと思い、結局二〇年余、一〇〇人余の少数組合の専従事務局長をやった。コンビナートで組合を作り、反戦ストライキをやり、組合分裂・解雇争議を長期抵抗で勝利させた、一期の活動家が管理職になる頃に当たっていたからだ。引き受ける二期目としては極めて難しかった。同じことをやってもダメ。少しは考えた。

労働協約との関係で定年前に復職し、六五歳まで川崎工場の総務課で働いた。その後、会社はエネオスに企業統合され、残念ながらこの組合は解散し御用組合に統合されていった。

大学での経験は、いい勉強になった。青雲の思いを忘れずに、自分のところの組合員だけでなく、沖縄や千葉の製油所、タンクローリーや出資特約店の店長の労働者支援、そして社会全体の差別や不条理をなくすことに取り組んだ。短慮に陥らず、決まり切った考えに固執せず、「その先」を考えた。でも、うまくいったのは少なかったなー。自慢できるとすれば、千葉製油所で組織化できたこと。自衛隊の潜水艦「なだしお」事件で游漁船の船長を応援し、実質勝利判決を勝ち取ったことか。

■北大闘争は反面教師としていい勉強になった

私は大学でのことを忘れたわけではないが恵迪寮の同室（五六号）生との不定期な懇親以外、かつての同志たちとは疎遠であった。敢えて言えば、過去のことは忘れようとの思いが強かったのであろう。それと共に、九州大学には中村哲がいるのに、北大はとんとそういう活動家を知らない。みんな「髪を切って」社会に転身したのかと、愛想をつかしていたのかもしれない。

でも良かった、大切な宝物はある。入学してすぐの四・二八沖縄闘争の一日のことだ。その一週間前から民青が大学を占拠動員していた。学長による「暴力学生」対策だ。当日の朝、教養部前にはヘルメット学生の集会を数倍する学生が囲んでいた。民青にあおられた一般学生が多かった。ヘル集団は追いかけられるかのように本部前の学生会館までデモしていった。そのうちに会館前の芝生で、ヘルを囲んで討論が始まった。次第にとげとげしい雰囲気がなじんでいった。私は傍観者。その夜、北大から市中デモにたくさんの参加があった。私の初めてのデモであった。人が理解し変わっていく状況を見た。

■三項目要求とは何だったのか

最後に、当時からもあった北大闘争への批判的な思いを書く。多分、ナンセンス！が飛ぶであろう、が。

一、帝国大学への批判、入学式粉砕は理念としていい。しかし、入学生へ配慮はあったのか。その損得をどう考慮したのか。

二、「三項目要求」は、いずれも学長の告示撤回要求だ。日共・民青支配を倒すというのだが、それよりも怖い国家が自治破壊を狙っている中で、どれだけ考慮したものか。民青自治会をつぶしたが、自治会そのものをなくしたのは何ともまずかった。

三、六月の教養部バリケードは唐突であった。一一月の本部徹底抗戦は玉砕でしかなかった。負け戦をどう持続させるのか、全くなにもなく、後は野となれ山となれではなかったか。長期戦略の欠如。

四、大衆運動にとって民主主義は肝である。それがまるでなかった、少なくとも一年生の私が方針議論に加わった覚えがない。セクトの集まった指導部が方針を決め、何となくそれに従うだけ。連合赤軍の榛名山リンチ事件の過ちと似たところはあった。ポツダム民主主義とか憲法への冷笑、議論ではなく実力でやる。その点では児戯であった。

友人たちからの声

本書出版の企画に対して、当時の仲間たちから以下のような声が届いています。

（一九六八年入学　T・K）

『記憶を紡ぐ』を読みました。知らなかったこととか忘れてしまったことも多く、今更ながらにそうだったんだとヒリヒリ読みました。彼の最後まで闘った経緯や、それに続く今までの信念を貫いた人生など、想像を絶する生き様を突きつけられた感じでした。

昨日はいろいろなことが想念をよぎり寝苦しい夜でした。ビジネスに没入し、別の世界を生きた身には精神的距離が大きく、この前、Nさんから全共闘OB・OGのZoom懇談会に誘われたのですが、お断りしていてよかったと思いました。とにかく重い強烈な内容でした。

（一九六八年入学　S・O）

『記憶を紡ぐ』を読みました。これはよくある回想録ではない。現在の地点から後知恵的に都合良くまとめたものではない。声高に主張するのではなく、その時も今も考えていることを淡々と記している。今も、五〇年前も心的には変わっていないこと、それを持続していることに敬意を持ちます。お前は何をしているのだ、と突きつけられました。「仕事」に都合よく没頭してきた自分に、何をしてきたのだ、と言われている気がします。非常に重かった。

（一九六九年入学　O・K）

数年前、民青系の北大闘争出版物を目にして、ある種の感慨を持った。僕らは「北大闘争」と呼ぶが、他の人々は「紛争」と呼称した。

でも一九六九年は彼らにも「闘争」だったと強く感じた。その後、杉戸さんの『記憶を紡ぐ』を読み、高野君の再度の呼びかけで我々の出版・編集活動を開始した。北大本部闘争被告団から多くの参加をみたが、同期入学松岡の不参加が本当に残念だった。その後に松岡の参加が実現し、積極的参画で編集作業が進んだ。ただ五月の編集会議の翌日、松岡は長年教育に携わった鹿児島で死去した。

僕は横浜、松岡は神戸、両港町から北大に、所属は違ったが、今でも松岡の「『解放』（解放派機関紙）を買わないか。安く解放されるよ」の声が耳に残る。

第三章

同時代、異なる地で

小樽商大の学生運動と私、そして…

萩本　和之

「学生運動だけでは社会は変わらない」と大学へ入学した当時から考えていた。だが、「自己否定」「大学解体=学問の階級性解体」などのスローガン、理念には大いに共感。七七歳となった今でも、ものの見かたの根幹の一端を形作っていると思う。

ここでは学生数一、一〇〇人の小規模校・国立小樽商科大学における学生運動、闘争の略史に、老いてまだらな記憶と、北海道新聞縮刷版を頼りに触れてみたい。そして、その前後の素敵な出会いやエピソードを記す。

一年目は休学したので、在学五年目で激動の一九六九年を迎えた。学内での本格的な闘争は四月一七日の入学式から。同年二月に民青（日本民主青年同盟）系から三派全学連系となった学生自治会執行部は四月一四日から、入学式での学長告辞などの中止と、自主入学集会を求めて集団交渉を行うものの、物別れのまま当日を迎えた。自治会は主要学内施設を占拠、封鎖して、大学側の入学式を中止に追い込み、青空自主入学集会を行った。集会の椅子には新入生約五〇人が座り、周りに登校してきた多くの新入生や父母らが様子を見守って進められた。封鎖をした学生の中には、「北大」などと書いたヘルメットを被った人もいた。逆に正門近くで拡声器を使い、「入学式阻止に反対」を訴えていた北大四年生で、民青系道学連委員長がゲバルト（阻止行動）に遭う場面があった。翌日の北海道新聞朝刊紙面には「あらし吹く〝平穏学園〟」という見出しが躍っていた。

自治会は翌一八日に「大学立法反対」「中教審、中間管理者養成路線粉砕」をテーマとして学校側と全学集会を開いたが、平行線のまま。一九日からは授業が始まる一方、全学闘（全学闘争会議）が結成された。

五月に入り全学闘は「大学立法反対五・二三全国統一行動日」の前日二二日に、学長室などがある本館管理棟をバリケードで封鎖した。事務機能が麻痺したので、大学側は慌てて「大学立法反対」を外部へ正式表明。二五日からは自主解除を求めて、教官が交代で二四時間の座り込みをする一方、二六日には教官が市中デモで「大学立法反対」を訴えた。

二七日には「無期限スト」をめぐって八時間以上に及ぶ学生大会が開かれたが、「無期限＝永遠」と受け止める学生もいて、結論は出なかった。その議論の中、小生は「無期限ハンガーストライキ」を宣言。同調してくれた後輩一人と共に、学生会館内でハンストを始めた。当時、外資系コンピュータ会社にほぼ内定していたので、躊躇はあったものの「一人でも多くの学生が続いてくれれば、少しは新たな展開が…」と期待して決行した。

三〇日の学生大会でも全学闘側は「無期限スト」を求めたが、採決の結果、賛成一六四対反対四三八で否決され、逆に「封鎖解除したうえで一週間ストをする」という案を賛成四一一、反対一四三で決議。翌三一日から一週間全学スト。六月七日からは講義が再開された。

この間、小生ら二人は九六時間以上ハンストを続けたものの、五月三一日に脱水症状を起こし、ドクターストップとなった。しかし、これが嚆矢となったのか、商大では六月一三日から二年生の男子学生五人、二〇日から一年生の女子四人がハンストを展開。その後、他学でもハンストが広がり、北星学園大で六人、札幌医大で四人、北大一年生一二人、北大医学部二九人が大学立法反対をそれぞれ訴えながら、次々と決起した。

一方、全学闘側は大会決議を無視して封鎖を続け、六月二三日にはバリケード封鎖を仮本部のあった旧本館や旧館講堂などに拡大し、学内機能は完全に麻痺した。当然、講義もできなくなり、翌日から学校側は大学構内での青空集会をはじめ、担当教官の自宅なども使って学外講義やゼミナールを実施した。

教授会側は強制的な封鎖解除には踏み切らなかったものの「授業日数や単位を確保するために」と、夏休みに入ってからは小樽商工会議所を使っての集中講義を実施した。さらに休み明けの九月からは本格的に学外講義に取り組んだ。一〇月になると、学外講義に反対し、全学闘の〝入室心得〟を認めた教官が、封鎖中の教室を使ってのゼミナールなどを始め、物理的な封鎖の意味が限定的なものになりつつあった。そして二五日には「機動隊の導入を防ぎ、精神的なバリケードで長期戦を戦うため」として、全学闘は新館教室棟の封鎖を自主的に解除した。ただ、教室管理は全学闘からの問いかけを受け止めた学生と一緒に〝教室自主管理委員会〟を結成して、管理を担う、という新たな局面となった。

その後も全学闘は施設を一部占拠しながら、教授会に「大学立法への不服従」を求め、団体交渉を断続的に重ねたものの、一一月六日には旧館講堂のバリケードを撤去、残りは旧本館と新館の一部教室だけとなった。これを受け教室自主管理委員会は一八日から四日間、クラス・ゼミナール別討論会を行い、その成果をもとに二二日には全学討論集会を行った。さらに二五日から三日間大学側と大衆団交を開き、教授会に学生の傍聴権を認めるなど一三項目を要求した。この間、一七日には管理棟本部で事務作業が開始されたし、二四日には木造本館のバリケードが一部撤去された。その結果、一二月五日からは学内での授業が再開された。

翌七〇年三月一八日には、卒業式が旧館講堂を会場に祝辞などを省略した簡素なもので執り行われた。当然ながら小生は参加していない。

同二三日からの入学試験に先立ち、学校側は一九日に封鎖学生への退去命令を発出するとともに、小樽警察署に入試当日の警備を要請した。これに対して、受験会場の一部を占拠したままの封鎖学生は、二一日に「退去命令の撤回」などを求めて、八時間以上の団体交渉を続けたものの、学校側は二二日午前八時一五分ごろ、機動隊をバックに退去命令を発した。封鎖していた学生は教室占拠を全て断念して、学生会館に撤退した。ただ、当日予定されていた受験会場の公開は取り止めとなった。こうして翌日は入学試験が実施された。

四月一八日の入学式では、開式直前にヘルメット姿の学生がアジ演説を行い、約三〇分遅れで始まり、卒業式同様に簡素化された儀式だった。その後は、いわゆる平常講義態勢になった、ようだ。

この一年間、学校側は大学自治をモットーに、学生と精力的に団体交渉を重ねていた。この背景には、宇野弘蔵経済学をベースに商法・会社法の学究の徒で、至誠の人とも呼ばれた実方正雄学長の見識と信念、リーダーシップがあった。軟禁状態となった時や、深夜にわたる長時間の団体交渉では、何度も体調を崩しながらも、あくまでも話し合いを重視していた。また教官の中には、酔った勢いで封鎖中の管理棟に乱入して学生二人にけがを負わせて封鎖を解除した(六九年七月五日未明に発生)人もいたが、逆に学外での講義には反対を表明して講義をしなかった教官や、自主管理中の教室では、学生らが「学ぶとは?」「大学とは?」など基本的な問いかけを発し、論議を吹きかけると、誠実に応えてくれる人も数多くいた。

封鎖された研究棟のそばに建立された緑丘戦没者記念塔の除幕式が八月一五日にしめやかに執り行われたことも、商大らしい出来事といえるだろう。白樺林に囲まれた記念塔は、フランス語教授の松尾正路氏の呼びかけで全国の同窓生らが募金。当初は学徒出陣で若い命を失った三二一柱、現在は三四七柱の氏名が刻まれた墓石と、「戦の野に果つるとも　若き命　この丘にとどまりて　消ゆることなし　友よ　安らかに眠れ」と書かれた碑石が納められている。除幕式には遺族や同窓生ら約三〇〇人が参列した。われわれが考える〝反戦平和〟とは異なる思想の慰霊祭で、封鎖された研究棟のそばで執り行われたものの、つつがなく行われた。大学構内に戦没者を追悼する碑が建立されているのは珍しく、また軍靴が聞こえ、若者の反戦意識が薄れている現在でも、毎年大学側と同窓会の共催で慰霊祭が続けられ、小生もできる限り参列している。

学生の側にも、「暴力学生」と叫ぶ民青派も「実力での封鎖解除」を唱える一般学生もいて、ゲバルトは何度か起きた。例えば全学闘議長が他の三人と一緒に同じ寮生に対して、学外の路上で一週間のけがを負わせたとして逮捕、起訴されたり、一二月九日に学生大会開催をめぐって自主管理派と封鎖解除を目指す学生とが激突、一人が打撲傷を負ったりしたことも。ただ一時期を除き、学外の〝外人部隊〟の介入がなく全学闘主導だったことで、実態的には、団体交渉や論争がベースの運動だったように思う。

小生は「無期限ハンガーストライキ」後、ほぼ内定していた会社に対しては改めて辞退を申し出た。この会社はゼミ担当教官で、学生部長だった経営学者、伊藤森右衛門氏からの紹介でもあった。その後は独自で就職活動を進め、一一月ごろやっと北海道新聞社に潜り込めることになった。この間、卒業単位には関係なかったものの、『現代社会と感性的人間』という卒業論文に追われながらも、教室の自主管理や逮捕学生の救援対策（救対）などには係わった。ただ、闘争で心身ともに傷ついた後輩らへの引け目は今も感じている。

断想をいくつか記述したい。（物故者は哀悼の気持ちとともに実名とした）

①　学生運動との出会いは、六四年受験のためだったかで上京する夜行列車で隣席にいた素浪人風の人物だった。一泊二日の夜行列車の中でその男性と学生運動について雑談した記憶がある。後で考えてみると、その人は平民学連（安保反対・平和と民主主義を守る全国学生自治会連合）の幹部で、オルグのために来札しての帰りだったようだ。

②　六五年三月まで東京で一浪生活をしていたが、同年一月から行われた慶応大学学費値上げ反対闘争は、受

験予定だったので複雑な想いだった。また当時国立二期校だった小樽商大を東京会場で受験をしたが、試験の合間に突然むさ苦しい応援団風の学生が入寮の案内を行った。記憶に間違いがなければ、その前段で教員が寮に関して同様な説明を行ったような気がする。寮の管理権問題が背景にあったのだが、札幌に実家があり、小樽の寮に入る資格がなかったこともあり、奇妙な出来事として覚えている。一方、現在の学生寮は、たとえ親族でも寮入り口までしか入れないほど管理が厳格化。隔世の感で、現在の寮生をかわいそうに感じている。

③　入学二年目から小樽に下宿して真面目に通学を始め、学生大会にも出席。論戦に耳をそばだてたが、そんな中、六七年一〇月八日の東京羽田・弁天橋での第一次羽田（佐藤栄作総理の南ベトナム訪問阻止）闘争で山﨑博昭氏が機動隊に虐殺された。その山﨑氏の書き残した日記を週刊朝日で読み、最初から死をも覚悟して散っていった青春に感涙した。

④　クラブ活動や就職活動の関係で上京した際、偶然ながら、街頭闘争によく出会った。一番の思い出は六八年一〇月二一日の「国際反戦デー新宿騒乱」の時だ。単なる野次馬だったが、デモ隊を機動隊が蹴散らし、バラバラになったと思ったら、また次々とどこからかデモ隊が現れた。「解放区だ。革命闘争とは、こうした状態になることだ」と実感した。友人宅に寄宿していたので、最終電車の前に現場を離れたが、その直後、当時の騒擾罪（現騒乱罪）が適用され、新宿駅付近にいたあらゆる人が逮捕された。その場に残っていたら逮捕されただろう。

六九年六月二八日、〝新宿駅西口地下広場〟でのベ平連反戦フォーク・ゲリラ排除にも立ち会った。市民ら約七〇〇〇人も集まったが、近くの新宿郵便局への郵便番号自動読取区分機導入反対闘争が行われ、そこに規制、弾圧に来た機動隊が集会にも乱入してきて、一気に蹴散らされた記憶がある。いまも郵便番号やマイナンバーには違和感があり、自宅の郵便番号さえ覚えられないでいる。

⑤　六九年初期には学生運動に対して、市民の理解、共感があった。札幌・三越前でカンパを呼びかけたところ、予想を上回る金額だったり、当時珍しい五〇〇〇円札が入れられたりした。デモ後の総括集会などでは、誰かが差し入れてくれたパンや角砂糖が配布された。また北大正門前の酒屋さんは、投石や催涙ガスの被害に遭いながらも、好意的だったような記憶があ

る。野次馬の市民が投石する姿も数多く目撃した。

⑥　六九年五月八日の長沼ミサイル基地建設反対・聴聞会粉砕闘争の際、珍しく激しい闘争を展開してパトカーをひっくり返した革マル派学生集団は、総括集会を帰りのバスの前でしていたところ、人目がないのをいいことに道警機動隊が襲い掛かり、バスから引きずり出してリンチを加えた。かなりの負傷者が出たはずで、その後革マル派は裁判を起こすが、なぜか途中で提訴を取り下げている。

⑦　ベ平連（ベトナムに平和を！市民連合）は六九年六月二〇日からの函館集会を皮切りに、一週間全道七か所で、代表の小田実氏や前田俊彦氏、反戦フォーク・ゲリラらが参加して「反戦・反安保キャラバン」を展開した。小生も函館出身で商大の後輩から依頼されて、函館集会に駆け付けた。当時の函館商工会議所会議室を会場に予定していたが、三〇〇人の会場にあふれる市民や学生らが集まり、もう一つ別な会館を借り、その会場も満員だった。その晩は主催者の一人、元青函連絡船乗務員で、川柳評論家の坂本幸四郎氏宅にお世話になった。札幌では翌二一日北大で、二二日は大谷会館で行われ、いずれも会場は超満員だった。大谷会館の後、札幌ベ平連主催のベトナム戦争反対デモが行われた。約七〇〇〇人が参加したが、その最後の局面、札幌駅近くの自民党道連（自由民主党北海道支部連合会）前で開いた総括集会の際、機動隊ともみ合いになり、その規制から逃れる格好で、参加者の多くが道庁構内へなだれ込み、前庭メーンポールに「札幌べ平連」の旗を掲げ、反戦フォークやインターを歌い、解放感を感じた。

七月二〇日のベ平連デモでも、自民党道連前で同様なことが起こった。道庁構内へ入った参加者はポールの国旗と道旗を降ろし、なんと旗に火をつけて焼いてしまった。心情は十二分に理解できたが、さすがにびっくりした。北海道新聞社内ではベ平連活動を中心とした「自立した市民」（？）という企画記事が掲載寸前だったが急遽取りやめになったという後日談がある。

⑧　六九年の一〇月二一日の「国際反戦デー」では、予想を超えるものすごい人数のデモ参加者がいた。北大正門前や札幌駅横の陸橋（跨線橋、現在は廃止）、札幌駅構内での機動隊との激突で計八三人の大量逮捕者が出たが、深夜、救対にいたところ「どういう教育をしているんだ。弁護士バッチや手帳などをちゃんと見せているのに、完全黙秘している。救対活動に支障

が出かねない」と怒っている人物がいた。よくみると、衆議院議員になる前の横路孝弘弁護士（二三年二月二日逝去）だった。「逮捕されたら一切誰とも口をきくな」とデモ出発前によく〝指導〟していたためだ。

⑨ 六九年一一月一六日、札幌べ平連などの約一、〇〇〇人のデモ隊がテレビ塔付近から出発した直後、フランス・デモをめぐって私服刑事らともみ合いとなり、べ平連の代表で北大文学部助教授だったH氏が公務執行妨害罪で現行犯逮捕された。女性リーダーが道路交通法違反などで逮捕されることを阻止しようとした際、私服刑事を転倒させた、というものだが、一九日に処分保留で釈放されたH助教授は「覚えがない。でっち上げだ」と否定した。

⑩ 七〇年春、社会人となった前後に、救対を手伝ったことから、発足したばかりの自由人権協会札幌支部に加入した。下坂浩介、高野国男、入江五郎、大島治一郎の各弁護士らが中心となっていたが、会員だった北大院生・助手共闘で、当時農学部助手だったT氏と出会い、一緒に活動した。T氏は国内有数の皮革研究者で、正倉院宝物の毛材質などの調査にも携わっている。また社会評論家や精神科医としても活躍中の元北大精神科医師連合のリーダーN氏や当時司法修習生だったA弁護士とも知り合った。A弁護士には実家のワンルームマンション建設反対運動の支援を頂いたし、K氏の夜間中学校の公立化運動などにも法的な立場から協力している。

⑪ 小樽商科大学関係では、先輩で札幌地区労の専従として多くの中小労組を支援していたH氏や、現在も東京で立憲主義政党の共闘などに尽力し、三〇〇〇号を超えるメールマガジン「立憲フォーラム通信」を地道に毎日発信しているF氏とも卒業後もいろいろな関りを持ってきた。また、教室自主管理運動をともに担ったM弁護士（北海学園大学名誉教授）は長年消費者運動に携わっている。そのM弁護士は商大卒業後に北大法学部の大学院に進学。その際、同じ研究室には法学部べ平連（？）を名乗っていたという、労働法の道内第一人者、道幸哲也北大名誉教授（二〇二三年八月二〇日逝去）や環境法では全国的に有名なH北大名誉教授がいて、M弁護士の縁でお二人にも親しくさせてもらった。

⑫ 「道新」の初任地、夕張で三里塚闘争や水俣病などの映画自主上映運動をした後、釧路へ転勤したが、そこで当時釧路市職員で、のちに社会福祉活動にも精力を注ぐF氏と出会い、映画上映サークルを展開した。

函館勤務時代は、函館西高校出身で、不登校生徒らの支援運動をしているN氏と社会主義者の荒畑寒村展などを一緒に取り組んだ。華青闘だったC氏らとは原爆の図展などの実現に努めた。さらに、十勝管内広尾町での勤務時には、インド哲学を学び、地元で僧侶をしていたI氏（その後、十勝管内の女子高等教育に尽力）に会ったほか、ある高校生を通じて、良心的な高校教員として活躍していたK氏とも再会した。

⑬　就職した時には、道新反戦委員会は既に組織的な動きがなかったものの、青年部では余燼がくすぶっていた。二年目の青年部主催の支局員懇談会に出席した際、執行部側に見慣れた顔があり、びっくりした。札幌べ平連で活躍していたM氏が座っていたからだ。その後、販売局のN氏ら何人かが入社してきて、労組運動で一緒に紙面の在り方を考えたり、自衛隊PR広告掲載阻止運動などに取り組んだりした。

⑭　小生が出向したケーブルテレビ会社と同じグループ企業に、夜間中学運動を地道に取り組み成果を挙げているK氏がいた。

⑮　小生の最初の新聞記事は、「札幌予備学院前でヘルメットに覆面姿の同学院闘争委員会のメンバー一一人が職員ともみあう」。四月二六日付けの一段の小さな記事だ。新人研修中の休日だった二五日に会社の腕章を借り、同闘争委員らのデモに付いて同学院に行き取材したが、後日聞いた話によると「道新は誰にでも腕章を貸すのか」と道警からクレームがきたという。

⑯　小生は関係していないが、小樽の名所・運河の保存運動には、数多くの道外の学生運動経験者が〝実践部隊〟となり、小樽商大の憲法研究者、結城洋一郎名誉教授（二三年一二月七日逝去）やマルクス経営学研究者の篠崎恒夫名誉教授（二三年一月二九日逝去）らが関わり街づくりに貢献した。これもわれわれの運動の成果と誇れるものだ。

◇　◇

一九六〇年の安保闘争（日米安全保障条約改定阻止）は新聞、六〇年代後半の学生運動はテレビ、二〇一五年の安保法制（集団的自衛権の行使容認の安全保障関連法案）反対運動はネットがそれぞれ影響した、といわれている。確かに、六〇年代後半時点ではテレビの影響は小さくなかったものの、われわれには週刊誌「朝日ジャーナル」をはじめ「情況」や「現代の眼」「構造」「流動」などの活字メディアの雑誌が大きな影響を与えた。また、ヨーロッパ歴史哲学者・羽仁五郎氏の『都市の論理　歴史的条件―現代の闘争』は必読の書の一つともいわれた。

いま改めて読み直すと『都市の論理』では戦後社会は朝鮮戦争とベトナム戦争の特需で経済的な繁栄を享受、謳歌しながらも、いろいろな共同体などを破壊し、自壊させてきたことを糾弾。「地方自治」などという矛盾した概念ではなく、都市自治体の構築の必要性を指摘するとともに、公害問題や閉鎖型精神治療などのいまだに解決できない問題を鋭く切開している。不朽の名著といえる。

残念ながら、当時指弾、問題提起をしたアイヌの遺骨問題や来日実習生の外国人、在日の方々への社会的な待遇改善問題、管理監視社会＝国民総背番号問題、経済格差＝貧困化、環境破壊、水俣病、公社・公団と天下り問題、旧統一教会（世界平和統一家庭連合）問題、日本大学経営問題などはいまだに不十分な解決のままだ。

韓国や台湾、香港などの若者運動を調べると、そこには日本と異なって運動の積み重ねがあり、若者の運動を下支えしているロートル（運動経験高齢者）たちの存在がある。いまの若者は、ネット攻撃やいじめなどで委縮を強いられている。われわれには、あの自由で平等な解放感や、〝生き生きと生きる〟という生き方、在り方を少しでも伝える責任があるのだろう。自戒を込めつつ、残りの人生を過ごしたい。そして、わが人生をさまざまな形で支え、彩ってくれたのは、あの解放空間で共に同じ空気を吸った数多くの方々である。感謝以外何ものでもない。

（二〇二四年三月二一日記）

私の北海学園大学闘争史

佐々木　一夫（北海学園大学工学部自治会）

大学入学と全共闘運動への参加

一九六九年一月に東大安田講堂闘争があり、東大と東京教育大の入試中止の年、私は北海学園大学工学部建築学科の二次募集試験を旭川東高の同級生に誘われて受験し、合格はしたものの、予備校の願書を見比べながら入学した。入学式の時、私は早速この大学に嫌悪感を感じた。入学式を終えた新入生に対する、黒服・学生服集団（体育会・応援団）の強制加入活動を経験してしまった。
入学早々、応援団暴力事件が起きた。強制入団を迫られた新入生が、これを断ったところ「生意気だ」と言われ暴行を受けたというのだ。早速、各クラスを自治会執行部の委員長が回って、各クラスで決議文を出す抗議行動を呼びかけた。この自治会委員長を私は尊敬のまなざしで眺め、私も即座に決議と抗議行動を開始すべきだと主張した。だが、この応援団暴力事件糾弾闘争はあっけなく、そして不十分なまま終わり、私は民青及び自治会に不信感を持った。（後に、この「暴力反対」を訴える我が大学の民青諸君が、一方では北大の封鎖解除部隊として、夜になると変身することを知った）
「大学立法」なるものが問題となり、私も抗議の意思を示したいと思った。クラスの同級生に六・一五のデモに出ないかと誘われ、参加してみたら全道労協・社会党のデモであった。私も初めて反戦青年委員会の隊列に青いヘルメットを被って参加した。私を誘った同級生は浪人時代から社青同の活動に参加していたのだった。
集会後六名が集まり、明日から北海学園大学において運動を開始しようという話になって、私も民青ではダメだと思ったので参加することにした。

私を含めて五人は青いヘルメットに「反戦」と書いたものを被っていたが、一人だけ同じ青ながら「反帝学評」と書いたヘルメットを被っている者がいた。これが後の豊平校舎のリーダーであり、永遠の友になるKMだった。

我が大学の学部は経済学（A組～I組）、法学（J組～L組）そしてできて二年目の工学部（M組～P組：土木・建築各学科二クラスずつ）であり、KM以外の五人は私を含め全員工学部だった。自衛隊北部方面総監部の正面に位置する工学部山鼻校舎は、全共闘の牙城となり後に自治会を創設した。

クラス反戦共闘結成から全学ストまで

以降、我々は学園大における組織作りに励み、クラス反戦が林立することになる。（と言っても一六クラス中一〇クラス、人数も二〇～三〇人程度）最初はおとなしくノーヘルで前庭での集会を開いていたが、やがて数十人で北大までデモを行い、集会に参加するようになった。北海学園大学に全共闘系グループが存在することの対外的宣言であり、北大闘争に関わるデビューでもあった。

以来、私も北大バリスト支援者として参加することになった。知り合いはKMしかいなかったので「反帝学評」に参加し、T、H、KM兄、KDそしてWSとM、Oと知り合い、後に室蘭工大のバリにも足を延ばした。

一〇月二一日、一階ロビーに紫と黒そして緑（フロント）五〇名余のヘルメット部隊が初の学内集会を行った。素手の我々が全学封鎖しに来た、と民青がデマを流し、体育会も動員して集会を妨害し、我々の排除にかかった。圧倒的人数の民青・体育会連合には勝てず、退却し、そのまま北大周辺での一〇・二一闘争へと合流した。

夜を徹しての北大周辺での火炎瓶・投石闘争を終えた我々には、民青・体育会連合により大学から追い出されたという冷たい現実が待っていた。翌日、サークル棟のアジト「社会科学研究会」に集まった我々を展望のない悲観論が支配し、重苦しい雰囲気に包まれた。

私はたった一人、ヘルメットと鉄パイプを持ち社研を出て、右翼の牙城（と思っていた）「応援団」への殴り込みをかけたのだ。無謀な一年生に応援団長以下は驚き、狼狽したが、団長は私に呼びかけた。「まあ落ち着いて座れ。まずは話し合おう」。意外にも彼らは紳士だった。それから丸一晩以上、彼らと飲みあかし語り合った。以降、私と応援団との思想を超えた「人間同士の付き合い」が始まり、後の学費値上げ阻止闘争にも大きな影響を与えた。思想とか理論以外にも人間関係が作れるということを学んだ、大学時代の貴重な体験でもあった。

三日後、社研に顔を出したら仲間は皆驚き（行方不明と思われていた）、応援団と行動を共にしていたと聞いて更に驚いていた。その後、紫ヘルメット部隊は学内で公然活動を開始する。民青にも公然と対峙し、実力闘争をも辞さない姿勢を打ち出していった。

一一・一七佐藤訪米阻止闘争、更に年末から大学の前面道路用地拡幅に反対し、これを「軍事道路粉砕闘争」と位置付けて民青と同床異夢の全学ストに入った。しかし、この闘いは不本意な終わり方をする。北大の一一・八の本部闘争後に激化した暴力的な党派闘争の影響である。革マル派は他党派や全共闘に対し暴力的な排除を開始した。何と革マル派は、学園大学まで出張してきた。正直呆れた。我々学園大紫軍団が、全道最強の暴力装置・民青と体育会と対峙しながら生きてきている事実が分かっていないと思った。勝負は一瞬だった。背を向けて逃げる革マル派を北海高校まで追撃した。ところが突然、革マル派がUターンして我々に向かってきた。顔を上げると見慣れた紺のヘルメットとジュラルミンの盾の集団が革マルの後ろから怒涛の如く押し寄せてきたのだ。機動隊導入だった。機動隊は我らには目もくれず、正面玄関前で革マル派を取り囲み、Zに赤テープのヘルメットが空中に乱舞するのがよく見えた。革マル派は三〇名以上が逮捕された。けが人も相当数いたはずである。

我が部隊もダメージはあった。機動隊をバックにした退去命令が出され、我々は占拠していた教室から退出し、この軍事道路阻止ストから実質的に降りることになった。

六月二三日、七〇年安保闘争の日、学園大学は臨時ストに入った。民青と同床異夢で大学に泊まり込んだ。早朝、民青はキャンパスでデモ訓練、我々は二階から見物していた。

民青の平和なデモの後、我々も大通り公園のテレビ塔下を目指してデモに出た。機動隊も忙しいのか規制はなく、渦巻きデモを繰り返してススキノに来ると、すごい数の民青のデモ隊が道路左側に張り付いていた。

この日学園大学のデモ隊は一〇〇名に及んだが、安保の自動延長により緊張感のないデモに終わった。だが、北海学園大学の闘争、そして私の闘争はこれが幕開けだった。条約ではなく、安保体制との真の闘いがここから始まる。「政治」闘争から大衆闘争へ。ここからが本来の私大闘争であり、アナルコ・サンディカリストの真骨頂の闘いの始まりだった。

第二次学費値上げ阻止闘争へ

遡る七〇年四月、工学部は新築された山鼻校舎に二年生から移ることになった。紫反戦の主力は工学部に移り、工学部クラス反戦共闘を名乗った。そして、工学部自治会創設と一九七四年の工学部自治会による全国唯一の学費値上げ阻止学部ストまで我等北海学園大学・紫反戦の闘いは続いた。

この頃、我々は紫反戦から独立し、五名で学園大学プロレタリア統一戦線派を結成し、青と紫ヘルメットの混成部隊になった。ついに学園大学において「反帝学評」の青ヘルで登場したのだ。だが、これはクラス反戦共闘の自然消滅を生むことになる。戦術的には明らかに失敗だったと私は思っている。

七〇年暮れに学生大会で全学ストに入った学費値上げ阻止闘争のため、我々も豊平校舎の一教室を占拠して泊まり込んだ。だが、別会場で入試が行われ新一年生が入学してくる中で、本当の運動のピークは七一年の本来の「新学期」を超えて始まった。

話は一気にスト解除の学生大会に移る。突如、自治会執行部民青は、学費値上げ阻止闘争を「学費・学館闘争」に改めてストを解除し、今後は学生会館建設の条件闘争に切り替えるという方針転換のための学生大会を開くことにしたのだ。

我々はスト解除を覚悟した。民青と体育会連合は四〇〇～五〇〇名はいる。我が反戦派は一〇〇名、数の上ではどうみても不利である。既に機動隊導入の実績があり、民青よりも体育会と渡り合ってバリスト・封鎖に入るには我々は力不足だった。負けを覚悟し、会場の大教室のスト解除学生大会に、我々は初めてヘルメット（思想の象徴）を被って参加することを決め、アジトたる社会科学研究会から五名の青ヘルと一〇名の工学部C反戦紫ヘルメットの小部隊で「学費粉砕・闘争勝利」を叫び大教室に向かった。

敢えて我々は一般向け入口ではなく、最前列用入口である裏口から入った。デモ指揮をしながら階段を上って大教室前に着いた時に私は違和感を感じた。あまりにも静かなのだ。学生は集まっていないのかとすら思った。実際は学生大会前から、民青執行部がスト解除の必要性を説き、学生たちはおとなしく、そして冷ややかにそれを聞いていた。

私は会場最前列の鉄扉を開け放ち、デモ指揮をしながら会場に入った。その瞬間、静寂の会場では歓声と拍手が沸き起こった。会場は一、二〇〇名の学生によって埋め尽くされていた。会場の右側は民青と体育会、中央前列は応援団が、左半分は我々のシンパと一般学生。その最前列に数十名分の「空席」が「用意」されていた。万雷の拍手を受けながら「学費粉砕・闘争勝利」の掛け声で会場最前列の空間をデモし、学費値上げ阻止、ストライキ貫徹のシュプレヒコールを行った。同時に、民青の逃亡と成果のないままの妥協を許さず、最後まで闘おうと呼びかけた。学友たちは「お前たちが来るのを待ってたんだ」と叫び大きな拍手で応えてくれた。

少し説明が要る。学費値上げの理由は、大学は黒字だが高校（北海・札商）、元々が北海・札商の生徒でも入れるの財務プール制）、元々が北海・札商（当時両校）が赤字で（法人として大学を創るということで、両校の生徒の親からの資金を募ってできた大学なのでその両校のために恩返しをするのだ、というものだった。だが、時代は変わりつつあった、新設された工学部は私を含め国立大学受験失敗者の受け皿であり、文系もそうなりつつあった。いわゆる受験校からの入学者が増えていた。要は北海高校附属大学から「普通の大学」になる、その過渡期であった。

学生大会が始まった。民青が演説すれば全共闘が野次り、全共闘が演説すれば民青が野次るという、いつものパターン。そして私の演説が始まった。負けることを覚悟し、私は、学費値上げの理由が理不尽であることから静かに説き起こした。学生諸君はそれに耳を傾けてくれた。

「民青諸君はこの大学には自治と自由があると言うが、それはまやかしの自由だ。この大学にはマスプロ教育を批判し変えていく自由はない！　真の自由は勝ち取るものではないのか！」。会場から支持の声が大きく沸き起こった。私はさらに訴えかけた。

「大学の授業とは何か、大学とは何かを考えよう。この闘争がその答えだ！　自らの意思で、自らの頭で考えること。社会のさまざまなことについて真剣に考え、行動することが、大学に入り、大学で学ぶことの価値ではないのか！　この闘いは、単なる学値上げ反対ではない。大学で学ぶとは何かを考え、追求する闘いである！」

「民青諸君は、スト続行に展望はあるかと言うが、展望とは最初からあるのではなく、闘うことで切り開くものである！」。私の発言の終盤には、一言ごとに「そうだ」の声があがり、発言が終わった時には、会場のほとんどの学生が拍手と大歓声で応えてくれた。この時のことを、私は生涯忘れることはできないし、これが私の生涯を決めることになった。

直ちに賛否の決を採り、目視的にも圧倒的多数でスト続行が決まった。ここで注目すべきは応援団だった。何と応援団は全員がスト続行に賛成したのだ。後日、応援団長は私にこう言った。「全員で話し合った、我々は大学の立場ではスト解除に賛成するべきだ。だが一方で学生という立場では学費値上げには反対だ。この学生大会は大学の歴史上、大変重要な大会だ。団としては一切の統制も強制もしない。大会に参加し各々の自由意思を示すことにした」。その結果が体育会と罵りあいながらのスト解除反対・スト続行賛成だったのだ。

スト続行決定後、我々は直ちに民青自治会執行部のスト管理権の剝奪と、スト実行委員会の設置と管理権の委譲を提案したが、スト決定と同時に大半の学生は帰ってしまい、定足数を満たさず、明くる日スト実行委結成の議題で学生大会を開催することを民青執行部に確約させ解散した。

ところが翌日、大学に集まった我々はとんでもない情報を聞く。何と民青は今日の学生大会の議題を再度スト解除にしたというのだ。私は即座に民青に対する武力攻撃と粉砕を主張したが、「絶対に勝てるのに冒険をする必要はない」との意見があり、結局それが通った。しかし、我々以外も全共闘系全員がヘルメットを被って参加した学生大会は敗れた。数を数えるのは民青なのに、そこを我々は見逃していた。あらゆる意味で未熟だった。

翌日から全学テストだったが、事件が起きた。その夜、ヘルメット集団が豊平校舎に侵入し夜警を縛り上げて試験会場にペンキをぶちまけたのだ。

我々は大衆の怒りを組織できなかった。豊平校舎に出向き、私は顔見知りの学生らに謝った。「自分らの力の無さがこんな結果になった。申し訳ない」と。皆、異口同音にこう言った。「お前は何も悪くない。お前の責任じゃない」と大衆に慰められる己が力の無さと惨めさで第二次学費闘争は終わった。私は試験を全科目ボイコットし、後の二年留年の基となった。

工学部自治会結成そして第三次学費値上げ阻止闘争まで

この後、学園大学プロレタリア統一戦線は自然消滅した。私も沖縄闘争で東京に行き、沖縄解放闘争が沖縄奪還論粉砕闘争、要は中核派との内ゲバに矮小化されたことに失望,何より解放派が革マルと同じ「党派闘争」を行ったことに嫌気がさして、暫くして解放派を去った。暴力で相手の思想を変えることはできないし間違っている。

学費闘争における試験ボイコットの影響で、私は留年が決定し、大学五年目を迎えた。四年「進級時」に、某教授が私は入試成績優秀者（二次募集受験者）として努力すれば四年で卒業可能と励ましてくれたが、無駄な抵抗はしなかった。

豊平校舎民青執行部への嫌悪感はひどく、工学部自治会を創るべきだと思った。マルクス勉強会を始めた豊平校舎に対し、工学部は、一年の準備期間のあと、ノンセクトや日中派など「後輩たち」を糾合して学部自治会を創設し、最初の選挙で民青の三倍の票を得て自治会執行部を担うことになった。自治会旗もヘルメットも紫にした、第二次紫ヘルメット部隊の登場である。

その後、自衛隊北部方面総監部の正面という地の利を生かした立て看板も立て、成田闘争支援決議等を訴えた。将来の労働組合の活動家を育てる意識の地道な学生運動を続けた。

第一回工学部祭

北海道始まって以来のかなりアナーキーな大学祭、最初から狙っていたこぢんまりとした、しかし全道・全国で誰もなしえなかった「祭り」をやろうと考えた。

デカダンスをやりたかった、ちょうど我等が敬愛する月刊誌「面白半分」の編集長をしていた作家野坂昭如は、永井荷風の作とされる戯作『四畳半襖の下張』を同誌一九七二年七月号に掲載した。これについて、刑法第一七五条のわいせつ文書販売の罪に当たるとされ、野坂と同誌の社長佐藤嘉尚が後に起訴された。

全国どこもやっていない大学祭の催し「刑法第一七五条粉砕を掲げたストリップショー」。私はストリップ劇場に出向いて出演交渉をし、実現に向けて学内に告知ビラを貼った。キャッチコピーも私が創作した。「額に汗する踊り子さん、手に汗握る学生さん、ここに奇妙な連帯が！！　刑法第一七五条粉砕！！」

だが、この計画は工学部教授会の予想外に大きな反発を呼んだ。曰く「学問の府である大学の、しかも製図室でストリップショーをやるのは許されない。工学部教授会として抗議する」。対する私たちの返答「学問の府である大学の、しかも製図室でストリップショーをやることに意義がある。もしも妨害が起きるなら我々は実力をもって実行する」。そして工学部教授会に無料招待状を贈った。何と一人の教授が参加された！　大いに感謝する。

入場料は一人一〇〇円。工学部学生以上に豊平校舎の体育会が大挙押し寄せ何百人の観客だった。踊り子さんたちが「こんな熱気初めて」と驚くくらい盛り上がった。

工学部祭最終夜はダンスパーティー。野郎の園の工学部に大勢の女子学生が来てくれた。

この「祭り」の中で、「赤軍‐ＰＦＬＰ・世界戦争宣言」の映画会を行った。ちょっと予定が変わったのは、このプロダクション員が映画に際し会場を暗くして「赤軍派」のアピールを行ったことだった。

後日談がある、このプロダクション員は再度来道して私に会いに来た。長髪だったのが坊主頭にしていたので理由を聞いたら、「映画が赤字だったので責任をとって坊主にした」とのことだった。そして本題に入った。何と私を赤軍派にオルグに来たのだ。もちろん根っからの労働組合主義・大衆闘争主義で実質的に暴力革命路線を否定していた私は即座に断った。既に全共闘運動は二極化に入っていた。私は極左主義・暴力闘争至上主義を否定し、「学生運動」の意味を社会に労働組合活動家を送り出す運動として位置付けていた。組織された労働者でなければ、革命どころか社会変革もできないと確信していたからである。同時に思想とは生きざまであり、死ぬまで全共闘の精神、学費闘争の学生大会での自分の主張を貫くことだとの覚悟を持っていたし、この頃から故郷に帰って就職し、「特別に苦労をかけた」両親の老後をみながら「護憲派」労働運動に身をささげる決意を持っていた。

深川市役所職員から市議会議員へ

一九七四年春、私は社会人一年生で大学六年生となる。翌年二月に試験だけ受けて合格すれば卒業という状況で、一年間高卒資格で働いた。

同年末から、工学部自治会は全国唯一の学費値上げ阻止の「学部スト」を行った。私にとってある意味で青天の霹靂だったが、スト中の大学に行くと若い新メンバーが、どう見ても「一般学生」が熱気をもってストをやっているのには驚いた。大学側がスト中は卒業試験をやらないと宣言し、動揺した四年生が動員をかけてスト解除をして敗北したが、ストの中心は新しいメンバーであり、決して全共闘ではない若い世代が担ってくれたことを嬉しく思っている。

両親の老後を看取るために両親の故郷深川市に奉職し、定年退職した。自治労組合員だったが、同組合が消費税増税を全国決議したことに抗議し脱退、社会党左派としての立場に徹した。今でも私は当時の社会党・総評路線のままであり、護憲派の社会民主主義者である。

定年退職後、北海道労働局の総合労働相談員として解雇問題等弱者未組織労働者の民事問題に携わり、「多分」全道一の解決率（と言っても条件付き解雇だが）と取扱い件数を誇り感謝された。

二〇一五年深川市市議会議員になった。深川市議会始まって以来の懲罰（一回、裁判中）、問責（四回）、発言削除（多数）を仕掛けられているし、孤立もしているが「連帯を求めて孤立を怖れず、力及ばずして倒れることは辞さないが、力尽くさずして挫けることを拒否する」の精神で正義のために闘っている。

私は死ぬまで全共闘です。我が同志たちに永遠の連帯を求めて。

【番外編】

就職して大分経ってから知った事件。私が学生運動をやっていた頃、父がたまたま旭川方面本部捜査一課で当直だった時に、襟裳岬で身元不明の若者の自殺死体が上がった。殺人・強盗・放火といった凶行事件に力を入れる捜査一課の刑事である父が関わる仕事とは思えないが、父は遺品のトランジスタラジオの電池から身元を調べ、無縁仏とすることなく徳島県池田町の両親に引き渡し、感謝された。自殺者の父親が後藤田正治衆院議員の後援会幹部という縁で、後藤田氏から直々に旭川警察署長に「表彰するように」との電話が入り署長が動いたが、父は断った。理由は「人様の息子の不幸で自分が表彰されたいとは思わない」とのことだった。

この自殺者は私と同い年。時期も私が激しく学生運動を行い、家にも寄り付かなかった頃だった。父は自殺者に私を見、その父親に自分を重ねたのだと思う。

私も三人の子を持ち、育て、父の思いがよく分かるし、孫三人に囲まれた老後と、葬式で大泣きした孫三人の愛情をプレゼントできたことを最大の親孝行だったと思っている。

（了）

北大闘争へのオマージュ
「華青斗」のこと「唐牛健太郎」のこと

陳　有崎

ここ数年、身の回りの様々な出来事は、老後の平穏な生活を夢見る私には辛く、厳しい予感を抱かせる。

人は誰でも老化と病気と死を恐れ、辿り着くにしてもカミユの『ペスト』の再現としてのCOVID–19の流行、オーウェルの『一九八四』の現実化としての、生活の隅々にまで忍び込むデジタル化による管理、監視社会への移行、加えて三度目の世界大戦といえるウクライナ・ロシア戦争と、目を覆いたくなる悲観的状況が続くのはどうしてなのか。考えても解決、解消する妙案は浮かぶはずもなく、ただ歯ぎしりして憤ったり、悔やんでも始まらないので、ひたすらビールなど飲んで酔っ払っている。「花が咲いたら一杯、雨が降ったら一杯」と歌う高田渡風に言えば「嫌なニュースに出会ったら一杯」という日常が続くのである。

「華青斗のこと」

その新しい苦酒の一杯が昨年の六月に国会で、国際感覚と人権意識に乏しい保守系与野党の多数派による、強行採決のようにして成立した「入管難民法」である。今から五〇年ほど前、一九六九年、そして一九七一年、一九七二年、一九七三年と四回にわたって「入管法」は国会に上程されたが、何とか廃案に追い込んだのは、当時の社会党議員らの熱意ばかりでなく、広範な良心的市民、学生の反対運動によるところが大きかったとおぼろげながら想い出す。

一九六八年、函館西高から北大受験に失敗した後、期待と不安に胸ふくらませ、津軽海峡を渡り上京した。東京はまさしく安保闘争、日大・東大に代表される学生運動の真っただ中で、神田、新宿界隈は常に学生らの熱気にあふれ、田舎者には安心して溶け込める雰囲気に満ちていた。確かに華の東京と思えた。

私は縁故を頼って在日中国人の学生寮に入り、今まで考えてもみなかった民族問題に触れる機会を得、当時の入管法に反対する闘争に関わることになった。

初めの頃の入管法反対運動は、派手な学生運動に隠れて目立つものではなかったが、外国人に対する差別、抑圧体制を告発し、この国の差別構造を解消したいというラジカルな運動、闘いへと少しずつ進んで行った。

入管法の対象者は外国人であるため、自分たちの人権問題として捉え、その法案反対の運動体として「華僑青年斗争委員会」を組織することになった。略称は「華青斗」である。その頃の在日外国人は中国人五万人、朝鮮・韓国人六〇万人と言われていた。他の外国人を含めて全てが外国人登録法により監視、差別対象者であったが、入管法は更に徹底した民族差別を促す弾圧立法であるとみなし、日本に住み続けるために止むに止まれず反対運動となったのである。

入管法反対の闘い方として、国会議員らへの陳情や学生集会などでのビラまき、街頭デモなどを行い、様々な集会でも積極的に発言する機会を求め、情宣活動を続けた。そんな活動ではあるが、同じ目的の闘いを進める老練老獪な東京華僑総会とは路線の違いなのか、未熟さ故か共闘できず、より過激な行動を指向し、新左翼系の学生らとの共闘へと流れていった。しかし、その流れの先では、一九七〇年「七・七」全国全共闘との共催集会において訣別宣言を発して共闘は解消された。集会のための実行委員会で、各党派は入管問題の本質とは無縁な革命論争を繰り返し、権力争いに終始するのに閉口し、不信感が募り、今後の闘いの展望に悲観しての訣別宣言であった。

その「七・七」集会に合わせて機関紙めいた『底流』という新聞を創刊したのであるが、記事は進歩的日本人への熱い連帯を示しながら、いきなり訣別とは何という皮肉だろうか。その後孤立を露呈した華青斗は独自路線を模索するも、ほとんど得るものもなく、全共闘運動が解体解消された如く、華青斗も消滅した。

入管法闘争に関しては、以上のように五〇年以上前の出来事で、資料も殆ど残っていないため、おぼろげな記憶により述べた次第である。

また、おぼろげな想いの一つとして、一九六九年の夏に、バリケード封鎖中の北大へ高校同期のA氏やN氏を訪ねたこともあり、東京とは違う何かノンビリしたというか、ゆったりとした空気が漂い、血走った目つきの学生に会ったという記憶もなく、爽やかな印象が残ったのを覚えている。

おぼろげな想いの二つ目として、入管法闘争の最中に「韓青同」に属する青年と会ったことがある。韓青同とは、在日韓国人団体の青年組織で、民族愛国主義の下に強い団結力を誇っていた。当然のことながら、彼等なりの入管法反対闘争を実践していた。

非力な華青斗は運動を拡げる方法として横の繋がり、前に述べたように連帯を求めて新左翼系の団体に接近していったのであるが、韓青同の青年からすれば、民族意識の希薄な私の言動や動きは危なっかしく、見ていられなかったのだろう。その青年から批判され、糾弾され、しょげ返ってしまったものだ。そして最後に「七・七」宣言の告発に至ったのだから、考えが甘い、脇が甘いという指摘は当たっている。

私は今でも何かと甘い。

おぼろげな想いの三つ目もある。

私の母校は函館西高で、団塊世代の同期は一〇クラス五〇〇人以上も在籍していた。欠席はしないが、遅刻、サボリはお手のもの、友人に恵まれ、大した悩みもなく、それなりに楽しい学園生活を過ごしていた。今はその同期会の会長を引き受けているが、残念ながらコロナ禍を理由に活動は止まっている。

当時、同期に同姓が私を含め三人在籍していた。陳姓なので、当然中国人なのだが、統計上は、日本全国に中国人の一〇倍以上の朝鮮、韓国人が生活していた。つまり、三人の中国人がいたら三〇人以上の朝鮮人や韓国人がいる計算になるが、その存在について今でもわからないし、不明だということに唖然とする。もし、その時一人でも二人でも在日の存在を知り、声をかけあっていれば、もう少し早く民族意識に目覚め、もう少し豊かな高校生活をしていたのではと思うことがある。

入管法闘争の中で、在日の人々の受ける差別や偏見の辛さ、恐れを知るに及んで、当時の私はカミングアウトできない在日の人々の心情や情況を全く察することもできず、何とノーテンキな気分で生きていたかと、今更ながら呆れ返ってしまう。何かと反省したつもりが、すぐ忘れてノーテンキになるのは今も続いている。

「唐牛健太郎のこと」

東京から故郷函館へ戻り、仕事も安定し伴侶にも恵まれ、少しばかりの蓄えもできたので、函館山の麓、元町に住宅を新築したのが一九九〇年の春である。

この年は七月に、六〇年安保当時の全学連委員長だった唐牛健太郎の墓が函館の共同墓地に建立されたり、一〇月には芥川賞候補作家だった函館西高同期の佐藤泰志の自裁の訃報に接したり、また不動産バブルが崩壊したり、忘れられない年となった。

唐牛氏の墓の建立除幕式は、七月七日約一〇〇名もの友人らが集い、盛大に挙行された。七月七日は七夕ではあるが、前述した一九七〇年の「七・七」は一九三七年の日本軍の中国侵略の足掛かりとなった盧溝橋事件を糾弾する集会だったので、期せずして同じ日となったのは何か因縁めいたものを感じる。

一九六〇年、安保条約反対闘争は連日マスコミを賑わし、小学生だったあの頃、路地での遊びでは「アンポハンタイ」と掛け声をかけて走り回っていたが、六月一五日、国会突入で東大生の樺美智子さんが亡くなった、という記憶は今も残る。

唐牛氏は函館東高校を卒業し、北大に進学、正義感にあふれた熱血漢らしく、すぐに学生運動で頭角を現し、全学連委員長に就くに至った。安保闘争後は北は紋別、南は沖縄と流浪の人生を渡り歩き、一九八四年病没した。死後も彼を懐かしみ慕う仲間が、どうしても彼を偲び集まる場所が欲しい、ということで故郷函館の墓の建立となったと聞く。墓は共同墓地の高台の端で、海の向うにトラピスト修道院のある当別の丸山も遥かに見渡せる眺望に優れ、仲間が語り合う場所にふさわしい。黒の長方形の御影石が横たわるように安置され、上部は海峡の波を模して彫られ、前面に「唐牛健太郎」そして母親の「きよ」と刻まれている。制作は友人、秋山祐徳太子。現在は長年連れ添った真喜子夫人の名も加えて刻まれている。

墓の建立の何年か前に友人を介して真喜子夫人と知り合い、建立後、毎年墓参に訪れる夫人とその仲間達と献杯から始まる懇親を深めて、早三〇年も過ぎた。

私は残念ながら唐牛氏と面識はなく、夫人に唐牛氏のことを聞くこともなく、夫人から唐牛氏のことを聞かされたこともなかった。ただ集まった彼の友人らが彼の想い出を語り合ったり、あるいは夫人と友人らとの会話の断片を小耳にはさんで、私なりに唐牛氏のことを少しばかり知る程度で今に至っている。

そして二〇一七年、真喜子夫人が唐牛氏と同じ病気で亡くなった翌年の夫人の納骨を兼ねた墓参を最後に、COVID−19もあり、呼びかけ人も定まらず約三〇年続いた大人数が集う墓参は中止となった。

しかし、組織だった墓参は中止になったものの、引き続き唐牛氏を懐かしんで個人的に墓参する仲間は少しばかりであるが、いまだ健在である。この夏はまったく面識もない若者が一人で墓参に現れたのに出会い、とても驚いたし、嬉しかった。ネットなどで右翼の「一水会」鈴木邦男氏が墓参の様子を発信したり、七年前に佐野眞一氏の「唐牛伝」が出版されたり、唐牛氏についての情報が途絶えないうちは、若い世代にも唐牛氏の人となりや六〇年安保について興味を持ったり、関心を示したりする機会があるということなのだろう。

で、私は一体何をしているのだ、ということだが、墓の近くに居住し、暇だし、お節介やきだし、集まってワイワイ一杯やるのが大好きだし、という理由で、墓参団の受入れ係に任じている。墓参の日時が決まったら、当日までに草刈りをし、献杯の準備をし、夜の懇親会、二次会までの段取りをする、それのみである。そして今はただ、「墓守」としての墓周りの草刈りを、誰か分からない墓参人のために、自分の健康体操を兼ねついでに唐牛氏夫妻に声をかけるためにダラダラ続けている。

草刈りの後継者を見つけ出せないでいるので、もし七月に墓周りの草がぼうぼうと繁っていたら、私はあの世で唐牛氏に酒の飲み方を教わりに行ったと思ってください。

再見

第四章　蒼き狼たち

一九六九年の高校卒業式闘争を振り返って

――五三年後の総括

井田　ゆき子

（フリーライター、北海道立函館西高等学校出身）

卒業間際の高三の一二月、校内デモを行なって無期停学になった。事実は忘れようがないが、今までこの出来事をほとんど思い出すことがなかった。恥じていたわけではないが、思い出を封印していた。何もできなかった。何も変えられなかった。その悔いと心の傷みに向き合うのを避けていた。否定も肯定もできず、自分たちの行動を総括できなかった。

当時のことを、思いを、書いて欲しいとの依頼があり、最後のチャンス。私たちの函館西高卒業式闘争を振り返ってみようと思う。

始まりは新聞部

政治や社会問題に関心を抱くようになったのは、高校で新聞部に入ってからだと思う。

一九六七年、漁村の小さな中学校から都会の高校へ進学し、教職員の子弟のために教員組合が設立した男女共同の寮に入った。部活は新聞部。毎朝、新聞を読むのが楽しみで、世界中を取材で駆け巡るジャーナリストに憧れていたから。部室で新聞制作の基礎となるレイアウト作法や校正記号を教わったり、個性的な先輩たちの話を聞いたりするのが楽しく、授業より部活動に熱中した。

ある日、先輩から民主青年同盟に誘われた。どんな活動をするのか。どんな組織なのか。何も知らなかったが、先輩に誘われた嬉しさと好奇心だけで入会する。高校時代に大きな影響を受けた佐藤泰志（作家・一九九一年没）を紹介してくれたのも新聞部の先輩だった。

教室の前の廊下に、いつも腕組をして立っている男子生徒が気になった。坊主頭で牛乳瓶の底のような度の強い眼鏡をかけ、運動靴を履かずに裸足。「その前を通るたびに、睨まれているようで怖い」と新聞部の先輩に話すと、「あいつは小説を書いていて賞も取った。いずれ作家になるやつだから会ってみたら」と引き合わされた。

出会いの日、『挽歌』を読んだことがあるかい、原田康子は知っている？ 大江健三郎は…」と立て続けに聞かれたが、私は「………」。彼は呆れたような表情で、「原田康子の『挽歌』だけでも読んでみるといいよ」と勧められた。これをきっかけに文学作品を読むようになり、彼が浪人中に始めた読書会にも欠かさず参加。テキストは、『ソクラテスの弁明』『哲学入門』『赤蛙』『共産党宣言』など。これが文学や哲学に触れる第一歩だった。

一方、民主青年同盟は、時折会合に参加していたが何だか肌合いが合わず、先輩たちが卒業してからは足が遠のいた。

初めて街頭デモに参加

本格的に政治活動に関わり始めたのは、高校二年の頃。一九六八年は世界的な動乱の時代。ベトナム戦争、キング牧師の暗殺、チェコスロバキア民主化運動、フランスの学生たちによる「五月革命」…。日本でもベトナム反戦運動が広がり、三里塚闘争、全共闘運動などが起き、函館でも学生や労働者が多数参加する街頭デモが頻繁に行なわれていた。

そんな世情の中、札幌や東京の大学に進学した先輩たちが〝オルグ〟と称して、次々と母校にやってきた。彼らとどんな会話を交わしたのか、今は全く覚えていない。しかし、彼らとの出会いや交流が、デモや政治活動に飛び込む契機となった。

佐藤泰志や先輩らを軸に人の輪も広がる。北大全共闘のN、S、Yさん、北海道教育大学函館分校のNグループ。いつの間にか私たちは、彼らの寮やアパートに入り浸り、政治談議に耳を傾けるようになった。新聞社やテレビ局の記者とも知り合い、社会運動に詳しい彼らから多くを教わることもできた。

初めて街頭デモに参加した日の記憶は鮮明だ。デモ隊の先頭を占めるのは、国鉄や函館ドックの組合員ら社会人。次いで大学生グループ。高校生グループはラ・サール高の生徒が多く、私たち西高生数人は高校生グループのどん尻に加わった。デモの中盤、大学生と高校生グループがジグザグデモを始め、必死でついていく。突然、警察が拡声器で叫ぶ。

「ジグザグデモをやめなさい。違法です」。同時に、警備の警官が隊列を崩そうと、参加者をごぼう抜きにし始める。警官に腰を抱えられ、隊列から引き剥がされそうになる。一瞬、警官が手を緩めた。女性と分かってひるんだのか。それで逮捕を免れた。

今振り返って、不謹慎と言われそうだが、そんな日々が新鮮で楽しく、充実感に満ちていた。様々な人との出会い、話を聞いたり議論したり、その中から自我や自己が形成されていった。貴重な経験だった。

自主卒業式闘争と処分

高校三年になり、新聞部は後輩に任せて、社会科学研究会（社研）の活動に力を注ぐ。ベトナム反戦や沖縄返還などに向けられていた視線が、次第に自分たちの居場所である高校教育へ。学校行事や校則への疑問や批判が膨らんでいった。

一九六九年から七〇年にかけて、自分たちが作ったガリ版刷りのビラや、当時の新聞記事などを貼ったスクラップブックがある。押し入れで埃をかぶっていたそれを引っ張り出し、ずっと忘れていた日々がよみがえった。

当時の私たちの主張が、「西高生諸君へ」と題するビラに躍っている。生徒会による自主卒業式の運営、制帽・制服制度の廃止、生徒会自主運営の確立、生徒の出版活動の検閲と規制の廃止、生徒の政治活動禁止の撤廃など……。高校生だった私たちの純粋な正義感や熱意が文脈から伝わってくる。

一九六九年一二月二二日、私たち有志一二人は、生徒による自主卒業式を要求して校内デモと自主集会を決行した。発端は、前年度の三年生が提起した自主卒業式の要求だ。この時の卒業式は時間切れで従来の形式で実施することになったが、次年度は前向きに生徒の自主性を尊重した卒業式を考えようとの生徒会と学校側との約束があった。

新学期になり、自主卒業式について社研主催で討論会が幾度か開かれ、各クラスのホームルームでも数回に及ぶ討議が行なわれた。そこで、全校生徒集会での話し合いが提案され、代議員会（クラス代表会議）で賛成二四、反対二で可決された。ところが、学校側は資料不備、クラスでの採決方法の食い違い、集会の種類・内容・形式に問題があるなどを理由に、生徒集会を認めないとの決定を下した。

この決定が、私たち（「卒業式を我々の手で」有志）の学校側への不信感を募らせた。職員会議にもかかわらず、校長や一部教師による生徒への弾圧ではないか。卒業式は三か月後に迫っている。思い切って校内デモで生徒に呼びかけよう。デモ当日、集まったのは一二人。「全校生徒集会賛成」「自主卒業式貫徹」のシュプレヒコールを繰り返しながら校内を巡った。デモに呼応して、三〇〇名余りの生徒が講堂に集まってきた。驚いた体制側教師は、「教室に戻れ」「解散しろ」と生徒を恫喝。それでも講堂に残った二〇〇名余りの生徒で、その場は学校側への抗議集会となったが、二時間足らずで解散。これだけのことである。

しかし、翌日、学校側は、無届け校内デモ、授業ボイコット、授業妨害、校則違反の集会などを理由に、退学一名、無期停学九名、訓戒二名の処分を下した。予期せぬ重い処分に、学校側の狼狽と圧力を感じた。

自主卒業式開催と処分撤回を求めたビラには、私たちの気持ちがよく表れている。

「――校長や一部教師は『民主的で、明朗で、伸びやかな本校教育推進』と言いながら、代議員会や生徒の意見を全く無視した〝民主的な教育〟を行なってきた。そのような醜悪なる教育管理体制を乗り越えなければ、高校生としての人間的な解放は実現できないという自覚に立って、僕たちはデモと集会を行なったのである――」

少数派の正義と熱意

今振り返って、当時の私たちの行動は、確かな戦術や計画性もなく、大多数の生徒の支持もなく、思いつきの勢いだけ、未熟で浅はかと言われても弁解できない。一部生徒の先走った行動に過ぎないとの批判もあった。しかし、生徒の多くは三無主義（無気力・無関心・無責任）で事なかれ主義。私たちが闘ったのは、三無主義の多数派生徒でもある。たとえ一部生徒であろうと、「高校三年間の総括として、生徒主体の卒業式を」との訴えを止めることはできないはず。それを一部生徒の暴挙と歪曲し、多数派生徒を恫喝して沈黙させたのは学校側ではないか。

処分によって私たちの活動は分断された。重い処分に、それまで無関心だった生徒が処分撤回闘争に加わり、自主卒業式への理解を深めた生徒もいて、意義はあったと思う。が、結局、その年の卒業式は、卒業生だけの在校生不在で、私たちの全く意図しない形で終わった。

私は無期停学になり、親元での謹慎を言い渡され、函館から汽車とバスで三時間半余りの実家に閉じ込められ手も足も出せない。辛かった。進学希望で時間はたっぷりあるのに、受験勉強をする気にはなれなかった。挫折感、虚脱感、無力感（といっていいのだろうか…）に支配され、何も手につかなかった。家を出よう。自立しよう。それだけを考えていた。

東京で再起を模索

この処分が一二人のその後の人生に与えた影響は小さくない。Ｉは退学になり、無期停学になった二年のＴも中途退学を選んだ。私たちは、進学指導も就職サポートも受けられず、世間に放り出された。自業自得という人もいるだろう。だが、それが教育といえるのか。

東京へ行こう。処分された仲間の多くが上京を決めた。私は両親を説得するために、就職担当のD先生に頼み込み、これしか残っていないといわれた東京のプラスチック製造工場に就職。男子は皆、日雇いをしながら今後のことを考えるという。彼ら六人は六畳二間のアパートを借りて共同生活を送ることになった。

その部屋には、佐藤泰志をはじめ大学生の先輩たちがしょっちゅう顔を見せ、さながら上京した西高生の巣窟だった。半年が過ぎた頃、共同生活を解散し、一人ひとりの道を行こうと決まった。

その後は、皆、社会の底辺でもがきながら自分の居場所を探してきたはずだ。大学闘争を闘った先輩には、大学を卒業して公務員や教員になった人もいる。が、高校での闘いで処分された仲間の多くは、学歴社会にあってブルーカラーとして、汗にまみれ骨身を削って働いてきた。それが処分に対する我々の矜恃だ。

私は、D先生に紹介された工場を一年で退職。その後は、新聞の求人欄を頼りに喫茶店のウェイトレス、居酒屋の仲居、パン屋やスーパーの店員、事務員などで働いた。上京して三年が過ぎ、漂流生活から抜け出そうと夜間講座に通ってコピーライターとしての基礎を学び、広告制作会社に入社。毎日、残業で忙しいにもかかわらず、残業代が一切支払われない。高校闘争で培われた反骨心が目覚めた。

社員有志で、労働条件の改善、賃上げ要求を訴えて労働組合の結成を画策した。玄関前に労働組合結成の呼びかけ文を貼り出し、親会社の社長に直訴状を送り付けた。結末は、首謀者の首切りと賛同者の賃金カット。かつての高校闘争と同様、戦術の甘さを痛感する。が、この経験から会社や体制、国などの権力と闘うには、労働組合や政党、団体といった組織の力が必要だと実感させられた。

今、日本の労働運動、学生運動は、風前の灯と言っていい。香港で起きた民主化要求の雨傘運動やフランスの年金改革ストライキなどをTVニュースで目にするたびに、日本の労働運動の再生を期待するのだが…。

五三年後の今、思うこと

西高卒業式闘争から五三年。もし、あの時、校内デモをしなければ、無期停学処分にならなければ、違った人生があったかもしれない。あの時代に高校生でなければ、別な道を歩いていただろう。そんなふうに思ったことはある。どんな時代に生まれたかで、否が応でも人の生き方や人生は規定される。

とはいえ、一九六九年の高校生が、自分の考えと覚悟を持って行動したことを、今は恥じても、悔やんでもいない。仲間と出会い、共に考え、共鳴し、闘う中から、自分の考えと意志を持つこと、それを行動で示すことを学んだ。その思いを信条として生きてこられたことを、五三年後の総括としたい。

日本の教育制度は、六〇年代末の大学闘争、高校紛争を経て、さらに生徒への管理教育が強まっていったと思う。七〇年代半ば以降の中学校校内暴力、いじめや不登校…は、行き過ぎた管理教育が原因の一端ではないだろうか。

西高闘争を闘った仲間とは、長い間会うことがなかったが、自死した佐藤泰志の三回忌で再会した。二三年が経っていた。以来、交流は続いている。Tとは人生を共有するパートナーになった。青春時代に純粋に闘った同志の連帯感が二人を結びつけたと思う。

最後に、高校教育とは何か。どうあるべきか。かつての高校生が模索したテーマは、現代の高校教育にも繋がっている。現代を生きる高校生、未来の高校生一人ひとりにも、考え続けてほしいと願っている。

分水嶺を歩む（抄）

川森　じゅん

智慧と愛に書き遺します
これは私が鍵主良敬先生との出会いについて、記憶を掘り起こしながら綴ったものです
私が母親とどのように関わってきたか、そのひとつのエピソードです
脚色はしているけれどできるだけ事実に基づいています
若気の至りで手前勝手な武勇伝になってしまうのは容赦してほしい

§

庭の草木が生い茂り虫の声がうるさいほど響いている
知らない間に季節は秋にうつろいでいた

喧騒を離れて田舎の実家に戻ったのは一月ぶりくらいだったろう
なにか用事ができるか、金が無くならなければ家には戻らなくなっていた
これから起きるであろう言い争いを嫌って、爺はこれでも吸えと目配せしながら「ひびき」を置いて床についた
親とは真っ向対立していたが、爺やババには反発できず甘えている一六歳の晩夏だった
久しぶりの安心感に包まれて、応接椅子にもたれかかりウトウトしていた

「あらっ！ 帰ってきてるよ」
母親が農作業から帰ってきた
「どぶネズミみたいな格好して、よく帰ってこれたもんだ」
普段寡黙な父が吐き捨てるように言い捨てて、遅い夕食をとりに行った
たしかに、どぶネズミみたいなヨレヨレな格好してるけど、「中身は光ってますよーだ」
声には出さず抗議した
「今日という今日は絶対許しませんからね」

おふくろは強い決意を込めて、
睨みつけてきた

§

一九七〇年五月安保闘争が学園紛争と一体化して、地方都市にも飛び火していた
私の通っていた高校も例外ではなく、昨年来活発な政治活動が行われ、街頭で逮捕者も出ていた
逮捕者への処分反対と「高校生に政治活動の自由を」をスローガンに、仲間がたくさん集まり集会やビラ配りなどで盛り上がっていた
その日もいつも通り一〇人くらいの仲間たちと校門前でビラを配っていた
内容は来たるべき安保闘争に高校生も立ち上がろうというものだった
授業の単位が気になるので、早く配り終えて今日は遅刻しないようにしようと思っていた
いつもの定期便のはずだった
半分位配り終えた頃、今日はいつもと雰囲気が違っていることに気が付いた
いつもより張り込んでいる公安刑事の数が多い
写真撮影班もいる
「なんか様子へんでね？」
化学部のオバケが警戒して言った
「安保近づいてるから神経質になってんだべ〜」
ジャックがおおへいに答えた
そのとき職員室の中で二〇人くらいの教師が集められ、部隊を作って突入する機会を伺っていることなど知る由もなかった
それは道教委の指示によるもので、道立高校ではビラ配りや政治集会が行われようとした時は、速やかに警察と連携して制圧し、全校生徒に広がるのを未然に防止せよという指令が出ていたことによる
事前に警察と高校が連絡を取り合い、ほぼ毎日行われていたビラ配りに焦点をあてて、教師が挑発し機動隊に逮捕させようという悪辣な計画だった
なぜ悪辣かって？
それは、なぜ高校生が政治活動してはいけないのか、学校側を初め教師たちは誰一人答えることができないでいたからだ
「高校生の本分は勉強である」。その一点張りだった
制服と称して男子に詰め襟の陸軍、女子にセーラ服の

海軍の軍服を着せ、分列行進や貧血で何人倒れても中止しない校長訓示など子供たちに軍事教練を施して、従順な小国民を育てるのが教育といえるのか

　おりしもベトナム戦争の真っ只中、戦争の悲惨さが伝えられ、フランスでは学生や高校生が主体になった五月革命が進行していた

　高校生が自分たちの政治的主張をすることは自然権であり、誰も制限することはできない

　それを威圧して抑え込もうとするのは、大人の都合であり傲慢だ

　しかも当時聖職者と呼ばれて勘違いしていた教師や、「教え子を戦場に送るな」という素晴らしい合い言葉を生み出した日教組・高教組の教師たちが、自分自身のポリシーや行動の間違いを、ほかでもない教え子たちによって突きつけられ追及された時、いとも簡単に教育者の誇りをかなぐり捨てて弾圧する側に立ってしまった

　そして学校管理者の指示に従順に従い、いままさに教え子たちを警察に売り渡し自分たちの身を守ろうとしている

　一部の過激な生徒を逮捕させて退学にすれば、学園の平和がまた戻ってくるし、自分たちの組合活動も安全にできる

　彼等の安直で唾棄すべき幻想は当時の子供たちの肌に敏感に感じとられていた

　身を守ることしか考えられない教師たちに、もう誰も尊敬や信頼を置いていなかった

§

「ヤバイ！　教師が集団で来るぞ！　襲撃だ！」

レポ役の写真部ヤダが遠くで叫んだ

振り向くと職員玄関から教頭と体育教師を先頭に二〇人ほどの教師たちが向かってくる

全員ジャージ姿ということは、事前に申し合わせて準備していたことがすぐにわかる

「ビラ中止！　隊列を組め！！」

今日の指揮はアイキがやっている

旗ざおを横にしてその後ろで全員横一列に隊列を組み、校門の前に陣取った

「こらっ　お前たちビラまきはすぐにやめて出て行け！！」

教頭が怒鳴る

「なぜいけないんだ！　表現の自由だ！」
「教師は弾圧するのか！」
われわれも負けじと反撃する
「すぐにやめて出て行きなさい！　なんなんだお前たちは！　本校の生徒じゃないだろ！」
教頭はいつになく興奮して顔を紅潮させている
「かんけーねーだろー！　先こうは帰れ！」
ジャックがため口で叫ぶ

次々と通学バスが到着し、生徒たちが降りてくる
いつもと違う光景に、次第に人だかりができてきた

組合員の教師たちは教頭の後ろの方でばつの悪そうな顔をしながらも、ピケの役を担っている
「こんなもの学校に持ってくるんでない！」
そう言って教頭はいきなり旗ざおを奪い取った
大柄な体格で、柔道有段者である教頭は腕力に自信がある
バキッ
大きな音を立てて旗ざおを膝で折った
「こらー！　教師が暴力振るうのかー！」
「何やってんだー！」

激しい抗議の声が上がる
真っ二つに折った旗ざおを横に投げ捨てた教頭がすごみながら迫ってくる
今日のメンバーはほとんど面の割れた者だったが二、三人新人がいる
ヘルメットとタオルでマスクをして顔を隠している
そこに近寄りいきなりマスクを引きちぎった
「おまえは誰だ！」
首を抱えてヘルメットをはぎ取ろうとする
「暴力はやめろー！」
他のメンバーが割って入り教頭を押し返す
もみ合いの後二、三歩下がった教頭は
「おまえらやるか気かっ！　男なら一対一で勝負だ！前へ出てこい」と
両手を前に掲げて柔道の組み手で身構えた
「おもしろいじゃんか」
タケルが出て行こうとするのを引き止めた

「機動隊だ！　くるぞ！」
ヤダが後ろで叫ぶ
ずいぶん手回しのいいことだ
振り向くと五〇名ほどの機動隊員が盾をかざしてこち

らに向かってくる

「阻止線だ！　阻止線を作れ！　構内に入れるな！」

アイキが甲高い声で叫ぶ

§

「もうお母さんはね、あんたのことあきらめようと思ってるのよ」

無理やり奥座敷の仏壇の前に座らされた

「でも最後にもう一度だけ話がしたいの

こうやって御仏前で本当の気持ちを聞かせてほしい

嘘やごまかしはだめだよ

「…………」

田舎でも特にこの辺の人たちは昔から信仰があつかった

浄土真宗という宗教上の「講」が形を変えながら現代にまで続いている

なにかあると人々はお寺に集まり、祭事や弔事、時には村々のもめごとや相談などを話し合っていた

信仰のつながりは、人々のつながりにもなっており、苦しい生活のなかでの愚痴を聞きあったり慰めあったりと一種の社交場にもなっている

信心仲間の家庭の事情も筒抜けで、面白話や同情話として広がっていた

「お父さんもお母さんも、じいちゃんやばあちゃんもあんたが進学して立派な人間になってほしいと思って、毎日がんばってきたのよ

あんたが小さいときから、あんたたちにだけはこんな苦労をさせたくない、農家なんかさせたくないって」

ポロリと涙があかぎれたしわしわの手にこぼれ落ちた

「…僕はね本当に真剣なんだ

…まじめに考えているんだ

いま僕たちががんばって反対しないと、日本は大変なことになるんだ、戦争に巻き込まれるんだよ」

「だからってあんたが何かやってどうにかなると思ってんの？

世の中そんなに甘くありません

あんたが今やらなければいけないことは、一生懸命勉強して大学にいくことですよ

そして学校の先生になってほしいの

それが私の夢だったのよ

だからこんなにつらい農作業も、貧乏にも耐えてこられたのに

その苦労がわかってんのあんたは！」
「だってね 今しかないんだよ
いまがんばって世の中変えないと日本はまた戦争の道に入ってしまうんだ
ひとりひとりが自覚して今行動しないといけないんだよ
…僕はねそれが本当にまじめに生きるってことだと思ってる
それがおじいちゃんやおばあちゃんや、家族みんなに教えてもらったことだと思う
自分の身はどうなっても構わないし、この身を張ってがんばらないといけないんだ
多くの仲間もそうしてるし、実際に命を落としている人もいっぱいいる」
「そんなことはそういう人たちに任せておきなさい
だってあんたはまだ一六歳だよ、まだまだ子供なの」
「歳は関係ないでしょ」
またムキになって反発しだした
「あんたのおじさんやおばさんも、苦学してみんな立派な社会人になったでしょ
いとこの中にも大学に進んで、薬剤師や学校の先生目指してまじめにがんばってる人いるでしょ」
「みんな自分のことしか考えていない
こうしている間にもベトナムでは大勢の子供たちが殺されているんだよお母さん
どうして自分だけ関係ない顔してぬくぬく暮らしていくことができるんだよ」
「まったくそればっかりなんだから
あんたがまじめだと思っても、世の中の人たちは非行少年だと思っているんだよ
だいたいまじめな人がなんでタバコ吸わなきゃならないの
非行でしょ」
母の表情がだんだん悲しみから怒りに変わっていくのがわかった
「なんで未成年がタバコ吸っていけないんだよ
誰が決めたんだよ！ そんなこと」
口をとんがらして悪ぶって言った
「学校に呼び出されたとき、なんて言われたかわかるかい

あなたの家庭ではどういう育て方をされたんですかって
先生を先生とも思わないで、名前を呼び捨てにする
お宅の子がまわりのまじめな一般生徒を仲間に引き入れて悪いことを教えているって
もう学校では面倒見れないから、親がどうにかしてくださいって
普通ならとっくに退学処分だけれど、今回だけは大目に見てあげるから休学届け出しなさいっていうから
退学になるよりはありがたい温情を見せてくれたからさ
休学届けだしてきたよ
もう学校に行っちゃだめだよ」
「なにそれっ！ 何が自主休学だよ！ ふざけんなって
自分たちに分が悪いから退学処分にしたくてもできないだけじゃん
絶対許せないし徹底的に闘うよ」
「わかりました！ もうあんたは子供だと思いません
自分で好きに生きて頂戴
もう帰ってこなくていいから」

母はそう言い放って立ち上がった
仏間に一人のこされて、「あーまたやっちまった」
うなだれて深くため息をついた
今回は本当はうまく言いつくろって、お金の支援だけは取り付けようと思って帰って来たのだった
そして母は父となにか言い争った後、そのまま家を出ていった

§

キキッー ガッシャン
甲高い音が響いた
警備課の新米刑事カネコが道路に飛び出し、危うく一般車にひかれそうになった
その車はかろうじて停止したが、後続の車に追突された
動転したカネコはおろおろしながら、二台の車両を人目のつかないところへ引き込んでいった
「警察が事故起こしたぞー！」
「もみ消しやってるぞー！」
「ちゃんと責任取れよー」

野次馬も加わってみんなヤンヤと罵声をあびせる
警備課長が青ざめた顔をしてあわてて指示を出している
「学生諸君に警告する
こちらは北見警察署です
君たちは直ちに解散して校内から出てきなさい
出てこなければ不退去罪で逮捕します」
指揮車のスピーカーから大音量で警告が出る
機動隊は二列横隊になり校門をジュラルミンの盾で完全に封鎖している
いつも遅刻ぎりぎりでやってくる連中が乗っている最後のバスが停車した
「オーやってるやってる！」
歓喜の声を上げて、ワル連中が寄ってくる
ワル連中イコール反戦会議のシンパだった
政治には無関心な連中だったが、「若い根っこ(タバコ)の会」のつながりだ
いつもいじめられている教師たちに公然と反発し、食ってかかり、あるときは完全にやりこめる
そんな奴らは自分たちの味方だということが肌で感じられるから、陰に陽に応援してくれる
「ヤレーッ！　ポリ公なんかたたきつぶしちまえ！」
「そうだそうだやっちまえー！」
応援してるのか事態を楽しんでるのか、たぶん両方だろうがだんだん周囲が騒然としてきた
指揮車のスピーカーから警告が続く
「帰れ！　帰れ！　機動隊帰れ！」
「警察を学内にいれるなー！　学園の自由を守れー！」
ヘルメット姿の反戦会議とシンパ、そして一般の生徒たちも加わりシュプレヒコールが大合唱のようにこだました
もう教師たちの姿はない
とっとと引き上げて職員室の窓から事態の成り行きをおそるおそる見守っていた
校舎の二階三階の窓は生徒たちで鈴なりだった
機動隊に向けて一般生徒のなかから紙つぶてが投げられた
お菓子の箱も投げ込まれる
そのときしゅるしゅるーっと、長い尾を引いてトイレットペーパーが飛んでいった
オーっとどよめきと歓声があがる
そんなことをやるやつは、テニス部のナベに決まっている

彼のカバンにはいつもトイレットペーパーが隠されている
人が集まり、なにかおもしろいことがあると必ず登場して、投げる
ぺろちゃんキャンデーをくわえてガッツポーズしながら後ろに隠れていった

苦々しい顔の警備課長から指揮車に指示が出る
「これは最後の警告です
直ちに解散して校内から出てきなさい
不退去罪と公務執行妨害で全員逮捕します」
公安刑事の写真撮影が激しくなった
一六ミリカメラでも狙っている
証拠を保全して、逮捕しても簡単には釈放しないことを伺わせる

「隊列を組め！」
アイキが指示を出した
膠着状態からの次の一手は、スクラムを組んで機動隊の壁に突入することだ
多数の生徒の前で勇敢に闘ってひどい弾圧を受けることで、今後の情勢を一気に引き寄せることができる
みんな暗黙の了解だった

「よーし！ 行くぞ！」
一〇名たらずの隊列は非常に弱い
すぐに潰されて逮捕されることは目に見えていた
みんながっしり組み合って突入の準備をした
ピーピッ！ アイキが笛を吹く

そのとき
「待ーて！ 待て」
応援団長のヨシツグが機動隊とデモ隊の間に割って入った
団長と取り巻き連
それを見て民青の生徒会長
それから普段ノンポリを決め込んでいた連中も次々に飛び出してきた
「どっちもどっちも ここは抑えて抑えて 暴力はいけません 暴力は」
団長はかっこつけているだけだったが、生徒会長はどうしたらいいかわからずウロウロしている
「話し合いをしよう！」 誰かが叫んだ
「そうだ全校集会だ！」

「先生たち呼び出して全校集会しよう」
そうだそうだと見物人たちも騒ぎ出した
生徒会長にやっと出番が回ってきた
「みなさーん　ここは臨時の生徒総会を行いましょう！
生徒会長の権限で開催しマース！
体育館に集まって下さーい
警察の方はお引き取り下さーい」
ことの成り行きとはいえ悪くはないと判断した
§

田舎の夜は暗い
懐中電灯の小さな明かりではよく見渡せない
隣家まで一キロメートルは離れている
夜中に家を出たからといって、行くあてなどありはしない
悪い想像ばかりが頭をよぎる
「母さん？　母さーん！」
震える声で暗闇に叫んでみるが返事などあるはずもない
親父にいきさつを聞いても「出ていった」としか言わなかった
探さなきゃと言ってみたが、無駄だと取り合ってくれない
おそるおそる牛舎の大きな扉を開いた
中は真っ暗で、牛たちの熱気がモヤッと吹き出してきた
明かりをつけて中を調べたが姿は見あたらない
そうだ！　二階がある
牛舎の二階は干し草の保管庫になっていて、今時は乾燥した牧草がフワフワなベットのようになっている
表に出ると二階に通じるはしごがある

一段また一段
手をかけよじ登ったが、途中で手が止まった
震えが止まらない
もし二階にいて…
悪い想像が頭をぐるぐる回る
勇気を出そう
ここで引き返したら一生後悔する

そう自分に言い聞かせて、一段また一段よじ登る
ようやく目線が床に届く
中は真っ暗で人の気配はしない
懐中電灯で見える範囲を照らしてみる
何も変わりはない

ホーッと一息ついて降りてきた
膝がガクガクとして止まらない

もうこれ以上探すことはできない
家に帰って親父に報告したが「もう寝れ！」としか言わない
布団に潜り込んだが、眠れるものではない
二時、三時と柱時計が打つ

「ぎんぎん♪ぎらぎら夕陽が沈む♪
ぎんぎんぎらぎら♪陽が沈む♪」

ザクザクと堅雪を踏み分けながら、山道を歩む
遠くの山々は群青色に染まり、その稜線をオレンジの

夕焼けがクッキリと浮かび上がらせている
見上げると雲一つなく、オレンジから紺碧の空へと見事なグランデーションを描いていた
細く高い声で歌いながら歩く母の後ろを、その足跡に沿ってついていく
七歳の時罹患した肺結核からようやく回復し、三学期から通学できる許可が出たため、小学校の近くの親戚の家に私を預けに行くときだった
母の励ますような、でも悲しそうな歌声が鮮明に記憶されている
家族と離れて暮らす悲しみと、復学する不安でいっぱいだった

なぜかその光景と不安な気持ちが、昨日のことのようによみがえってくる

§

騒ぎを聞きつけた報道陣が、体育館の二階ギャラリーに陣取っている
舞台中央に議長役の生徒会長と書記が机を置いて座り、左側に長机を二個連結して校長・教頭・生徒指導が

座る
全校生徒が集まり、いつもの生徒総会とは全然違う雰囲気と熱気に支配されていた
反戦会議の政治活動問題の他にも、学校側と決着していない問題が山ほどあった
みんなこういう機会を待っていた
「テスッ テスッ」放送部のコニシが突然のイベントにあわてて機材を用意し、動作確認している
そして生徒会長に向かってキューを出した
「えーそれではただいまより、臨時の生徒総会を開催いたします」
民青の生徒会長が宣言した
「出席者多数なのでこの総会は正式に成立します」
書記のノリコがあとを継いだ
「総会でないベー！ 団体交渉だベー！」
「そうだ団交だ！ 団交だ！」
反戦会議の学校側に面が割れている連中が、会場中央のマイクの前に陣取っている
「えー団交という側面もありますがー
今回は正式な生徒総会ということで始めたいと思います
では始めに高校生の政治活動について、学校側からの説明を受けたいと思います
校長先生お願いします」
校長に目配せされ、教頭が出てきた
「校長に代わり私の方から説明いたします」
「教頭引っ込め！ 校長出せ！」
「暴力教師は引っ込め！」
ヤンヤのヤジが飛び爆笑が広がる
「ご静粛に ご静粛に」
生徒会長が叫ぶ
「君たち高校生は勉強をするために我が校に入学したはずだ
そのまじめな生徒が一部過激な集団に偏った思想を植え付けられて、間違った判断をするということは先生としては断じてあってはならないことと思います」
「ナンセンス！」
「お前の演説聞いてんじゃネエよー！ 学校見解出せ！」
「そうだ校長出せ！ 校長が説明しろー！」
ヤジが止まらない
「ご静粛に ご静粛に」
生徒会長がいくら叫んでも静かにならない

「ヤジは止めなさい！ そういうだな！ 人の話も良く聞かない連中とだな話し合いになんかならんだろう！」
教頭が切れた
「ナンセンス！」
「校長出ろー！ 説明しろー！」
校長が渋々席を立ち教頭と交代した
「えー学校見解としましては、文部省及び道教委からの通達にあるとおり
高校生の政治活動は禁止します
ましてや違法な行為や過激な行為を行った者はそれ相応の処分をいたします
以上！」
「ふざけるなー！」
「ナンセンス！」
「そんな通達いつ出たんだー！」
騒然として校長の最後の声はかき消された
反戦会議の代表が質問に立つ
「思想・信条・表現の自由は憲法で保証されているはずです
なぜそれを侵してまで通達が出るのか説明してください
街頭でのデモ行進も憲法で保証されているのになぜ参加者が処分されるのか
今朝の事態は警察と校長が事前に示し合わせてやったとしか思えないが連絡はしたのか
学園の自治を警察権力で破壊する行為は断じて許せないし学問の自由を自ら放棄することではないか
今後一切機動隊導入は行わないと約束できるのか」
高教祖の組合員である指導主任が校長に促されて立つ
「えーまずぅ 憲法で保証されている思想信条・表現の自由は、高校生といえども全国民が保証されているものです
ただし、一部過激派による違法な行為は許されていません」
「過激派って何ダー！」
「おまえも共産党員だろー！」
激しくヤジが飛ぶ
「えー 過激派とはですね、民主的な活動を否定するですね えー 違法なトロツキスト集団のことで…」
「トロツキストとは何ダー！」
「自分はスターリニストじゃネーか！」
「ご静粛に ご静粛に ヤジはいけません 先生の話を聞いてください」
民青の生徒会長が露骨に組合教師を擁護する

「えー　とにかくですね　一部過激派と結託する行為は違法であると文部省が決めました
次に…」
「引っ込めー！　校長出せー！」
「えー　次にデモの参加もですね、予期せぬ混乱を避けるためにですね、父兄同伴ならいいと思うのですが…」
校長を振り返る
校長はだめだめと首を横に振る
「えーデモはだめです　それから学校が警察と連携してというようなことは断じてありませんし、あってはならないことです」
「ウソ付くなー！　今朝は連携してただろ！」
「えー　本校は昔から自由の学園と言われてきましたみなさんも自由の学園が過激派の挑発で侵されることの無いように気を付けてください
以上です」
「引っ込めー！　スターリン主義者！　官僚主義者！」
「お前が自由の敵だ！」
罵声を浴びながら指導主任がすごすごと席に戻る

§

ふと気が付くと台所からカチャカチャ音がする
もうすっかり夜が明けて明るくなっている
いつもと変わらない朝の風景だ
昨夜の出来事が一瞬頭の中を駆けめぐる
「そうだお母さん…」
つぶやきながら布団を飛び出した
台所の入り口に立つと、母は何事もなかったかのように忙しそうに準備をしている
こちらの気配は気付いているが一瞥もない
しばらく母の動きをながめてから、気が抜けたように自分の部屋に戻った
頭が混乱していて、何をどう考えたらいいのか思いつかない
母になんと声を掛けたらいいのか、何も言わない方がいいのか
机に突っ伏して考えていた
しばらくすると後ろに母の気配を感じた
「いまお寺に住職さんが京都からお帰りになっているから
あんたのこと話したら一度会いたいと言っていたよ

今日行ってきなさい」
「…わかった」素直にうなずけた
お寺の住職さんとは、檀家であるお寺の長男で、大谷大学の教授をしている偉い先生だということを前から聞いていた
先代から住職を受け継いだが、職務の関係でたまにしかお寺に帰ってこない
けれど信仰の総本山で教職につき、信仰を広めている郷土の誇りと皆があがめている
たぶん母がなんとか息子を更正させたい一心で、偉い先生に頼み込んでお説教してもらおうという魂胆だろうと察しは付いていた
でも昨日の今日なので、ここは素直にお説教されて来ようと思った

親父のバイクを勝手に借用して、その夜お寺を訪れた
貧乏農家が檀家のほとんどなので、豪華絢爛なお寺ではない
質素だがほどほどの広さの本堂と、住職の母屋がある
奥の客間に通されしばし待たされた
「おーよくきなはったな」
京都なまりで嬉しそうな声を出しながら良敬先生が入ってきた
少し長めの髪を真ん中から分け、おかっぱのような頭が四角い顔を引き立たせている
くろぶちの眼鏡の奥には、象のようなやさしい眼が光っている
「お母さんから聞いとります
学生運動がんばっとるんやって?」
「はあ…まあ…」
最初は一方的に良敬先生が話し続ける
たぶんこちらの警戒心を解こうという気配りだったと思う
「で、セクトには所属してはるの？ どこ？」
「反戦会議です 全共闘系の高校生組織です」
「あー全共闘ね 反日共系だ
わたしゃあ民青がだいっ嫌いでね
あいつらはいかん
自分の考えという物をもっておらん
なんでも上からの指示でしか動かんし考えようともしない
教条主義ってやつだな」
「そうです！ そうなんですよ」

わたしの表情が明らかに変わっていた
地獄で仏に出会ったような妙な安堵感に包まれていた
この人には、なぜ自分が反戦運動を始めたのか、そのいきさつを最初から説明する必要がない
そのことだけでもこれから会話が成立することが理解できた
いつもならそこから始めなければならない
そしてそこで対立してその後の会話がすれ違い、成立しない
最後にはあきらめて、相手の一方的な小言を聞き流すだけの無駄な時間が多かった
この人は違う
たぶん大学でいろいろ揉まれているんだな、ということは想像できた
「うちの大学でも学生運動が激しくてね
日共民青に全共闘、おまけに反戦僧侶まで出現しはった
もうごちゃごちゃですわな
でもまあみんな真剣に考えてはるわなあ民青以外は
そこは共感できるんだよ
自分で考えはって、自分で行動する
これからの世の中に必要なことだよ」
目を輝かせてうんうんとうなずいた
「ほんで君は高校生なのにがんばってはるんやって
お母さんから大まかには伺ったけどぉ
どうなの　お母さんの心配してはることは理解できるん？」
「はい　母の言ってることは判りますが
自分としては自己保身して安全に世の中を渡りなさいってしか聞こえないんですよ
いま世の中はそんな情勢じゃないし
みんな自分の身を捨てて反戦運動に没頭しているのに
日和見して逃げるようなことはしたくないんです」
「そうだなあ　情勢が情勢だしなあ
君の言うことはうちの学生たちもみんな言っていることだけどなあ
家族の絆ってどう思わはる？」
「歴史の中で家族制度は国家の支配の構造の一部として機能しておりまして…
ああ先生にこんなこと説明するまでもないですね
親子兄弟や肉親の愛情はすごく感じるし大切なものと

思います
お袋の心配もよくわかるし…お袋の気持ちや夢を引き裂くようなことしてるんだなって感じてます…」
「ふむふむ」
「でもこういう反体制的な運動をするときには、必ず家族との闘いがあるってことも勉強しました
家族制度の壁をうち破って立ち上がらないと何もできないし、歴史も作られなかったと思います」
「ふーむ ふむ」
「父や母には申し訳ない気持ちでいっぱいなんですけど、やっぱりここでがんばらないと…」
「とめてくれるなおっかさん ってやつだな」
「そんなかっこいいもんじゃないですけど
やっぱり今の仲間たちも家族問題が大きくて、それに負けて離れていった者もたくさんいます
みんなで励まし合ってるんですが、うまくいってる者はいません」
「そうだね むずかしいね
でも家族を説得するってことも大事なことじゃあないのかな
自分の家族も説得できないで、他人を説得でけへんじゃない?」
「はい 確かに最初はそう思いました
選挙の時にどうしてこんなに農民が苦しめられているのにまた自民党に投票するんだってずいぶんがんばってアピールしたことがありました
でも選挙権もない奴が何言ってんだって相手にもされませんでした」
「それだけ?」
「そういえば次の日にお爺さんがジュンが死んだ夢を見たって言ってました
それなりにインパクトはあったんだなって、あとから思いました」
「そう 子供の言うことやから、大人はなかなか聞く耳持たないけど
真剣に訴えたら案外届いているもんだよ
そのときの真剣さが鍵なんだよ一度でだめなら二度三度
あきらめずに訴えることが、人の心っていうか魂を動かすんだよね」
「…努力が足りなかったかも知れません すぐあきらめちゃってました」
「君のご家族は純粋に君の将来を心配しておられると思うよ

頭ごなしに子供の言うことと決めつけてはいないはずだ
君がもう少しだけ親御さんとの会話に努めたら、きっと変わるはずだがな」
「…やってみます」

§

この騒ぎはすぐさま報道各社から臨時ニュースで流された
「北見H高校で授業ボイコット発生！　団体交渉で教師をつるし上げ！」
騒ぎを未然に防ごうとした学校当局のもくろみが、まったく逆の展開になってしまった
校長も教頭もそして利害の一致していた高教祖の教師たちも、思っても見ない状況にまったく対応しきれない
生徒たちの追及にタジタジとなった教師陣は、もう誰もマイクの前に立とうとしない
「えー この問題は決着が付きませんので、次の議題に移りたいと思います」
「ふざけるなー！」
「ちゃんと説明しろー！」
反戦会議の陣営からは激しいヤジが飛ぶ
「えー このままでは話し合いになりませんから…次に喫茶店の問題に移りたいと思います」
ぱらぱらと拍手が起き、それにつられてやがて大きな拍手になる
そろそろ膠着状態に飽きてきたのと、喫茶店への規制問題は特に女子生徒にとって最大の関心事だった
いまどき考えられない話だが、当時流行していた喫茶店に高校生が入店することは原則禁止されていた
市内で「田園」と「鹿園」だけが父兄同伴という条件付で認められていた
カワグチの彼女である茶道部のマチコが質問に立つ
「先生たちに質問したいんですがどうして喫茶店に入ってはいけないのか、きちんと説明してくださいい
入ったらだめというだけで、なぜいけないのかちゃんとした話はなかったと思いマース」
おおきな拍手がまた起きる
演壇の上で教師陣がこそこそ打ち合わせをしている
そして家庭科の女教師が呼び出され、細いメガネの縁に片手を当てながらマイクに向かった
「最近市内にはたくさん喫茶店が増えてきております

が、本校が認めているのは以前より純喫茶の二店だけです」
「純喫茶とふつうの喫茶店の違いって何ですか？」
「えー 純喫茶はお酒をおいていませんが、ふつうの喫茶店はお酒を出すところもあるようです
お酒を出すようなお店に未成年の高校生が出入りすることは、社会風紀上認められておりません
従いまして本校も社会勉強の意味で二店だけは認めてあげておりますが、それ以外は調査しておりませんので認められません」
「田園だって酒おいてるぞー！」
「自分で調べろー！ 怠慢だー！」
だんだん議論がそれて行った
民青の生徒会長はもともと「物取り要求」が自分の活動だと信じていたので、都合のいいように議論を誘導する
あと二、三店出入りを認めさせれば生徒会の大勝利だと信じて疑わない
あの店はいいとかこの店はだめだとか不毛な論争が続いた
みんなが盛り上がっている隙に、反戦会議は撤退した

§

「分水嶺という言葉を知っているかな
高い山の頂点で、降ってきた雨がわずか二、三センチ右に落ちるか左に落ちるかでその先がずいぶん変わる
片方は日本海、もう片方は太平洋に下っていく
一緒に天から落ちてきた水滴が、風のいたずらで右に落ちるか左に落ちるか
その先は永遠に出会うことが無くなる分岐点なんだ
また登山者にとっては、滑落の危険を避けるためには分水嶺を見つけてそこを歩むってことが大事なんだ
これは人間の人生にも言えることでね
人というのはいろいろなしがらみや、重たい荷物をぶら下げて危険な山道を歩んでいるようなもんだ
一歩踏み外せば奈落の底に滑落する
自分の目標とする頂を目指すためには、分水嶺をしっかり見分け、歩むことが大切なんだよ」
ハッと目の覚めるような話しだった
いままで自分は、特に親との関係に於いて、いやなこ

とから逃げてきた
踏み分けるどころか、ジャンプしてその苦労を避けてきた
避けきれずに、そういつも踏み外して滑落しそうになってもがいている
そんな自分を言い当てられている気がして無性に恥ずかしくなった

§

反戦会議は授業ボイコットという成果をあげたが、それから街頭での安保闘争が激しくなり主要なメンバーはほとんど学校へ行かなくなった
本当にこのまま革命が起きるかもしれないという幻想が、あとさきを考えさせなくさせていた
H高校では道教委から厳しい指導があり、反戦会議のメンバーに対する激しい報復が始まった
面の割れているメンバーの家族を順番に呼びだし、非行行為により処分すると恫喝した
自主退学しないなら休学届けを出すよう迫った
とにかく登校させないで一般生徒との分断を狙っていた
シンパとみられた生徒は指導主任に呼び出され、まるで江戸時代のキリスト教弾圧の踏み絵のように根ほり葉ほり問いつめられた
「お前は反戦会議とは関係ないんだよな
一時の気分で声援を送っていただけだ
戦争反対はよくわかるし先生だってそうだ　戦争には反対している
でもな、そういうことは高校を卒業して、大学生か社会人になってから大いにやりなさい
ここは高校だからちゃんと勉強して大学に行きなさい
まじめにやれば推薦だってしてやるんだから
大学行きたいだろう？
だったらこれに署名して、教室に戻りなさい」
差し出されているのは反省文という題名の転向誓約書だった
「私は反戦会議と一切関係ありませんし、これからも関係いたしません
勉学に励み高校生として恥ずかしくない行いをいたします」
やがて学校内での支持を失い、孤立したメンバーはよ

り過激に・過激にと行動することを求めていった
連帯を求めて孤立を恐れず

当時の学生運動での合い言葉
だった

第五章

それぞれの想いの中に

三人の闘士にみちびかれ

河西　英通

札幌市で生まれ北海道内を転々としながら育った私は、高校卒業後、弘前大学（学士課程）から立命館大学（大学院修士課程）へ回り、一九八一年に北海道大学（大学院博士課程）に入った。北大では多くの方のお世話になったが、なかでも直接学園闘争に関わった森山軍治郎・北田英人・谷口孝男のお三方には鍛えられた。

美唄市出身の森山さん（一九四一～二〇一六年）は、六五年に北大文学部西洋史を卒業、七三年に故郷の専修大学北海道短期大学の教員となった。近代日本民衆史・フランス革命史の研究者で、『民衆蜂起と祭り―秩父事件と伝統文化』（ちくまブックス、一九八一年）、『ヴァンデ戦争―フランス革命を問い直す』（筑摩書房、一九九六年）などの著作が知られる。

森山さんは学生時代、「ジレンマ」の中にいた。指導教員に指示されたテーマに沿って研究者の道を歩むのか、自分のやりたい歴史学に向かって邁進するのか、岐路に立っていた。そんな中、闘争時に院生を代表して教授会（おそらく六九年一〇月三一日の会議）に殴りこむ。森山さんは封鎖派ではなかったが、問題に真正面から向き合わない教授会に不満を持っていた。その時の森山さんの心境はこうだ（『暴徒―現代と秩父事件』同志社大学アッセンブリ出版会、一九七六年）。

明日教授会へ雪崩れ込んでなにか一発やるぞということになると、前の晩どころか前々にそういう話が出たときから、すでにもうだいぶ動揺しているわけです。果たして、そんなことできるだろうか。そんなことやっていいんだろうか。（中略）しかしですね、やはり思い切ってやってみた。思い切ってやってみたらですね、なにか気分がスーッと軽くなったです。それは結局なるようにしかならないんだ。だから大学に残れなくてもいい。大学の教師になんかなれなくてもいい。自分のやってきた研究を生かそうとすれば、自分で、自力で、友達のツテに頼ったりして就職を見つけることだってできるんだ。そういう気持ちになってきたですね。同時に、今まで怖っかなくってしようがなかった大学の先生というのが、ちっとも怖っかなくなくなったんですね。で、大学の教授の権威だけでなく、権威一般に対する恐怖からも少しずつ解放されてきたように思います。これは僕の人生にとって、たいへんプラスだったと思ってます。

幸い（?）、この後森山さんは指導教員から助手にならないかと誘われ、数年間、西洋史講座の助手を務める。森山さんの幼少時、四六年には三菱美唄炭鉱争議で「人民裁判」がおこっている（『民衆精神史の群像―北の底辺から―』北海道大学図書刊行会、一九七四年）。森山さんは「人民裁判」を「戦後民主主義の出発点」と位置づけているので（映画『美唄物語の真実～総集編～』）、幼少時に森山さんの戦闘性が潜在的に築かれたと思いきや、意外にも大学闘争時は動揺と躊躇の中にいた。そして飛躍していった。

森山さんはその後、元日大全共闘書記長の田村正敏さんが道知事選に向けて提唱した「勝手連」に参加するが、「人民裁判」の時代を想起しつつ、運動のダイナミズムについて次のように語っている（『われら「勝手」に連帯す―甦れ、北海道のフロンティア』幸洋出版、一九八三年）。

演芸会をやっていて、それが団交の場にスーとなっちゃうのを何度も見た。隣のヤマに「軽音楽事件」というのがあったけれども、これも、軽音楽なんてスマートなものではなくて、ドラム缶やらハモニカやら、とにかく音のでるモノを持ち出して、一週間もの間、工場長の家をとり囲んで、打ち鳴らし吹き鳴らしつづけ、それでもって交渉をしたという事件なんです。いま、このような民衆のもつエネルギー（伝統）といえるものが少しづつですが、イキを吹きかえしつつあるという点ですね。イキを吹きかえさせているのは、リーダーとかエリートとかではなくオチコボレであって、彼等がどうしようもなくなっている現状から何かを突き出しつつある。この点に注目しているわけです。

今日にも生き続けている言葉だろう。晩年、森山さんは「泊原発の廃炉をめざす会」事務局長、差し止め訴訟原告代表、「平和憲法を守る空知の会」代表などにも就き、平和革新運動の先頭に立った。

小樽市出身の北田さん（一九四七～二〇一九年）は、七〇年に東洋史を卒業、八五年に群馬県の高崎短期大学（のち創造学園大学）の教員となる。中国古代・中世史の研究者で、主に江南地域をフィールドにした。学園による不当労働行為と闘いながら、歴史心理学の領域から人類史にアプローチするという壮大なスケールの研究をめざし、『宋元時代史の基本問題』（汲古書院、一九九六年）、『地域の世界史六』（山川出版社、一九九九年）などを共同で著した。

北田さんは民青同盟の活動家で、収集された膨大なビラ・議案書などのコレクションは現在、北大大学文書館に保存されている。北田コレクションは北大闘争を語る時、不可欠の資料群の一つである。北田さん自身が記した手帳（メモ帳）も興味深い。例えば、六九年七月には「軍事行動、政治的活動の保障の為にも」と見える。近年の大学闘争研究は共産党・民青系のゲバルト行使についても指摘しているが、北田さんが「軍事行動」の必要性を記した背景には、全国の学生自治会の勢力変動があった。七月一五日警視庁発表の自治会勢力地図を翌一六日にマスコミが載せる。朝日新聞は「反代々木系伸びる全国大学自治会の役員改選動員力、代々木系に匹敵」の見出しで、六八年一〇月から六九年七月までの期間を総覧し、両派が主導権を握る自治会数にほとんど変化はないが、活動家数や動員力では両派は伯仲し、全国全共闘連合の結成も予想されると報じている。そうした傾向は北大でも同様だった。民青指導部の北田さんの危機感は強かった。

夏休み中に開かれた各派の全学連大会も終了し、中心メンバーがキャンパスに戻ってくる中、民青同盟員の意気はなかなか上がらない。革マル指導者の来札や関西ブントの大挙襲来も噂されていた。北田さんは「トロ（トロツキスト）及び全共闘諸君の提起、それを乗り越える反対提起を、摂取すべき点はし、批判すべき点はする、これなしにはシンパ層を切りはなすことできぬ」と反対派と真正面からぶつかる必要性を訴えているが、より根源的にはつぎのような認識があったと思われる。

人生観・世界観での関心が一大要求となっている。これを闘争として組織できる—何故か！　こういう事態の裏には、諸矛盾があるのでは！（中略）しかし、世界観の問題を考えると言っても、今までの生活の反省にとどまる傾きあり。いかに生きるかまでいかぬ。トロが問いかけたからではなく、客観的諸矛盾の反映としてのまよえる意識状況があるからこそ、学友が世界観の問題を考えている。

人生観・世界観の迷いは共産党・民青活動家の場合とて例外ではなかった。その迷いを振り切るものとして、〈日本革命〉が提示されたのではなかろうか。つまり今を生きるミクロな次元における充足感＝〈予示〉としてではなく、マクロな社会変革に賭ける使命感＝〈戦略〉としての〈日本革命〉である。それは迷える若者にとって、分かれ道でもあった。

北田さんが、六八年の長沼ナイキ基地反対闘争では、自分たちが先着して闘争を組織したと話してくれたことがある。二〇歳の北田さんの勇姿を見たかった。北田さんと高校が同窓で研究室も一緒だったものの、やがて社学同活動家になり、最終的に体制内知識人と化して行ったY氏の話も聞きたかった。晩年は埼玉で「九条の会」の中心的役割を果たした。

京都市出身の谷口さん（一九四九～二〇〇六年）は、七二年に哲学を卒業、八四年に北見工業大学の教員となった。『意識の哲学―ヘーゲルとマルクス―』（批評社、一九八七年）、『人間社会の哲学―フォイエルバッハとマルクス―』（同、一九九〇年）、『論争のデモクラット―生きることとの意味論―』（同、一九九三年）などをはじめ、旺盛な研究活動を送った。

谷口さんは政治生活・北大闘争に関して饒舌だった。八六年にこう綴っている（「社会的生活過程論の学的構想―中野徹三小論」『クリティーク』二）。

私は高校生のとき、ベトナム戦争と中国の文化大革命を通路として歴史と社会へ意識をもって連なり、大学入学後しばらくして学生運動に全存在を投入し、その生活は卒業するまでほとんど「職業的革命家」のそれに類似していた（中略）。六〇年代から七〇年代にかけて日本全土を席捲した大学闘争として学生時代を送ったとき、それの本質的部分は「反革命分子＝トロツキスト」とのたたかいにほかならなかった。（中略）私はこの論文の読者として、私と同時代に「反革命分子＝トロツキスト」（中略）とたたかった誠実で革命的な多くの友人たちとかつての、そうだ永遠にかつての「トロツキスト」の諸君を想定する。この論文は私の自己批判の最初の報告であり、私の大学闘争の思想的総括である。

谷口さんは、かつて信仰の対象でさえあった「革命の戦略・綱領の問題」は「原理的領域」と不可分の関係にあるとみて、スターリン神話の解体、共産党文献の克服にとりかかる。谷口さんの追想、「当時のゲバルト闘争、ヘルメット、鉄パイプ、石、笛の音、旗の林立、の世界に心が飛ぶ。当時の北大構内のさまざまに色分けされたヘルメットの乱舞する騒乱状況がしっかりと再現されてくる」は、『意識の哲学』にも見える。最後の著書『論争のデモクラット』は遠き日の谷口さんがこう描かれている。学部生時代には仲間が敬遠する教養部指導を買って出ていた。

日本共産党の綱領・規約・政策と「マルクス・レーニン主義」で武装した青年は職業革命家になるこ

とを志していた。「反革命家〔ママ〕分子トロツキスト」とヘルメットと鉄パイプで渡り合ったこともある。学生時代の私の鞄にはレーニン全集とガリ版がいつも入っていた。授業などは眼中になく、レーニン全集と反対派のビラの研究、ビラ作り、オルグ、闘争指導に余念がなかった。

谷口さんが〈原理的〉立場を大きく変えていくのは、七〇年代から八〇年代にかけてであり、「民主集中制をめぐる論争における日本共産党指導部の高圧的態度」が「私をマルクス・レーニン主義哲学の自己批判的吟味に赴かせた」と述べている（『論争のデモクラット』）。私家版の『ヒューマニズム哲学論への企図（上巻）』（二〇〇四年）によれば、七五年頃から「思想の混迷」は「日常生活の混乱」に繋がり、「深刻な危機」に陥った。私が谷口さんに出会ったのはその数年後である。確かに時々〈狂気〉を感じることもあったが、平生はいたって〈常識人〉として接してくれた。

最晩年に出された『ヒューマニズム哲学論への企図（下巻）』（二〇〇五年）には、「わたしは『一流のわかる二流』の哲学者になりたい」「すこし生き急ぎすぎたようにもおもわれるので、これからは精神の『熟成』にこころをくばりたい。ゆったりと、じっくりと、円満に、たおやかに、すべらかに自分のこころをみつめ続けるつもりである」と書き残している。還暦前に亡くなられた谷口さんは〈論争のデモクラット〉であり続けた。

一九七〇年代から八〇年代にかけて、北大闘争の記憶はそれぞれに語られ始めていた。そばにいたものの、私はその語りの重要性に気づかぬ日々を送っていた。八五年春のこと、群馬県に移る北田さんから段ボール箱数個の闘争史料を託された。その直後、私も急に新潟県に動くことになり、それ以来三十数年持ち続けた。何度か箱を開けて、〈さあ、読もう！〉と意気込んだものの、根っからの怠けと諸事雑務に追われ囲まれ、いやそれより何より、〈北大闘争〉という歴史にたじろぐことで、無為のまま過ごしてしまった。その間、災禍に襲われなかったのが幸いだったが、なんと愚かな資料所蔵者だったことか。二〇〇七年の広島転居後も、しばらく手に付かなかったが、二〇一〇年代半ばから国立歴史民俗博物館企画展示『「一九六八年」無数の問いの噴出の時代』（二〇一七年開催）に向けて、コレクションを整理分類し始め、二〇一九年になんとか『北大闘争の位置と思想』（ネット上で閲覧可）をまとめることができた。まさに長征。しかし、北大闘争に自分自身を立ち向かわせるのに必要な年月であった。道はまだ続く。

（了）

追尋 ―半世紀をへて、一つの回想―

西山　克典

私は、長いあいだ北海道大学で過ごした。北緯四三度、東経一四二度にほぼ位置する札幌の街に過ごした。学生として四年、大学院生として五年余、そして助手としては一〇年以上、一九九一年三月末まで在学・在職した。したがって、私にとってこの札幌と北大は、人生の青春、つまり高校を卒業した時から就職し中年に至る二〇年余が、この地での生活と結びついている。

私が北大に入学したのは一九七〇年の四月で、その時の学籍番号は四五〇四六〇だから、昭和四五年度入学で、全学生中の四六〇番ということであろう。第二外国語をロシア語とする文類一年九組に編入されていた。

（一）

大学に入学するまでの、私の「素性」を明らかにしておこう。道立の旭川東高校に三年ならず四年通った。「不良」ではないが、留年したのである。高校はこの地方で進学校として知られ、当時は進学指導で分けられた理系コースにいた。文系コースもあり、進学しない人は、目立たずにクラスのなかに分散していたように思う。私は人生の進路などを真面目に考えることもない、その場しのぎの少年であった。潰しの効く、つまり文系にも医歯学系にも進める理系コースに学んでいた。この潰しの効く選択を志向したのは、今となっては優柔不断な私の性格とも思える。大学では文類を選び、思想も政治・経済となんでも学べる史学に進み、ヨーロッパとアジアに跨るロシア史を選んだことも、ここにあるかもしれない。この「潰し志向」は、敗北に備えた構えでもあったように思える。敗退を視野に入れ逃げ場を確保しようとの構えで、強いものへ対する弱者の保守と自存の思いであろう。

「潰し志向」は、私の生まれ育った社会とも関係しているかもしれない。私の一族は明治二四（一八九一）年の春、讃岐の移民団に加わり、北海道胆振の社台（現白老町）の地を踏んだ。駒吉を頭に、彼の母をはじめ家族を挙げて北への冒険、農業移民である。土地を求め転々とするが、駒吉は江別で死去し、長男の源四朗以下の四兄弟は石狩川を鮭のように遡上し、開墾のできる土地を探った。源四朗を失い、残った三兄弟が神威古潭を越えて上川の御料地に入植したのは一九一九（大正八）年の二月である。大雪山から流れ下る忠別川が、標高三〇〇メートルばかりの細長い谷を刻み、その上川御料地の最も東端が平地に広がる所に行き着いたのである。三兄弟のうちの私の爺ちゃんにあたる歌八と、私の父の稔はここに移住し、私はここに一九五一年の三月、深い雪に覆われた家に第四子として生まれ、「末っ子」であった。この上川の東御料地、志比内が私の故郷となった。

歌八は、瀬戸内の潮風がにおう香川県仁尾町（現三豊市）曽保で小学校の門をくぐったが、すぐに北海道に移り転々とする中で、学校教育を受ける機会がなかった。父の稔と母は、山を越え隣の集落の尋常小学校に通い、結婚し、父は衛生兵として出征した。私は志比内の学校に学んだ。これは「小中学校」であったが、今の英才教育をめざす一貫校ではない。「遅れた」僻地の学校であった。小学校の授業は複式で、二学年が一つのクラスで学び、授業の半分は他の学年に充てられ、この二学年を一人の先生が教えていた。中学校に進んだ時には、この小中学校は廃止され、中学一年は分校に、二年では分室に通い、中学三年で廃校となった。分室が閉ざされた後、遠くの本校にスクールバスで一年間通った。この時、私は革靴―といっても模造ビニール製をはき、腕に時計をつけた。この統合された本校は優れた教育施設を誇り、理科、数学、英語など科目ごとの教室があり、生徒はその教室を移動した。廃止された「分室」とは、分校よりさらに「下」で、地域を襲う災害など緊急時に一時的に許される施設であると、後に知った。

この志比内は「遅れた」僻地かもしれない。新聞は、郵便屋さんが翌日に届け、農協の店舗以外の唯一の商店は、半農のMさんの店であった。同級生のヨシコちゃんがそこにおり、私が北大に合格した時は、父が頼み込んでこのMさんの小型トラックに私の机や布団、生活用品を積み、大学のある札幌に、私は出てきた。

中学校を卒業し、私は旭川の東高校に進学した。留年までして四年通ったこの東高は、旧制上川中学の気風を残し、その受験校での想い出も尽きない。入学すると、私は旭川の姉のもとで生活の世話をしてもらったり、下宿したりして暮らした。春の田植えと秋の稲刈りには、バス定期券で家から一か月、通学し、農作業を手伝った。一学期と二学期の中間試験は、この時季に重なり、勉強はできなかった。成績は決まって悪かった。しかし、大雪山系と水田、稲穂の秋は美しかった。夏と冬の休みは帰省し、何もせずに過ごした。塾も進学スクールも勿論ない。日々、河原に出かけて泳ぐか、冬山でスキーをするか、「遊惰な日々」でもあった。

（二）

三月の入学試験を札幌東高校で受験し、合格した。四月に「遅れた」僻地から札幌に出てきたのである。札幌では、叔父のところで、受験で何日か世話になっていたが、その叔父の世話で下宿を見つけてもらい、学生として生活することになった。旭川では、塾通いの秀英な同級生もいたし、北大に入ってからも道外の都会育ちの俊英や経験を積んだ浪人生もいた。だが、私は「遅れ」ていた。高校では「潰し」で勉強してきたし、上川の僻地から来た優柔不断な青年であった。

北大の「紛争」は狭い意味で、初期の段階は既に終わっていた。一九六九年四月一〇日の入学式会場となった体育館の出来事から、一一月八日の大学本部の占拠と機動隊による封鎖解除で、この熱い年は終わっていた。私が入学したのは、翌年の四月であった。前年と同じく、入学式は行われず、新入生は教養部前の路上に設けられた事務机、その上に置かれた入学関係書類、時間割や履修の手引き等を受け取り、学生証を交付された。四月下旬の、時に青い空も顔を出すが、曇天の寒い日であった。この時、私の前に並び学生証を受け取ろうとしたT君の前が騒然となり、交付されるはずの彼の学生証が宙に舞い地面に落ちていった。それは、入学を「粉砕」しようとする学生に踏みつけられた。肌寒い鉛色の曇り空、時々冷たい風の舞うなかで、大学に入る「洗礼」を受けたのである。その後、T君は革マル派の集会に顔を出しているとも聞かされた。

四月末の入学・履修の手続きも終え、五月の春の連休を過ぎると、もう学生服は脱いで、私は兄が着古した上着を誇らしく身に着けていた。大学の教養キャンパスでは、活動家たちのアジ演説が響き、ビラが配布され、旧一年を含めた大講堂でのマスプロ授業もあった。食堂も厨房の熱気だけでなく、動物の群れのような学生の生気がうねっていた。新しい生活が、「潰し」で勉強し「遅れて」やってきた私にも、始まった。

一九六九年当時から、クラス反戦連合、C闘争委、社青同、社学同、革マル、反戦闘争委、全共闘など様々なセクトや集団が活動していた。私は、大学の「民主化」と「自治」の拡充を掲げる共産党＝民青の方針に共感を覚え、集会やデモにも何度も参加した。

七二年の春に文学部に移ると、専攻の各科で研究室の利用規則を学生が話し合ったり、移行生を迎えるゼミの説明が、自主ゼミを含めて行われた。哲学、史学、社会学などの研究室では、それぞれ「闘争委」とか「自治会」の活動が行われていた。また、ある時にはヘルメット集団が文学部の建物、一階を封鎖することもあった。その学生の一部がかざす毛沢東語録は、受験用の赤尾英語「豆単」にも見えた。大学は、安保改定阻止、ベトナム反戦から、沖縄返還をめぐる闘争、一〇・二一国際反戦デー、そして授業料値上げ反対、さらに大学の民主化や「自治」などの「問題」を提起し、自分を世界に向けて開く場であった。入学した二千余名のなかに、沖縄特別入学生が五人いたことは、後に知った。沖縄もベトナムも外国であり、世界であった。大学の存在を問い、改革を求め、自主ゼミや学習会と、何かにつけ集まり議論し、語り合った記憶がある。

大学の四年間、私はヘルメットを被ぶり、手拭いマスクで顔を隠すことはなかった。角材を持って対峙したこともない。「暴力学生」と謗られるものではない。しかし、集会には参加もし、デモに加勢し、議論も交わしていた。だが、「流れ」に乗るには不慣れで臆病なのである。友人が首に長いマフラーを何重にも巻きながし、誇らしげにしているのを「内ゲバで首を絞められるぞ」と茶化したりもした。編むマフラーの長さに愛が比例しているとの愛の「偏見」が流行ってもいたのである。その友人も、大学で経済学を教え、拓銀破綻のおりはテレビに何度も顔を出して解説し、古本屋で自分の本が一冊五〇円の最安値をつけたと「豪語」していたが、今となっては心を病んでいる。ある時、「ピィー」と鋭い笛のなかで教養部が包囲占拠されようとした。私は西に廊下を遁走し、肩から鞄を教室に投げ込んで、必死で脱出した。後で、投げ捨てたこの肩掛け鞄を誰もいない教室の床に見つけ、なかのノートと本を確認した時、心を取り戻した気がした。

これらのことは、個々の学生の記憶のうちに留められている。学部教授会の議事要旨には、学生の除籍をはじめ、「一部学生による授業の妨害」「小樽商大で逮捕された本学部学生」「哲学科闘争委員会」「学生の逮捕について」「一〇・二一国際反戦デーの学生の動向について」「文学部研究科棟一階の封鎖について」「文学部行動委員会と称する一部武装集団による封鎖」「十月二十一日以来の一部学生集団による占拠等の各事態」「文系講義棟における一部学生集団の集会について」などとの項目がみられる。

だが、一九七〇年秋から七四年二月までのこの公式の記録文書に記載される項目から、学生の動きとその具体的内容を把握するにはあまりにも心許ない。ここには、学部当局の苦慮の対応は窺えるが、学生の除籍処分、退学と休学の許可、留年をはじめ、学生の個々の内面も、それを把握する記録も、その志向も読み取れない。個々の学生のなかにある圧倒的な「記憶」に依り、この時代を再構成する作業が残されているように思える。

当時の大学では、そこに身を置く自己そのものを「批判」し、体制に融合する「日常性」という状況から抜け出そうという「哲学」と意識に駆られていたようにも思える。入学した年の六月に、私のクラスでは『文類九組名簿』が編集されている。独自の判断で編集作成したと「自己批判」しながら、N君はその「あとがき」に記している。

個に初まり、個に帰る人間がその一生のある時期において、たとえそれが客観的にみて不適当なものであったとしても、激しく燃えることも必要なのではないだろうか。少なくともそれを否定し、弾圧する権利は誰にもないはずだ。それを茶番だと笑う者は、人間の存在そのものを笑うことになりかねない。（中略）だが忘れてはならない。すべての個を抹殺し、圧殺しようとする孤がいることを。…………

ここに漂うのは、内攻する「個」と「孤」たることを恐れる自我である。このような意識は入学したものに通底していたように思える。また、集会で読み上げられる決議にある「一切」を「ひときれ」と読み間違ったのを苦笑し、ゼミでテキストの il s'agir de を「彼はアジった」と訳した者がいたと聞いた。性急に全否定を繰り返し、「ノンセンス」を叫ぶ気分もあった。私は、史学科の学生となり、問題提起の意義を問い、「ズブズブ」の「実証主義」を嫌った。「存在」そのものではなく、その意義が問われるのである。否定を介し主体性へと向かう意識のなかに「未熟」を嗤う者には、果実は乏しいと、今でも思える。私の四年間は、視野を世界に結び付け、自由をつまり時間と場を与えてくれたのであろう。

そして、その意識には、大学に入ったものの「エリート」意識も、それを「自己」批判する意識も絡み合っていた。当時、大学に進学できるものは二割を超えたが、まだ僅かであった。七〇年の大学進学率は二三・七％である。廃校となった私の「分室」から大学へ進んだのは、私一人であった。同じ世代の八割の若者から見て、大学生はやはり「エリート」であり、大学「紛争」は絵空事に映ったのかもしれない。大学の内では、学生は心情的には学生運動に共感しつつも、四年間のうちにやがて慣れ傍観的になり、就職で「何か運動をやってましたか」と人事担当に聴かれても嘘ぶいて、社会に出た。多くが企業戦士として、あるいは公務員として日本を支えていったのだろう。そして、その大学にも多様な学生がいたのが忘れられない。私のような「遅れて」きたものから、ドストエフスキーに魅せられて、大学にいる存在を疑い退学したものも、戸塚ヨットスクールのような教育を模索したものもいる。今となっては、この時代と多様な「個」の在り方が、歴史の文脈のなかで重く貴重に思われる。

大学「紛争」は、様々な対立する党派と、共感しつつ傍観する学生・院生、助手をはじめ、対応に苦慮した教官や職員の動きのなかで展開したが、「一部暴力学生」と総称される全共闘系と民青系の運動が基本で鋭い対立を孕んでいた。前者は「帝大解体」を求め、大学施設の占拠に訴え、自己の「主体性」で権力と体制に直接対峙した。そこには、集会と運動、直接行動をバネとした主意的な、革命的ロマン主義がみなぎっていた。後者は、大学制度を問い、「自治」と「改革」を掲げ、全員の加盟する自治会運動にかけていた。今となっては、民主主義の運動と制度という二つの側面が、お互いが自らを「過信」し、「誤信」にまでたかめ、互いに拮抗し対立を深めた。そして、多くの学生がこの対立に巻き込まれつつそれに慣れ、共感もし疎遠ともなり、大学を出ていった。

教官は、「紛争」の激しかった教養部や私の進んだ文学部でも対応に窮した。大学の自治と管理を直接担うとされた部局のレヴェルで学部長を選出できず、事務取扱いと頻繁に交代する学生委員会が学生に対応した。その学生委員会も学生「補導」という自らの理念を放棄せざるを得なかった。個々の党派は互いに争い、「個」は「主体性」のなかに内攻したのだが、「闘争」は全体として「紛争」のうちに終わらざるを得なかったのである。

さて、四年を終え、「未熟」な私は大学院修士課程に合格した。その三月に生協書籍部に『マル・エン（マルクス・エンゲルス）全集』の定期購読を申し込んだ。当時すでに数十巻が刊行されており、各月に続巻が頒布されるこの大著の、その鮮やかな紅色の装丁に魅せられていたのである。だが、この全集の購入には保証人が必要であった。指導教官は学部長選挙が成立せず学部長事務取扱いであったが、彼の保証印を快く頂いて、クラーク会館の書籍部に勇んで行った。私のボロ靴の底からしみる雪解け水は痛いほど冷たかったが、春は快かった。

大学院の修士・博士課程を終え、奨学金の貸与も切れた。「遅れた」「潰し」の私の命運は尽きた。その歳の末の一二月に、私は文学部の助手に幸いにも採用された。

この採用にあたり、私には「宣誓」が求められた。学部事務長は、助手も国家公務員であり、憲法順守の義務を負うとして、憲法への「宣誓」を求めたのである。私は拒んだ。事務長は、採用できないと返し、重い雰囲気で時は止まった。学部長は「まあまあ」と事務長を制止した。その後の教授会で私の任用は決まった。これは、大学の公の記録、教授会議事録にはその痕跡は残されていない。しかし、私の「記憶」には忘れ難い。記録された事実は「史実」として検証されるのは勿論だが、個人の「記憶」を紡ぎ織りあげる「史実」は、それに劣らず重要である。

(三)

助手の採用にあたっての「誓約」拒否は、私の大学時代の何かに起因するのであろう。この「確信犯」として、私は長い間、北大に助手として勤め、その後は、他に転出し、六五歳の定年で退職した。私は、「確信犯」としての刑期を助手、助教授、教授と勤めあげ、退職した大学からは「名誉教授」の賞状も頂き、この刑期を解かれた。だが、この賞状を炙ると「不名誉」と透かし出てくる思いがする。

さて、大学は一九七〇年代からは、大きく変わった。二〇〇四年の国立大学の法人化に始まり、国公立の大学は学長（総長）と理事会に権限が集中し、部局の人事権も大きく制約された。「学問の自由」と大学自治の中核とされた学部・部局の人事権が揺らいだ。また大学財政でも国の運営交付金が毎年削減され、政府・文科省の掲げる研究に競争的応募が求められ、政策的資金になびかざるを得ないのである。「受益者負担」の原則で、授業料は私立大と同じ水準になっている。私の入学時には、年間一万二千円で、これは高校での負担より安かった。ここには大学をめぐる「哲学」の大きな転換がある。学生は教育の受け手、「受益者」であり、大学の研究教育を担う構成の一員ではない。産学官の連携が叫ばれ、「選択と集中」との唱和のもとで大学は再編され、一九七〇年代の大学「紛争」で問われたものは、未了（魅了？）のうちに圧閉された。

新自由主義の潮流にとらえられた大学に限らず、世界も大きく転換した。東西冷戦の終結とソ連崩壊に際して「歴史の終焉」が告げられ、「民主」と「市場」が魔法の杖のように説かれた。しかし、その後の三〇年は、新生ロシアにプーチン体制が生まれ、台頭する中国の習近平の強権、そしてアメリカ合衆国の民主主義の苦悩という状況のなかにある。また、「普遍的価値」を高唱する自由主義の国際秩序も危機にある。

「あの時代」から五〇年を経た現在、大学紛争にどのように向き合うことができるだろうか。『北大百二十五年史』では、大学民主化の基本はあまり報道されず、一部学生、セクト集団の暴力の応酬となり、暴力のエスカレートぶりが報道されたと状況を説明し、「紛争は『暴力』に堕していくにつれ、学内の支持を失っていき終息を迎えていった」と総括された。また、『北海道大学教養部三十年史』は、北大一〇〇年を迎えた昭和五四（一九七九）年を、教官会議は「定例通り行われ」、授業にも「特記すべき変則状態」はみられず「北大百年目の一年間は、教養課程二八年の歴史のなかで異例に平穏な年であった」と、安堵ともとれる総括を行っている。このような総括には馴染めない。さらに、マスメディアが、大学での騒乱や内ゲバを報じ、浅間山荘の「狂気」などを紋切り型に報道し、大学「紛争」をこの時代相のなかに凝固させる姿勢にも、違和感を覚えている。また、六八年の東大、日大から始まった全国の大学闘争は、六九年から北大でも「遅れて」展開し、「紛争」に終わったと概括するのにも不満である。全国からの「波及」と「遅れて」展開したという視点では、札幌農学校として始まった大学の「知」の歴史的遺産が問われることなく済まされる。北の植民地に設置されたこの大学で、西洋の先進農学の普及をめざし、内国植民地の経済開発を支援し、先住アイヌの民族学研究に「成果」を挙げたこと、これらを含め近代の「知」の体系への検証も必要であったろう。

大学「紛争」から五〇年、半世紀を経て、大学も世界も大きく転換した。二一世紀の二〇年代の今、北大闘争で問われたものは何かと問い、国家という「権力」と国境を超える「資本」という、強大な体制を地域から問う思考力が求められているように思える。官製部局史の総括にも、マスメディアの報道姿勢にも、全国に遅れ波及したという把握にも納得しきれない、「遅れてきた」青年の追尋がここにはある。「潰し」志向の学び、そして優れた研究の「落穂ひろい」に生きてきた私の「記憶」がある。学生・院生として、一九七〇年代の「あの時代」を生きてきた多様な人々、その「個」の輝きへの思いがある。助手以来、大学で「刑期」を勤めてきた私の紡ぐ「史」の試みがある。

二〇二三年六月の夏至の日に。

北大紛争と私

大坂谷　吉行（一九六九年北大理類入学）

一　東大入試が中止になり、北大を受験した理由

札幌南高校三年生の一九六九年一月二〇日、東大入試中止が決定した時、私は理科一類を志望していました。東大は教養学部に入学し、同学部の成績による進学振り分けで学部、学科が決まります。京大工学部を受験するには、学科を決めることが必要でした。当時の国立一期校の出願期限までに拙速で学科を決めるよりは、大学入学後に大学で学ぶことを考えたいと思いました。生まれ育った札幌市にある北海道大学も教養部の成績で学部や学科が決まることが、北大受験を決めた最大の理由です。

二人の妹（一学年下と三学年下）がおり、両親が「東大がダメなら北大医学進学課程を受けて欲しい」と言いましたが、医者になる気は無かったので拒否しました。

二　教養部棟封鎖中にしていたこと

中学校では軟式テニス部で、中体連札幌地区大会で団体戦三位、個人戦ベスト8でした。札幌南高校では同じ中学から入学した彼女と硬式テニス部に入りましたが、私は六月末に退部しました。高一のクラス担任（東大数学科卒）に「東大理科一類に現役で合格したいなら、高二の前期末（九月末）までに東大受験科目を終えろ」と言われたからです。

北大入学後、高校同期生と硬式テニスをする気にはなれませんでした。社長、社会人になったら、テニスじゃなくゴルフだろうと思ったので、ゴルフ部に入りました。一年生は少なく、理類と文類が各二人ずつでした。ゴルフ場でラウンドする日は、授業をサボることになります。教養部棟封鎖で授業が無いので、一人前にラウンドできるようになるには好都合でした。ゴルフ場に行かない日は、インドア練習場で、ボール集めをする代わりに空いている打席で何球でも打つことができました。先輩たちは四人揃うと、麻雀に行っていましたが、私は麻雀を知らないことにしていました。

三　北大で留年するより東大入試一九七〇

一九六九年、札幌南高校からは、浪人を含めて一五〇

人が北大に入学しました。同期生の成績上位者の中では「北大紛争が長引いて北大で留年するくらいなら、一九七〇年の東大入試を受験しよう」という声がありました。

私も同調しましたが、一月二〇日の東大入試中止決定後、受験勉強は全くしなかったこともあり、モチベーションが上がりません。

しかし、一一月八日に本部棟ほかの封鎖が解除され、留年しなくて済みそうになると、一九七〇年の東大入試は放棄しました。大学受験勉強をするより、新しいこと（具体的には都市工学）を学びたいと思ったからです。

札幌南高校同期生で文系志望者は、一九七〇年の東大入試を受験して、文科一類、文科二類に数名ずつ合格しました。北大理類や東北大理系入学者で、一九七〇年の東大入試を受験した者はゼロでした。理系では、一年遅れで東大に入学するよりも、入学した大学で修士課程に行く方が得策という考えの方が強かったと言えます。

四　北大で何を学ぶか

教養部棟が封鎖されてから、高校同期生に誘われて、理学部棟で行われた「量子力学入門ゼミ」に参加しましたが、いま一つ興味が持てなく、五回くらいでやめました。理学部は、自分に向いていないと感じました。理学部棟が全共闘系に占拠、封鎖されるという風聞があり、民青側で、防衛用の石集めなどを手伝いました。

北大理類の学部移行先は、理学部、工学部、薬学部、農学部、獣医学部でした。

私は高校時代、理科は物理と化学を選択していたので、農学部と獣医学部へ進む気はありませんでした。

薬学部は、ゴルフの先輩から実験が多いと聞き、何となく面倒くさいなと思いました。また、薬剤師の仕事が医師の指示での調剤というのも気に入らなかったです。

残るのは工学部です。工学部は、応用化学系、電子情報系、機械系、建設系に大別できます。ゴルフ部に応用化学科の先輩がいて、薬学部と同様に実験の多いことを知り、選択肢から除外しました。電子情報系は、量子力学に近い印象があり、また、中学、高校の同期生の兄君の話を聞き、自分に向かないと思いました。

機械系は、父が工業高校機械科卒だったので、あまり行く気がしませんでした。

残ったのは、建設系です。建築工学科、土木工学科、衛生工学科の三学科です。建築学の分野に建築史があり、また、建築物の設計は気候や風土に影響されます。北大の学部・学科の中で、建築工学科が自分に最も合っていると思いました。建築学の分野の一つに都市計画（都市工学）があることを知ったこともあります。

北大一年のお盆休み前に、北大で建築学を学び、東大大学院修士課程から都市工学を学ぶことに決めました。

私の記憶が正しければ、北大の入学定員は二〇〇〇人余りで、教養部は三八クラスあったと思います。一クラス六〇人程度でした。私は一六組で、クラス担任からクラス代表に指名されました。おそらく一六組の六〇人の中で入試成績が最も良かったのだと思っていたので、自分では合格者の上位一％に入っていると思っていたので、特に怠けなければ、希望する学部・学科に行けると確信していました。この時期は、一方で、北大で留年するくらいなら翌年に東大を受けるという選択肢を残していました。

お盆休み明けからは、東大受験勉強と並行して、都市工学の勉強を始めました。一九七〇年の一月四日から授業が再開され、冬休み、春休みの短縮で、七月一五日頃、二年生に進級したと思います。四月に新一年生が入学したので、三カ月余り、教養部棟の掲示板に「旧一年一六組」と書かれているのを見た記憶があります。

夏休みの大幅な短縮で、通常より一カ月半遅れで、一一月一五日頃、学部・学科が決定したと思います。希望どおり工学部建築工学科に決まりました。

二年後期の大半は一般教養科目でしたが、建築学の入門科目が五科目ありました。建築棟は最も理学部に近い場所にありました。工学部本館は、投石防止ネットがかかっていた記憶があります。ゴルフ部顧問で、工学部長の大野和男教授（建築）のアイデアだと聞きました。

五　北大卒業後どうするか

両親は、子供の教育に関して、①小、中、高は公立、②大学は国立で浪人は認めない、③自宅外は東大だけ認める、の三方針でした。父の定年に備えて郊外に戸建住宅を新築したという経済事情も関係していました。

私が北大四年生になる時、一学年下の妹は大学三年生、三学年下の妹は大学一年生になり、子供三人を四年制大学にやりたいという両親の希望は、実現しました。

そのあとは、親の意向や経済力あるいは二人の妹にとらわれないで、自分の好きなようにしたいと思いました。それは、前述したように修士課程から東大へ行くことでした。一九六九年の東大入試は中止になったので、同年の入学者はいないはずですが、紛争があったので、留年者がいました。また、留年者は何らかの形で東大紛争に関わったと思いました。そういう連中を蹴落とし、自分が合格し、リベンジしてやろうと思いました。

一九七二年九月上旬、本命の東大大学院修士課程入試

の都市工学専攻を受験しました。専門科目は建築学ではなく、独学の都市工学で受験しました。定員一六人で、五三人が受験し、面接で二番合格と知らされました。合格者は東大が八人、他大学が八人でした。

六　北大紛争の総括

東大全共闘による紛争で一九六九年入試が中止になったので、当然のことですが、私は全共闘には悪い印象や感情しか持っていません。

東大紛争で東大が、北大紛争で北大が変わったと思えることは、何もありません。

東大紛争の結果、入試中止になったので、東大受験生が犠牲者になりました。しかし、東大当局、東大全共闘ともに誰も責任を取っていません。マスコミも無責任に安田講堂の封鎖解除を報道したにすぎないと思います。

北大紛争は、東大全共闘ほかの二番煎じにすぎないと思います。それだけに未熟であったと思います。

一一月八日に機動隊を導入して本部棟などの封鎖解除をしたので、一九七〇年の北大入試が中止になることは、ありませんでした。最も弱い立場にある受験生を犠牲にしないで済んだことは良かったと思います。

私の仲間内では「一一月に封鎖解除をしなければ、文部省が入試中止にして、教養部学生は全員一年留年」と考えていました。

堀内寿郎学長らの執行部は、もっと早い時期、夏休み明けにも機動隊導入の要請をすべきだったと思っています。

もし、北大紛争によって何か変わったことがあれば、教えていただきたいと思っています。

茫々五〇年、あのときの友だちたちとその後

花崎　皋平

一九六九〜七〇年から茫々五〇余年、あのとき二〇歳だった若者もいまでは七〇歳を超える。四〇歳だった私は九〇歳を超えている。

大学解体の叫びは虚空に消え、今は学生の自治会も存在しない。キャンパスに立て看板はない。学生はおとなしく就職のための勉強をしているのだろうか。

北大全共闘を名乗り、大学を封鎖して気勢をあげ、元気のよかった連中はその後、どんな歩みをしてきたのだろうか。

私は当時、文学部西洋哲学科の助教授だったが、全共闘を名乗るゼミ生は松田潤さん一人だけ。第二外国語がロシア語だったので、ロシア語のテキストを選んで、法学部所属のロシア思想の専門の外川先生と三人で読んだ。学生一人で、松田さんは大いに閉口したそうだが、彼とはその後、今に至るまで友だちとして付き合ってもらっている。先生と学生として付き合いがあったのは彼ぐらいで、他の諸君とは年の若い友だちとしての付き合いだったと言えるだろう。私は当時、札幌べ平連を主催していて、街頭でのデモや市民集会に参加する学生諸君は、仲間であり友だちであって、教える教えられる関係ではなかった。

そうした関係で見知っていたし、かれらの意気に感じていたので、大学本部に立てこもって封鎖解除に抵抗して逮捕された五名のうち少年だった一人を除く四名の裁判の特別弁護人を引き受けもしたのだ。判決は四人とも懲役三年の実刑だった。私は裁判での最終弁論で、これで大学を辞めると述べ、実行した。懲役刑で服役した四人とは友だち関係が続き、工藤慶一さん、杉戸孝さんとは今に至るまで親しく付き合っている。

闘争後のつきあい

工藤慶一さんは、彼が小中の先生たちと一九八九年に始めた読書会で、吉野源三郎著の『君たちはどう生きるか』を取り上げ、私に参加を求めた。彼はその読書会をきっかけに、一九九〇年に自主夜間中学「遠友塾」を立ち上げ、その後三〇年にわたって運営にあたる。同じ一

九九〇年に、私たちはさっぽろ自由学校「遊」を作った。「遠友塾」と「遊」とは兄弟姉妹の関係にあると言ってよく、どちらも札幌の市民社会の宝ものであり、わたしたちの誇りである。

彼とは「旭川に夜間中学を作ろう」という集いに招かれて、行く道で彼の運営の苦心談を聞き、感心した。今では公立の夜間中学が作られているが、その設立を助け、運営の助言をしている。

そのほか函館で野村俊幸さんが、不登校になる子どものケアと教育を考える市民活動をしているし、岐阜県で子ども劇場の運営で活動してきた林宏澄さんもいる。その他、すこし幅をとると、同じ時期ウーマンリブの活動をしていた女たちとペアになって、廃品回収からリサイクル業の会社を起こした東龍夫さんや、ミニコミ喫茶の専従から魚市場の売り子を経て札幌市の市議会議員として長年活動した大嶋薫さん、北大を中退してさっぽろ自由学校「遊」の事務局長を今に至るまで担っている小泉雅弘さんなどもこの潮流の人である。私が知らないだけで様々な社会、教育、文化、政治、経済の領域で活動している人たちがほかにもおられるに違いない。

この時代の友だち関係の豊かさ

このように友だちをあげてみると、この時代の友だち関係の豊かさを思わざるをえない。狭い世界だといわばいえ、滅多に出会えない人との出会いに恵まれたと思う。

私は二〇〇〇年から小樽という小規模な街に住み、札幌と小樽で長く読書会をしてきた。

そうして思うのは、友だちが宝であり、友だちに支えられていることである。東京に住む二人の娘と、その家族も友だちとしてつきあっている。友だちは支配従属関係がなく、対等平等である。企業や学校には命令服従や教える教えられる関係が入り込む。それをゆるやかにし、人と人との関係を共に自由にし合うコンヴィヴィアルな雰囲気をつくっていきたいものだと思っている。

あとがき

夏の朝、白色の綿の花が咲く。その命は短く、夕方には花びらが紅色に変わり萎んでしまう。花びらが落ちると、小さな綿の実が残される。その実は徐々に大きくなり、やがて硬い殻がはじけて綿花が生まれる。ふわりとした、てんでばらばらの方向を向いた綿花は、まるで人々の記憶のようである。

五〇年以上前の一九六〇年代後半、日本中で若者による闘いが巻き起こり、「極北の地」札幌で始まった北海道大学での闘争（北大闘争）は、全国学園闘争のおそらく「最後のランナー」になった。主に一九歳、二〇歳の教養部の学生たちを主力として、学部生・院生・助手たちが、それまで北大を全国に誇る拠点として維持してきた日本学生運動の二つの潮流に「反逆」し、大学当局の神経を逆撫するような実力闘争を行なった。しかしこの闘いは、一九六九年一一月八日、大学当局が警察の力を借りてこの学生たちを学外へ追放することでいったん終わった。

この北大闘争の記憶を残したい、それがこの本の第一の刊行目的である。北大闘争の記録、特に全共闘側の記録はほとんど残されていない。北大闘争の記録は、北大の大学文書館に残されているが、それは当時のビラやパンフレットのごく一部に過ぎなかった。あの時代、多くのビラやパンフレットが作られただけでなく、学内のさまざまな場所に立てられた看板に、そして校舎の壁や掲示板に、無数のメッセージが書かれた。残念ながら、それらの記録はほとんど残っていない。また残されている記録の中でも「全共闘側」の記録は少なく、一九七〇年以降の記録はさらに少ない。

もう一つ、刊行の重要な目的がある。それは、若い世代に、この闘いの「続き」を伝え、その中でわかった「大切なこと」を語り継いでいくことだ。当時の学園闘争を、単に「日共系と反日共系学生の争い」「内ゲバで自滅した未熟な革命運動」としてだけ後世に伝えられるのは大変「危険」なことだと思う。この時代の闘いのことを知らないまま、若者が新たな闘いに挑み、かつての若者たちと同じ「誤り」を犯し、いつの間にか時代の波に飲まれてしまう事態はなんとしても避けたい。

いくつかお断りがある。本書では北大闘争の全貌を描くことはできなかった。残されていたのは、そこにいた人々の記憶だけである。寄稿の多くは、全共闘の側にいた「自分たちの記憶」をそれぞれ書き留めておこうとするものであった。正確を期するために、各活動の日付、大学当局から出された告示・声明等は編集委員会が『11・8裁判闘争記録』など手元に残された資料に従い確認をするなど校閲をした。大きな事実誤認はないはずである。

この『裁判闘争記録Ⅱ』に掲載されている年表は資料として「再録」をしたが、編集委員会が現在入手できる資料にあたって校閲をした。必要だと思われる項目の追加も行ったが、年表に使われていた用語や、参加人数など当時の認識はできるだけ残した。

本書に掲載されている写真についてである。この本には写真集『北緯43度　荒野に火柱が』の写真が半分ほど収録されている。この写真を撮ったのは当時の三人の若者たち。彼らは一九六九年四月一〇日、入学式会場である体育館が学生たちに封鎖された時「北大でもきっと何かが始まる」と感じて、急いで借りてきたカメラで全共闘側から闘いの写真をたくさん撮った。「写真に撮って記録しておかないと、何もなかったことのように絶対に握り潰されてしまう」と思ったからだが、この写真集はほとんど現存していない。また、この写真集発刊以降の、七〇年～七一年の全共闘・市民の闘いを記録した約一〇〇〇枚のネガが本書の編集過程で見つかった。本書にはそれら未公開写真の一部を掲載することができた。

最後に、本書の校閲・編集に獅子奮迅の活躍をされた松岡達郎氏に特別の感謝を捧げたい。本部に立てこもった五人の学生の一人であったが、少年という理由で本部裁判から切り離されてしまった松岡氏は、「できれば半世紀前に一人だけ分けられてしまった私も、もう一度五人に入れてもらいたい」と途中から編集委員会に加わり、末期癌の重い症状と闘いながら、ギリギリまで校閲・編集作業の中心を担った。本年五月、作業ができなくなってわずか一〇日後、本書の完成を見ることなく氏は逝去された。

絶筆となった寄稿文は次のように締め括られている。

全共闘に集った人びとのその後を、「戦士」と「人々の中へ」に分けている論がある。しかし、全共闘に集った友人たちの多くは、直接的な継続性は維持できなかった場合でも、自分なりに納得できることをやってきたのだと思う。支配される者、搾取される者と共に自らを置き、貧困、差別、環境破壊、食料不足、南北問題等の人間に対する負の状況に、「正義」の側から働きかけようとその後の人生を歩んだのだと確信している。そんな思いの活動の一つ一つが、地球規模の課題への取組みや、働く人々や障がいのある人々ほか多様な人々と共にあろうとする現代の思潮を支えているのだと思う。（「北大闘争の記憶とともに2　記憶ののちに」）

綿の花が紡がれて糸になるように、記憶も紡がれることで切れることのない「記憶の糸」になる。この糸は織られ、やがて白い「記憶の布」が生まれる。この記憶の布は時代によって何度も染め変えられるが、人々が本当に愛したものと恐れたものが必ず織り込まれていることに変わりはない。あの日の朝から、どれだけの時間が過ぎたのだろう。

この本の制作に関わった全ての方々、とりわけ編集委員会の皆さんの奮闘に敬意と感謝を捧げる。

（文責　編集委員　杉戸　孝）

編集委員（五〇音順）

大嶋　薫、鏡　坦、桐原　修、工藤慶一、工藤高志、杉戸　孝、高橋敏昭、高野博三、中村　充、野村俊幸、半崎貴敏、帆江　勇、星野次郎、松岡達郎、武者　勉

書　名　極北の全共闘―あの時代と私たちの55年―
発　行　2024年7月31日
編　者
発行者　『極北の全共闘』編集委員会
発行所　株式会社クルーズ
住　所　〒060-0004
札幌市中央区北4条西12丁目1
ほくろうビル 1F
電　話　011-242-8088
FAX　011-242-8188
URL　https://www.crews.ne.jp
Eメール　office@crews.ne.jp
印　刷　佐藤印刷株式会社
製　本　石田製本株式会社